排除型社会

後期近代における犯罪・雇用・差異

ジョック・ヤング 著

青木秀男・伊藤泰郎・岸 政彦・村澤真保呂 訳

洛北出版

The Exclusive Society

Social Exclusion, Crime and Difference in Late Modernity

by Jock Young, 1999

排除型社会

凡例

- 原文中の文献表記は［　］で括り、原文と同じく［著者名，出版年，ページ数］の形で記した。当該文献は巻末の文献一覧で知ることができる。
- 原文イタリックは、書籍の場合は『　』で括り、強調の場合は傍点を付した。
- 論文名は「　」で括って示した。
- 〔　〕は訳者による補註・原語の挿入である。また本書のなかで何度も言及される人物についても、その紹介を補註として記した。
- 〈　〉はハイフンでつながれていたり、特有な言い回しとして用いられたりする術語、また本書での議論を追うために強調すべきと訳者が判断した表現を示す。
- 本文中の▼1といった数字は註番号を示す。註は一括して五〇五頁以下に載せた。
- 引用文中の…は、ヤングによる「中略」「以下略」「前文略」を示す。
- 引用文は原則的に訳者がヤングによる引用文に基づいて訳出した。邦訳のあるものについては読者の便宜のために、巻末の文献一覧において、知りえた範囲内で書誌情報を補った。

The Exclusive Society

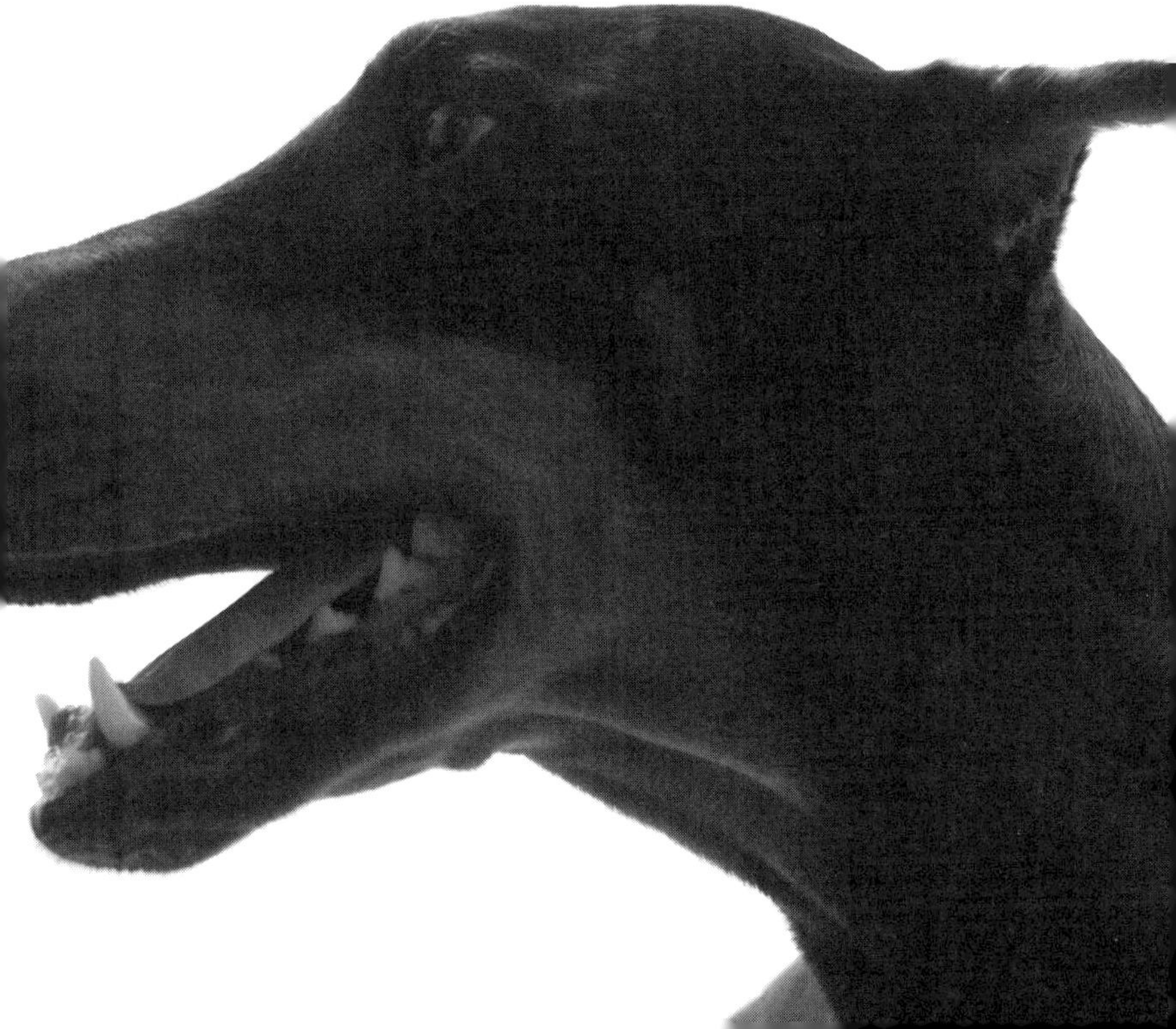

序文

本書は、困難〔difficulty〕と差異〔difference〕について書かれた本である。二〇世紀終わりの三分の一は、先進産業諸国において社会を紡《つむ》いでいた糸が急速にほどけた時代である。そのことは、個人主義と社会的平等への要求が高まったことにも示される。その背景には、市場の力が社会のすみずみまで浸透して、そのために社会生活が大きく変容したことがある。差異が、政治や公共生活、教室、家族などあらゆる領域を、ゆっくりと、しかし確実に浸食しつつある。この流れは、安定的で同質的な包摂型社会から、変動と分断を推し進める排除型社会への移行として捉えることができる。後期近代世界においては、排除は社会の三つの次元で進行した。第一は労働市場からの経済的排除である。第二は市民社会の人々のあいだで起こっている社会的排除である。第三は刑事司法制度と個人プライバシー保護の領域で広がっている排除的活動である。

私たちは、大規模な構造変動の時代に生きている。正規雇用の労働市場も、非正規雇用の労働市場も根底から変容した。女性の雇用形態が劇的に変わった。経済構造に根ざす失業者が大量に生みだされた。古いコミュニティが解体し、多様な文化を内包する新たなコミュニティが生まれた。余暇の過ごし方が大きく変わった。社会空間が再編成された。国家の諸制度が改革され、そのことが市民の再評価を受けるにいたった。このような社会構造の変容とともに、文化も劇的な変容を被っている。人間の欲望の中身が変わった。マスメディアの発達により〈地球村《グローバル・ヴィレッジ》〉といった考えが、現実味を帯びるようになった。努力すれば報酬が増えるという昔ながらの考え方は、もはや通用しなくなった。個人主義が社会生活のあらゆる領域で制度化され、それは、これまで神聖視されていた領域にまで浸透した。市場が謳《うた》いあげる欲望むきだしの言葉が、社会民主主義と近代主義の〈大きな物語《メタナラティブ》〉に対抗し、後者を脅かしている。これらすべて――広範な構造的・文化的な変容――は、犯罪や反社会的行為が急激に増加したことと結びついており、したがって、現在生じている規範や基準をめぐる論争に直接かかわっている。

私たちは今日、以前にも増して困難な時代に生きている。私たちには、かつてないほど多くの選択肢が与えられている。私たちの生活は、かつてのような仕事や人間関係に固く根を張ったものではなくなった。私たちは日常生活のなかで、現実にであれ、たんに恐怖や不安というかたちであれ、なんらかのリスクにさらされている。私たちは、物質的に不安定な状態に置かれている。また、存在論的な不安の感情にさいなまれている。さらに私たちは、差異に満ちた世界に住んでいる。すなわち、規則が年ごとに変わるだけでなく、集団ごとにも異なるという世界に住んでいる。マスメディアは、私たちの生活のなかで中心的な役割を果たしている。マスメディアを介した間接的な人間関係が、対面的な人間関係より重要なものになっている。私たちは、驚くほど多くの時間、おそらくは週に三〇時間も四〇時間ものあいだ、テレビを観たり、ラジオを聴いたり、新聞を読んだりして過ごしている。メディアの番組はどれも、困難と差異、リスクと規則をめぐる議論であふれている。社会の規範がどうあるべきかが、日々、テレビのトークショーや連続メロドラマ、ニュース番組、スポーツ番組などで、些細な点にわたって議論されている。歴史のなかで、人々が自己反省のためにこれほど多くの時間を費やしたことは、かつてなかった。これほど多くの人々が、ほかの人々を眺めながら過ごしたこともかつてなかった。一つひとつの規範のもつ意味が、これほど厳密に精査されたこともかつてなかった。

このような都市に特徴的な状況にあって、私たちは、用心深く、計算高く、世事に長け、保険統計的な〔actuarial〕態度をとるようになった。そして、困難な問題を回避し、異質な人々と距離をとり、みずからの安全や平穏が脅かされないかぎりで他人を受け入れる、という態度をとるようになった。しかし、このように判断を留保する態度が一般化するとともに、これとは矛盾する態度が現われた。物質的に不安定で存在論的に不安な状況が、人々のあいだに、自分の感情を他人に投影するという態度を生み出し、道徳主義を広める条件になっているのである。社会のいたるところで、人々のあいだに非難と応酬が飛び交うようになった。シングルマザーやアンダークラス〔グローバル経済のもと、仕事がなく、結婚する資力もなく、福祉に依存するか、犯罪に走らざるをえないかたちで都市のゲットーに取り残された人々、とくに男たち。下層階級一般とは異なる〕、黒人や放浪する若者、麻薬常習者、クラック常習者などの、コミュニティで弱い立場にある人々が、針で突つき回され、非難を浴びせられ、悪魔のように忌み嫌われるようになった。このような新たな排除の世界にあって、本当に革新的な政治をおこなおうと思えば、私たちを物質的な不安定と存在論的な不安の状態に置いている根本原因、すなわち正義とコミュニティという基本問題を避けて通ることはできない。これまでならば、政治的には、一九五〇年代や六〇年代のような包摂型の世界へのノスタルジーに耽《ふけ》ることで、議論を収めることもできた。しかし事態は、もはや後戻りできないところまで来ている。私たちは、もろもろの機会を目前にして、恐怖を取り除くのではなく、恐怖を積極的に受け入れるという姿勢で臨まざるをえなくなった。本書では、このような事態が意味するものを、そうなった経緯をたどりつつ明らかにしたい。

第1章

包摂型社会から排除型社会へ

この章の課題は、三つある。第一の課題は、第二次世界大戦後の黄金期から一九六〇年代後半の危機の時代にかけて、先進産業諸国で起きた変化を跡づけることである。その変化とは、世界が近代から後期近代へ移行したこと、すなわち、同化や取り込みを特徴とする世界から、分断や排除を特徴とする世界へと移行したことである。ここで議論されるのは、世界で起こった次のような事態についてである。すなわち、市場の力によって生産と消費のあり方が変容した。そして、私たちの強い確信や素朴に信じていた価値観が、根底から脅かされるように

なった。それは、これまでの確信と価値に支えられた世界が、リスクと不確実性に満ちた世界、個人的選択と多元性にあふれた世界、経済的にも存在論的にも不安定な世界へ置き換えられることであった。正義の着実な拡大は止まり、進歩の行進《マーチ》は中断した。しかし、このように社会が駆り立てられたのは、不確定性が増大したからだけではなく、欲望が増大したからでもある。というのも、市場の力は、一方で人々のアイデンティティを揺さぶり、未来を不確かなものにしたが、他方で私たちの市民権にたいする期待をたえず高めてきたからである。そしてなによりも、自分たちの願望や欲求がまだ満たされていないという意識を広めたからである。

第二の課題は、犯罪や逸脱が深刻になり、無秩序が広がったが、そのような社会の劇的な変化が起こった理由を探ることである。これらの変化は、生産と消費という二つの領域で起こった物質的な変化、いわゆる「フォーディズムからポストフォーディズムへ」〔本書三〇頁以下を参照〕と呼ばれている変化として捉えることができる［Lea,1997 参照］。労働と余暇が変容したが、それは犯罪のレベルや性質、それらが犯罪の統制組織に与える影響と因果関係にあり、さらには犯罪学自体の変化と因果関係にある。そのことが明らかになったのは、少なくとも一部は、皮肉なことに、そのような因果関係を否定しようと努力してきた犯罪学者のおかげである。右派の犯罪学者たちは、犯罪が発生する頻度は労働や余暇の変化とは関係ないのであり、むしろ子どもの育て方やドラッグの使用、道徳的価値が失われて浮遊する世界といった、それ自体で閉じた領域の問題であると考えてきた。これにたいして、左派の犯罪学者たちは、最近になって刑務所の収監容量や社会統制のあり方、人々の社会的活動などが変わったが、それらは犯罪自体の動向とは関係ないのであり、政治や社会管理のあり方にこそ犯罪の原因がある、と繰り返し主張してきた。実際のところ、右派も左派も、労働や余暇と犯罪の相互関係をきっぱり否定して議論をすませている点では、同じ位置にある。そしてどちらも、自分たちの犯罪学が学問の外の世界に影響されているとは、露《つゆ》ほども思ってこなかった。

最後の課題は、先進諸国に共通してみられるこのような変化が、各国の個別的な状況でどのように現われたかについて論じることである。そのさい、とくに西ヨーロッパとアメリカの物質的・文化的状況の違い、すなわち、ヨーロピアン・ドリームとアメリカン・ドリームの違いに焦点をあて、それらを比較しようと思う。

狂ったコンパス

エリック・ホブズボーム〔一九・二〇世紀の西欧史研究で著名な歴史家〕は、著作『極端な時代』〔邦題『20世紀の歴史』〕[1994]で、二〇世紀の終わり三分の一の時期に、重大な社会的変化が生じたと述べている。ヨーロッパとアメリカで、第二次世界大戦後、完全雇用が達成され、人々の暮らしが日々豊かになるという黄金時代が到来した。労働者階級は、少なくとも表面的には完全な市民権を得て、社会に統合されていった。女性は、公共活動や労働市場へどんどん参入していった。とくにアメリカでは、アフリカ系アメリカ人が、政治的平等を求めて歩みを進めていた。この時代は、人々の社会への包摂が進行し、物質的にますます豊かになり、誰もが社会に同調するという時代であった。しかし、ホブズボームが皮肉をこめて描きだしたように、この黄金期に続いて登場したのは、一九六〇年代後半から七〇年代にかけての文化的革命の時代であった。この革命によって、個人主義と多様性が広がり、それまで素朴に受け入れられていた価値が広範囲にわたって解体されていった。安定していると思われていた世界は、多様な価値観が錯綜し、人々の意見がたえず衝突し、なにごとも不透明な世界に取って代わられた。一九六〇年代前半には、評論家たちは、誰もがそろって社会に同調する風潮を嘆いていた。しかし次の時代になると、平均所得が着実に上昇し、誰もが秩序ある社会を守る政策に賛同していたにもかかわらず、社会には無秩序が広がり、いたるところで社会にたいする反抗が起こり、犯罪が蔓延《まんえん》するという事態に見舞われた。評論家たちは、政治的立場の如何を問わず、そのような状況を指して「コンパスが狂っている」と評した。それまで確かだと思われていたものすべて——家族や労働、国家、さらに豊かさ自体さえ——に、疑いの目が向けられるようになった。

しかし、このような議論を進める前に、まず戦後世界、すなわち、人々がこのような大変動を経験する前の世界について、かんたんに振り返っておきたい。書棚から二冊の本を取り出してみよう。二冊とも黄表紙のペンギンブックスの本で、そこから、確かさと安らぎの香りが漂ってくる。一冊は一九六二年に、もう一冊は六七年に刊行された。前者は、ロナルド・フレッチャーが家族について論じた有名な著作『一九六〇年代のイギリス——家族と結婚』である。

> 過去二〇年に離婚が増加した…とよくいわれる。しかしそれは、まったく事実に反する。…離婚率の数値をみれば、実際には、家族が不安定になっていないことが一目瞭然である。百組が結婚したとして、そのうち九三組は、法廷の離婚調停などに無縁の、安定した結婚生活を送っている。試算によれば、一九五〇年に結婚して離婚にいたったカップルは、七・三%にすぎない。グリセルダ・ローントリーとノーマン・キャリアーが最近報告した離婚の「コーホート分析」によれば…離婚率は、将来さらに大幅に減少するだろうと予想されている。
>
> [1962, pp.136, 142]

フレッチャーは、離婚率は三%まで下がるだろうと予測している。彼は家族の安定性を固く信じており、右の記述に続いて、ジェフリー・ゴーラーの次のような発見を紹介している。

> 二四歳以下の若い世代もまた、上の世代と同じくらい、道徳的に望ましい性行為とそうでない性行為の区別を厳格にわきまえている。これは、イギリスの社会道徳が今世紀を通してほとんど変わっていないと見ていい、十分な根拠であろう。
>
> [1955, p.82]

もう一冊の本は、マイケル・スチュアートの著作『ケインズとその後』である。当時、スチュアートは、ロンドン大学の政治経済学の講師であり、また大蔵省と内閣府の顧問を務め、さらにダウニング街一〇番地〔首相官邸や外務省、大蔵大臣官邸等があるロンドンの地区〕の上級経済顧問でもあった。

一部の評論家は、第二次世界大戦の後は、第一次世界大戦後と同様、一時的な好況に続いて長い不況に襲われるだろうと予測していた。しかし、そのような悲観的展望や懐疑的予測がまったく外れていたことが証明された。完全雇用は何年も続いており、戦後の平均失業率は一・七五%であった。この数値は、戦時中のビバリッジ報告〔経済学者ビバリッジが一九四二年に提出した報告で、イギリス社会福祉の理念「ゆりかごから墓場まで」が謳われた〕が発表した「失業率が三%以下であれば国家は安泰である」という、楽観的とも思われた基準よりもさらに低いものである。また、両世界大戦間の失業率が一三%前後であったことを考えると、一・七五%という数値は、驚異的としかいいようがない。しかもこのような低い失業率は、イギリス以外の国々でも続いている。…実際、どの主要先進産業国をみても、失業率が一九三〇年代の水準にもどる気配などまったくない。

[1967, pp.186-7]

そこから、スチュアートは次のように結論づけている。

> 条件つきとはいえ、先進産業諸国で、統制できないほどに高い失業率が生じるような時代が終わったことは、いまや揺るぎない事実となった。ほかの経済問題が私たちを脅かすことはあるだろう。しかし、少なくとも高い失業率によって私たちが脅かされるという事態は、もはや過去の思い出になったといえる。
> [1967, p.299]

戦後の黄金期は、機能主義者にとって夢のような時代、すなわち、労働と家族という二つの社会領域がうまく支えあっていた時代であった。生産と消費（ケインズ主義の用語でいえば供給と需要）が互いに支えあうとする二元論が成立するには、男女の役割分業が一般化していることに加え、物質的な豊かさがたえず増大していることが必要条件であった。自動車はますます大型化し、台所には次つぎと新たな製品が登場していた。この時代は、包摂や豊かさ、社会への同調によって特徴づけられる時代であった。それは、社会に反抗しようにもその理由が見つからない時代であった。十代の若者たちは、髪をどんどん短かくし、社会に反抗するどころか、異性とのデートや胸ときめく高校生活に憧れるあり様であった。ラジオからは、エヴァリー・ブラザーズの曲〔一九五〇年代半ばに登場した、ドン・エヴァリーとフィル・エヴァリー兄弟のポップ・ミュージック〕が流れていた。当時の評論家たちは、若者の犯罪や非行に頭を悩ますどころか、反対に、若者がなんの躊躇もなく社会に同調し、なにもかも受け入れるという姿に、苦言を呈するほどであった。

ガルブレイスは『豊かな社会』[1962]を揶揄《やゆ》していた。ヴァンス・パッカードは『地位を求める人々』[1960]を風刺していた。リースマンは「他人志向のアメリカ人」を批判していた[1950]。ウィリアム・ホワイトは、郊外で暮らす『組織のなかの人間《オーガニゼーション・マン》』[1960]やその妻、家族の慎ましい生活ぶりを描いていた。最後に、ベティ・フリーダン[1960]は、学校やガールスカウトへわが子を送り迎えしながら、「人生って、たったこれだけのこと?」と自問していた。

戦後の黄金期に登場したのは、労働と家族という二つの領域に価値の中心が置かれ、多数者への同調が重視される社会であった。そのような社会が包摂型社会である。すなわちそれは、幅広い層の人々（下層労働者や女性、若者）を取り込み、移民を単一文化に組み込もうとする、ひとつにまとまった世界であった。またそれは、近代主義の社会計画がすぐにでも実現するかに思われた世界であった。

近代主義のパラダイム——たったひとつの世界

二〇世紀の近代主義が企てたのは、国民の大多数に完全な市民権を与えることであった。近代主義の社会契約は、市民権《シチズンシップ》という概念に基づいている。それは、たんに形式的な権利を指すだけではなく、人々が実質的に社会に統合されることを意味する概念でもあった。T・H・マーシャル〔一八九三―一九八一、社会階層論と福祉国家論等で知られるイギリスの社会学者〕の有名な論文[1950]によれば、市民権という概念は、法的・政治的な権利が保障されることだけでなく、雇用・収入・教育・健康・住居に関わる最低限の社会的権利が保障されることも含まれるべきものであった。完全雇用や十分な収入という点でいえば、戦後の欧米諸国の人口の大多数は、景気後退の時期に入るまで、完全な市民権をもっていたといえる。もちろん実際には、局所的とはいえ、極端な貧困や大きな社会的不平等は依然としてあったし、福祉国家にも多くの矛盾が現われていた［Offe, 1984］。しかも、完全雇用が達成されたといっても、実際はあくまで男性についての話であった。とはいえ、これらの問題はひとまず脇に置いておくことにする。ここで重要なのは、合意を基本とする政治のもと、明らかに大多数の国民が、政治的立場を超えて、社会契約の観念をもって統合されていた、ということである。

そこで次に、このような近代主義の前提のもとで、犯罪や逸脱と正常な市民生活が、どのような関係において捉えられていたかについて見てみることにしよう。

1 市民権問題は解決した

――市民権を手に入れるための長い道程も、ようやくゴールにたどり着いたか、あるいはもう少しでたどり着く状態にある、と考えられていた。大多数の市民のあいだに社会的平等が達成されたことによって、形式的には黒人や女性にも十分な市民権が与えられ、法的・政治的平等も保障されるようになった。

2 国家の介入——国家は社会進化という〈大きな物語〉の一部をなすものであり、社会正義を確実に達成するためには、国家が市民生活に介入する必要がある、と考えられていた。経済学においてはケインズ主義、社会政策においてはフェビアン協会〔一八八四年に設立されたイギリスの社会主義団体〕が、その考え方を代表していた。新古典派の法理論や社会的実証主義〔本書九四頁以下を参照〕の社会計画では、近代化は、法の支配と福祉国家を二本柱として達成されるものと考えられていた。そして国家とは、国民を守り、国民に富を配分する機関とみなされていた。

3 絶体主義的な社会秩序——大多数の市民は、既存の社会秩序がこの世でもっとも望ましいと思っていた。失業率は低く、人類史上まれにみる豊かな生活が実現し、平均収入は第二次世界大戦後には毎年のように上昇していた。人々は、現状の社会秩序が正しいと思っていただけではなく、明らかにすべての人々の利益に合致していると思っていた。また、労働や家族、民主政治、法制度、混合経済〔公共部門が大きな役割を果たすような経済システム〕などの主要な社会制度を、なんの疑問も抱かずに受け入れていた。社会制度を律する諸規則は、絶体主義の規則と同様、明白かつ明快で、そこに議論の余地などないと思われていた。人々は、もはやイデオロギーの時代は終わり、西欧世界の価値観こそ人類進歩の到達点なのだと思っていた。

4 合理的に同調する市民と環境によって決定された逸脱者——大多数の市民は、誰もが合理的にものごとを考え、価値観を共有しあっていると思っていた。例外としては、ごく少数の職業的な犯罪者と、特異な心理的・社会的な環境のせいで犯罪や逸脱に走るよう余儀なくされた人々がいるだけである。後者は、職業的な犯罪者よりは多いが、それでも少数である。近代的な市民権が広まっていくにつれて、正当な理由から大規模な犯罪や異議申し立てが起きるということはなくなった。ベッカリーア〔一八世紀のイタリアの法学者で、拷問や死刑に反対し、教育による犯罪防止を説いた〕の著作に取り憑いていた「理性的な犯罪」は、もはやたいした脅威ではなくなり、また実際に起こることもなくなった。人間は自分から望んで逸脱者になるのではなく、置かれた環境のせいでそうなると考えられるようになった。

5 矮小化された因果関係――逸脱した人々については因果関係が問われたが、そうでない人々については因果関係が問われることはなかった。まして人々が規則を絶対視し、それに同調することは、問題にさえならなかった。要するに「病因」が必要となるのは、なにかの問題が起こったときだけの話であった。逸脱は、現在ではなく過去の問題に起因するものと考えられていた。すなわち、逸脱を生じる因果関係は、個人的な問題、とりわけ家庭環境へと矮小《わいしょう》化されていった。かつてのような、逸脱の原因が特定の社会集団にあるという考えは後退し、逸脱は異常な家庭環境で育ったバラバラな個人が起こすものと考えられるようになった。近代以前に問題視されていた「危険な階級」は、近代には「個人的逸脱」に変わっていった。ちなみに後期近代になると、空間的・社会的に排除された人々がアンダークラスと呼ばれ、新たな意味を付与されて復活することになる。

6 同化主義的な国家——福祉国家の役割は、逸脱者を社会の周縁から中心へ連れ戻し、社会の主要な部分へ同化させることにあった。そのために、ソーシャルワークやカウンセリング、臨床心理学、それらに隣接する実証的な専門分野が連合し、臨床的な専門用語を使いこなす専門家の大部隊が結成されていった。

ゆりかごから墓場まで市民を見守り、法的・政治的・社会的な市民権を十分に保障する包摂型社会は、ドイツやフランス、スカンジナビア諸国、ベネルクス三国など、西ヨーロッパの福祉国家でもっとも明確に具体化した。この先の何十年か、アメリカン・ドリームを信じる人々でさえ落ち着かない、憂鬱で新自由主義《ネオリベラリズム》的な排除型社会の時代が続くとすれば、それは、包摂的な福祉国家に慣れているヨーロッパの人々には、悪夢の始まりにさえ思われることだろう。

包摂型社会における〈逸脱する他者〉

包摂型社会とは、他者を憎んだり、外部の敵とみなしたりするのでなく、他者が「われわれ」と同じ人間になるまで、かれらの社会化・更生・治療に励むような社会のことをいう。近代主義の視線は、他者の存在を、まったくのよそ者と捉えるのではなく、近代主義的な属性を欠いた人々と捉える。すなわち他者とは、文明化も社会化もされず、感受性も欠如した人々とみなされる。要するに、近代主義的な視線とは、できそこないのカメラのようなものである。というのも、そのカメラには写真を撮られる側ではなく、撮る側のネガが映し出されるからである。

包摂型社会において、〈逸脱する他者〉とは、次のような人々のことである。


⦿マイノリティの人々。

⦿異質で、しかもその異質さが見た目にはっきり分かるような人々。

⦿絶対的で議論の余地がない、明確な価値観をもたない人々。実際、自分の価値観を疑うということは、まだその人が成熟しておらず、感受性もはぐくまれていないことの証しとみなされる。

⦿「われわれ」に脅威を与えるというよりも、「われわれ」の存在を支える役割を果たす人々。私たちは、同じ価値観をもたない人々の不安定な姿をみることによって、自分たちの価値観の正しさを確信する。

⦿同化や包摂の処置を必要とする人々。この場合、刑罰と治療のための言説は、他者を統合するための言説である。犯罪者は「社会に借りを返し」て、社会に復帰しなければならない。

麻薬常習者は、治療を受けなければならない。道を踏みはずした十代の若者は、暖かく迎えてくれる社会への適応方法が叩きこまれなくてはならない。

◉他者を締め出す障壁の前で立ちすくむ人々。ただしその障壁には透過性がある。近代主義者は、文化的手段を通じて社会化されていない人々を社会化していく。

包摂型社会から排除型社会へ

文化的革命に続いて、経済危機が襲った。この時代について、ホブズボームは次のように述べている。「一九七三年からの二〇年間は、人々が進むべき方向を見失い、不安定と危機が深刻になった時期である」〔1994, p.403〕。この時期に、先進産業国では二つの過程が進行した。ひとつは文化的革命によって個人主義が広がったことであり、もうひとつは経済危機によって労働市場が再編されたことである。これら二つの過程は多くの点で関連しあっていたが、もともとは別々の過程であった。この点について、デヴィッド・ハーヴェイ〔一九三五〜アメリカの人文地理学・都市社会学者〕〔1989〕ら左派の評論家たちは、経済危機が進行した過程に着目して、一九七三年が危機に向かう転換点であったと考えている。これにたいして、ジェームズ・Q・ウィルソン〔一九三一〜アメリカの犯罪学・政治学者。本書第5章以下で詳述〕ら右派の評論家たちは、文化的革命が進行した過程に着目して、その転換点がもっと早い時期にあったと想定している。

そのほかの、たとえばエリック・ホブズボームのような評論家たちは、文化的革命の過程と経済危機の過程を無理に関係づけることはせず、それぞれを別個に分析する手法をとっている。文化の変化と経済の変化は、たしかに互いに独立したものであり、社会秩序のそれぞれの側面がどちらも大きく変容したことを示すものである。しかし後でみるように、労働とコミュニティがともに変容したのは、二〇世紀後半に、先進産業国が市場の力によって大きく変わったことに由来している。二つの過程が関連しているのは、その意味においてである。もとより文化的革命は、時期的には経済危機より先に起こっている。また犯罪発生率の上昇も、経済危機より前から始まっている。というのも、犯罪発生率は、先進産業国では、一九七〇年代初頭より以前から上昇し始め、しばらく上昇し続けた後、景気が後退するとともにますます加速していったからである。

一九六〇年代から七〇年代にかけて個人主義が台頭すると、人々が他者を排除するための、いわば排除の私的空間と呼ぶべきものが現われた。それとともに、コミュニティや家族の因習が問題になっていった。これを最初の転換期とするなら、続く一九八〇年代から九〇年代は第二の転換期であり、この時期に社会的な排除はいっそう進行した。この時期の排除は、二つの過程から成り立っている。ひとつは労働市場が再編され、分割されて、構造的失業者が大量に生まれていく過程である。もうひとつは、このような状況の変化から犯罪が起こり、その犯罪を制御することから排除が起こり、しかも反社会的な行為が排除的な性格を帯びていく過程である。

　近代から後期近代への移行は、包摂型社会から排除型社会への移行としてある[1]。すなわち、同化と結合を基調とする社会から、分離と排除を基調とする社会への移行である。近代主義の時代、それはホブズボームが「黄金期」と呼んだ時代であるが、その包摂型の世界は二つの過程によって浸食されていった。すなわち、コミュニティが解体される過程（個人主義の台頭）と、既存の労働秩序が崩壊する過程（労働市場の変容）である。いずれの過程も、市場の力から必然的に生じたものであり、また人々がそれらの過程を変えようとしたために生じたものである。ここで、やや図式的になるが、市場の諸関係に生じたさまざまな変化がどのように関連しあっているかについて詳しく見ておこう。というのも、市場における諸関係の変化こそ、二つの過程を引き起こした原因であるというだけではなく、市民権の概念と市民権への期待の中身が変化し、そこから犯罪の捉え方や犯罪統制が現代のような姿をとるにいたった原因になっているからでもある。

　さまざまな変化のうちもっとも根本的な変化とは、生産様式がフォーディズム〔フォード自動車会社の経営管理方式を典型とする生産様式〕からポストフォーディズムへ移行したことである。この事実は誰もが認めるところであるが、その評価となると意見は分かれる。戦後期のフォーディズムが前提としていたのは、次のような社会であった。すなわち、標準化された製品が大量に生産され、男性の完全雇用がほぼ達成され、製造業部門が膨張し、巨大な官僚制ヒエラルキーが出現し、正規雇用市場において仕事の将来性が約束され、定型的な出世コースが確立され、仕事の部署が明確に区分され、国家がコーポラティズム〔重要産業を国有化するのではなく、産業の大部分を私企業に任せたまま、国家がその活動を管理するという国家統制のあり方〕を推し進め、画一化した消費財が大量に消費されるような社会である。そこでは、労働世界と、余暇と家族の領域が表裏一体の関係にあった。家庭は消費の場となり、性別役割分業がそれを支えた。家庭は、豊かなライフスタイルを享受する場となり、ケインズ主義の言葉でいえば、「需要」という役割を担う重要な拠点となった。家庭に画一化された商品がどんどん入りこみ、それらの商品が個人の成功度を測る指標となり、経済の安定的な拡大を示す証拠になった。それは、誰もが合意した世界であり、労働と家庭が価値体系の中心に置かれ、至上の価値とされた世界である――そこには、〈他者〉が外部の敵として忌《い》み嫌われるのでなく、社会化され、更生させられ、治療されて、「われわれの社会の一員」として歓迎される、そのような社会秩序ができあがった。

これらの条件が絡《から》みあい、支えあっていた世界は、やがて揺らいでいった。すべての人間が統合されて一体化していた世界、人々が人生や将来の展望に揺るぎない確信を抱いていた世界は、混沌とした世界へ変わっていった。世界の構造は崩れ、それを支えていた諸要素はバラバラになった。人々が日常を過ごす世界も、多くの問題を胎んで不鮮明になり、確かさを失った。労働と家族という中心にあった制度は、もはや人々を包摂することも、安心させることも、ゆりかごから墓場までの安定を保障するものでもなくなった。たしかに、これまでにも社会的緊張はつねに存在していた。たとえば財産相続制度と能力主義のあいだ、平等な市民権の理念と男女間の不平等のあいだ、形式的平等と実質的不平等のあいだには、社会的緊張が胎まれていた。ただ、それらの緊張は、当時は「かつてなくうまくいった」社会の成功によって一時的に抑えられていただけのことである。とはいえ、それらの緊張は消滅したわけではなかった。社会を変容させる種子は、すでに正規雇用市場と非正規雇用市場の格差のなかにあった〔Harvey, 1989〕。また、個人主義が拡大し、より包括的で徹底した市民権が望まれるようになり、制度的な不平等にたいする抗議が噴出していた。それは、未来への希望が高まるほどその期待が裏切られるという、二重の性質をもつ動きであった。

ポストフォーディズムの市場経済になると、人間の排除が飛躍的に進行した。というのも、経済活動がダウンサイジング〔コスト削減のため組織や機材を小型化・効率化すること〕したことにより、正規雇用市場が縮小して非正規雇用市場が拡大し、その結果、構造的な失業状態に置かれたアンダークラスが現われたからである。ウィル・ハットンは著作『われわれがいる国』〔1995〕で、そうした状況を四対三対三の社会と呼んだ。すなわち、終身雇用の安定職に就く人々が人口の四〇%、不安定な非正規雇用の人々が三〇%、残りの三〇%は労働市場の周縁にあって、仕事がないか、あっても最低賃金の仕事で飢えを凌《しの》ぐ人々、というわけである。彼が示した比率には異論もあるだろうが、ともかくいえることは、J・K・ガルブレイス〔一九〇八〜二〇〇六、アメリカのリベラル派経済学者〕が「満たされた人々」

〔1992〕と呼んだような人々が少数となり、どんどん減少していたということである。また、かつて満たされていた中産階級も、自分たちの世界が不安定で、もはや当てにならないことに気づいていった。経済活動のダウンサイジングによって、製造業は「リーン生産」〔「贅肉のない［lean］」生産とは、少品種大量生産を目的とする従来のフォード型生産体制とは異なり、多品種少量生産を効率的に実現するための新しい生産体制のことで、トヨタ自動車の生産方式をもとに九〇年代の欧米で提唱された〕をよぎなくされ、そこから、労働の単純作業化と雇用の柔軟性が求められていった。解雇される不安がなく、賃金も安定していた熟練労働者がどんどん減少する一方で、多くの業務領域が「外部化《アウトソーシング》」され、小さな派遣会社やフリーの個人との短期契約に代替されていった。産業の中心は、製造業からサービス産業へと大きく移行したが、そのサービス産業もオートメーション化の影響を受けずにはおれなかった。銀行業や通信業、保険業などのサービス産業は、「業務の効率化」を推し進め、最新のコンピュータ・ソフトを次つぎに導入していった。そのため、企業では下級管理職やホワイトカラー層が減少していった〔Head, 1996〕。「リーン生産」のような生産体制のスリム化や業務の効率化によって、中程度の給与水準の仕事が大幅に減少していった。それまで安全圏にいると思っていた人々も、不安定性〔precariousness〕の感覚に悩まされるようになった。

　現代の能力主義を、才能と努力をもって業績が評価される競技場になぞらえるなら、そこには二つの競技コースがあって、その周囲にさまざまな観客がいる様子を思い浮かべることができる。第一の競技コース、すなわち正規雇用市場では、報酬は規定の基準にしたがって配分される。しかし、そこには第二の競技コースへふり落とされる危険がつねにある。第二の競技コースに落ちると、報酬は大幅に減少する。また、競技に参加できる人数は限られており、観客の地位へふり落とされる危険もある。いったん観客になってしまうと、さまざまな障壁や厳格な規制があって、競技者に戻ることは至難のこととなる。そのため競技への参加を拒まれた観客は、勝利者が輝かしい賞を手にするところを眺めるくらいしかできなくなる。

　問題は、競技への参加が才能という偶然的要素のみで決められてしまう、ということだけではない。勝利者が得られる賞金もまた、不平等になってきたのである。というのも、近年になって所得配分の格差がますます拡大しているからである［Joseph Rowntree Foundation, 1995; Hills, 1996］。エドワード・ルトワクによれば、包摂型社会から排除型社会への移行から、次のような二つの事態がもたらされた［1995］。すなわち、一方では貧困層がたえず相対的な剥奪感［relative deprivation］〔deprivationは通常「剥奪」と訳されるが、本書では社会的・経済的格差に関する主観的経験を指すことから、あえて「剥奪」ではなく「剥奪感」とした〕を抱くようになり、そのために犯罪が増加の一途をたどっている。他方では、比較的裕福な層の人々も不安定な状態に置かれて不安を抱くようになり、法を犯す者にたいして不寛容と厳罰をもって処すべきという意識が高まっている。犯罪の増加と処罰の厳格化という、私たちの社会が直面している二つの事態は、同じ根っこから生じたものである。すなわち、暴力犯罪とそれにたいする厳罰主義は、同じ原因から生まれている。男らしさを誇示するストリート・ギャングが、いとも簡単に暴力に訴えたがるのと、普通の市民がなにかあれば彼らを罰したがるのとは、行動の本質においてだけではなく、その原因も同じものである。いずれの場合も、労働市場の解体とその再編を原因としている。犯罪は、人々を労働市場から排除しつつ消費者として貪欲に商品を漁《あさ》るよう仕向ける、そのような市場のあり方に原因を求めることができる。他方の厳罰主義は、人々を労働者として受け入れ、包摂はするものの、たえず不安定な状態に留めおく、そのような市場に原因を求めることができる。このように、犯罪と厳罰主義は、期待させておきながら排除することと、不安定な地位に置きながら包摂することの二つから生じている。いずれの場合にも、欲求不満が高められ、相対的な剥奪感が蓄積される。前者の、排除による欲求不満から相対的な剥奪感が引き起こされるという話は分かりやすい。というのも、その剥奪感は、経済的な市民権はおろか社会的な市民権ももたない人々が、自分を労働市場にいる人々と比較することによって生じるものだからである。これにたいして、後者の、包摂による欲求不満から相対的な剥奪感が引き起こされるという話は分かりにくい。これには多少の説明が必要となるだろう。

相対的な剥奪感は、これまで「上向きの視線」によって生じると考えられてきた。すなわち、それは労働市場で平等に遇されない者が、能力や資格の面では自分と変わらないのに評価が自分より高い者と自分自身を比較することで、欲求不満を抱くために生じると考えられてきた。しかし剥奪感は、「下向きの視線」によって生じる場合もある。階層序列のなかで自分より下位にある者と自分を比較し、その人が自分より恵まれていると感じるとすれば、それも相対的な剥奪感である。すなわち、自分より劣る者が、たとえ自分より低い生活水準にあっても、自分より苦労のない生活をしているように見えるとしたら、それだけで許せないというわけである。しかも、その報酬が不道徳な方法で得られていて、他方で立派な市民が犯罪の被害にあっているというのであれば、なおさらのことである。都市とは、善良にして貧しい人間と「ろくでなし」の人間が隣りあって暮らす場所である。そこで犯罪の一番の犠牲者になるのは、犯罪にもっとも抵抗力のない人々である。また都市は、長時間働いても安い賃金しか得られない者が、仕事もしないで日々を「無為に過ごしている」者と隣りあって暮らす場所でもある。ヨーロッパの諸都市で都市再開発《リ・ジェントリフィケーション》がおこなわれたが、それは状況をさらに複雑にした。というのも、それらの都市では、裕福な中産階級と構造的失業者が、狭い地域に通りを隔てて混住するケースが多くなったからである。

税金に頭を痛めている人々は、社会の階級構造の底辺と頂点を苦々しい思いで眺めている。かれらは、底辺には自分たちにたかり漁《あさ》る連中がいて、頂点にはいかがわしい連中、すなわち、信じられない額のボーナスや報酬を得ている経営者や実業家がいると思っている。かれらは、底辺の人々を、競争もしないで、ただの施《ほどこ》し物を浪費するだけの連中とみなし、特権階級の人々を、「勝者が独り占め」の不公正文化の主役、すなわち、評価や能力の裏づけもなしに報酬がバラまかれるような文化から恩恵を得ている連中とみなしている。これこそが「不満のレシピ」というものである！［Frank and Cook, 1996］

フォーディズム時代に膨張した官僚制度において、報酬は、全国共通で、かつ企業間で統一された基準に則って支払われていた。ここに、なんらかの役職にある管理職と、なんらかの資格をもつ熟練した電機技師がいたとする。かつては、たとえこの二人がまったく異なる地方からやってきた人たちであったとしても、かれらの収入を推定することは可能であった。ところが、正規雇用市場が縮小し、雇用の外部《アウトソーシング》化やコンサルト業務が盛んになり、サービス産業が膨張して多様なかたちで発展するにつれ、誰もが同意するような能力の測定基準を設けることは難しくなった。「なぜ、どのようにして、一部の人間だけが金持ちになるのか」という、ただでさえ一筋縄でいかない問いかけも、ますます答えにくくなった。報酬の基準がなければ、その配分は恣意的となり、いわば報酬の混沌状態が広まっていく。このような「不満のレシピ」は、社会が不安定になるとともに、さらに助長される。すなわち、雇用が不安定になったという不満のうえに、報酬の配分も不公正で恣意的になったという不満が加わる。フォーディズムの時代にも、人々は、相対的な剝奪感を抱いていなかったわけではない。しかし当時は、社会に統合された大多数の人々が一線に並んで、境界線の向こう側の、法外な報酬を得ていた人々に羨望の眼差しが投げかけられていただけであった。こうして、かつての階級対立の時代には整然と並んでいたはずの歩兵部隊が、いまや、バラバラに配置された不満の大砲に取って代わられた。

このように、財の公正な配分に関わる領域、すなわち能力と報酬の領域は、排除型社会の到来とともに変容した。しかし、ここで少し視点を変えて、社会秩序とコミュニティの領域に焦点を当ててみよう。そして、個人主義にもとづく私的な排除が、どうしてポストフォーディズムに由来するのか、という点について考えてみよう。その場合、議論は生産ではなく、消費をめぐって進められることになる。デヴィッド・ハーヴェイのポスト近代についての著作〔1989〕は、ジョナサン・ラバンが一九七四年に書いた『ソフト・シティ』〔邦題『住むための都市』〕をめぐる議論から始まっている。フォーディズムからポストフォーディズムへの転換期に書かれた多くの興味ある著作と同様、ラバンの都市の捉え方も、彼以前の論者たちの伝統的な捉え方とはかなり異なっていた。かつて都市は、大規模な計画と消費が合理的に実践される典型的な場とみられていた。すなわち、都市は鉄の檻《おり》であり、そこで人々の行動はプログラム化され、郊外や繁華街、事務所や工場、商業地区やレジャー施設などの、格子状に仕切られた都市空間のいたるところで、多くの人間行動が枠に嵌《は》められ、抑えつけられていた。このような決定論的な都市のイメージにたいして、ラバンは、都市をさまざまな選択が可能な舞台と捉えている。彼によれば、都市とは、あらゆる可能性が販売される巨大な百貨店であり、多彩な役割が演じられる劇場であり、社会的相互作用が複雑に入り組んだ迷宮であり、あらゆる下位文化《サブカルチャー》や生活スタイルが採録された百科事典である。

デヴィッド・ハーヴェイは、『ソフト・シティ』に寄せる関心を、次のように述べている。

この本には、歴史的指標としての意味がある。というのも、この本が書かれたのが、庶民の世界でも、アカデミズムの世界でも、都市生活のさまざまな問題が提起され、その変化がようやく認められ始めた時期だったからである。…それはまた、「ポストモダニズム」と呼ばれる思想が揺籃《ようらん》期を経て、知的・文化的な歴史として際立ち始めた時期に書かれたからでもある。[1989, p.3]

都市生活は変容し、市場主導型の消費主義が登場した。新たに生まれた消費社会は、多様な選択肢から成り立っていた。それは、たんに欲望を即座に満足させることを約束しただけではなく、ライフスタイル——二〇世紀後半の特徴的な用語である——の時代をも約束していた。フォーディズム時代の無味乾燥な大量消費やレジャーは、ポストフォーディズム時代の多様な選択肢や個人主義の文化のもとで、刹那《せつな》的な満足や快楽、自己実現を重視するものへ移行した。その変化は、後期近代の人々の感受性に甚大な影響を与えた。「懸命に働いて懸命に遊ぶ」というフォーディズム時代の特徴には、ケインズ主義的なバランスがみられたが[Young, 1971b]、それもレジャーという広い地下水脈に吸収されて失われていった。ポール・ウィリスが適切に述べているように、「近代資本主義は、ピューリタンの倫理に寄生しただけではなく、その倫理に内在する不安や、不安がもたらす破滅にさえ寄生した」[1990, p.19]。こうして、多様な選択が可能な世界が、都市の大商業空間にも、一般の文化的共同体にも現われた。人々はそこで、みずからのアイデンティティを構築できるようになった。そのアイデンティティは、商業と市場の力によって生みだされたものであったが、人間の手によって再構成されたものでもあった。

たとえばイアン・チェンバースは、労働者階級の若者世界を描いた著作［1986］で、二〇世紀後半の消費文化のもと、若者たちがどのように一連の下位文化やライフスタイルを構築していったかを分析している。もちろん、たえず変容するダイナミックな若者文化も、それ自体が消費欲求の対象となり、新たな需要を次つぎと創出していった。

アカデミズムの下位文化論は、このような時代の変化を反映した産物である。一九五〇年代から六〇年代初めのアメリカで、下位文化論が描きだしていた人間は、あやつり人形、すなわち、一見すると革新的なやり方をしているようでも、結局昔ながらの結末へ向かっていくか、あるいは「理由なき反抗」を気取りながらも、たんに中産階級的な価値観に従っているだけの受動的な存在であった。ところが、このあやつり人形が、能動的で創造的な人間に変身していった。下位文化は、人間の想像力や革新、抵抗の舞台になった。バーミンガム学派の研究者は、このような下位文化にとくに注目し、それをおおいに賛美した［たとえばHall and Jefferson, 1976; Walton and Young, 1998］。文化研究においても同じように、スチュアート・ホールとパディ・ワンネルは、一九六四年におこなった『大衆芸術』の調査において、大衆文化を商業化された文化と位置づけ、人々にとってはたんに印象的な消費財にすぎないものとして示していたが、それでも本文以外の脚註や仮説的な意見を述べている段落では、なにかが変わりつつあるという考えを示していた。すなわちそれは、世界の音楽を変えたビートルズというポップ・グループの大流行にみられた変化であった。また、ホールとワンネルは、C・ライト・ミルズが描いた消費社会のイメージを援用し、次のように述べている。

> 消費社会という教会の慈善市では、巨大なバザールが、都市大衆の習慣や外観、感覚を、流行という定期的な礼拝のために捧げるよう定めている。この礼拝が、大衆の想像力さえも組織してしまった。［1964, p.151］

ここで述べられた巨大なバザールは、一九七〇年代には、都市における中心的な一大商業になっていた。消費社会が生んだ新たな個人主義は、多様な選択可能性なくして成り立たないものであった（選択可能性の多様化のおかげで、人々は現在と過去のあれこれを組み合わせ、新たな下位文化を自在に作りだすことができる）。またそれは、個人の自己実現にも関わるものであり（個人はなにかを選択することによって、ライフスタイルやアイデンティティを構築する）、快楽主義的で刹那《せつな》的な傾向をもっていた（かつてのケインズ主義者は、仕事と余暇、生産と消費、将来に先延ばしされた満足と即座の快楽のあいだに均衡を保つような人間像を想定していたが、その均衡は後者へと、すなわち、レジャーや消費、刹那的快楽へと重心が傾いていった）。なによりも、この新たな個人主義は自発性に富むものであった（選択することはいいことであり、自由には無限の可能性があり、伝統には価値がない）［Campbell, 1987; Featherstone, 1985］。このように自己表現への要求が高まるにつれ、金銭的な成功や地位上昇の手段への需要も高まっていき、それらは現代社会に生きるうえで欠かせないものとなった。そしてこの自己表現への願望は、後期近代に入るまで、社会システムに緊張をもたらす原因になっただけではなく、物質的世界における相対的剥奪感の高まりとあいまって、逸脱の主な源泉にもなっていった［こうした事態をいち早く見抜いた研究として、ドーンズとヤングの著作を参照 Downes, 1966; Young, 1971b］。こうして、人々が物質的な面でも自己実現の面でも高い期待を抱くような文化が生まれ、そのような期待を尺度に成功が測られるようになった。また、かりにそれらの理想が達成できずに不満が生じた場合でも、人々は、もはや権威や伝統やコミュニティに従おうとは思わなくなった。

このような不満からは、よい結果と悪い結果が生まれる。ジョナサン・ラバンは著作『ソフト・シティ』で、「ソフト」という言葉を、「優しい」という意味ではなく「柔軟な」という意味で使っている。

都市というすぐれて近代的な構築物は、魅惑的で猥雑で多種多様な生活や夢や意味にたいして、柔軟《ソフト》かつ敏感に反応する。この著しい柔軟性のおかげで、都市は、人間のアイデンティティを解放する偉大な立役者になっている。しかし同時に、それは、都市が精神的病理にきわめて脆《もろ》いということでもある。…かりに都市が、プラトン的な理想《イデア》に達し、人間の理性と人間が他者たちと作る共同体の意味を、最高度に具現したと仮定しよう。その都市は同時に、人間の恐怖や羨望、見知らぬ者への恐怖、冷酷さを…暴力を通じて具現することにもなるだろう。

[1974, pp.15-6]

ある著者が指摘しているように、都市には男性の放浪者《フラヌール》のための空間はあっても、女性の放浪者《フラヌーズ》のための空間はない［Woolf, 1985］。ここに新たな個人主義のパラドックスが潜んでいる。消費者の好みは一致しなくなり、ライフスタイルはたえず変化し、多種多様化していく。そのようにして人間の創造性が解放されると、自由と進歩への可能性が生まれる反面、そこで生じるさまざまな意図が互いに衝突し妨害しあうという事態が生じる。下位文化も互いに対立するようになり、多様性が多様性を妨げるようになる。そして社会的に苦しい境遇にある、努力が報われない、願いがかなわないという不満が高まり、それにたいして政治的・宗教的・文化的な対応が次つぎとおこなわれる。これらの処方箋は、ある人々にとっては可能性を広げるものであるが、他方では、ほかの人々の可能性を意図的に狭め、閉ざすものである。こうした対立が犯罪を引き起こすこともあるが、より一般的には、他者の行為を制限する風潮が広まるようになる。例を二つ挙げよう。前節でみたように、製造業の生産基盤のダウンサイジングによって、相対的な剝奪感があらゆる階級の人々のなかに生じることになった。とくに厳しい剝奪感に襲われたのは、沈滞した工業地帯の、操業を停止した工場に多くいた不熟練労働者であった。そのような状況にあっても、若い女性ならば子育てに役割を見出したり、サービス職に就くこともできた。しかし若い男性は、社会的地位を手に入れる機会や将来の展望を完全に断たれてしまい、流れに身を任せるしかなくなった。かれらは、構造的に雇用から締めだされ、生活が安定しないために「結婚に値《あたい》する相手」にもなれなくなった〔W.J. Wilson, 1987〕。かれらは、能力主義社会の競技場から締めだされながら、他方ではテレビやマスメディアを通じて、豊かな社会の輝かしい商品を見せられるままである。自分たちがそのような状況にいるという現実を認めようとしない若い男性は世界中のいたるところにおり、かれらはまるで犯罪学の普遍法則に従うかのように、男らしさ《マチズモ》に価値を置く文化を創造するようになる。そして、唯一の資源である肉体の力を使ってストリート・ギャングを結成し、「縄張り」を争いあう。他人から尊敬されることを拒絶されたかれらは、男らしさの力を誇示し、仲間から「尊敬」されることに躍起となり、そのような価値観を中核とする下位文化を作りあげていく。

　ポール・ウィリスは、現在ではもはや古典となった著作『ハマータウンの野郎ども』〔1977〕で、「野郎ども《ラッズ》」〔ハマータウン高校を仕切っていた労働者階級の不良学生達のあだ名〕が、自分が将来就くことが定められている労働者階級の仕事にとって学校教育がなんの意味もないことを見抜いて、学校や中流階級の世界に反抗的な下位文化を作りだしていく過程を描いた。たしかに「野郎ども」は、正規雇用市場から排除されていることや、出世や明るい展望、約束された未来などとは縁がないことには反発した。しかし同時に、かれらの反発は、自分たちと同じように弱い立場にある他者を容赦なく排除する方向にも向かっていった。こうしてかれらの下位文化やかれらの示す反抗においては、身体的な頑丈さや強さが最大の美徳として称揚されるようになる。つまり、かれらは女性差別主義者であり、人種差別主義者であり、露骨なインテリ嫌いになっていくのである。

こうして、排除された人々は自分たちのあいだに境界線を引くようになる。そこで境界線として利用されるのは、多くはエスニシティであり、あるいは単純に都市の居住区域であったり、もっと単純には（ファンにとっては単純な話ではすまないのだが）応援するサッカーチームであったりする。ここでもっとも重要なことは、ウィリスが指摘しているように、そこから共同体のほかの成員、とりわけ女性にとっての安全やセキュリティの問題が生じることである。排除された者たちは、他者を攻撃したり追放したりするなど、排他的かつ排除的なやり方で自己のアイデンティティを作りあげる。その結果、今度は自分たちが他者から、すなわち、学校の管理者、ショッピング・モールのガードマン、「善良な」市民、巡回中の警官などから排除され、追放されることになる。そこにあるのは、逸脱者がますます逸脱の度合いを高め、周縁化されていく排除の弁証法とも呼ぶべき過程である。このような排除された者による他者の排除の過程は、たんに犠牲者しか生みださない。というのも、それは社会やほかの人々を巻きこむだけでなく、逸脱者の側にも不利益をもたらすからである。排除された者たちは、たとえ将来性のない仕事でもありつければまだマシなほうで、最悪の場合「怠惰で自暴自棄なアンダークラス」という烙印《らくいん》を押されて、放りだされることになる。

もうひとつの例は、排除が犯罪を生みだす状況ではなく、包摂の努力が暴力と攻撃にさらされる状況についての話である。女性は労働市場に参入し、さらにレジャーや政治、芸術など広く公的な活動に正式に参加するようになった。これこそ、戦後最大の構造的変化といえるだろう。しかし、この包摂の過程で別の状況が生まれたのも必然の成り行きであった。ウルリッヒ・ベック〔リスクの再配分と管理が問われる社会を分析した現代ドイツの社会学者〕は、次のように述べている。「女性は、自分が男性と平等に扱われることを期待するようになったが、他方で職場や家族では不平等のままであり、そのあいだに矛盾があることは明らかである。このような外的状況が男女間の個人的関係にまで入りこみ、両者の対立が激化することは、容易に予想できることである」[1992, p.120]。しかし、対立が激化するのは、たんに女性の平等への期待が高まったからだけではなく、その期待が男性の先入観にたいする挑戦であるとともに、男女間の対立を隠蔽しようとする男性にたいする抵抗でもあるからである。「家庭こそは暴力が頻発する場である」というギデンズ〔近代・後期近代の構造に関する多数の著作があり、ブレア政権のブレーンとして「第三の道」（本書四七二頁参照）を提唱した社会学者〕の指摘は、たしかに的を射ている。政治に起きていることは、家庭でも起きているのである。そこで脅かされているのは男性支配であり、もはや家父長制的支配も国家支配も素直に受け入れられる時代でなくなっている。支配が崩れつつあるからこそ、暴力が頻発するのであり、支配が安定していれば、そのようなことは起こらない[Giddens, 1992, pp.121-2]。家父長制についていえば、これまで家庭で女性を不平等に扱い、周縁的な地位に追いやっていた男性の権力が正当性を失って、急速に弱まっていることは明らかである。ドメスティック・バイオレンスが増加すると同時に、サンドラ・ウォークレイトが指摘しているように、「女性は以前ほど…男性の暴力にたいして寛容ではなくなった」[1995, p.95]。対立の度合いが高まるにつれて、家庭でこれまで当たり前のように存在していた暴力が許されることも少なくなった。

先ほどの男性の事例でみたように、暴力犯罪を社会的排除の産物と捉える観点はとくに目新しいものではない。これにたいして、包摂の過程で対立が生じ、それが原因となって暴力が生まれるという観点の方は注目されてよい(たとえば、平等で近代的な社会関係への願望が、従来の従属的で伝統的な社会関係と対立した結果として生じる暴力。**表1-1**を参照)。女性にたいする暴力は、人種差別による暴力にきわめて類似しているものの、現代社会を捉えるにあたってはこちらの方がより重要である。というのも、ジェーン・ムーニー〔1996〕の社会的・空間的な変数を使った暴力研究によれば、北ロンドン地区では、家庭での女性にたいする暴力事件が、全暴力事件の四〇%にも及んでいたと指摘されているからである〔1996〕。以上の二つの例でみた暴力は、排除と包摂の結果生まれたものである。それは相対的な剝奪感から、また、平等を求める個人とそれを妨害する個人との対立から生まれる。もちろん、相対的剝奪感と個人主義の両方が重なると、暴力はもっと激しくなる。たとえば下層

表1-1　男らしさの行方：暴力につながる2つの道

原　因	経済的な不安定	存在論的な脅威
役割の変化	正当性を失った男性役割	男性と平等になった女性役割
危　機	男性性の危機	男性支配の危機
典型的な犠牲者	男性の暴力による男性の犠牲者	男性の暴力による女性の犠牲者
典型的な場面	犯罪集団による暴力	ドメスティック・バイオレンス
発生領域	階級構造の下層部	階級構造の全部分

階級の男性至上主義文化では、失業中の若い男性が、低賃金ながらも安定した仕事をもつ女性から平等な関係を求められることで、両者のあいだに激しい対立が起こるということも、十分に考えられる。このような文化では、しばしば夫婦別居という手段がとられ、多くのシングルマザーが発生することになる。実際、シングルマザーの女性集団には、きわめて高い割合で暴力の被害者――加害者の多くは元夫である――が含まれている［Mooney, 1997］。保守的な政治家たちは「伝統に帰れ」というスローガンがことのほかお気に召しているようだが、皮肉なことに、私たちの社会の暴力は、そうしたスローガンによって軽減されるどころか、むしろ伝統的な社会関係を維持しようとする試みから生じ、家庭内に吹き荒れているのである。

多元主義と存在論的な不安

これまでみてきたように、経済の変化は一方で相対的剝奪感や経済的な不安定さを生み、他方では過激な個人主義を生んだ。しかし、それよりもはるかに人々を不安定にしている力がある。それは、いっそう多元主義的な社会の誕生である。そこでは人々の個人的なセキュリティの感覚や、存在そのものの基盤までもが、不確かでよりどころのないものになっている。

アンソニー・ギデンズがたくみに記述したように、後期近代の生活には次のような特徴がある。それは、選択可能性が高まったこと（消費の機会と雇用の柔軟化への要求が増大したことによる)、信念や確実性がつねに疑われるようになったこと、自己反省が強まったこと、はっきりした人生コースが消滅したこと、社会の多元化がさまざまな信念のあいだに葛藤を引き起こすようになったこと、などである[1991, pp.70-88]。このような状況から、存在論的な不安とでも呼ぶべき感覚が生まれる。そこでは、自己のアイデンティティが一貫した人生に根ざしたものでなくなり、私たちの確実性の感覚に脅威やリスクが侵入することを食い止めていたはずの防壁もなくなった。正常と異常の区別も、その基準となっていた絶対的な価値観が相対主義的な価値観に包囲されることによって、もはや失われてしまった。実存的な選択と自己実現に価値を求める個人主義も、人々の不安が増幅する大きな要因となっている。複数の異なる社会の存在がもたらす圧力も、そのいくらかは個人主義の帰結であり、価値基準を疑うこともせず安易に受け入れていた人々を脅かしている。

私たちが直面している多元主義は、次の三つの事実に由来しているように思われる。まず、㈠個人主義が台頭した結果としてライフスタイルが多様化したこと。さらに、㈡社会が緊密に統合されたこと。というのも、空間的・物理的な移動に要する時間はますます短縮しており、急速に拡大し続けるマスメディアによって、ほかの社会や文化の情報がますます大量に流れこむようになっているからである。ビジネスや観光、テレビが一体となって、私たちの社会を多元化に向かわせている。最後に、㈢ほかの社会からの移民たちが増加したこと。[▼2] 以上の三つの点から、ヨーロッパでは過去二〇年にわたって多元主義が語られてきた。移民の大量流入によってヨーロッパの統合が進展したことは明らかな事実であるが、しかし、そのことによってヨーロッパの政治過程がバラバラになり、ヨーロッパに共通のアイデンティティのあり方が限定されてしまったのも、明らかな事実である〔Melossi, 1996〕。他方、先進産業社会が多様化に向かう傾向はますます加速している。

　このような状況は、逸脱にたいする私たちの考え方と、その対処の仕方に重要な影響を及ぼしている。すでにみたように、近代社会において〈逸脱する他者〉というのは、広く共有された絶対的価値観とは反対の存在であり、明らかに異質なマイノリティとしてあった。共通の価値をもたない少数者たちは、社会にとって脅威であるというよりも、むしろ少数であるがゆえに社会を統合する役割を果たす存在であった。しかし、現代の後期近代では、〈逸脱する他者〉はどこにでもいるようになった。リチャード・セネット〔一九四三〜『公共性の喪失』等を著した社会学者〕が著作『まなざしの良心』で書いているように、いまでは誰もが潜在的な逸脱者となった。現代においては、異質性がはっきりと目に見えるような他者などどこにもいない。さまざまな文化も多元的であるだけでなく、境界線がかすんでぼやけ、互いに重なりあって融合している。たとえば若者文化でいえば、それはもはや画然とした民族集団としては形成されておらず、民族的な絶対性を追求するよりも、むしろさまざまな民族文化の組み合わせ《ブリコラージュ》から形成されている〔Gilroy, 1993; Back, 1996〕。

　このような存在論的な不安から逃れるため、人々は安定した土台を築こうと躍起になる。そして、自分の価値観を絶対的道徳としてふたたび振りかざし、ほかの集団を道徳的な価値観が欠如していると攻撃し、美徳と悪徳を明確に区別し、柔軟な判断を止めて強引に決めつけ、混じりあい同化するよりも懲罰的で排他的な道を選ぶようになる。こうしたことが社会構造のさまざまな部分において、いくつもの形態をとって現われる。道徳基準を厳格なものに戻そうとする試みのうち、もっとも広く喧伝《けんでん》されたのが、一九九五年にイギリスの保守党が提唱した「基本に返れ」という政策である。それは、アメリカのブッシュ政権〔一九八九～九三年〕の「家族の価値を取り戻せ」キャンペーンの焼き直しであった。階級構造の底辺においても、社会的に排除された人々が、堅固で明確なアイデンティティを築こうと躍起になっている姿がみられる。ジミー・フェイスが述べているように、「社会が定めた構造の海に錨《いかり》をおろす」ことができない人々が、社会的排除の過程の一部として現われる[1996, p.7]。すなわち、社会的排除はアイデンティティの危機を生みだす。こうしたプロセスの現われとして、ブラック・ムスリムや、移民コミュニティ

表1-2　後期近代における〈逸脱的他者〉

	近　代	後期近代
社　会	包摂的	排除的
規　模	少数者	多数者
価値基準	絶対的	相対的
社会統合のあり方	一元的合意	多元主義
境界線	明　瞭	曖昧／連続している／重なりあう／複合している
障壁のあり方	透過的	規制的
許容度	寛　容	不寛容

における原理主義、あるいは極右に共鳴する人々の露骨な伝統主義を挙げることができる。かれらは、極端なかたちで過去の価値観に傾倒することで、自分たちが排除されることに抵抗する。すなわち、現在の不安から逃れるために空想的なナショナリズムをでっちあげ、紋切り型の、あるいは空想上の過去のイメージを模倣する。最後に、とくに知識人のあいだに登場した「政治的正しさ《ポリティカル・コレクトネス》」という考え方は、逸脱にたいして不寛容な傾向にあるだけではなく、「正しい」言動への強迫観念であり、道徳的領域までも厳しく取り締まることを主張するものであった［Moynihan, 1993; Krauthammer, 1993］。この考え方が正しいのか、それとも誤っているのかはたいした問題ではない——実際には、そうした議論には真に進歩的な意見も数多く含まれているものであるが。それより重要なことは、一九六〇年代には逸脱にたいして無節操なほど寛容であった人々とまったく同じ人々が、九〇年代になると、今度はビクトリア朝の道徳読本の登場人物のように、逸脱にたいして不寛容になったことである。前頁の表1-2では、近代から後期近代にかけて、〈逸脱する他者〉にたいする社会的な態度がどれほど劇的に変化したかを示しておいた。

犯罪の二項関係《ダイアード》

生産と消費の様式が変わり、そこに生きる人々による物事の解釈も変わった。そのことは、犯罪や逸脱の原因に大きな影響を与え、同時に、そうした犯罪や逸脱にたいする人々の反応にも影響を与えている。すなわち、こうした変化は、犯罪の原因と犯罪にたいする反応という「犯罪の二項関係」の両項に影響を与えている［表1-3を参照］。

犯罪にたいする政治的な解決方法がみつからない状況にあって、相対的剝奪感と個人主義が結びついて、犯罪の強力な原因となっていく。というのも、そこから生じる犯罪は、きわめて内部抗争的で対立的な様相を呈するからである。たとえば、労働者階級の社会では、近所の者が近所の家に強盗に入るなど、反道徳的行為が日常化し、暴力沙汰が頻発していることによって、階級内部から崩壊が始まっている。古き良き一九五〇年代の犯罪は、ほとんどが金銭を目的としたものであり、それぞれの「組織」が「縄張り」を支配するために、暴力が「賢明」な仕方で行使されていた。ところがその暴力は、今ではホッブズ的な「万人の万人にたいする闘い」における反道徳的行為に取って代わられた。「俺たちは堅気《かたぎ》には手を出さなかったもんだ」――クレイ・ギャング〔六〇年代のロンドンで暗黒街の帝王にのしあがったクレイ兄弟率いるギャング団〕のひとりはこう述べて、ロンドンのイーストエンドの市民道徳が衰退したことを嘆いている。それが事実であることは、一九五〇年から九〇年までの

表1-3　正義の領域と共同体の領域

犯罪の二項関係	正義の領域	共同体の領域
犯罪と逸脱の原因	相対的剝奪感	個人主義
犯罪と逸脱に対する反応	物質的不安定	存在論的不安

ロンドン特別都市自治区のいくつかのデータが示している。すなわち、一九五〇年から九〇年のあいだに、全犯罪に占める住居侵入犯罪と強盗犯罪の割合は、六%から一四%に上昇した。また、一般住宅と商業施設の侵入犯罪のうち、一般住宅への侵入罪が占める割合は、五〇年に四〇%だったのが、九〇年には六六%まで増加した［Harper, *et al.*, 1995］。

経済的な不安定と存在論的な不安が結びつくと、それはきわめて発火しやすい化合物となり、その結果、犯罪にたいする懲罰を厳格化する要求が生まれたり、スケープゴートが作りだされる可能性が高まることになる。すでにみたように、ルトワクは、経済的な不安定が与える影響に絞って議論していたが、そのなかで、かろうじて労働市場の内部に留まっている人々が、労働市場の外部に漏れ落ちてしまった人々にたいして抱く反感について述べていた。この危険な状況にあって存在論的な不安が加わると、逸脱にたいする定義がさらに不寛容なものへと変わり、自分の属する集団の価値観を信奉する傾向が強まっていく。とはいえ、ここで重要なことは、このような傾向をさまざまな必然性から区別したうえで、こうした力学が発生する社会的シナリオを正確に検討することである。私はこの章の終わりにふたたびこの問題に立ち返るつもりであるが、しかしその前に、犯罪が社会的排除のあり方にどのような影響を与えているかについて考えることにしよう。

増加する犯罪と社会的排除

二〇世紀後半になると、ほとんどの先進産業国において犯罪が増加し、人々の生活に大きな影響を与えたが、同時にそれは犯罪学さえも大きく変えることになった。この点については第2章で詳しく述べるつもりである。

犯罪発生率の上昇こそ、人々の行動や態度が変化し、犯罪統制機構と犯罪学が発展したことの大きな原因である。それはまた次のようなかたちで、排除のあり方にも大きな影響を与えた。

1 市民の回避行動

犯罪の増加によって、犯罪にたいする恐怖が人々の心に引き起こされた。人々は、犯罪を回避するための行動様式を発達させていった。都市に住む女性たちには、それはとくに緊要なことであった。かつて近代社会においてほかの地域から切り離され、孤立していた犯罪多発地域は、いまでは複雑に入り組んだ地図に変わった。危険地域が、立ち入り禁止区域、利用すべきでないとされる地下鉄や公園、一人で歩いてはならない駐車場、いつでも逃げる準備をしておくべき公共空間、といった多くの場所に散在するようになった。昼間は多くの女性が通ることができる場所も、夜間には立ち入ることができなくなった［たとえばPainter, *et al.*, 1989参照］。ここでは、その恐怖がどれくらい「現実」に即したものであるか、「現実的」なリスク計算をすればどんな結果が出るのか、といったことは問題にしない。ただ、犯罪が排除を生みだしていること、そうした排除の影響が、年齢や階級、性別、エスニシティによって異なることを指摘すれば十分だろう。

2 刑罰による排除

犯罪が増加すると、監獄への収容者も増加する。もちろん、両者のあいだには単純な相関関係があるわけではない。それでも多くの国々で、犯罪統制の必要性の高まりに対処したために(そして、おそらくはその対処が誤っているために)、長期的にみると収監者数が増加してきたことは否定しようもない事実である。[3] 実際、合衆国とヨーロッパの収監率には明らかに大きな差がみられるが、この差は政治の問題というよりも、むしろ実際の犯罪発生率の差を反映している。ここでよくある誤りは、犯罪発生率を単純に人口にたいする割合から考えてしまうことである。ジェームズ・リンチは、この点を見抜いたうえで、次のような事実を発見した。すなわち、犯罪の程度や凶悪さという変数を考慮に入れると、「合衆国とほかのいくつかの西側民主主義国家のあいだの収監率の差はかなりの程度縮まり、いくつかの国ではその差はなくなってしまう。したがって、各国の収監率の違いは、各国における犯罪の種類や程度の違いを反映している」[1988, p.196]。しかし、そのような要因を考慮に入れたとしても、ドイツと合衆国の収監率のあいだには大きな差が開いたままであり、そこまで大きな差ではないにしても、イングランドやウェールズと合衆国の収監率にもかなりの差がある。これらの差は、各国の司法行政の違いに基づいている。とくに合衆国では激烈な「ドラッグ撲滅戦争」が政策として実行されていることも大きい。

合衆国において収監者は巨大な数に上るが、そのことは、みずからの権利を喪失し、社会的に排除された人々がどれほど多いかを物語っている。というのも、合衆国の収監者数は一六〇万人に達しており、それを一ヵ所に集めると、フィラデルフィアと同規模の大都市ができあがるほどだからである。さらに、合衆国の成人のうち、五一〇万人が矯正・監視状態（収監中、仮釈放中、あるいは保護観察中）にあり、これは成人の三七人に一人がそうした状態にあることになる［Bureau of Justice Statistics, 1996］。現在のアメリカの刑務所は、ロシア〔旧ソ連〕の強制収容所に並ぶほどの規模になっており、その収監者数は、全部を集めても二〇万人程度という西ヨーロッパとは、比較にならない多さである［Council of Europe, 1995］。

3 公共空間からの排除

犯罪が増加するにつれて、犯罪を防止したり統制したりするための一連の障壁が作られるようになる。そのため、個人の私有地に立ち入り禁止の柵が設けられたり、ショッピング・モールや私立公園、レジャー施設、鉄道、空港などで、公共空間の私有化《プライヴァタイゼーション》が進行している。

いまやどこにでも見られるこれらの予防措置は、厳重な防壁が設けられたり、警備員のパトロールがおこなわれたり、監視カメラが設置されたりして、しだいに強化されていったものである。こうした排除を職務とするセキュリティ産業は、現代ではもっとも成長する産業のひとつとなっている [South, 1994]。いまや都市そのものが、他者を排除し、篩《ふるい》にかける障壁のひとつになったのである。これらの障壁は、権力者たちの要求だけからできあがったのではない。排除のシステムは、もてる者ともたざる者の両方によって作られる。もたざる者たちも、ときには権力をもつ人々と同じくらい他者にたいして差別的になる [Ruggiero and South, 1997]。そうした差別の多くは、自己防衛のための排除といえるかもしれない。たとえば、私が住んでいるロンドンのストーク・ニューイントンでも、つねに暴力の脅威にさらされているクルド人や、反ユダヤ主義の拡大に直面しているハシド派〔厳格なユダヤ教徒〕の人々が、防護策が設けられたコミュニティに住むようになっている。また、男性の入れない女性専用のレジャー施設や、学生による破壊行為にたいする厳重な予防措置を講じる学校なども現われている。さらに、もっとも日常的で、もっとも高くつく防壁とは、ほかならない、私たちが自分の家を守るために仕方なく築いた防犯壁なのだということを忘れるべきではない。

排除の暗黒世界《ディストピア》が到来する？

かつてヨーロッパは、鉄のカーテンで分断されていた。しかし、現在も分断されていると述べたら、読者は奇妙に思うかもしれない。ところがヨーロッパは、鉄のカーテンがなくなっても、今度は経済によって分断されている。一方のヨーロッパは繁栄して、ますます統合が進行している。他方のヨーロッパは、不安定で、貧しく、分裂したままの状態に留まっている。ひとつの部屋の半分が暖かく、もう半分が冷えきったままというわけにはいかない。それと同じように、二つの異なるヨーロッパが互いに争うことなく隣りあって共存するといった状態が、いつまでも続くとは思えない。

［Havel, 1996, p.40］

私たちは排除の暗黒世界へ向かっているのだろうか？　そこではハヴェルが述べているように、ヨーロッパ内部の分裂だけではなく、それぞれの国の内部でも分裂が起きるのだろうか？部屋の半分が隔てられたままで冷えきっているというのに、もう半分がこれからも暖かいままでいられるのだろうか？　多くの論者は、そのような世界の分裂は避けられないものとみている。そしてそれぞれが、抑圧する－されるの関係をとりながら、全体のなかで役割を果たしていくとみている。それでは、この分裂した世界は、どのような要素から成り立っているのだろうか。

中心領域

人口の相当部分は、フルタイムの仕事に就き、確実にキャリアを積み、安全な人生を歩んでいる。そこは能力主義が保障された世界であり、男女は平等な関係にあって、カップルの両方が働いている。安定した核家族が形成され、労働時間は長く、夫婦の収入はますます高くなっている。職場と学校には能力主義が浸透し、刑事司法制度には新古典派的な方法が定着している。それは、人々が信用調査や消費者調査によって格づけされた世界である（これこそなによりも重要な市場である）。しかし、それが優しく親切な世界であるのは表向きのことにすぎない。そこでは職場からレジャーの場にいたるまで、社会統制の網がますます広がっており、そのさりげなさはまるでディズニーランドのようである［Ericson and Carriere, 1994］。人生におけるトラブルは、保険が完全かつ包括的にカバーしてくれる。たとえ健康上のトラブルであっても、事故や失業、あるいは犯罪の被害であっても、すべて保険がカバーしてくれる。日常を離れた第三世界のリゾートで休暇を過ごしていても、そこは危険が取り除かれて安全が確保された飛地であり、あいかわらず自分の世界は守られる、という具合である。

しかし、このような中心領域は、今や縮小する一方である。労働市場でもっとも増加しているのは、非正規雇用市場の人口である。そこでは仕事はさらに不安定になり、キャリアへの道は閉ざされ、人々はよりどころのない人生を送るはめになっている。

防疫線

中心領域にいる集団とその外側にいる人々とのあいだには、ありとあらゆる手段を用いて明確な境界線が引かれる。都市計画によって、都市と都市を隔てる道路網によって、私有地の囲い込みによって、市街地への立ち入り禁止によって、中心と周辺のあいだに境界線が引かれる。なかでもカネはもっとも強力な境界線である。たとえば繁華街へ向かう公共交通機関の乗車賃、店で売られている商品の値段がそうである。さらに、郊外のショッピング・モールや都心の再開発地域などの中心地域での警備会社による私的な取り締まりや、警察による公的な取り締まりなど、こういった活動は、秩序を破壊しかねない要素を除去するために、路上からアルコール依存症者やもの乞い、精神障害者、集団でたむろする者たちを一掃することをめざしている。それは、保険統計的な警察活動とも呼べるものである。というのも、それは秩序の破壊や不満の爆発が起こる可能性を計算したうえで、それらの要因を効率的に除去するために、犯罪者の逮捕よりも不審者の取り締まりに力点を置いているからである。さらに監視カメラがいたるところに設置されたり（この装置は、入念に計画された凶悪犯罪よりも、単純な反社会的行為を監視することに効果を発揮する）、逸脱行動を取り締まる多くの法律が制定されたりして、境界がますます強固なものにされていく。

外集団

社会の中心領域の外側にいる人々、すなわち「外集団《アウトグループ》」は、社会全体が問題を抱えるときスケープゴートにされやすい。スケープゴートにされるのはアンダークラスの人々であり、かれらは怠惰と犯罪にまみれた生活を送っているとみなされる。また、かれらの住む地域にはシングルマザーと無責任な父親が多く、麻薬と売春と盗品売買で生計を立てているとみなされる。要するにかれらは、後期近代における社会的な「不純物」とみなされた人々である。デイビッド・シブレイ〔一九四〇〜、社会-空間的な排除・周辺化の過程を分析する地理学者〕は、すぐれた著作『排除の地理学』[1995]で、かれらのことを、一九世紀の改良主義を思い起こさせるような「公衆衛生と道徳の地理学」の犠牲者として描いている。しかし、一九世紀後半の改良主義の場合とは異なり、一九六〇年代までは、外集団の居住地域を物理的に消去したり、国家という政治的統一体の成員として統合することはめざされていなかった。一九世紀後半には、人々はたんに追放され、排除されただけであった。

一九八〇年代に入るまでは、そのような外集団を意味するのに「周縁化」という用語が使われていた。すなわち、かれらは近代化に置き去りにされ、豊かな社会にいるにもかかわらず貧困と剝奪にさらされ、放置された人々である、と考えられていた。しかしその後、「社会的排除」という用語が使われるようになった[Feys, 1996]。この用語には、かれらがいっそう徹底的に社会から排除されているということが含意されていた。しかしここで重要なことは、もはやこの時点で、貧困者を社会に統合しようという意図が失われてしまったことである。一九八〇年代後半から九〇年代の新自由主義《ネオリベラリズム》は、国家の権限を縮小しようとしただけでなく、市民社会の権限さえ縮小しようとした(後者の方が成功を収めたようである)。現実には労働市場が拡大する見込みはまったくないにもかかわらず、新自由主義の政策によれば、公共政策ではなく市場こそが、排除された外集団を救済する唯一の道であると考えられている。ちなみに、外集団には多くの民族的マイノリティが含まれており、そのため、かれらは容易にスケープゴートにされ、階級の問題と民族の問題が混同されがちな状況に置かれている。

排除の行方

このような排除をめぐる議論は、もちろん、たんなる一時的な問題として片づけられてしまう可能性は十分にある。政治家たちは、左翼であれ右翼であれ、完全雇用を達成すればふたたび一九五〇年代のような包摂型の社会に戻れるという希望を抱いている。政治的立場を超えて広がっているこのノスタルジーは、一時的に実現されることはあるかもしれない。しかし長期的にみれば、残念なことだが、その方向に現実の流れが変わるとはとても考えられない。というのも、すでに触れたことであるが、次の二つの理由から、将来に雇用が好転するとは考えられないからである。第一の理由は、不熟練や半熟練の肉体労働にたいする需要が、すべての先進産業国において縮小していることである。資本のグローバル化によって、労賃が安価な東南アジアの産業が、ヨーロッパや北アメリカの産業と競争するようになった。そのために先進産業国では、貧しい人々が都心のスラムや、郊外の住宅地や、ゴーストタウンに取り残されていった。もとはといえば、かれらは資本によってそれらの地域に連れてこられたはずであったが、資本の翼はかれらを置き去りにしたまま、労働者の賃金が安価で、労働環境への期待も少ない地域へ飛んでいってしまった。このような排除は大規模に進行している――ウィル・ハットンの試算によれば、このように排除された人々だけで人口の三〇%を占めるという［Hutton 1995］。そしてこの問題は、第二次世界大戦直後の世界にみられたような、貧困地域の周縁化という問題とは、根本から異なるものである。さらに、中国が世界経済に本格的に参入したことによって、「アジアの虎〔東南アジアの諸国〕」が参入したときをはるかにしのぐ影響が出てくることだろう。さて、未来に雇用が好転する兆しがないことの第二の理由は、ますます高度化したコンピュータ・ソフトウェアが導入されたことである。それによって、多くの下層ホワイトカラーの仕事がなくなり、同時に多くの下層専門職の仕事もいっそう不安定になった。今日成功している企業は、これまで労働力を削減して生産性を上げてきた企業であり、社員数を増やした企業ではない。この点について、ジェームズ・ファローズは、次のように述べている。

> 最近のレイオフに関するもっとも重要な事実は、それが企業活動の失敗の結果ではなくて、

成功の結果とみなされていることである。これらのレイオフは、より効率的な生産と流通からなる「摩擦のない」世界への前進と考えられている。しかし、こうした企業が生みだしているのは勝者と敗者からなる世界であり、しかもそれは勝者にとってさえ生きる喜びの少ない世界である。

［1996, p.18］

とはいえ、このような暗黒の世界が、いつまでも続くとは考えにくい。もはや市民権は獲得されるものではなく、はじめから権利として与えられたものであり、また、市民権はたんに政治的平等を意味するだけではなく、社会的平等というもっと広いものを意味している。誰もが市民権をこのように理解している。このような状況なればこそ、マイノリティの人々を永遠に辺境に追いやり続けることなど、できないことである。かりに、そのようなことが可能な社会ができるとすれば、それは、あくまでも能力主義の価値観を押しつけながら、多くの人々が競争に参入することを拒否するような社会である。勝者の世界と敗者の世界を保険統計的な防疫線によって分割することは、そのような社会を実現するための手段である。それは、敗者を犠牲にして、勝者の人生をますます生きやすいものにすることである。

排除された人々が作りだす危機や混乱は、一定の地域に限定されている。もっとも重要なのは、先進産業国のあちこちで散発的に発生している暴動である。ロンドンやバーミンガム、パリ、マルセイユにおいて、市民権を求める暴動が起こっている。そのような暴動は繰り返されるが、それはいつも同じパターンをとっている。すなわち、まず経済的に周縁化された人々が、あらかじめ決められたように、警察官から疑われ、嫌がらせを受ける。かれらは市民としての社会的権利を否定され、公正なルールで労働市場へ参加できなくなり、路上においても法的権利などないかのように扱われる [Lea and Young, 1993]。興味深いことに、このような労働市場からの排除は、すでに述べたような保険統計的な取り締まりによる排除と合致するものである。どんな小さな出来事であっても、それが警察の偏見から引き起こされたときは、暴動の引き金になりかねない。このような暴動は、ほかの人種の人々を排除することをねらった人種差別主義の暴動とはまったく異なる。それは包摂を求めること、あるいは市民権の意味を問い直すことを第一の目的とする暴動である。

　このような暴動のねらいは、どれも控えめである。この種の暴動は地域のコミュニティの破壊をともない、人々の怒りも外側ではなく内側に向けられる。もはや貧しい人々が高級クラブの紳士たちを襲うようなことはなくなった。その代わり、ブリクストンやハンズワースの小さな商店主に恐怖を与えるようになった。他方、このような暴動が起こる地域では、ただでさえ犯罪や反社会的行為、あるいは公共物の破壊といった緩慢な暴動と呼ぶべき事態が横行している。それは破壊衝動が内側に向く世界であり、人々は互いに争いあっている。さらに、差別的な警察活動や地域隔離《ゾーニング》、犯罪抑止といった保険統計的な線引きが、こうした状況を悪化させていく。すなわち、このような線引きは、中産階級の居住地域の安全を確保することによって、より安全でない下層階級の地域へと犯罪を移動させているだけであり、実際は問題を増大させている〔Hope, 1995, 1996; Trickett, *et al.*, 1995〕。しかし、排除の取り組みもこのままではまだ限界がある。そのために、物質的な要素に加え、文化的な要素がこの取り組みに動員されていく。すなわち、排除とリスク管理という保険統計的な物理的過程と、スケープゴート化という文化的メカニズムが組み合わされていく。こうして、人々を空間的にも社会的にも隔離することによって、〈逸脱する他者〉が作りだされていく。

しかし、西ヨーロッパと合衆国では物理的状況も文化的状況も異なっており、その違いは重要である。そこで次に、両者の違いを明らかにすることにしよう。

アメリカン・ドリームとヨーロピアン・ドリーム

アメリカン・ドリームには、コミュニティと機会に関する独特の考え方が含まれている。あらゆる先進産業諸国において排除の過程は進行しているが、アメリカのイデオロギーがもつ排除的性質は、ヨーロッパ流の理念と比較しても著しく際立っている。アメリカン・ドリームが掲げる理念とは、機会の平等である。すべての人々は能力主義に基づいて競争に参加する機会をもっている。しかし、報酬を得るのは勝者であって、負けた者は当然なにも得ることができない。敗者は、自分に能力がなかったから負けたのであり、負けた責任は自分自身にある

［Merton, 1938］。このように、アメリカにおける市民権の概念は、社会的平等よりも、法的・政治的な平等に力点が置かれている。アメリカは「カクテル・グラス」の社会である。社会と文化の中心には成功した人々がいて、勝者にはあらゆるものが手に入る［Frank and Cook, 1996］。その意味で、社会的市民権とは勤勉な努力と自己主張（これが「アメリカ流」というわけだ）によって獲得されるものであり、最初から与えられるものではない。

これとは対照的に、ヨーロピアン・ドリームでは「包摂される権利」に力点が置かれている。戦後体制のもと福祉国家が成立したが、そこでは、社会的市民権は政治的市民権と同じくらい重要なものとみなされていた。競争ではすべての参加者が自分の能力に応じて報酬を得ることができる。そして、競争で最下位になった人々でさえ、基本的な生活に必要なものが保障される。そこでは、失敗することは個人の責任ではなく、システムの責任であるとみなされている。

さらに合衆国においては、経済的排除は仕方ないことと考えられているが、それは、露骨な社会的・空間的な排除によって支えられている。シカゴ学派が描いた有名な「同心円地帯」〔都市・家族・スラム等を調査したシカゴ学派のひとりバージェスが仮設した、都市における土地利用上の階層構造〕は、経済的排除と社会的排除がぴったり一致していることの証しである。しかもこのような垂直方向の隔離は、いっそう露骨な水平方向の隔離によって強化されている。そこでは、同じくらいの豊かさのコミュニティでさえ、互いに隔離しあっている。

アメリカは、特異な排除型社会である。郊外の開発地をエスニシティごとに隔離しようという発想さえ、めったに批判されることはない。「コミュニティ」という言葉さえ独自の意味で使われており、それはたんに複数の存在がバラバラにあることを意味するにすぎない。アミタイ・エチオーニ〔アメリカの社会学者。その主張は本書の第6章で詳述〕が意気揚々と提起した「共同体主義《コミュニタリアニズム》」という概念にしても［1993］、統合されたものを意味するのではなく、たんに共通の価値や共有された感情を意味する概念にすぎない［J.Q.Wilson, 1885］。皮肉なことであるが、マーカス・フェルソン［1994］は、ヨーロッパやアメリカの古い都市（マンハッタンなど）にみられる高層ビル群や異質な人々が混じりあう繁華街からなる「収斂《しゅうれん》型」の都市を、北アメリカのスプロール化した郊外と隔離された居住地からなる「分岐型」の都市と比較したうえで、自文化中心主義を楽しむかのように、後者にこそ都市の未来があると考えた。実際、フェルソンは自分の学生にたいしても、パリやアムステルダム、ブリュッセル、コペンハーゲン、ストックホルムなどのヨーロッパの古い都市と、アメリカのロサンゼルスを比較するよう勧めている［p.171］。このようなフェルソンの主張にたいして、ウィリアム・ジュリアス・ウィルソンは厳しい批判を向けた［1996］。彼は、郊外化に向かう流れを反転させて、アメリカの都市によくみられる衰退した都心部をヨーロッパにならって修復し、貧しい人々を空間的に隔離するのを止めるように提案している。▼4

　これまでアメリカが採用してきた政治的・社会的政策は、無際限の郊外化や都市からの人口流出、都心部の荒廃などを許容する類いのものであった。このような政策は、ヨーロッパではほとんどみられないものである。アメリカ的な隔離政策を採用しなければ、アンダークラスの人々を限られた空間に押しこめることも起こらないし、日常的な基準が通用しないような社会環境が大規模に発生することもないだろう。ヨーロッパでは全体として、アメリカほどスケールの大きな空間的・社会的排除は、いまだ生じていない。

このような懸念を考慮したうえで、次に一般的な問題に目を転じ、物理的・文化的な排除について議論していこう。

防疫線

都市は、異種混淆《こんこう》の空間である。それはたんに、多様な人々が住んでいるからだけではない。都市においては、仕事やレジャーでも、不規則に広がった地域を移動しなければならないからである。こうした状況においては、多種多様な人々がそれぞれ孤立したままでいることは難しい。都市には、マンハッタンであれパリであれ、バルセロナやローマであれ、まさに都市というだけで人々を魅了するなにかがある。そこにあるのは多様性のスリルとでも呼ぶべきものであり、それこそが人々を驚かせ、困惑させ、ときには人々に警告を発するものである。「次つぎと変化するイメージの氾濫、視線を移すたびに支離滅裂に変化する風景、感覚的印象の予期せぬ奔流」——かつてゲオルグ・ジンメルは、『大都市と精神生活』〔1950〕で、都市の風景をこのように表現した。あらゆる役割、あらゆる可能性が陳列される百貨店、それが「ソフト・シティ」の魅力である。それゆえに、どんどん多様化し、多元化し、選択の幅を広げている世界にあっては、なおさら保険統計的な境界線、すなわち社会的支配のための「防疫線」を引くことは容易でなくなる。

また、防疫線を引いたところで「善良な」市民を犯罪や無秩序から守れないことには、もうひとつの重要な理由がある。それは、犯罪者を外部の敵とみなす考え方が、もはや根本的に通用しなくなったことである。相対的剝奪感や個人主義は、階級構造のどこにでも現われる。ホワイトカラーの犯罪がいたるところで蔓延《まんえん》しており［Lea, 1992］、「立派な」労働者階級の市民のあいだに犯罪が広がっている。これらの事実をみれば、犯罪者とそうでない人々のあいだに防疫線を引くことなどできないということが分かる。暴力についていえば、ジェーン・ムーニーが述べているように［1996］、暴力事件は、階級構造のいたるところで生じているというだけではなく、その半数が家庭のなかで起こっている。郊外や職場や近所の路上のいたるところに潜在的犯罪者がいるとしたら、防疫線を引いたところで役に立つはずもない。実際、見知らぬ他人からよりも、近しい友人や家族から暴力をふるわれる危険の方が高くなっている。

スケープゴートの機能

古い境界線を払拭し、分裂的・異種混淆的・溶解的なアイデンティティの世界を作りだした力は、この問題――これこそ本書の主題なのだが――に暗い影を投げかけていると思われるかもしれない。たとえば、冷戦の終結によって、それまで「善」と「悪」の境界を定めてきた強力なレトリックが失われてしまった。多様な文化と民族からなる移民が現われた。そして南の世界の人々が、ロンドンやパリ、ニューヨークなどの世界的な巨大都市だけでなく、北の世界全体でこれまでになく大きな影響力をもつようになった。アカデミズムの世界でも、ポストモダンの著作が登場し、これまでの主体のアイデンティティを色あせたものにしてしまった。

しかし、これらの文化的・政治的・社会的な変容によって、人々が以前よりも恐怖から解放され、他者とのあいだに難なく安全な距離を保つことができ、ほかの人々を排除する行動をとらなくなったかといえば、それは疑わしい。一九九四年の世界の政治地図には、文化の同質性を固守しようとする新たな、そして強固な境界線がびっしり引かれている。地域でいえば、イングランドやウェールズでは、「ニュー エイジ・トラベラー」〔トレーラーハウスなどで移動生活しニューエイジ思想を信奉する人びと〕にたいする敵意が強まっている。ヨーロッパの大半の国々では、エスニック・マイノリティにたいする敵意が、「近代の過渡期」以前よりも激しくなっている。都合の悪いものや理解できない他者を遠くへ追いやり、純化されたアイデンティティを得ようとする欲望は、近年のグローバルな変化がもたらした文化の相互交流の影響をもってしても、いっこうに弱まっていないように思われる。

[1995, pp.183-4]

これはデイビッド・シブレイの著作からの引用であるが、このなかで彼は、「リアリティの時代」のレトリックを過信するという誤りを犯しているようにも思われる。現代のメロディで古い歌詞を歌われると、けっこうかんたんに騙《だま》されてしまうものである。しかしそれは新しい歌ではなく、とうの昔に時代遅れになった歌であり、もう二度と戻らない世界を讃える歌でしかない。この歌がしつこいほど繰り返し歌われるのは、その価値観が勝利したことを示しているのではなく、ひとつの世界が消滅しつつあることを示しているからである。社会的排除が世界に広がり、既存のシステムがそれ自身を正当化する必要性がでてきたまさにその瞬間に、伝統的なイデオロギーが通用しなくなったのは、皮肉としかいいようがない。

ある理想が信じられなくなればなるほど、その理想が必要とされるようになる。次のような状況のもとでは、逸脱するのは私たちとは異なる他者なのだ、という考え方は成り立たない。

◉犯罪は、どこにでも発生する「正常」な出来事になったので、犯罪をすべてアンダークラスや移民、あるいは「犯罪集団」と呼ばれる特定の集団に帰すことは、もはや信憑性を失っている。

◉マスメディアは、「社会の底辺にいる人々がいかに無価値な連中か」ということに加え、「社会の頂点にいる人々がいかにいかがわしいか」ということも嬉々として暴きだすようになった。いまや、犯罪と逸脱が下層階級の専売特許であると信じるほどに無邪気な市民などいない。

⊙犯罪の原因がきわめて広い範囲に及んでいるため、特定の外集団に犯罪の責任を押しつけることはできなくなった。崩壊した家族、子どもを育てるシングルマザー、失業した友人などが身の周りにいない人などいるだろうか？　現在はともかく、将来自分も同じ窮境に陥るかもしれないということに気づかない人は、この不安定な世界では、相当に鈍感な人だといえるだろう。

⊙ヨーロッパでは、アメリカほどに空間的隔離は進行していない。そのため、孤立した〈逸脱する他者〉を空間的に特定することはきわめて難しい。

かつて支配的であった考え方が、もはや通用しなくなっていることは、モラル・パニック〔ある現象がマスメディアや識者、行政機関によって脅威として喧伝され、人々が必要以上の危機感を抱くような事態〕の現象にはっきりみることができる。アンジー・マクロビーとサラ・ソーントンは、後期近代におけるモラル・パニックの変容について、次のように述べている〔1995〕。

⊙**頻発性**　モラル・パニックが生起する頻度は増している。

⊙**論争性**　モラル・パニックは論争の引き金になる。モラル・パニックが起こると、そのパニックの性質をめぐって、専門家と圧力団体のあいだで意見が分かれる。さらに重要なことは、なにが「パニック」なのかをめぐって論争されることである。たとえばシングルマザーという社会問題は、それが実際に問題とするだけの根拠があるのかどうか、激しく論争されている。

⦿再帰性　モラル・パニックという概念がよく知られるようになって、政治家やジャーナリスト、商売人が、故意にモラル・パニックを引き起こすようになった。

⦿困難さ　モラル・パニックを意図的に引き起こすことは難しくなった。それは、モラル・パニックの現象が論争の対象となったからだけではなく、「「正常」と「異常」を隔てていた明快で強固な境界線が、以前ほど人々に共有されなくなった」［1995: 572-3］からでもある。

⦿反　動　モラル・パニックは、すぐさま反動を引き起こす。イギリスでは保守党びいきの新聞でさえ、道徳的に崇高な主張をする人たちがいても、かれらが実際に道徳的な人物であるかどうかを、商業利益のために熱心に調べようとする。たとえば、一九五〇年代の包摂的な世界に戻ろうとする試みがあった。それを推進していたジョン・メジャー首相の内閣や政府職員、議員たちは、かれらの「基本的な価値観」についてマスメディアの容赦ない取材にさらされた。そしてかれらの試みは、悲しいかな、あえなく失敗に帰した。というのも、かれらには愛人にカネをばらまいたり、家族が崩壊していたりした者が少なくなかったし、かれらの性的な過ちまでも詳しく調べられたからである。要するに、モラル・パニックが、それを引き起こした当人たちに反動となって跳ね返ってきたのである。

マクロビーとソーントンは、このようなモラル・パニックの変容はマスメディアの拡大と多様化に原因があると述べている。購読者や視聴者の獲得をめぐるマスメディアの競争によって、モラル・パニックが引き起こされていることはたしかなことである。しかし、モラル・パニックがこれほど増加したことを理解するには、メディアや政治家などのパニックを「供給」する側だけではなく、それを「需要」する市民の側についても検討しなければならない。多様化する社会において存在論的な不安が深刻になればなるほど、逸脱を暴きたてて不安を煽《あお》り、その後でなにが正常であるかを示してふたたび安心させるといった手口が、人々にとってはおおいに魅力的に映るようになる。実際、オプラ・ウィンフリーやリッキー・レイクの過剰なトークショーは、毎日のように多くの問題を取りあげ、騒ぎたてている。それらの番組は、マクロビーとソーントンが指摘しているように、ますます不確実性が広がる世界のなかで、なにが正常なのかを人々に確認させようとしている。こうした「暴露産業」は、個人的なアドバイスやセラピーを提供するサービスと、もはや役割のうえでは区別できなくなっている [Giddens, 1992]。

中心を維持できない——崩れ落ちる境界

ジミー・フェイスは、排除される人々は、排除の過程でアイデンティティの危機に見舞われると述べている。それはたしかに真実であるが、このようなアイデンティティの危機は、社会の周辺にいる人だけではなく、その中心にいる人にも起こりかねないものである。世界が多元化するにともない、昔ながらの伝統的な人生航路は失われ、つねに変化する状況にあわせて自己の人生を決め直すことが美徳とされるようになった。そのような多元的社会では、存在論的な不安のせいで、人々は自分のいる位置に満足することも、自分のあり方を誇ることもできなくなった。さらに、絶対的に正しいもの、美徳とされていたものが消え去り、それらと正反対の位置にいたはずの逸脱者もいなくなったので、かつてのように逸脱者を眺めて自分を安心させることができなくなった。後期近代のまなざしは、世界を眺めながら、他者のはっきりした輪郭をもう一度確認しようとするが、その風景はすぐ揺れ動いてしまう。カメラは正確に焦点を結ぶように作られているのに、それで他者の写真を撮ってみると、そこにはぼやけたモザイク状の姿しか写っていない。ときどき、そこに写っているのは自分の友人や家族のようにも見えてくる。カメラをしっかり固定してみても、写真にはぼやけた像しか写らない。

結論——ゲントからの報せ

本章では、第一に、包摂型社会が排除型社会に変容する経過をたどった。それは、物質的にも存在論的にも成員を統合する社会、または逸脱者や異常者を同化させようとする社会が、物質的にも存在論的にも極端に不安定な社会、そして逸脱者を分離して排除する社会に変容する過程であった。この過程は「フォーディズムからポストフォーディズムへ」という先進産業社会の物質的基盤に生じた変化によって促進された。こうして、後期近代の時代が到来した。

第二の課題として、犯罪と無秩序の変化の原因を、社会の物質的基盤の変化のなかに探った。排除を推し進める根本的な原動力は、ひとつは正規雇用市場から多くの人々を排除する「市場の力」に由来するものであり、もうひとつは個人主義を助長する「市場の価値観」に由来するものである。こうした状況によって、犯罪の原因（相対的剝奪感と個人主義から生じる）と犯罪にたいする反応（経済的不安定と存在論的不安から生じる）の双方が影響を受けていった。排除は、このような基本的過程のなかから生じた。また排除は、その過程自体から生じた犯罪と社会病理にたいする対処の過程でも生じた。排除はしばしば誤認に基づいておこなわれる。しかしそれは、想像上の問題についての誤認などではなく、現実の問題についての誤認である。障壁を設けたり、刑務所へ収監したり、スティグマ〔否定的に意味づけられた烙印〕を付与したりして犯罪を抑制することは排除であるが、同じく、犯罪それ自体もひとつの排除である。このような排除の弁証法によって、問題はどんどん悪化していく。長期的な観点でみても、犯罪抑止の制度が変化を重ねてきたのは、このような難題に対処するためであった。同じことは、それと同時期に発展した犯罪理論についてもいえる。最近の行政的・管理的な犯罪学は、犯罪問題に対処するために、リスク管理の観点から、「保険統計的」な立場を貫いている。ジェームズ・Q・ウィルソン〔一九三一〜、アメリカの犯罪学・政治学者。その主張は本書の第5章で詳述〕は、特定地域での市民の反道徳的行為をなくすための有名な「ゼロ・トレランス理論」を提起し、チャールズ・マレー〔一九四三〜、アメリカの犯罪学・社会政策研究者。その主張は本書の第5章で詳述〕は、シングルマザーや怠惰な父親をアンダークラスとみなす考えを示したが、それらは排除にイデオロギー的な根拠を与えるものであった。このように、まさに社会的排除の時代において、排除を肯定する理論が次つぎと生まれた。ただし、このように述べるからといって、それらの理論をまるごと時代背景に還元するつもりはない。それらは、社会の物質的基盤や犯罪の程度、犯罪統制のあり方、さらに犯罪学のあいだの、互いに関連しあう強い影響のもとで展開されたものである。

最後に、西ヨーロッパと合衆国の物質的・文化的状況の違いを、それぞれの特徴に留意しながら比較した。西ヨーロッパといってもその内部は多様であり、本書での比較は図式的にすぎるかもしれない。しかし、アメリカとヨーロッパのあいだの大きな文化的差異を無視して、アメリカの事例をヨーロッパのそれと同断に論じる愚は避けなければならない。

ところで、未来はどうなるのだろうか。エドワード・ルトワクは、この点について、次のように明快に述べている。すなわち、不法行為はますます増大し、経済状態はますます不安定になり、強烈な人種差別を底流としながら、人々がますます厳罰化とスケープゴート化の道を歩んでいくことは避けられない。戦前のヨーロッパの歴史は、そのようなシナリオの不吉な前兆であった。もちろんこの第一章では、このシナリオを避けることが不可能ではないことを示したつもりである。保険統計的なものであれ、文化的なものであれ、排除政策の「成功」を食い止める大きな諸力があることも指摘したつもりである。これらの力に基づいて、進歩的な政策が施行されなければならない。労働の保障はなくなり、家族は不安定になり、異文化の人々についての知識が広がっている。そのような世界なればこそ、失業者の窮状を理解したり、シングルマザーに共感したり、異文化体験を楽しんだりすることは、難しいことではない。後期近代社会において、罪もない人々を悪魔に仕立てあげ、かれらを追放しても、ものごとがうまくいく助けにはならない。それよりも、いま必要とされているのは、排除された人々や不安定な状況にある人々を受け入れるような政治である。本当に必要な政治とは、周辺にある人々が安心して暮らせるような社会をめざして前進し続けるような政治であって、中心の人々が周辺にある人々に慈善を施《ほどこ》すような政治ではない。前者は長い道のりになるだろうが、だからといって後者ではたいした前進が期待できない。社会民主主義者は、完全雇用（男性だけの）や核家族、有機的なコミュニティから成り立っていた一九五〇年代の包摂型社会へのノスタルジーを抱き続けている。しかし、それはかなわぬ夢にすぎない。ゲントの友人たち〔ベルギー北西部の都市であるゲントには、犯罪学の研究拠点であるゲント大学がある〕が指摘するように〔Hofman, 1993; Lippens, 1994, 1996〕、「過去に戻れば犯罪はなくなる」という原理主義的な考え方に基づくかぎり、

失敗は目に見えている。新たな形態のコミュニティや、市場の気まぐれに左右されない雇用、新たな構造をもつ家族――これらをどう実現するかという問題こそ、もっとも率先して取り組まなければならない緊急の課題である。

第2章

後期近代における犯罪と不協和音

私見によれば、犯罪学はこの二〇年のあいだに大きく変化した。一九六〇年代末から七〇年代初頭にかけて、逸脱理論の領域で「爆発的な革新」が起こった。テイラーの著作『新しい犯罪学』［Tayler, *et al.*, 1973］を読めば、そのことがすぐ了解できるだろう。この時期に、私たちは、一枚岩の

ように頑丈と思われていた戦後の近代世界が、音を立てて崩れていくのを目《ま》の当たりにした。続いて後期近代が現われた。そこでは、私たちの主観を支えていた確固たる基本原則が揺らぎ、ほかの原則と競合するようになり、曖昧になり、たえず論争の標的にされるようになった。そして犯罪も、犯罪の統制方法も、さらに犯罪学さえも、大きく変容していった。

犯罪学は、知の世界だけから生まれるわけではない。おそらく、実際はその反対である。すなわち、現実に犯罪の中身も規模も変わったからこそ、マスメディアや小説において、あるいは井戸端会議において、犯罪がどう語られるかも変わった。もちろん、このような変化は犯罪や犯罪学だけに起こったことではない。それは、文化や建築、セクシュアリティ、人生経歴、経済生活など、あらゆる生活領域で起こった後期近代の広範な運動の一部でしかない［Harvey, 1989］。実際に労働市場やレジャー、家族、公共空間と私的空間の利用方法、セクシュアリティが大きく変わったことと、新たな犯罪や犯罪被害が現われたことは関わりあっている。それを解明することこそ、本章の重要な課題である。そのためにはまず、ほとんどの先進産業国において、犯罪と社会病理が劇的に増加していることを確認しておかなければならない。公共の場で犯罪被害にあうことは普通のことになったし、少なくとも公表されているかぎり、私的な生活領域における犯罪被害も明らかに増加している。かつて犯罪は、めったに起こらない異常な出来事であり、社会の周辺にいるよそ者が引き起こすものとされていた。しかし現在では、犯罪は日常生活でごく普通に出会う、ありふれた出来事になっている。犯罪は、自由で民主主義的な社会の中心をなす家族制度を蝕《むしば》んでいる。犯罪への不安は、都市のあらゆる領域に広がっている。また犯罪は、都市の路地裏に住むアンダークラスの人々だけではなく、経済や政治のトップにいる人々にまで広がっている。それどころか、犯罪を抑制する役割を担うはずの政府機関においてさえ、マフィアのような犯罪集団に負けないほど犯罪が頻発している。このような事態は、伝統的な犯罪学ではまったく太刀打ちできない。この二〇年間にふたつの危機が拡大している。それは、犯罪を解明する科学に訪れた危機と、犯罪の懲罰に現われた危機である。進歩という〈大きな物語〉は、社会が進歩すれば犯罪や不道徳な行為は減少するはずだという暗黙の前提に立っていた。しかし、人類史上もっとも高い生活水準にある現代ですら、犯罪発生率は着実に上昇し続けている。しかも犯罪は、かつてのような悪の巣窟《そうくつ》でだけではなく、どこにでも起こるものになった。かつてリンドン・B・ジョンソン政権〔一九六三〜六九年〕は、「偉大な社会」計画のもと、貧困や差別や犯罪を一掃するために、多額の費用をかけ、社会の広範囲の領域にわたって、社会民主主義的な施策を強力に推進した。この計画は失敗に終わったが、これは、犯罪の原因と闘うために社会工学よりも手っとり早い方法が用いられる時代の幕開けでもあった。手っとり早い方法とは、家族での規律が強化され、リスクを最小にするための「保険統計的」な計算方法が導入されることである。もうひとつの危機は、刑罰に関わるものである。それは、パーカーストからストレンジウェイズにいたる刑務所暴動に表面化した〔英国の刑務所で起こった暴動でパーカースト刑務所の暴動は一九六九年、ストレンジウェイズ刑務所の暴動は九〇年〕。これら一連の暴動は、犯罪が増加し、収監者が増加したために、刑務所が過密状態になったことから起こった。そこから、刑務所だけで犯罪を抑止することはかなわないことが、明らかになった。また、それと同時期に、警察活動の役割も再検討されていった。それまで警察は、「市民を守る砦《シン・ブルー・ライン》」と位置づけられていた。それがしだいに、数多くある犯罪抑制手段の一要素にすぎないものと考えられるようになった。その結果、刑事司法制度は、もはや犯罪を抑制する中心的存在ではなくなり、家族や雇用に次ぐ脇役的なプレーヤー、あるいは世論の協力や支持があってようやく機能する存在とみなされるようになった。

これらのふたつの危機の背後には、次のような疑問がある。すなわち、ますます多くの市民を刑事司法制度の監視下に置きながら、それでも市民を犯罪から守ることができないとしたら、そのような体制は本当に自由で民主主義的な国家と呼べるだろうか？　あるいは、女性や老人が都会の夜の街を歩けなくなったり、日常生活が国家権力によって監視されなければ成り立たないとしたら、国家と市民、あるいは市民どうしのあいだで、どのようにすれば自由な社会契約が結べるというのだろうか？

なにが犯罪かの基本的な定義が不明瞭になって、いくら論争したところでその結論が出なくなった。そのため、社会計画と法の支配によって社会を進歩させるとする〈大きな物語〉の信頼性は揺らぎ、疑念の目が向けられるようになった。犯罪のカテゴリーは曖昧になり、拡散し、拡大し、厳密でなくなった。犯罪被害者の運動団体も、犯罪の定義がくるくる変わることに戸惑っている。たとえば児童虐待は、以前より定義の範囲が広がっただけではなく、はるかに容認しがたいものとして定義されるようになった。現在「児童虐待」と呼ばれている行為は、ヴィクトリア朝時代ならば「鉄は熱いうちに打て」式のしつけとして許容されていた行為である。しかし現在では、体罰はいかなる場合にも容認されない行為となり、親として不適格な人々の「症状」とみなされるようになった。長い歴史のなかで、事態はそれほどに変化した。また、環境保護運動がロビー活動を通して新たな法の制定を求めたり、現行法の適用の拡大を求めたことによって、公害や環境破壊、放射能汚染などが「見えない犯罪」と認められるようになった。そしてなによりも重要なことは、第二波フェミニズム〔婦人参政権等を求めた第一波フェミニズムに続き、二〇世紀後半以降の第二波フェミニズムは慣習的・制度的な性差別の変革をめざした〕が、犯罪学研究および犯罪をめぐる公《おおやけ》の議論の双方に大きな影響を与えたことである。レイプやドメスティック・バイオレンス、セクシュアル・ハラスメント、児童の性的虐待、また「正当な殺人」〔中絶容認派による、妊娠中絶を意味する表現〕などが、いずれも犯罪のカテゴリーに含まれるべきかどうかの論争の的になった。このように犯罪の定義が何度も作り直され、拡大されるうちに、犯罪と正常な行為の区別が曖昧になり、その区別をめぐってたえず争いが起こることになった。リバタリアン〔自由至上〕社会主義が一九七〇年代にラディカル犯罪学を活気づけたように、ラディカル・フェミニズムも、犯罪学につねに新たな発想を与える——ときには怒りを掻き立てる——源泉となった。ラディカル・フェミニズムは、女性にたいする男性の暴力や犯罪を女性にたいする抑圧として告発する重要な役割を果たした。これらの議論は、犯罪学研究に大きな影響を及ぼしただけではなく、大衆の意識まで変えていった。さらに、いわゆる「合意された」犯罪、すなわちポルノグラフィ、ドラッグ、中絶、不純異性交遊、そしてサド－マゾヒズムまでもが、激しい議論を巻き起こした。そしてその只中に、社会主義フェミニズムやラディカル・フェミニズム、右派リバタリアニズム、キリスト教原理主義右派、新自由主義《ネオリベラリズム》、社会民主主義など、近代のあらゆる政治的潮流が介在していった。これらのことから、犯罪学研究が、学問研究の世界にありながら、実際は現実の犯罪問題に左右されているだけではなく（これは当然のことである）、政治家やジャーナリスト、活動家たちの激しい議論など、外側の世界から大きな影響を受けていることが明らかになる。なにはともあれ、犯罪学の内側での議論は外部の状況に従属しているということは、断言していいだろう［Rock, 1994; Summer, 1994］。じつに犯罪学は、法と秩序の結節点、あるいは道徳と不道徳の交差点に位置する学問であり、あらゆる知的・政治的な潮流の影響のもとに成り立っている学問である。

近代の危機

犯罪学が直面した危機は、近代の危機そのものである。社会に起こる問題の統制と調整のために法を執行すること、そして正当な社会秩序を管理するために政府が介入することは、近代という理性と進歩を追求する企てにとって二つの大きな支柱であった。しかし今ではそれ自体が矛盾や非効率性を来たし、その重荷に耐えがたくなっている。一八世紀の啓蒙思想と一九世紀の科学革命によって、犯罪学の主な二つのパラダイム——古典主義と実証主義——が遺産として残された。二〇世紀後半の激しい論争は、これらのパラダイムにたいする挑戦として起こったものである。犯罪が明確に定義され、刑事司法制度が犯罪統制において中心的な役割を担い、政府の介入によりすべての市民の社会契約が可能かと思われたが、どれも疑わしいものになった。このような変化は、当然にも犯罪学という学問の外からもたらされたものであるが、他方では、犯罪学の研究成果や知的潮流によってそのような疑問が増幅され、疑問が疑問を生むことにもなった。これと同じ経緯は、社会政策のあらゆる領域にみられるとはいえ、犯罪学にもっとも劇的に現われている。というのも、犯罪と犯罪から生じる不安を通して、私たちは社会が変化していく方向をいち早く察知することができるからである。

二つの知的潮流が「歴史の終わり」の到来を警告している。それは、新自由主義——新右翼《ニュー・ライト》の市場主義哲学——とポストモダニズムである。前者は、政府の政策を効率よく遂行するために、かつての自由放任主義《レッセ・フェール》を復活させることを主張する。後者は、将来のポスト産業社会を想定して、そこでは啓蒙思想のなかで信じられていたものがすべて通用しなくなると主張する。東側の「社会主義」国家が崩壊し、社会民主主義者が理想としてきた社会計画が疑われるようになり、政府の計画によって社会進歩を図るという〈大きな物語〉の破綻が明らかになると、このような状況を克服するために、当時勢力を広げつつあった新右翼は、〈大きな物語〉を市場で置きかえるという政治的回答を提起した。他方でポストモダニストの知識人も、同様に〈大きな物語〉が社会的・政治的・文化的な発展をもたらすという考えを否定した。このような新右翼の市場哲学とポストモダニズムは、どちらも犯罪学に深刻な影響を与えていった。

新右翼の市場哲学の影響は、その観点から書かれた著作が大量に刊行されたことに示される。これらの著作において、行為者は合理的で利己的な存在とみなされ、利益と損失のバランスシートが「黒字」になり、その利益が得られる機会さえあれば、いつでも犯罪に手を染めかねない存在と考えられている。同時に、不公平な社会が犯罪を生むという〈大きな物語〉も、人々に社会的連帯を促し互いに結びつける正義と公正さの感覚も、もはや不要なものとして切り捨てられる。要するに、世界は「利益への誘惑」と「犯罪をおこなう機会」から成りたっており、人間は損得を勘定する「計算機」としてあるわけだから、人間が本質的にもつ「誘惑にたいする弱さ」以外に犯罪の原因はありえない、というわけである〔Felson, 1994; Gottfredson and Hirschi, 1990; Clarke, 1980〕。他方、ポストモダニズムの影響の方はいまひとつはっきりせず、見たところ周辺的な影響しか与えていないように思われる。ポストモダンの立場を明確に謳《うた》った犯罪学が登場したのは、文学研究やカルチュラル・スタディーズにおいてポストモダニズムが流行し、大騒ぎがあってから、かなり後のことであった。とはいえ、スタン・コーエン〔イギリスの犯罪学者で人権問題にも取り組む〕が鋭く指摘しているように〔1977〕、一九六〇年代にラベリング理論が誕生したとき、すでにポストモダニズム的なテーマが犯罪学のなかに顔を出していた。しかもそれは、アボリショニズム理論〔犯罪にたいする国家の介入を否定し、社会的手段による犯罪抑制を唱えた理論のひとつ〕や社会構築主義を経て、八〇年代末にポストモダニズムが開花するより以前のことであった［たとえばPfohl, 1985］。

実際に、ラベリング理論や、そこでの伝統的な犯罪学の批判を再検討すれば、すでにポストモダニスト的なテーマのほとんどが出そろっていることが分かる。たとえば、「ラベル」が社会的に構築されるという考え方は、脱構築主義《デコンストラクショニズム》〔支配関係・階層秩序がいかに構築されたかを問題化し転覆させる戦略〕の先駆けといえるものであった。また、現実《リアリティ》の定義は複数の主観によってなされるという考え方にしても、さらに、現実が定義されるときは男性・白人・年長者・上層階級による定義が支配的な力を発揮するという「信頼のヒエラルキー」の考え方にしても、今日の脱構築主義者の社会秩序に関するラディカルな考え方と同じものである。言葉による「ラベル」が「問題」の社会的構築において果たす観念的作用については、広く研究され、いまでは「政治的な正しさ《ポリティカリー・コレクト》」と呼ばれる考えの先駆けとなっている。葛藤理論は、社会的葛藤を階級闘争によって説明したり、広義の社会統制から説明することを嫌って、人々の日常生活におけるミクロ・ポリティクスのうちに権力を見出すことに専心していた。たとえばアーヴィン・ゴフマンの著作〔『スティグマの社会学：烙印を押されたアイデンティティ』等。ゴフマン（一九二二―八二）はアメリカの社会学者〕においては、統一された主体が、競合する社会的文脈のなかで引き裂かれる「場」にまで変容していく様子が生きいきと描かれている。しかし、もっとも重要な点は、ラベリング理論の観点が、国家が福祉や刑事司法の領域を通して一人ひとりの生活に介入することを批判していたことである。ラベリング理論は、国家が決定論的な〈大きな物語〉、あるいは悪に関する〈大きな物語〉を人々に押しつけることを批判した。そして、〈大きな物語〉が本質主義に陥いるという誤りを犯しているだけではなく、実際に自己成就的な効果をもっていることを批判した。このように、戦後の犯罪学の発展のなかで、比較的早い時期からポストモダニズム的な観点が登場していた。しかし、最近のポストモダン運動への改宗者の多くが、自分たちより前からすでに豊かで実りある伝統があったことを認めていないのは、なんとも皮肉なことである［たとえば Smart, 1990］。

しかし、ポストモダニズムと新自由主義《ネオリベラリズム》が〈大きな物語〉を葬り去ることに熱中していた頃、他方ではフェミニズムや環境問題、エスニシティをめぐる新しい社会運動がますます拡大し、進歩と社会契約に関する独自の概念が詰まった〈新しい物語〉が生まれていた。これらの運動はどれも犯罪学に影響を与えたが、なかでも被害者救済運動を中心としたフェミニズムの役割は決定的であった。経済成長をとげた一九六〇年代と七〇年代、さらにその後の景気後退の時代を経て文化と社会が大きく変わったが、それにたいする応答として、新しい概念が次つぎと登場していった。そして、それらが巻き起こした大論争のなかで、犯罪学は混迷の度合いを深めていった。

基本に帰れ

本章でもっとも主張したいことは、犯罪学の発展を理解するには、犯罪学を、アカデミズムの外側にある実際の犯罪問題という文脈のなかに、とりわけ犯罪発生の規模や分布、その時代の政治・社会情勢のなかに位置づけなければならない、ということである。とくに政治・社会情勢については、リベラル民主主義の成立と変容についての〈大きな物語〉や、社会契約という中心概念についての〈大きな物語〉が果たした役割は重要である。社会契約という概念は、時代とともに変化してきたが、それでもアカデミックな政治哲学の核心をなすものであり、この概念を中心にして広く社会的・政治的な議論が展開されてきた。社会契約をめぐる問題は、ふたつの点に要約することができる。それは「個人主義」と「能力主義」である。社会が、個人の利益を追求する人々から構成されながら、ひとつにまとまるには、どうしたらいいだろうか？　また、社会が市場における能力に基づいて報酬を配分することを正当化しながら、それが財産と機会における大きな不平等を引き起こさないためには、どうしたらいいだろうか？

このような社会秩序をめぐる問題は、犯罪学や、法と社会病理の研究に明白な影響を与えてきた。そして犯罪学は、それらを議論するなかで発展してきた。このように犯罪学に外的な文脈が明白な影響を与えてきたことを指摘するからといって、犯罪学の歴史には独自の方向に進む動きがなかったとか、外部の影響を意図的に除外して犯罪学をつくろうとする試みがなかったということではない。むしろ実際は、そのような試みや動きこそ、まさに犯罪学における実証主義の歴史を作ってきた。なにしろ犯罪学と政治哲学がまったく関係ないかのように歴史を書き直す学者がいるだけではなく［Matza, 1969］、社会契約や古典主義哲学の議論さえも犯罪学以前のこととして片づけてしまう者がいるほどである〔Beirne, 1993〕。このように偏った権威主義的な試みが、大きな成功を収めている。だからこそ、犯罪学が外部の影響を受けているという当然の事実さえ、ここであえて述べておかなければならないのである。

近代主義への挑戦

最初に、犯罪学という学問に方向を見失わせ、また新たな装いを与えることになった原因について考えよう。それには五つの要素が挙げられる。それは、㈠犯罪発生率が上昇したこと、㈡これまで泣き寝入りしていた犯罪被害者が公《おおやけ》に届け出るようになったこと、㈢犯罪が社会問題とされるにいたったこと、㈣犯罪が一般化したことと司法が不公平であることとが広く認識されるようになったこと、最後に、㈤処罰と犯罪責任に関するこれまでの考え方に疑念が抱かれるようになったこと、これら五つである。これらの要素はすべて、さまざまに理論的な応答を引き起こしてきた。ときには、ある要素の重要性が誇張されたり、反対にあからさまに否定されたりした。しかし、いずれの要素も、犯罪を説明するにはさらに広い分析枠組が必要であることを犯罪学者たちに痛感させ、犯罪学が安住していた近代主義的パラダイムを打破するには十分な力があった。

犯罪発生率の上昇

一九六〇年代以降、ほとんどの産業国において、公式に記録された犯罪発生率が大きく上昇した。このことは犯罪の発生についての理論に大きな衝撃を与えた。それだけではなく、刑事司法制度にたいする過剰な要求を引き起こし、その結果、刑事司法制度に危機をもたらした。またそれは、犯罪の社会問題としての優先順位を高めることになった。詳細は後で述べるとして、まさに犯罪発生率の上昇という現象こそ、あらゆる要因のうち、私たちの犯罪にたいする見方を変え、刑事司法制度を再構築させた原動力である。そこでまず、犯罪発生率の上昇が、犯罪の発生についての理論に与えた影響をみてみよう。犯罪が増加した一九六〇年から七五年にかけての時期は、完全雇用が達成された時代であった。当時、生活水準は史上最高の水準にあり、福利厚生も広く行きわたっていた。西側諸国はますます豊かになっていた。しかしそれにもかかわらず、犯罪の方は増加していた。そのため、社会的実証主義〔social positivism ヤングの概念で、犯罪が失業や貧困などの社会状態に還元されることを前提とした実証主義、あるいはそれを実証しようとする立場のこと〕において広く信じられていた「犯罪は劣悪な社会的条件から生じる」という理論では、もはや犯罪を説明することができなくなっていた。一九八〇年代の不況期になって社会的実証主義が多少の復活を遂げたとはいえ、それでも好況期に犯罪発生率が上昇したという事実が犯罪学理論に与えた衝撃には、深刻なものがあった。実際、一九六〇年以降の主な理論的発展は、ほとんどこの異常事態にたいする応答としてあったといっていい。トラヴィス・ハーシ、ジェームズ・Q・ウィルソン、チャールズ・マレー、ハンス・アイゼンクといった、新実証主義や統制理論を採用する右派の論者たちは、社会的実証主義の失敗をあからさまに非難し、それに代えて個人主義的実証主義〔individual positivismヤングの概念で、犯罪が個人的要因に還元されることを前提とした実証主義、あるいはそれを実証しようとする立場のこと〕を大きく展開した。そのさいかれらが犯罪の原因として重視したのは、とりわけ家族の変化であった〔Mooney, 1998〕。その理論では、犯罪の原因が社会から個人へと置き換えられ、刑事司法制度のフォーマルな統制よりもインフォーマルな社会統制の過程に、はるかに重点が置かれた。このような主張に左派の研究者たちはすぐさま反論し、「犯罪の増加」が二次的現象にすぎないものであることを強調した。すなわち、左派は犯罪の原因を、犯罪動機の変化から、犯罪にたいする政府とマスメディアの応答の変化へと置き換えた。左派によれば、犯罪件数の増加は、「実際に」犯罪発生率が増加していることを示しているのではなく、政府や公共機関が犯罪対策に従来にまして力を入れるようになったことを示すにすぎないとされた。左派の人々のなかには、「犯罪が増加している」というのは、刑事司法制度が既得権益を守るための煙幕《えんまく》にすぎないとか、それは社会的不安が広がっていることの比喩にすぎず、犯罪それ自体が増加しているかどうかとはなんの関係もないとかいう主張もあった。ラベリング理論に始まって、左翼理想主義、モラル・パニック論、アボリショニズム、社会構築主義へと続く学説は、いずれも犯罪を捉える観点に根本的な変化が起こったことを示唆している。一九七一年のジャック・ダグラスによる次の文章は、このような左派の人々の態度を特徴的に示している。

私たちが直面しているのは、全国的な犯罪ヒステリーではない。そうではなく、公式の犯罪統計の数値が上昇すると、その統計を信頼している普通の人々の犯罪への不安が増し、そのことがさらなる犯罪への不安を引き起こすという悪循環が起こっているのである。事実はそれだけのことなのだが、それは金と権力を欲しがっている役人たちには都合がよい事態である。したがって、公式発表される犯罪発生率は、これからも着実に毎年上昇し続けるだろうと予想できる。しかし発表がそうだからといって、犯罪者やさまざまな逸脱者が実際に増加していると考えるなら、それは間違った認識である。［1971, pp.100-1 強調は原著者］

近代社会の支柱を支えた社会的実証主義は揺らぎ、それは次の二つの点から崩れていった。一つめは、社会状態が広く改善されたにもかかわらず犯罪が増加したという事実によって、最下層の人々、すなわち「手が施されない」人々や「問題を抱えた」家族から犯罪が起こるという社会的実証主義の説明が、もはや通用しなくなったことである。二つめは、犯罪発生率の数値そのものの意味が問われるようになったことである。かつての犯罪発生率は明確な一定の数値であり、政府が不十分ながらも立ち向かわなければならない数値であった。しかし、今日の犯罪発生率は明白に確定された数値ではないし、しかもその数値は刑事司法制度を支配する人々の既得権益を守ろうとする行為によって、あるいは大衆の「ヒステリー」によって上昇するとみなされるようになった。

犯罪の増加に脅かされたのは、社会的実証主義だけではない。近代社会のもうひとつの柱であった古典主義も脅かされた。西側世界のどの政府も、犯罪と闘うために膨大な資金を刑事司法制度へ投入した。それにもかかわらず、犯罪発生率の上昇は止まらなかった。とくに合衆国における刑罰制度は危機的であり、異常事態といえるほどの状態にある。州政府はもはや犯罪から市民を守ることができないばかりか、収監者を少なく抑えることもできなくなっている（下の表2-1を参照）。

これにたいして、そこまで莫大な資金を投入しなかったら、犯罪発生率は今よりもっと悪くなっていただろうという議論もある。実際、ジェームズ・Q・ウィルソンの論文「ドラッグ戦争」では、これと同じことが主張されている。いずれにせよ、刑事司法制度の能力が犯罪の増加に追いつかなかったことは事実である。そのため、多くの犯罪学者たちが、家族やコミュニティ、あるいは公共の場で恥をかかせるやり方という、インフォーマルな犯罪統制システムにその関心を移していった［Braithwaite, 1998］。すなわち、刑事司法制度を犯罪にたいする唯一の「守りの砦《とりで》」とみなす考え方から、市民社会のさまざまな制度をいっそう重視する考え方に傾いていったのである。

表2-1　合衆国における刑法処分者の人口（1995年）

	収監中	刑法により処分中＊
全人口	135人に1人	37人に1人
黒人男性	24人に1人	13人に1人
20代の黒人男性	9人に1人	3人に1人

＊収監者、仮釈放者、執行猶予者の合計　出典［Mauer, 1997］

最後に、犯罪の増加には、大衆の不安を拡大する効果がある。近代の社会契約は、国家に大衆の安全を監視する役割を与えてきた。しかし、人生のなかに犯罪という問題が占める重さは、とりわけ都市部の住民にとって、もはや小さなものではなくなった。いまや犯罪は、人生における例外的な事件ではなくなり、いつでも起こりうるものになった。その結果、政府が犯罪抑制のために費やす支出（すなわち、納付された税金の公共的支出）が増加しただけではなく、家屋に防犯器具をつけたり、保険をかけたりすることに費やされる直接的な支出も増えることになった。このような事情から、かつては公共的関心の脇役にすぎなかった犯罪は、いまや政治的課題の中心に躍りでていった。

「みえない被害者」から「みえる被害者」へ

犯罪の「暗数」、すなわち、公的機関に報告されない犯罪の存在が知られるようになったのは、一八三〇年代に社会統計学を創始したベルギーのアドルフ・ケトレの仕事のおかげである。この暗数が実際にはどれくらいの規模であるかは、一九六〇年代にアメリカでおこなわれた最初の大規模な犯罪被害調査（全米犯罪調査）によって明らかにされたが、通常はほぼ三分の一の犯罪しか警察に通報されないと考えられている。一九九一年のイギリスの犯罪調査によれば、公式に記録された五〇〇万件の犯罪にたいして、実際に起きた犯罪の総数は一五〇〇万件程度と見積もられている。これら二つの調査データの比較から問題点も浮かびあがったが、ここでそれを問題にするのは止めておこう。重要なことは、実際の犯罪発生率は、公式に記録された犯罪発生率に比べ、少なくとも三倍はあるということである。さらに、回答者が調査者にすべての被害を報告したわけではないことを考慮すると、犯罪被害調査それ自体にも暗数があることになる。そうなると、実際の数値はさらに増えることになる［Young, 1988］。

したがって、上昇する犯罪発生率は、「実際の」犯罪が増加していることの明白な指標となる。イングランドとウェールズでは毎年一五〇〇万件の犯罪が発生しているが、これは毎年四人に一人が深刻な犯罪被害にあっていることを意味する。もちろん、犯罪は国中に散らばって発生するわけではなく、一定の地域に集中して発生する。都市部では、調査回答者のおよそ二人に一人が、過去一二ヵ月のあいだに犯罪被害にあっている［Kinsey, *et al.*, 1986］。これらの調査結果から、犯罪被害の経験は、人々の生活のなかの例外的な事件ではなく、むしろ正常な出来事であると考えることができる。そうであれば、ただちに近代主義的な犯罪観が疑問視されることになる。というのも、犯罪が異常な状況の産物であるどころか、まったく「正常」な出来事であるとしたら、犯罪は私たちの社会の内部に広がっている諸条件から生まれる、と考えていいからである。犯罪の常態化という現象は、犯罪の原因が、あたかも風土病のように、社会に広がっていることを示している。

さらに、犯罪の暗数は、犯罪の種類によってもかなり異なる。窃盗は、盗難保険があるために、一般に申告される割合が高い。これにたいして暴力犯罪や性犯罪は、警察にはもちろん、普通の犯罪被害調査でも、申告される割合がきわめて少ない。また、犯罪の種類によってはほかの犯罪に比べて暗数が多くなることもある。さらに、被害者の種類によっては犯罪統計に姿を現わさないこともある。一般に、犯罪の被害者が社会的弱者である場合、また、犯罪が私的で親密な領域において発生したとき、その犯罪は表《おもて》に出にくくなる。

このようにして「表に出た犯罪」と「表に出ない犯罪」を区別すると、犯罪の近代的パラダイムはほとんど崩れ去ってしまう。というのも、その区別は、公式の統計数値によって示される犯罪の現状報告が、根本的に欠陥だらけであることを教えているからである。それはたんに統計が量的に不適切であるというだけではない——犯罪はこれまで信じられていた以上に頻繁に発生している。加えて、私たちがもっとも凶悪な犯罪とみなしている暴力犯罪と性犯罪では、統計において発生率がとりわけ少なく見積もられており、実際には私的で親密な関係で数多く発生していることが見すごされている。

ここまで、犯罪学の内部、すなわち、伝統的な犯罪研究からもたらされた知見をめぐって論じてきた。しかし、犯罪学には大きな変化が押しよせている。その変化をもたらした大きな力は、犯罪学の外部の社会運動によるものである。なかでも、私たちの犯罪にたいする考え方を大きく変えたのは、フェミニズム研究である。フェミニズム研究は、一連の研究と体系的な分析を通して、これまで表に出てこなかった女性の被害をあかるみに出すという功績をあげてきた。そこにみられるのは、六〇年代以降のラディカル・フェミニズムの影響である。ラディカル・フェミニズムは、女性への暴力を、とくに家父長制社会において女性を支配するための中心的な行為として問題にした。さらに、それらの暴力の広がりを明らかにするだけではなく、その暴力を男女間の関係の問題として考察した。

暴力と性的暴行が階級に関係なく広く発生していることが明らかになると、犯罪の原因を下層階級や社会の周縁に求めていた伝統的な犯罪理論に疑問が抱かれるようになった。もちろん、階級分析が不要になったというわけではない。表に出ないある種の犯罪のうち、下層階級に多くみられる犯罪もあるからである。しかし、それ以外の犯罪、とくに暴力犯罪は広い範囲で起きており、従来の犯罪学で想定されていたほどには階級構造と結びついていないことが分かってきた。こうして、近代主義の柱であった社会的実証主義は疑われ、あるいは少なくともその適用範囲は限定されることになった。しかし、新たな発見によって疑問を付されたのは、実証主義だけではない。親密な関係や家族などの私的領域に多くの暴力や性犯罪が発生するという事実により、新古典主義の理論もまた疑問視されるようになった。古典主義理論は社会契約説を中心に据えているが、その社会契約説が基づいているのは利己的な個人、すなわち、「万人の万人にたいする闘い」を回避するため各人の行動を規制し、一般利益を侵害する行為に対抗するため国家に権力を与えることを理性的に認める、そのような「個人」である。それにたいして新古典主義は、古典主義ほどには「個人」をバラバラに切り離された原子のような存在とはみなさず、「個人」を家族という範囲でまとまった存在であると想定する。家族の単位はそれぞれの利益を追求する場ではあるが、そうした私的利益は社会的接触を通して公共化される、とみなされる［Pateman, 1988］。したがって、個人の利益にとって脅威になったり危険となるものは、家族の外部からやってくる、と考えられる。それこそが近代主義において犯罪者が「よそ者」とみなされた理由である。しかし、このような近代主義の確信も、暴力犯罪の多く——ドメスティック・バイオレンスやレイプ、殺人、児童虐待——が家族などの親密な領域で起きることが明らかになって、しだいに色あせていった。

「犯罪とはなにか」という問題

ここまで、伝統的な犯罪概念にたいする衝撃について議論してきた。その衝撃は、犯罪が量的に増加したことに加え、犯罪の加害者と被害者がこれまでの想定を超えて広がっていたことが明らかにされたことからもたらされた。そのさい犯罪の暗数を明らかにすることについて議論した。さしあたりその議論が暗黙の前提としたのは、実際に発生した犯罪発生率を示す「本当の」数値が存在し、やろうとすればそれを正確に測定することができる、という考え方であった。しかし、犯罪とはなにかを考えると、私たちはさらに厄介な問題に入りこむことになる。というのも、そこでは犯罪学の外部の社会運動からも、犯罪学の内部からも、犯罪とは厳密にはいったいなんなのか、私たちの犯罪概念はどのように構築されているのか、という一連の問題が提起されているからである。特筆すべきことは、近代主義にとって犯罪とは誤認しようのない事実だったということである。たとえば、家宅侵入や暴行、車の窃盗などがそうである。近代主義においては、犯罪は程度はともかく正確に特定できる客観的な事実であり、測定技術が進歩すれば犯罪の規模もより精密に計測することができるはずだ、と考えられていた。このような正統的解釈は、一九六〇年代にラベリング論者たちによって実証主義批判が展開されて、しだいに色あせていった。一九六七年にエドウィン・レマートは、犯罪と逸脱の研究に起きた革命のことを、つぎのように要約している。「これは、逸脱に対処するためには社会統制が必要であると真剣に考えていた古い社会学からの、大きな方向転換である。私はむしろ逆の考え方、すなわち、統制が逸脱を生みだすのだという考え方を信じるようになった。それは古い考え方と同じように論証可能であり、もしかすると、近代社会の逸脱の研究にもっと大きな成果をもたらすかもしれない」[1967, p.v]。

　ラベリング論者にとって、犯罪の発生頻度や、犯罪者の人物類型や行為類型、逸脱を記述し説明するカテゴリーは、すべて社会的な構築物である。犯罪や逸脱は、すぐそこにある客観的な「もの」ではなく、社会的な定義の産物である。逸脱は行為そのものに内在するものではなく、人々の価値判断によって行為に賦与される性質である。例を二つ挙げよう。同じ人殺しという行為も、武装した強盗にたいして警官が起こした行為であれば、それは英雄的な行為となる。しかし、逆に強盗の側が起こした行為であれば、とんでもない不道徳な行為となる。モルヒネを投与するという同じ行為も、病気の末期症状に苦しむ人にモルヒネを投与することは、事態に即した合法的な行為となる。しかし、路上の麻薬常習者にモルヒネを投与することは、国家があらゆる権力を行使してでも止めなければならない行為となる。しかし、これらの例は極端な対比であって、実際にはそこにはさまざまな段階がある。したがって、ある暴力を犯罪とみなす社会的定義にもさまざまな段階がある。同じ行為にたいする定義であっても、凶悪な暴力とみなす定義もあれば、暴力とみなさない定義もある。時代とともに、人々の暴力にたいする感受性は変わり、その定義も変化していく。したがって、社会で暴力事件が発生する「真の」比率を知りたいと思えば、つぎのふたつの疑問を明らかにしなければならない。第一に、暴力とみなされる行為そのものは、はたしてどのように変化したのか？　第二に、暴力にたいする人々の寛容度は、どのように変化したのか？　このような、犯罪には二つの側面があるという認識こそ、ラベリング理論の伝統が生んだもっとも大きな成果である。というのも、もはや犯罪は、「そこにある」さまざまな行為の項目を集めてできあがった明白な実体ではなく、行為も定義も変化の過程にあるものとみなされているからである。犯罪の暗数も、測定技術が精密になれば、これまで表に出なかった犯罪が明らかにされ、その結果、さらに増加するだろう。他方、犯罪はその社会的定義が不寛容になることによっても増加する。この観点は、客観的で正確な測定をもって物理科学を模倣しようとする実証主義者の意欲を、徹底的に打ちのめすものである。いまや犯罪は自明なものではなくなり、それがなんであるかが問われるようになった。犯罪と犯罪でないものを明瞭に区別することはできなくなり、それに代わって、もろもろもろの行為は、人々に受容される行為から犯罪とみなされる行為にいたるまでの、一種の連続体をなしており、犯罪とそうでない行為の区別は時代と社会集団ごとに異なる、と捉えることが一般的になった。たとえば平手打ちは、どれくらい強ければ刑事罰に相当するのだろうか？ 他人の財産をどれくらい着服すれば窃盗とみなされるのだろうか？

ラベリング理論の伝統から、もろもろの社会問題を扱う社会構築主義の学派が生まれ、精力的な発展を遂げた［Kistuse and Spector,1973; Pfohl, 1985］。この学派の仕事の中心は、社会問題の原因に関する研究と社会問題の定義に関する研究を区別し、後者の研究にはっきり焦点を当てることである。そして、社会問題の「モラル・キャリア」――問題の定義が時間とともにどう変わったか――を調べ、そこから得られた知見を「異議申し立て人《クレーム・メイカー》」たちがその社会問題をめぐって争いあう現場へと結びつける。構築主義者は、たんに「犯罪者や逸脱者の人口規模が時代によってどう変化したか」という量的な問題を知りたがっているわけではない。かれらは、「犯罪や逸脱がどのように描かれ、分析されてきたか」という質的な問題にも関心を抱いている。その観点によれば、犯罪と逸脱は、対立と闘争の領域に実体をもつものである。また専門家は、社会問題に異議申し立てすることによって利益を得る存在とみなされる。そして、実証主義的科学自体もしばしば、科学的な用語を弄《ろう》するだけのたんなるイデオロギーにすぎないと批判される。さらには、このような議論は専門家たちのアカデミックな世界を飛び越え、その外部に、すなわち利益集団やマスメディア、法と秩序に関する政治キャンペーンにまで広がっていく

――そうした外部の集団はどれも、異議申し立てをする専門家とそれと反対の申し立てをする専門家を抱えている。

構築主義は、もっぱら社会問題の定義の発生と発展に議論を限定し、社会問題そのものについては問わないという立場をとる。そのような立場からほんとうに社会問題を十分に理解できるのかどうか、それを批判的に検討することは本書の役割ではない。もちろん、構築主義の議論には重大な危険もある。というのも、アカデミックな実証主義がその「科学的」な主張によって、対象を客観的で「自明」な実在とみなしていることにたいして、構築主義は相対主義的で主観主義的な観点をもちだすことによって、たんに反対のことを述べただけで終わってしまうかもしれないからである［Young, 1998］。ともあれ、ここで重要なことは、社会構築主義が、犯罪を含むさまざまな社会問題の性質がつねに問題を胎み、変化し、異論が差し挟まれるものであることを専門家たちに気づかせた、ということにある。

現代社会において、このような観点が学問世界の内で生まれ、社会問題の性質や規模、区別、さらには実在性までもが激しい議論の対象となっていったことは、とくに驚くようなことではない。というのも、私たちは過去二〇年以上のあいだ、圧力団体が力を増していったという事実を知っているからである。圧力団体は、犯罪の定義を拡大し、それまで犯罪とみなされなかった行為を犯罪と定義し、あるいは逆に以前は犯罪と定義された行為をその定義からはずし、古くからの社会問題の定義を書きかえ、新しい社会問題を作りだし、犯罪のカテゴリーを作り直し、社会問題の定義を作り変えてきた。たとえばフェミニズム運動や、動物愛護のキャンペーン、環境保護グループ、反人種差別運動、児童保護団体、ドラッグの合法化運動、反対にドラッグ（やタバコ）禁止法制定運動などは、そのような活動のごく一部である。それらの活動によって、犯罪とはなにかという問いが人々の論争と議論の主題になっていった。レイプを例に取りあげよう。フェミニストの研究者たちは、レイプは公式に記録された件数よりはるかに多いと主張するだけではなく、一般的なレイプの定義そのものを徹底的に変えようとしている。フェミニストの努力によって、多くの国の司法において夫婦間のレイプも犯罪とみなされるようになり、「デート・レイプ」が広く起こっていることが知られるようになった。かつては、見知らぬ他人による「明白な」暴力をともなうレイプや強制された性的接触の件数が「現実には」どれくらいあるのか、ということが議論された。しかし現在は、レイプが厳密にはどのような行為であるのか、性的関係における強制と同意の区別はどこにあるのか、といったことに議論の中心が移った。とりわけ議論は、同意にもとづく性交とはどのようなものか、強制された関係と同意に基づく関係を新たに区別するとどのような問題が発生するのか、といったことに集中するようになった。このような一連の議論は、レイプを通してひとつの「連続体」があることを照らしだしている。というのも、不平等な社会においては、とくに女性が経済面で夫に全面的に依存しているような社会や、女性が仕事で成功するかどうかが男性上司にかかっているような社会では、異性との接触の多くを「強制されたもの」とみなすことも可能だからである。ラディカル・フェミニストのなかには、レイプとそうでないものをより厳密に区別をしようとする論者もいるが、ほかの一部には、あらゆる異性関係は強制されたものであり、レイプとそうでないもののあいだは程度の差こそあれ本質的な区別はない、と主張する論者もいる。犯罪とそうでないものが連続しているという考え方は、レイプに限られたことではなく、児童虐待やドメスティック・バイオレンスなど、一連の凶悪犯罪にも当てはまるものである。

これまで隠れていた犯罪が表に出るようになったことは、さらなる問題を引き起こしている。たとえば、過去の性的虐待の事件を明らかにしようとすれば、つぎからつぎへと被害者が登場することにもなる。そのとき性的虐待は、あたかも人口の大部分がそこに入ってしまう底なし沼のようにも思われかねない。なかでも「女性の五〇％以上が幼児期に性的虐待の被害にあった経験がある」などという主張は、どう考えればいいのだろうか？　本章では、そのような主張が正しいかどうかを検討するのは止め、そのような主張が大衆の白熱した論争を引き起こしたということだけを指摘しておく。実際に、一方では「虚偽記憶症候群」〔カウンセラーや精神科医によって、過去に性的虐待があったという偽の記憶が作られること〕から家族を守るためにさまざまな組織が作られ、他方では、セラピストたちが過去の虐待の記憶を「解放する」ことに専念している。

「犯罪の遍在性」と「司法制度の偏向性」

伝統的な犯罪学によれば、犯罪というのは階級構造の底辺に集中するものであり、とりわけ青年たちのあいだに多く起こると考えられていた。そこでは下層階級、男性、そして若者に焦点が当てられていた。このような教条主義的な観点を揺るがす最初の動きは、一九四〇年のエドウィン・サザーランドの著作『ホワイトカラーの犯罪』に始まった。彼はそこで次のように書いている。

一般に、犯罪行動の原因は貧困にある、あるいは貧困にともなう精神疾患や社会的不適応にあると考えられてきた。しかし現在では、そのような理論をもって現実を説明することはできなくなった…そのような理論は、下層階級に偏ったサンプルが一般化されたものであり、そこではホワイトカラーによる犯罪の方は完全に無視されている。というのも、これまで犯罪学者たちは、とりたてて信念もないまま、ただ便利であることと、下層階級の人々が無知であるという理由だけで、刑事裁判所と少年裁判所からしかデータを入手しようとしなかったからである。しかし、そのような機関はおもに低所得層の犯罪者しか扱っておらず、そのため、犯罪学者たちが使用したデータは、犯罪者の経済状況に関してきわめて偏ったものであった。したがって、犯罪学者たちがそのデータを一般化して「犯罪は貧困と密接に関係する」と主張したところで、それを正しいとみなす理由はどこにもない。

［1940, p.10］

サザーランドは、当時としては珍しいことに、犯罪がどこにでも起こりうること、および犯罪の定義が恣意的であることをしっかり理解していた。珍しいというのは、そのような観点が犯罪学に根づいたのが、六〇年代より後のことだったからである。犯罪は一般の通念に比べてはるかに多く起こっており、また、刑事司法制度は「サンプル」を選ぶとき、ランダムにではなく一般の通念に基づいて選択する——このようなサザーランドの主張は、一九七〇年代になってその意味が完全に理解されるようになるまで、時限爆弾のようにカチカチと時を刻み続けた。七〇年代に入ってサザーランドの理論が広まることになったが、それには次の二つの事情があった。まず、その当時は、とりわけ非行問題について、さまざまな当事者報告の研究が盛んになったことである。つぎに、権力者のあいだの犯罪の摘発が増えたことである。多くの著作において、ホワイトカラーの犯罪がいたるところで起こっていることが指摘された。たとえば、フランク・ピアスの『権力者の犯罪』やデニス・チャップマンの『社会学と犯罪者の固定観念』などが、その代表的な著作である。さらに、もっと地位が高い人々の犯罪については「法の執行と司法行政にかんする大統領委員会」による報告書[1967]が公表された。

一九七〇年代初頭になると、犯罪学を見直す動きが起こり、犯罪が風土病のようにどこにでも現われること（遍在性）が指摘され、刑事司法制度による犯罪者の摘発に下層階級への制度的な偏りがみられること（偏向性）が強調された。「犯罪の遍在性」の主張は、犯罪の因果関係に関する実証主義的な観点の誤りを明らかにした。他方で「司法制度の偏向性」の主張は、

「法の前の平等」という新古典主義の思想を根本から問い直すことになった。その結果として、犯罪学それ自体が信用できない学問になってしまった。というのも、刑事司法制度が抽出したサンプルに偏向がみられる以上、学者がそのサンプルを一般化したところで、誰からも信用されないからである［Hulsman, 1986; Sumner, 1990］。要するに、犯罪は、ハルスマンが述べているように、「存在論的なリアリティをもたない」ものになってしまった。

伝統的な犯罪学に修正を迫った最初の動きは、犯罪の風土病的性質を指摘するものであった。しかし、フェミニズムの影響を受けた犯罪学者からの批判は、さらに厳しい修正を迫るものであった。というのも、フェミニズム犯罪学は、たんに犯罪被害の概念を広げただけではなく、女性の犯罪発生率がきわめて低い理由をも説明してみせたからである。女性が犯罪を起こす件数が少ないこと自体は、以前からよく知られていた。犯罪学の教科書にはかならずといってよいほど、犯罪発生率は男性より女性の方が低いと書かれている。たとえば、サザーランドとクレッシーの有名な教科書『犯罪学原論』には、次のように書かれている。

> 性別は、犯罪者とそうでない者を区別するに当たって、きわめて重要な意味をもっている。ある調査者が「人口一万人の町で、どのような人間が犯罪者になるかを予測するために、一番頼りになる指標はなにか？」と尋ねられたとしよう。そのとき彼《原文ママ》は「性別を指標にすれば、予測を誤る可能性をもっとも低めることができる。男性は犯罪者になりうるが、女

性はなりえないからだ」と答えるだろう。もちろん、彼は多くの事例で誤るかもしれない。というのも、男性のほとんどは犯罪者にはならないし、女性でも犯罪者になることがあるからである。しかし、年齢や人種、家族背景、あるいはパーソナリティなど性別以外の指標を選んだ場合、予測を誤る可能性はもっと高くなるだろう。 ［1966, p.138］

重要なことは、フェミニズム犯罪学がこの問題を議論の中心にもってきたことである。それは、男女の相違が犯罪学において重要な問題であることをはっきりと示した。アイリーン・レナードの『女性・犯罪・社会』［1984］などの重要な著作において、犯罪学に潜んでいる男性中心主義が暴露されていった。文化接触の理論であれ、アノミー論や下位文化論、社会的剝奪論であれ、およそあらゆる理論が、ひとたび女性を説明要因として理論に導入したとたんに解体されてしまう。さらに、女性の低い犯罪発生率の研究のなかで注目されたのは、刑事司法制度の抑止力よりも、インフォーマルな犯罪統制の果たす大きな役割であった。ただし、それは緩やかな社会的圧力というより家父長制の内部でおこなわれる統制であり、したがって社会構造の問題として考えられた。

高い地位にある者や女性たちの犯罪がひとたび説明要因に入れられると、「貧困と失業が犯罪を生む」という昔ながらの社会的実証主義の信念は疑わしくなった。高い地位にある人々のあいだでは極端に犯罪発生率が低いと思われていたが、実際にはそうではなかった。他方で女性は、貧困者と失業者の割合が男性より高いにもかかわらず、実際には明らかに低い犯罪発生率を示している。このように、犯罪はそれが起こるべきでないところで起こり、起こっているはずのところで起こっていないことが、明らかにされた。

私たちが二〇世紀終わりに直面したのは、この過程がさらに進行した状況である。風土病のように場所を選ばない犯罪の性質は、少なくとも男性に関しては、犯罪発生率が上昇するにつれてますます明らかになっている。合衆国では、警察による監視は（もちろん犯罪経歴のある者に限定してのことであるが）ごくありふれたことになっている。そして合衆国の一部の人々にとって、「ありふれたこと」は「正常なこと」を意味している。合衆国では、二〇代の黒人男性の三人に一人が刑務所に収監中であるか、仮釈放中であるか、一二ヵ月の執行猶予期間中であるか、そのいずれかの状態にある。この割合は、大都市ではもっと高くなると思われる。これほどまでに警察の厄介になることが多いとすれば、それは別に恥ずかしいことでもなんでもなくなる。また合衆国の司法は、差別と偏見に満ちあふれた派手な見世物になっている。そのあまりの偏向ぶりに、公正な刑事司法制度を求める人々のあいだに反発が広がっているほどである。ロサンゼルスのロドニー・キング事件〔ロサンゼルスで一九九一年に発生した、白人警官による黒人容疑者ロドニー・キング暴行事件〕は有名であるが、イギリスでもバーミンガム・シックス〔一九七四年にアイルランド共和国軍がバーミンガムの二軒のパブを爆破し、二一人の死者を出したが、その犯人として逮捕された六人のアイルランド人のこと〕やギルフォード・フォー〔一九七四年にロンドン郊外のギルフォードで起きたテロ事件で逮捕された四人の青年のこと。一四年後の裁判で冤罪と証明された〕、あるいはイングランド中部の凶悪犯罪捜査班による多くの冤罪事件は、警察が起こした大がかりな不正事件であり、しかもそれらは氷山の一角にすぎない。だからこそ、そのためにますます多くの人々が、警察の不正行為を日常的な出来事と思うようになった〔Kinsey, *et al.*, 1986〕。

刑罰と罪

ここで、犯罪件数が大きな問題になってくる。犯罪件数が増えれば、役所の資金は限られているために、犯罪捜査と処罰をどうすればいいかという問題がかならずもちあがる。どこで起こった犯罪を捜査するか、真犯人をどのように特定するか、犯罪の立件をどのようにするか、犯罪者の処罰はどのようにするか――これらの方針を立てるなかで、なんらかの偏向が避けがたく生じることになる。この過程で、一人ひとりにたいする個別の司法判断が失われていく。すなわち、あらゆるカテゴリーの人々が容疑者として疑われるようになり、処罰が正義とはまったく関係なくなっていく。

犯罪が増えればそのぶん逮捕者も増える。同時にそれは、刑事司法制度の厄介になる人々の数が劇的に増加することを意味している。このことに対応するために、官僚制度がとる常套手段は、あらかじめ単純な方法で逮捕者の数を減らすような方法である。その最初の手段は、警察官一人あたりが抱える事件数を増やすことである。たとえばイングランドとウェールズでは、警察官が大幅に増加したにもかかわらず、警察官一人あたりが抱える犯罪事件数は、公式に発表された資料では一九六〇年の一〇件から九〇年の四〇件まで上昇した。この場合、とくに政府から経済的で効率的な運営をするよう圧力がかけられたことで、警察は次のような誘惑にさらされることになった。それは、合法的手段としては司法取引への誘惑であり、非合法的手段としては不正行為への誘惑である（たとえば項目を「検討中」にすることで数値上の未解決事件を減らしたり、容疑者をでっちあげたり、理論上の犯罪件数と実際の犯罪件数の区別をわざと無視するなど［Kinsey, *et al.*, 1986］）。

しかし、ここでもっとも興味深い問題は、警察があらかじめ犯罪者を絞りこむにさいし、その対象がますます偏っていき、犯罪者が「選抜」されるようになったことであろう。容疑者を絞りこむ段階で、警察は、かつてのように特定の個人を容疑者とするのではなく、特定の社会的カテゴリーに属する人々全体を容疑者とするように変わってきた。たとえば職務質問を取りあげよう。職務質問は怪しい個人におこなうより、そもそも犯罪を起こしていそうな集団の成員（たとえば黒人やアイルランド人、労働者階級の若い男性）におこなう方が効率的である。個人をしらみつぶしに当たって犯人を検挙するよりも、魚がたくさんいる漁場で底引き網を一気に引く方が楽だからである［Young, 1995a］。かつての「いつもの奴らを検挙する」という決まり文句は、いまや「いつもの部類《カテゴリー》の奴らを検挙する」という言い方に変わった。すなわち、容疑者が個人からカテゴリーに変わった。

O・J・シンプソン事件〔シンプソンはアメリカの俳優・元フットボール選手で、前妻とその恋人を殺害した疑いで逮捕された。シンプソンが黒人で被害者が白人であったことから裁判では人種問題にまで発展した〕は、特定のカテゴリーに属することが罪とされるということを示す格好の事例であろう。この事件にマスメディアが異常ともいえる関心を示したのは、被告が有名人だったからというだけではない。それは、この事件が、リベラル派の犯罪観に基づいた有罪／無罪のカテゴリー上の区別と、保守派の犯罪観に基づいたそれとの対立を、見事に示していたからである。たとえば、リベラル派の犯罪観からすると、O・J・シンプソンは黒人であり（したがって無罪）、妻を殴る男であり（したがって有罪）、スターであり（したがって無罪）、最高の法律的手段を駆使できるほどの金持ちである（したがって有罪）。人種とジェンダーと地位と階級が、ここでぶつかりあって大混乱している。もちろん、保守派の犯罪観からすると、これらの判定はほとんどひっくり返ってしまうだろう。ここに警察の呆れるほどの無能ぶりと腐敗が加わって、はてしなく錯綜した物語ができあがったわけである。

犯罪者が増えすぎて閉じこめておく場所がなくなると、警察から裁判所に及ぶ刑事司法制度は、偏向の過程を辿らざるをえなくなる。すなわち、凶悪な札《ふだ》つきの常習者を、それほど厄介でない犯罪者から区別しなければならなくなる。そのために、有罪を宣告された者で刑務所に入れられる者の割合は減少することになった（イングランドとウェールズでは、一九三八年には起訴された犯罪者の三八％が刑務所に送られたが、九三年には一五％まで落ちた）。このような偏向の過程は危機管理《リスク・マネジメント》という発想に基づくものであり、この過程はどんどん進行している。こうして、起訴の総数は増加しているにもかかわらず、実際に収監される犯罪者の割合は減少することになった（本書の第5章参照）。これは驚くようなことではない。というのも、これは司法が犯罪者に寛容になったわけではなく、ただ収監者を選別した方が効率がいいというだけの話である。同じことは、公共医療サービスについてもいえる。病院は増加し続ける患者全員に対処するよりも、軽い病気やケガの患者の診察を拒否し、高齢患者は老人ホームに送りつける方が、病院にとって効率がいい。その結果、刑事司法制度において刑務所の代替施設が登場したように、病院や介護施設の代替施設が登場し、それらが繁盛するようになった。

以上のような刑事司法制度の腐敗や司法取引、偏向を前にして、私たちは司法とは何かを問題としなければならなくなる。下される判決は、もはや個人の犯した罪の重さとは関係なく、またその罪の重さに応じた処罰でもなく、たんに司法との交渉が上手かどうかを示すものになった。また、判決はもはや絶対的な基準に基づくものではなく、政治家や官僚からの圧力に左右されるような怪しげなものになった。刑事司法制度で起こっているのは、配分の正義が守られなければならないはずの経済的領域で報酬配分の秩序が失われているのと同様の事態である。そこでは、刑罰の秩序が失われている。もはや刑罰は、犯された罪それ自体と切り離して考えられるようになった。実際に犯罪学者たちは、刑罰の重さや中身を、犯罪そのものの重さとは関係なく、もっぱら社会のさまざまな影響如何に基づいて論じるようになった。犯罪にたいする恐怖心が犯罪そのものと関係ないのと同じように、刑罰の重さも犯罪そのものと関係なくなった。

新しい政策犯罪学と保険統計主義

犯罪件数と犯罪者の増加は、刑事司法制度の原則と学問的な犯罪学理論の双方に深刻な影響を及ぼしている。新古典派の犯罪学から、新しく登場した政策犯罪学〔administrative criminology〕や保険統計的犯罪学〔actuarial criminology〕への理論的な移行も、そのような影響の一部である（表2-2）。犯罪がどこにでも起こるもので「正常な」現象とみなされるようになると、犯罪の原因を探ろうとする研究にはあまり関心がよせられなくなった。新たに登場した政策犯罪学は、個人の資質から犯罪を説明する理論を公然と批判し、それとは反対に、犯罪はそもそも普遍的な状態であって、不完全な存在である人間がたまたま誤って行為した結果であると主張する〔Young,1995〕。そして、犯罪を減らすために、人々に犯罪を起こす機会を与えないような障壁を設け、犯罪のリスクと被害を最小にするような予防政策を提唱する。このような観点からすれば、リスク計算に特化した保険統計的アプローチが、個人の罪状や動機に注目するアプローチよりも、はるかに適合的となる〔Feeley and Simon, 1992, 1994; van Swaaningen, 1997〕。ここでは新古典派や実証主義がもつ近代的観点は、いずれも拒絶される。政策犯罪学は、加害者の責任という問題にも、犯罪の原因や犯罪への対処、犯罪者の更正といった問題にも、まったく関心をもたない。その関心は、犯罪が起こった後の問題ではなく、もっぱら犯罪が起こる前の問題に向けられる。すなわち、犯罪者の収監や更正は問題にせず、犯罪の抑止だけを問題にする。このような理論は、有罪判決を下された犯罪者を取りこみ、ふたたびかれらを社会に統合しようとする包摂主義的な思想とは、まったく無縁である。むしろ、それは排除主義的な理論であるといっていい。すなわち、ショッピング・モールや刑務所でのトラブルを事前に察知し、逸脱者を排除し、孤立させることをめざす理論である。その関心は犯罪それ自体ではなく、ひたすら犯罪の可能性に向けられ、違法であるかどうかを問わずあらゆる反社会的行為を対象とする。それは精神疾患や反抗的態度など、制度のスムーズな運営を邪魔すると思われるすべての要素を監視する。政策犯罪学は、社会の改革ではなく、社会の管理に関わるものである。犯罪を完全になくすことは最初から考えておらず（それは不可能なことだと考えている）、ただリスクを最小にすることだけを考えること、それこそが政策犯罪学の「リアリズム」である。それが目的としているのは、社会工学と司法介入による社会改革ではない。その

表2-2　新古典派犯罪学と保険統計的犯罪学

	新古典派犯罪学	保険統計的犯罪学
主な関心	犯　罪 実際に起こった事件 犯罪者の意図	あらゆる反社会的行為 事件が起こるリスク 犯罪者の行動
根　拠	疑う余地のない証拠	蓋然性のバランス
目　標	犯罪の撲滅	損害の抑制／被害の最小化
容疑対象	個　人	集団カテゴリー
手　段	犯行阻止	犯罪予防
実行主体	国　家	民間団体
保護対象	公共空間	個人の私有財産
対処法	補　償	保　険
判　決	犯罪の重さによる	犯罪の危険性による

ような目的は最初から近代主義の幻想として切り捨てられている。そうではなく、目的は、たんに善良な市民から犯罪者を、おとなしい買物客から厄介者を分離することにある。そして麻薬中毒者やアルコール依存症者についていえば、もはやかれらを治療したり更正させたりすることはせず、たんにかれらが自分自身に加える危害を最小にすることだけが目的とされる。

後期近代への移行 ── 犯罪と犯罪統制の概念の変化

後期近代への移行と犯罪概念の変化について説明する前に、現在起こっている基本的な変化について確認しておこう〔表2-3〕。

私見によれば、二〇世紀の後半三分の一の時代になって、犯罪とその統制に関する私たちの認識と現実の両方に劇的な変容が起こった。その変容は、たんに犯罪に関する認識とリアリティが変わっただけではなく、その背後に隠れていたものが明らかになる過程でもあった。すなわち、世界は変化したが、それと同時にその変化の過程を通して、これまで背後に隠れていた現実が以前に比べて容易に理解されるようになった。このような変化が起こった時期については、多くの論者が意見の一致をみている。ジェームス・Q・ウィルソンはこう書いている。「一九六三年頃にすべてが始まった。それはまた、すべてが崩壊し始めた年でもある」〔1985, p.15〕。挑発的な著作『ベル・カーブ』〔1994〕を書いたウィルソン、ハーンスタインとマレー、名著『極

表2-3　後期近代への移行：犯罪と犯罪統制の概念の変化

	近　代	後期近代
1. 犯罪の定義	自　明	不確定
2. 犯罪者の範囲	少数の人々	広範囲の人々
3. 犯罪被害	例外的な出来事	正常な出来事
4. 犯罪の発生	遠い世界の出来事 社会的要因による例外的現象	身近な出来事 理性的な選択によるありふれた現象
5. 異常性	「正常」とは区別される	「正常」と連続している
6. 社会全体との関係	社会に外在	社会に内在
7. 犯罪が起こる場所	公共空間	公共空間／私的空間
8. 犯罪者の被害者に対する関係	見知らぬ者、よそ者	見知らぬ者／親しい者／よそ者／内集団
9. 社会統制の主体	犯罪司法システム	民間／複数の機関
10. 社会的介入の効果	効果的（とみなされる）	うまくいかない／何をしても無駄
11. 人々の反応	明快で理性的	曖昧／非理性的な「犯罪への恐れ」とモラル・パニック
12. 犯罪が起こる空間	隔離された空間	異種混淆的な空間

端な時代』〔1994〕のエリック・ホブズボームをはじめ、多くの論者が、その時期に生活上のあらゆる領域に変化が生じたと指摘している。同じように、犯罪学と逸脱の社会学においても大きな変化が起こった。それは、新しい逸脱理論が登場したことに示される。この理論はポストモダニズムの萌芽ともいえるものであり、大きな変化が進行していることを明確に捉えていた。絶対的な規範が崩壊している事実を丹念に拾いあげ、犯罪の因果関係が不明瞭であることを主張し、「予言の自己成就」〔社会学者マートンの概念で、根拠のない予言であっても、人々がそれを信じて行為することによって、結果としてその予言が実現されてしまうという社会的メカニズムのこと〕の皮肉な側面を強調し、進歩という〈大きな物語〉の一部をなす社会的介入に潜む抑圧的な性質をあかるみに出すこと――これらを通して新しい逸脱理論は、近代が崩壊する時代の目撃者となった。

このような変化の必然的な結果として、社会秩序における二つの領域が不安定化することになった。二つの領域とは、報酬配分の領域と共同体《コミュニティ》の領域である。前者は、人々が市場で受け取る報酬の適切さに関わる領域であり、後者は、個人の欲望と共同体にたいする義務とのあいだのバランスに関わる領域である。これらの変化の原動力となっているのは、市民権にたいする要求の高まりである。形式的な平等への要求が高まっただけではなく、市民権の実質的な内容、あるいは市民権を構成するさまざまな具体的内容への要求が高まった。そのような要求は、戦後の市場社会がたえず発展し続けてきたことを背景にしている。市場は、さまざまに異質な人々を労働市場のうちに統合することにより、人々が互いに比較しあうようになる現実的基盤となる。というのも、人々は市場において、人種・階級・年齢・性別をめぐる不平等に直面するからである。また市場は、消費者としての市民権を普遍的に広めながら、他方では一部そこから排除される人々を作りだす。さらに市場は、多様性と自己発見の理想を掲げながら、実際には大多数の人々に報われることのない個人主義を与えている。すなわち市場は、かろうじてまだ素朴に信じられている秩序の上に乗っかっているだけで、実際には「あらゆる社会状態のたえまない動揺、永遠の不安定と変動」〔マルクス『共産党宣言』の一節〕を作りだしている。市場は発展と拡大を続け、そのなかに人々を招きながら、それ自体の土台を切り崩している。このような変化は市場の拡大によって起こったものであるが、それは市場が人々に一方的に押しつけたものではない。市場原理が現代の支配的エートスとなっているのは事実であるとしても、それに息を吹きこみ、形を与え、発展させ、力を与えているのは、そこにいる人間たちである。この点をしっかり踏まえないと、社会秩序の二つの領域における問題、すなわち相対的剝奪感と個人主義という問題を理解することはできない。この二つの問題こそ、戦後の犯罪増加という謎を解く鍵となるものである。

相対的剝奪感と個人主義

忘れてならないことは、相対的剝奪感は他者との比較から生まれるということである。相対的剥奪感というのは、ものごとがうまくいっているときにも、あるいは悪くなったときにも起こる。すなわち、それは他人と比較することが容易なとき、あるいは容易になったときに起こるものである。人々を隔てる溝が深く、長時間にわたって持続する場合には、相対的剥奪感が生じることはない。格差が拡大しているときでさえ、もしそれがゆっくりと目に見えない速度で拡大しているなら、剥奪感はたいしたものではないだろう。この原則を理解するためには、二〇世紀後半の三分の一の時期になにが起こったかを理解しておく必要がある。エリック・ホブズボームが著作『極端な時代』で述べているように、戦後社会では、労働者階級や女性、黒人、若者といった、それまで従属的な地位にあった集団の人々によって、完全な市民権の獲得を求める大規模な運動がくり広げられた。機会の増大と平等の拡大が、幅広く達成されただけでなく、これまで以上に議論されるようになった。というのも、機会と平等にたいする人々の期待が高まった結果、一九六〇年代になると自由と革命が合言葉となったからである。このような流れから、完全雇用と目を瞠《みは》るほどの高い生活水準が達成されたわけであるが、それでも時代の雰囲気は不満にあふれていた。そこにあったのは、誰もが平等になるとそれまで以上に小さな差異が気になるようになるという平等のパラドックスである。相対的剥奪感は、富が増大しても消えなかったし、市民権が幅広く獲得されても和らぐことがなかった。それどころか、富の増大や市民権の獲得によって、剥奪感はいっそう激しくなった。この戦後の黄金時代に続いて、一九八〇年代から九〇年代にかけて不況の時代がやってきた——それは、大量の失業者が発生し、多くの人々が社会の周辺に追いやられた時代であった。せっかく獲得された経済的市民権は大幅に縮小していった。しかしケインズ主義の時代とあって、それは自然に起こった悲劇的な結末ではなく、政府の失敗であるとみなされた。当時は、まだ社会システムの責任が問われていた時代であり、失業者自身が責められるような時代ではなかった［Mooney, 1998］。ここで相対的剥奪感は残ってはいたものの、その中身は変わった。相対的剥奪感は、もはや社会に統合されて横並びの位置にある人々が互いに比較しあって生じるものではなくなった。それは、労働市場において分割された階級間の比較や、労働市場の内部にいる者と外部に排除された者の比較から生じるものになった。

しかし、一九六〇年代以降に犯罪が増加し、社会病理が拡大したことを、相対的剥奪感だけで説明することはできない。相対的剥奪感はいたるところで不満の種を撒き、その不満はさまざまなかたちをとって現われる。犯罪は、そのような現われのひとつにすぎない。致命的な結果をもたらすのは、相対的剥奪感が個人主義と結びついたときである。ホブズボームの著作でも、時代が決定的に変わったのは個人主義が高まったためであるとされている。「したがって、二〇世紀後半の文化的革命は、社会にたいする個人の勝利と考えることができる。いや、むしろこう言うべきなのだろう。すなわち、文化的革命は、かつて人間存在が社会という織物に編みこまれていた糸を断ち切ってしまった、と」［1994, p.334］。個人主義こそ、都市の貧困層の不満を掻き立て、かれらの居場所を互いに闘争しあう「ホッブズ的無法地帯」にしたものであり、

「社会的なつながりもなく、たんに隣りあって暮らすだけの人々からなる宇宙」[ibid., p.341]を作りだしたものである。

ノスタルジーと衰退

左派であれ右派であれ、政治的立場を問わず共有されている、ひとつの支配的な考え方がある。それは、二〇世紀の終わり三分の一の時期は衰退の時代であるという考え方である。たしかに衰退は、さまざまなかたちで起こっているようである。たとえば失業者が増大したこと、コミュニティが崩壊したこと、伝統的な核家族が解体したこと、他者への尊敬の念が喪失されたこと、生活水準が低下したこと、社会病理が蔓延したこと、そして当然ながら、犯罪が増加したことである。このような衰退論にもさまざまなものがあって、それぞれの強調点は政治的立場によって異なる。とはいえ、あらゆる論者が、これらの現象によって世相がますます悪化した、と一致して捉えている。とりわけ重要なことに、論者の政治的立場に関係なく、市場社会の役割こそがこのような変化の核心にあると捉えられている。ここで、奇妙な組み合わせのように思われるかもしれないが、ジェームズ・Q・ウィルソンとエリック・ホブズボームを並べて取りあげよう。ウィルソンは、ニクソンとレーガンの政策顧問であった人物で、右派の導師《グル》である。彼は、社会が衰退した原因は、刹那的な満足や自己表現ばかりを求めて衝動の抑制を軽んじるような文化にあると主張する。「個人の自己表現を重視する、自由主義的《リベラル》な商業社会」は、かならず規律をめぐる問題を生みだすことになる。「自己実現への執着は、うまくいけば芸術的でインスピレーションにあふれたものを生みだすかもしれないが、悪ければ無価値なもののしか生みださない。スリルを追い求め、欲求を我慢できないような弱い人間の手にかかると、そのような執着は泥棒や強盗へのパスポートにしかならない」［1985, pp.247-9］。しかし、そのようなウィルソン自身も、最終的には「このような社会にしたのは私たちであり、私たちはそこで生きるしかない」と述べている。実際、あらゆる面でウィルソンの著作は、この自由主義的で「自由《フリー》」な社会とどうにかして折りあいをつけようとする試みであるように思われる。そのことは、「現実主義的」な信念に基づいて法の支配や処罰と取り締まりについて論じた初期の論文から、家族や五歳までの幼児期、人格、社会化教育などを強調する後期の論文にいたるまで、一貫して変わっていない［Wilson and Herrnstein, 1985; Wilson, 1991, 1993］。

マルクス主義の歴史家であるエリック・ホブズボームもまた、同じ結論に達している。彼は、資本主義が、信用や名誉、規律、コミュニティや家族への愛着といった前資本主義的な価値観にどれほど強く依存しているかを、辛らつな皮肉を込めて描きだしている。

私たちは、空気があることを当然とみなしているように、人間の活動を可能にするさまざまな事物があることを当然とみなしている。そのことは資本主義についても同様である。

> 資本主義は、自分が過去から継承し、それによって自身の活動が可能になる、「空気」のような事物があることを当然とみなしている。空気は、それがなくなって初めて、不可欠なものであったことが分かる。すなわち、資本主義を成立させたのは、資本家だけではない。利潤を最大にし、富を蓄積することは、資本主義が成立するために必要な条件ではあったが、十分条件ではなかった。二〇世紀末の三〇年間に起こった文化的革命は、資本主義が歴史的に継承していた資源を食いつぶし、その結果、それらの資源なしには資本主義そのものが成り立たないことを明らかにした。新自由主義《ネオリベラリズム》が一九七〇年代と八〇年代に広まり、共産体制の崩壊を冷ややかに見送り、最終的に勝利を収めたのは、歴史の必然であった。しかし、新自由主義が勝利したまさにそのとき、かつては寄せられていた信頼が崩れ落ちてしまった。市場は勝利を高らかに宣言したが、その一方で、市場が無力で不完全であることは隠しきれなくなっていた。 [1994, p.343]

したがって、社会が衰退したのは一種の欠乏によるものであり、その欠乏は市場価値の勝利そのものから生じたものである。市場社会は、非市場的価値と社会関係という「酸素」なしでは存在できない。市場は、それ自体の存在基盤を取り崩してしまった。そのような欠乏は、もちろん二〇世紀後半の景気後退によってさらに拡大した。このことは、あらゆる政治的立場にある批評家が認識していることであり、社会民主主義者でさえ個人主義文化によって不況の影響がさらにひどくなったことを認めているほどである。一九三〇年代に存在していた労働者階級のコミュニティや家族は、いまや崩壊の危機に瀕している。かつて集団的価値のあった場所に利己的価値が、協働のあった場所に殺しあいと犯罪が、それぞれ取って代わった［Dennis, 1993; Seabrook, 1978］。

衰退と欠乏が問題にされると、そこにはいつも決まってノスタルジーが続く。社会民主主義から保守主義まで、あらゆる政治家たちは、過去に戻ることに執着し、ほのぼのとした家族や職場、地域共同体の思い出に浸っている。エチオーニの共同体主義《コミュニタリアニズム》があれほど世間に訴える力をもっていたのは、要するにそれが過去への信仰によってバラバラになった社会をもう一度つなぎ止めようとする試みであったからである。かつて誰もが力を合わせて社会を引っ張っていった時代を復活させようというわけである。

このようなノスタルジーは、党派を超えて広がっている。そこで——それぞれの政治的立場から——夢みられている世界は、市場がこれまで周辺に追いやられていた人々を包摂し、あらゆる個人を吸収するほど拡大することにより、完全雇用が達成されるような世界である。また、そこで——それぞれが帰属する政党的立場から——夢みられている社会は、人々が家族を支え、無責任なシングルマザーが出てこないような社会である。いまこそコミュニティを再建し、基本に帰って、かつての集団的価値を追求しようではないか……。

これはしかし、診断も間違っていれば、処方箋も間違っている。それは個人主義の台頭と、その必然的な結果である欠乏についての誤った理解に基づいている。議論を論理的な順序を追って整理してみよう。まず、市場社会は個人主義文化を作りだす。それは社会秩序が安定するために必要とされる人間関係と価値観を崩壊させる。その結果、犯罪と社会病理が拡大する。ここまでは、ウィルソンとホブズボームの両方が同意する論理である。しかし、ここでホブズボームは皮肉っぽいひねりを付け加える。市場社会は、実際には、それより古い時代の価値観や人間関係に依存しているが、それらの古い価値観や人間関係は、個人主義文化によって溶解し解体してしまっている、というのだ。そこで私は、これらの議論の核心となっている二つの問題について論じたい。ひとつは、現代の資本主義が犯罪と社会病理の拡大によりどれほど被害を受けているのか、という問題である。もうひとつは、個人主義文化が生みだした欠乏ははたしてどの程度のものなのか、という問題である。

マートン〔社会構造の動態分析や知識社会学の理論を提起したアメリカの社会学者〕の有名なアノミー論［1938］は、能力主義という文化的理念は、既存の社会構造によって崩されてしまったと述べた。ホブズボームはその主張を批判し、実際にはその反対が正しいと主張する。すなわち、文化的価値が社会構造によって揺るがされるのではなく、社会構造が文化的価値によって揺るがされると主張する。両者とも、文化と社会構造の矛盾が犯罪と無秩序をもたらす、と考える点では一致している。私が確信するところでは、市場社会には両方の現象が起こっており、いずれも先進産業社会における犯罪の発生に決定的な役割を果たしている。文化的価値の方は、私がすでに示した正義の領域に関係するものであり、もうひとつの社会構造は、共同体の領域に関係するものであるが、いずれもデュルケムがはっきりと示していたものである。実際、ラディカル犯罪学の「犯罪は社会秩序の周辺に起こるだけではなく、風土病のようにどこにでも起こりうるものだ」という主張の核心にあるのは、これら二つの領域における矛盾である。犯罪はどこにでも起こりうるが、だからといって、それをホブズボームのように資本主義の制度的問題として片付けてしまうのは、犯罪を誰にとってもたいした問題ではないと考えた初期のラディカルな理論家たちと同じ誤りに陥っている。そう考えるのでなく、今日の犯罪ではどのような人が被害者になるのか、犯罪の風土病的特徴がもたらす社会的帰結はどのようなものか、ということを明らかにすることの方が重要である。個人主義の拡大が、二〇世紀後半の社会のあり方を決定した重要な要素であることはたしかである。そして個人主義が、市場の諸力によって生みだされたものであることもたしかである。しかし、市場の影響も、個人主義も、本質的には矛盾したものである。「資本主義はつねに高度な社会秩序を必要とする」といわれるが、ここでその意味するところを明らかにしておくべきであろう。この考えが当てはまるのは、特定の時代だけである。近代において、秩序正しい生活が社会のすみずみに広まったのは、たんに完全雇用とフォード式大量生産を達成するためにそれが必要だったからである。現在、秩序正しい大衆を必要としているのは、どこよりも新興産業国家である。近年になって新自由主義《ネオリベラリズム》が先進産業国で勝利を収めたのも、資本にとって周辺にいる人々（もっとも秩序を知らない人々）に秩序を守らせる理由がなくなったためである。今日のアンダークラスの人々は社会から必要とされなくなり、かれらの労働力も不要となった。かれらに厳しく時間を守らせることも、かれらを訓練する必要もなくなった。かれらの消費欲求はあいかわらず重要であるが、それも容易にコントロールできるものである。これまでアンダークラスのコミュニティで起こった病理現象（ロサンゼルスの暴動など）は政治家の頭痛の種であったが、その影響もいまや無視できるものになった。そのような現象はメディアのお祭り騒ぎにすぎず、資本とはなんの関係もなくなっている。アンダークラスの人々は、自分たちの住む地域を、自分たちの手で破壊しているだけである。すなわち、かれらは互いにつぶしあっている。ときには警察がかれらの脅威にさらされることもあるが、そもそも警察は脅したり脅されたりするために雇われているのだから仕方がない。——これが、ジェームズ・Q・ウィルソンをはじめとする右派の指導的理論家たちの考え方である。実際、かれらが一生懸命に取り組んでいるのは、「現実主義的にみて」ある地域がまったく救いようがなくなり、国家が介入する価値もないと判断されるときまで、援助をどれくらいまで「切り詰める」ことができるか、ということである。ニューヨークは、世界資本主義の主導的な金融センターでありながら、その犯罪発生率は第三世界並みになった。しかし、いくら犯罪に取り囲まれたところで、この都市の経済力が削がれるわけではない。もちろん、金融取引のためには秩序が存在しなければならないし、デュルケムが指摘したように、契約を持続させるためには契約に先立つ規範が存在しなければならない。しかし、そのような問題は、経済活動から排除された人々の犯罪とはまったく関係ない話である。資本蓄積のためにどれくらいの正直さと信頼関係が必要かといった問題は、完全な空論である。というのも、資本蓄積のきわめて大きな部分は、そうした美徳とはまったく正反対の金銭的欲望によって可能となっているからである。金持ちや特権階級の人々は、錠門や鉄格子によって、障壁と監視によって、私設警備員や政府警察によって、自分自身と財産を守ることができている。たしかに、郊外のショッピング・モールや新興の繁華街では、安心して客に買い物をしてもらうために、定期的に物乞いや泥棒、酔っぱらいを追い払い、割れた窓ガラスを補修し、暴力行為を排斥しなければならない。しかし、これらはいずれもたいした脅威ではなく、せいぜいのところ政治家におあつらえの話題になるか、評判高い犯罪学者に論文の題材を提供するくらいが関の山である［たとえば Willson and Kelling, 1982］。

世界中で採用されるにいたった新自由主義政策は、国家の力を弱めようとするだけではなく、市民社会のあり方をすっかり変えようとしている。社会契約は捨て去られ、下層の人々を目の届かない場所に排除しようとする。貧しい人々は十分な教育や健康保険、法的権利を与えられないだけではなく、ガルブレイスが指摘するように［1992］、議会の多数決でも負けてしまう。それは、かれらの政治的権利が否定されるからというより、どうでもよいものとして無視されるからである。最後に、法と秩序の領域については、次のことがいえるだろう。劣悪な施設の学校とつぎはぎだらけの社会サービスしかないような貧しい地域では、警察活動もまたおろそかになりがちである。そこでの警察権力の役割は、住民を守ることではなく監視することにあり、警察はただ厄介な騒動が起きたときだけ出動する。法と秩序は、福祉国家でも多くの面でそうであったが、もっとも必要とされるところでもっとも手薄になる。それでも法と秩序は、健康保険や教育と同じように、すべての市民にとって必要であることには変わりがない。とりわけ犯罪の抑制は、それが人口の大多数に共通の問題であるために、政策的に統一したやり方が必要となる。先進産業国の資本主義システムが機能するには、政治的秩序と経済的安定が必要となる。しかし、気まぐれな反抗やちっぽけな抵抗が起きたところで、そのような犯罪はたいした脅威にはならない。実際、ウィルソンが述べているように、犯罪や暴動は、自由市場システムが「成功」したことの、必然的な結果である。しかし犯罪は、経済システムにとっては微々たる影響しか与えなくても、市民社会にはきわめて深刻な影響をもたらすこともある。すでに暴力にたいして多くの人々が不寛容になり、より安全な生活環境を求める声が高まっていることがその証拠である。ここにあるのは一種のパラドックスである――システムにとって法と秩序が必要なくなったまさにそのとき、人々は法と秩序を求めるようになった。法と秩序の問題は、新自由主義者と右派の政治家にとってはイデオロギーの問題として、他方で社会民主主義者にとってはより直接的に物質的な結果をもたらす――あるいは少なくともそうあるべき――問題として、ますます重要とされるようになった。

犯罪と欠乏

ここで、個人主義と欠乏の問題に戻ることにしよう。犯罪学は、欠乏を意味する言葉であふれている。犯罪の原因は物質的財の欠乏にある、社会的教育の水準の低下にある、価値観の全般的な退廃にある、などなどである。実際に犯罪に結びつく欠乏をなにとみなすかは、論者の政治的立場によって異なるものの、犯罪をなんらかの欠乏にたいする個人的応答であると考える点では、誰もが一致している。しかし、このような考え方には問題が胎まれており、それは正されなければならない。というのも、実際には、古い世界が失われてしまったから犯罪が起こるのではなく、来たるべき世界がまだ実現されていないから犯罪が起こるからである。ここでそのような欠乏概念のまやかしについて、手短に一つひとつ検討しようと思うが、その前に断っておきたいことがある。それは、「二〇世紀後半の人々が深刻な欠乏を経験していない」と主張するつもりは毛頭ない、ということである。景気後退によって社会のいたるところに窮乏した人々が生みだされ、ありとあらゆるコミュニティが破壊され、家族はバラバラになり、市場万能主義の価値観が社会生活を根本的に変えつつある。このような苦難と、それから発する人々のいさかいは、どれも実際に起こっているものである。しかしだからといって、それらの原因をたんに欠乏だけに求めることはできない。というのも、見返りの少ないことが原因のこともあれば、人々の要求が高まったことが原因のこともあるからである。また、社会からの消極的な逸脱が原因ではなくて、同調的な多数者の支配にたいする積極的な反抗が原因となることもある。さらに、価値の喪失が原因のこともあれば、価値基準をめぐる闘争が原因のこともあるからである。

さて、最初に取りあげるのは、犯罪の原因を物質的財の欠乏に求める理論である。はたして、このような単純な欠乏理論によって、実際の犯罪を説明できるのだろうか？　多くの社会民主主義者は、現在の犯罪増加の原因が、不況と個人主義が高まったことに加え、市場の露骨な物質主義と市場万能の価値観が結びついたことにあると考えている。しかしそこには、ラディカルな犯罪理論が陥りがちな危険な落とし穴がある。その危険とは、簡単にいえば、社会民主主義の立場をとる犯罪学者たちが、犯罪の因果関係がとうの昔に明らかにされたものと思いこんでいることである。すなわち、かれらは「悪い環境が悪い行為を生む」という時代遅れの公式から離れられないでいる。たしかに、この考え方は単純で魅力的ではある――「国家は福祉予算を削減して、無責任になったのではないか？　そのせいで貧富の差が拡大したのではないか？」と主張できるからである。さらに、物質的な生活条件が悪化していることを批判する概念として、最近では「市場の価値観」という用語も加えられた――「それ以外に、犯罪が増えるどんな理由があるというのかね？」

しかし事実はそれほど単純ではない。物質的報酬がなくなったからといって、それがそのまま絶対的貧困を意味するわけではない。犯罪発生率が上昇したのは、生活水準が向上した一九六〇年代後半のことである。すなわち、その時期には相対的剝奪感が犯罪の大きな原因になっている。そうだとすれば、この場合は相対的欠乏を問題にする方が妥当のように思われる。いいかえれば、他人と比較することで認識される相対的な物質的生活の水準や、能力にみあわない不当な報酬を得ているという不公平感こそを問題にすべきである。さまざまな社会集団が平等な報酬や完全な市民権を要求するようになるのは、人々の相対的剝奪感がますます増大しているためである。それを社会的に解決する手段がなければ、そこから犯罪が起こりかねない。南アフリカ〔アパルトヘイト制度が解体され国民の平等が実現された〕の例でいえば、人々が実質的かつ具体的な平等への進展がみられないと感じるとすれば、犯罪はどんどん増加すると予測されている。改革が中途半端であったり、口先だけで平等が唱えられている場合は、相対的剝奪感は解消されないどころか、むしろ悪化していくだろう。人々が完全な市民権を要求しているのにそれが与えられない状態というのは、たんなる欠乏ではない。というのも、そこにはたんに人々が成功者と自分を比較するという静的な要素だけではなく、人々の願望がどんどん高まるという動的な要素が含まれているからである。すなわち、人々は自分が平等以下の扱いを受けていると思っているだけではなく、その平等の水準に満足せず、平等の水準をどんどん高めていっているのである。このような事態についてデュルケムとマートンはよく理解していた。かれらは、実証主義が定着させた剝奪という概念をまったく認めようとしなかった［Katz, 1988］。これにたいして、社会民主主義的な犯罪解釈では、犯罪とはたんに欠乏の問題であり、平等な社会が実現すれば必然的に消えていくものと考えられている（報酬が平等になるほど相対的剝奪感が増大するという「平等のパラドックス」は、おそらくここでは想像もつかないだろう）。そこでは、貧困者は低い収入の「埋めあわせ」として犯罪をおこなうものとみなされている。しかし、これは根本から誤った考え方である。路上のひったくりから公金横領にいたるまで、およそ犯罪とは、平均的な収入を得ようとしておこなわれるものではない。貧しい犯罪者がねらうのは、安いフォルクスワーゲンではなく高価なポルシェである。強盗が戦利品として奪うのは、豆の缶詰ではなく高価なビデオカメラである。世間並みの生活が送りたくて非合法ドラッグを服用する者など、ほとんどいないだろう［Mugford and O'Malley, 1991］。金持ちは、老後の安心した生活を求めて犯罪を起こすわけではない。金持ちにはすでにそのための財産がある。そうではなく、金持ちはその財産をさらに増やし、それを誰にたいしても誇示するために犯罪に手を染める。このことを、ルッジェーロは次のようにうまくまとめている。すなわち、金持ちは富を得る機会がないから犯罪に走るのではない。それどころか、金持ちが合法的に財産を殖やす機会はいくらでもある。しかし、そのあり余る機会と同じくらい、金持ちが犯罪を起こす可能性もまた多くある［Ruggiero, 1993, 1996］。要するに、最下層にいる人々についていえることは、最上層に向かおうとする人々についてもいえるわけである。デュルケムとマートンは、不公平感と報酬を求める際限のない欲望について論じた著作のなかで、これらのことをすでに認識していた。

つぎに、二つめの欠乏理論、すなわち、社会結合が弱まったことを犯罪の原因とみなす理論について検討しよう。そこで具体的に問題になるのは、家族とコミュニティの結束力が弱まったということである。この点の理解をめぐっては、政治的な二極分化がはっきりとみられる。すなわち、左派は犯罪増加の原因を報酬の低下に求める傾向にあり、右派はそれを社会統制の低下に求めようとする傾向にある。そして、前者からは社会的実証主義が復活し、後者からは「新実証主義」が華々しく登場することになる。実証主義にもさまざまなものがある。生物学的・心理学的実証主義は、そもそも犯罪と逸脱の原因を犯罪者個人の病理から考察することに主眼を置いている。そのため、犯罪と逸脱の問題を社会全体の観点から考察することを避けてきた。また近代主義が謳歌した時代の実証主義は、逸脱の原因を、孤立して機能不全に陥った少数の家族に求めてきた。犯罪と逸脱が大規模に発生し、社会のいたるところでみられるようになると、その原因を把握する必要に迫られたが、それでも社会構造自体の問題として捉えられることはなかった。とくにチャールズ・マレー〔1990, 1994〕やトラヴィス・ハーシ〔Gottfredson and Hirschi, 1990〕を代表とする新実証主義では、犯罪が増加した理由は家庭の崩壊にあるとされ、五歳までに子どもが十分に社会化されていないことが問題であるとされている。このような市場実証主義とも呼ぶべき思想は、人間の理性にそなわる多用な選択肢をまったく考慮することなく（考慮されるのは、社会に同調する選択肢だけである）、もっぱら犯罪行為という選択肢だけを問題とするものである。この思想によれば、人々が犯罪行為を選択するのは、衝動を抑えることができなかったり、反社会的な個人主義思想に染まったりした結果であり、また、犯罪者になるかどうかは幼児期から決まっている。そして、人間の意思決定というのは天秤のようなもので、一方の長い腕には「自由」がぶら下がっており、その腕が長くなれば、もう一方の短い腕の先についている「幼児教育」の重りをもっと増やさなければならない。家庭崩壊が社会に広がったのは、女性が結婚や共同生活と関係なく子どもを育てるようになったためである。それはしばしばアンダークラスにみられる現象で、彼女たちがそうなるのは、彼女たちに福祉政策への依存体質があるからである。若い女性たちは、個人主義の影響を受けて簡単に子どもを作ってしまうが、育児を放棄して子どもをまともに社会化しようとはせず、代わりに納税者がその子どもたちを養うはめになっている——というのが、新実証主義者たちの主張である。

本章では、このような不愉快で、事実ですらない主張を詳しく検討するつもりはない。しかしそれらの主張において、犯罪の原因を社会的欠乏から説明するその内容については、ここでその真偽をきちんとただしておかなければならない。その主張によれば、犯罪の原因は、家族でもコミュニティでも、片親でもアンダークラスでもなんでも、とにかく社会化の制度が機能していないことにある。要するに、犯罪は社会という容器にひびが入った結果起きるものである。しかしこのような新実証主義の考え方は、次の二つの点で間違っている。まず、ここでは犯罪は社会統制が欠如していることの結果と考えられているが、それでは、人々がなぜ犯罪に手を染めるのかということ自体の説明ができない。いいかえれば、そこでは犯罪方程式〔犯罪を統制と動機という二つの要素から説明する方程式のことで、本書の第6章で扱われる〕から動機という要素が消し去られており、さらには社会構造自体が犯罪への動機を生みだすという側面が無視されている。次に、この理論は、社会をあたかも物理的容器であるかのように、ひび割れや水漏れが起こるものと捉えている。家族やコミュニティによる統制がこの場合容器に相当するわけであるが、他方では、それにたいして個人がどのような態度をとるかという問題がまったく度外視されている。ここで措定されているのは、たんに環境の規制に従う客体としての行為者であって、周囲の状況に主体的に適応するという行為者ではない。実際にも、家族や隣人、あるいは地域共同体に服従し、それらに敬意を払い、その役に立とうとするような態度は、いまやほとんどみられなくなった。その原因は、ひとつは、社会システムに、人々にそのような態度を要求する力がなくなったこともあるが、もうひとつは、権威であるという理由だけでその権威に反抗するような態度が広がったことである。権威への盲目的な服従がみられなくなったことは、おそらく二〇世紀のもっとも重要な変化のひとつであろう。このように社会的紐帯《ちゅうたい》が弱まったのは、たんに機械的に進行した過程の結果ではなく、個人の自立にたいする要求が高まったことの結果である。その根本的な原因は、欠乏にではなく、願望にこそある。

　最後に、欠乏をめぐる三つめの問題に移ろう。それは、犯罪が増加した原因を道徳的価値の衰退に求める理論である。先に、後期近代の重要な特徴のひとつに、価値をめぐる激しい論争が展開されていることに言及した。なにが犯罪であり逸脱であるかを決めていた近代の絶対的基準は、もはや通用しなくなり、それらの定義をめぐって対立や公《おおやけ》の論争が起こるようになった。したがって、かりに犯罪や逸脱の原因が道徳的価値の欠乏にあるとしても、それが意味するのは確実な価値が失われたということであって、価値にたいする関心が失われたということではない、ということである。

さらに議論を進めて、暴力と生活の質の問題に移ろう。生活の質については、その基準が上昇したことは誰の目にも明らかである。このことは、児童虐待やドメスティック・バイオレンス、また動物の権利などへの関心が高まったことによく示されている。「犯罪の恐怖から解放され、夜の大都市の街頭を安心して歩けるようになりたい」という人々の願望が高まっている。しかしそれも、生活環境や自然環境への一般的関心の高まりの一部をなすものでしかない。私もかつて論じたように[1995b]、法と秩序を要求する行動は、しばしば反対の行動をともなうという矛盾を抱えている。もちろん、犯罪者と犯罪に抗議する人々は同じ人々ではない。しかし、記録のうえで、凶悪な暴力犯罪の発生率が殺人の発生率よりもはるかに早いスピードで上昇していることは、人々の暴力にたいする寛容度が長期的に低下してきたことを示している。ここにみられる暴力への不寛容は、道徳的価値が欠乏したことを示しているわけではない。実際、ノルベルト・エリアスの有名な言葉にもあるように、私たちが目の当たりにしているのは野蛮に向かう絶望的な過程ではなく、さらなる文明化への過程である。ことに女性が労働市場に参入し、ますます公共空間に進出している。それとともに、女性は、男性の暴力や市民道徳に反する行為にたいして、ますます不寛容になっている。

この問題は、たんに機会を提供して生活水準を上昇させればよいという問題ではない。それは正義と能力に関わる問題である。またそれは、社会統制を強化し、水も漏らさないシステムを構築すればよいという問題でもない。それは「包摂」に関わる問題でもある。つまり、家族やコミュニティの規範へ盲目的に服従するかどうかではなく、規範が主体的に受け入れられ、尊重されるかどうかの問題である。さらにそこでは、万人が合意する一元的価値を作りだすことが問題なのではなく、たえず変化し多様化する価値をどう認めるかが問題である。これらすべての問題は、本質的に市民権という概念をめぐって生起している。すなわち、そこで求められているのは平等性に関わる市民権であり、たえず内容の拡大が望まれ、限界が固定されることがないような市民権である。またそれは、実質や内容の定義がつねに改められ、反対意見や議論が容認されるような市民権である。

個人主義の問題に戻ろう。二〇世紀後半の個人主義は、ヤヌスとパンドラを合体させたような生きものである。それは相反する側面を同時にそなえており、それが今後どうなっていくかは予想すらできない。個人主義が市場社会の産物であるというのは事実である。しかし、個人主義は、それが発展するあいだに、反社会的な側面とともに、根底的には社会的な側面を同時にそなえるようになった。というのも個人主義は、私たちにたいして一方では他者を商品として扱うように迫りながら、他方では商品として扱われることを拒否するようにも迫るからである。自己実現の欲求は、もちろん冷酷に自己の利益を追求するような態度を生みだすこともある。しかし他方で、それは不当に扱われることに抵抗する態度を生みだすこともある。ますます高まる自己表現の欲求も、他者を犠牲にする態度につながることもあるが、他方では誰にとっても自己表現が可能となるような世界への要求につながることもある。個人のアイデンティティにすがりつく態度は、最悪の場合は目的のためには暴力をも辞さないという態度を生みだすが、他方では個人にたいする暴力を憎む態度も生みだす。要するに、個人主義は二面性をもっている。その暗い側面からは犯罪と悪事が生まれ、明るい面からは新しい社会運動の主体や、環境問題に対する新しい感受性、さらに暴力を許さない態度が生まれる。新しい個人主義が生まれるにさいし、第二波フェミニズムや環境保護活動が中心的な役割を果たしたことは疑いようがない。このような新しい立場はすべて、近代主義的な制度やエートスを重んじる多くの立場とまったく対照的な位置にある。「慈悲深い」近代国家が結局なにをしてきたかといえば、せっせと高層ビルや高速道路を作って都市環境を破壊し、おとなしい大衆に難題を押しつけ、無能で無責任な官僚組織を作っただけではないだろうか。

第3章 カニバリズムと過食症

カニバリズム〔食人慣習〕などと言えば文明という概念からかけ離れているので驚かされてしまうが、異なる社会に所属する観察者からみれば、私たちの社会の慣習にも本質的にはカニバリズムと似ている面があることは認めなければならない。私がここで考えているのは、たとえば法と監獄の制度である。社会というものをその外側から観察すれば、そこには対照的な二つのタイプがあるようにみえる。ひとつは、カニバリズムを実践する社会である。それは、危険な力をもっているある種の人々を吸収し、その力を中和し、ときにはそれを

> 有益なものに変化させるような社会である。もうひとつは、私たちの社会のような、排出〔anthropemy〕（ギリシア語の*emein*に由来する言葉で「嘔吐する」の意）という慣習をもつ社会である。二つの社会は、同じ問題に直面しても、まったく正反対のやり方で対処する。後者のタイプの社会では、危険な個人は社会から排出され、一時的にせよ永続的にせよ、排除のために特別に設計された施設で孤立した状態に置かれ、他の人々との連絡がまったく閉ざされてしまう。私たちが「未開」と呼ぶほとんどの社会からすれば、こうした慣習は深い恐怖をもって受け止められることだろう。私たちは未開社会を野蛮だと非難しているが、かれらからすれば、私たちもまったく同じく野蛮であるということになる。二つは正反対でまったく対称的な行動をとっている。
>
> 〔Levi-Strauss, 1992(1995), pp.287-8〕

人間を飲み込む社会と吐き出す社会

クロード・レヴィ=ストロース〔フランスの人類学者〕が『悲しき熱帯』で提案した、包摂型社会と排除型社会の類型は、多くの社会評論家を魅了してきた。レヴィ=ストロースは次のように論じている。「未開」社会は、よそ者や逸脱者を飲み込み、自分たち自身と一体化し、そこから強さを得ようとする社会である。つまり、人間を飲み込む〔anthropophagic〕社会である。他方で、現代社会は人々を吐き出す〔anthropoemic〕社会である。逸脱者は社会から排出され、外部に追放されるか、あるいは特別な施設の塀のなかに閉じ込められる。

ラディカルな理論家はすぐにこの見方に飛びついた。というのも、社会が暗黒世界《ディストピア》へ向かっているという視点がそこに含まれていたからである（この視点は左翼の人々のお気に入りである）。慈悲深い過去の桃源郷から、現在の無慈悲な世界へ、というわけである〔Cooper, 1967; Young, 1971b〕。レヴィ＝ストロースがこの二つの社会を対比させたのは事実であるが、それでも人間を飲み込み同化し吸収する「人食い」型の社会が、人間を吐き出し排出する拒食症的な社会より寛容であるかどうかは、まだ議論の余地がある。しかし、あらゆる前近代の社会をひとつのカテゴリーに押し込めたり、社会の寛容性が急速に低下しているなどという単純化さえしなければ、この概念そのものは非常に有用なものである。ジグムント・バウマン〔ポストモダニティの状況を論じる社会理論家〕が強調しているように〔1995〕、あらゆる社会には人を飲み込む作用と吐き出す作用の両方があることを認めることができれば、あるいはデヴィッド・クーパー〔六〇年代の反精神医学の中心人物として知られる精神科医〕が正しく見抜いたように、それらの作用はひとつの社会のさまざまな領域において同時に起きるということを認めることができれば、この概念はとくに役立つものになるだろう。家族が精神を病んだ者を追いだすこともあれば、他方で精神病院が病人を治療し「正常化」して、家族の団らんの場へと送り返すこともある〔Cooper, 1967〕。社会というものは、人々を飲み込む装置と吐き出す装置の両方をそなえているのだ。社会は、この両方の目的のために特化したさまざまな制度をそなえているだけではなく、さまざまな層の人々を包摂と排除の支配のもとに従属させている。スタン・コーエンは、こうした社会の二極分化について次のように述べている。

それはオーウェル〔小説『一九八四年』で未来の全体主義的な管理社会を描く〕の考えた世界からそれほどかけ離れたものではない。つまり、中産階級の思想犯は包摂主義的に扱われ、それでも包摂されなかったときだけ「廃棄処分」されることになる。これにたいして労働者階級の逸脱者は、隔離されたうえで包摂される。しかし労働者階級は、もしかれらが脅威とみなされれば、「単純で少ない規則のもとで、まるで動物のように服従させられる」ことになる。〔Cohen, 1995, p.234〕

社会統制のヴィジョン

スタン・コーエンの著作『社会統制のヴィジョン』〔1985〕ほど、包摂と排除の過程を幅広く踏査したものはないだろう。彼はここで、一八世紀以前の包摂から一九世紀の排除を経て二〇世紀半ばの包摂的政策までの、社会統制の主なパターンがたどった長い歴史の道のりを描いている〔pp.16-7〕。公正を期していえば、コーエンはそれぞれの時代区分が抱える矛盾点についてよく自覚していたが、それでもやはり私の目からすると彼の整理は大雑把にすぎるところがある。私自身の解釈は、彼ほど大げさではない。つまり、第二次世界大戦後すぐに包摂型社会がはじまり、やがて二〇世紀最後に排除型社会に到達した、というものである。この時期はコーエンが描いた社会統制の歴史の最終部分に該当しており、彼自身もこの時期を中心的主題として扱い、「一九六〇年代の秩序が崩壊した後は社会的排除の時代に逆戻りした」と解釈している。したがって、私と彼の分析はかなり重なるところが多いのだが、それでも社会統制のメカニズムの解釈については根本的な違いがある。私の考えでは、コーエンは社会統制のシステムを過度に自律的なものとして捉えている。コーエンの考える社会統制装置は、どんな派生形態においても、犯罪・逸脱・無秩序といった統制すべき対象や、それが引き起こすさまざまな問題からまったく切り離されているように思われる。統制装置と統制対象がいったん切り離されてしまうと、統制はそれ自身の法則で作動するようになり、統制の「網の目」が恣意的に拡大・縮小し、あるいは囚人の数が恣意的に増減するようになる。こうしたことはすべて、統制する側が直面する困難の大きさにかかわりなく起こる。さらに根本的な問題は、さまざまな領域で犯罪や社会病理が起こる原因、すなわち社会の物質的変化がまったく考慮されていないことである。要するにコーエンの議論では、包摂型社会から排除型社会への変容が、社会統制の文脈でしか考察されていない。包摂と排除の過程は犯罪と無秩序につながる問題（労働市場の変容や市場個人主義の隆盛など）を生みだし、さらに排除の過程は犯罪そのものを生みだすものである。しかし、こうした問題がコーエンの議論では無視されている。しかも、問題の一側面にすぎないものが、問題自体よりも重視されている。もちろん、彼は「監獄は犯罪の多さにあわせてつくられる」という常識的な見方にたいして反論もしており、その点について彼の意見は正しい。実際、犯罪の多さと収監者数は直接関係しているわけではなく、まして一対一の因果関係などあるはずもない［1985, p.91］。しかし、こうした近代犯罪学の有益な知見は、しばしば反対の主張にすり替えられてしまう。「直接的な相関関係がない」ことが、いつのまにか「無関係」なことにされてしまう。たとえば収監にかんするイギリスの代表的な教科書であるカヴァディーノとディグナンの『刑罰制度』［1997］の最初の章では、収監者数の増加にともなう監獄の危機を考えるにあたって犯罪増加の問題は無視してもよいと書かれている。そこでは、複雑なイラストと魅力的なフロー・チャートを用いて、すべての要素の相関が分析されている。しかし犯罪そのものは、ここでは重要な要素とみなされていない。

犯罪学がかかえる大きな問題は、社会統制の過程の全体性がほとんど考察されていないことである。すでにみたように、いくつかの理論では、社会統制をその統制対象から独立したものと捉えている。また統制の問題を社会・経済的文脈のなかに位置づける理論でさえ、たんに刑罰や社会統制システムの説明に終始するだけで、犯罪の発生自体にはまったく触れようとしない。それにたいして、多くの伝統的理論の場合は正反対である。それらの伝統的理論では、犯罪は社会的・経済的要因と結びつけて説明されてはいるが、反対に刑事司法制度についてはまったく考慮されていない。要するに、ほとんどすべての犯罪理論は、社会統制を人間から独立したものと捉える傾向にあるのだ。それらの理論は、どうやら社会統制や社会的規律が一方的に人間に押しつけられるものと考えているようである。たとえば、古典的マルクス主義者は国家が社会統制を司っていると考えていたし、フーコー〔フランスの哲学者、著書に『監獄の誕生』『狂気の歴史』など〕と彼の信奉者は、監獄から共同体内部での矯正にいたる広範な諸制度をつうじて、「収容所群島」のような社会統制がおこなわれていることを示そうとした。

このような一方的視点に陥ることのない完全な社会理論とは、次の問題を扱うものでなければならない。すなわち、犯罪と刑事司法制度の両者が組み込まれている社会的文脈がどのようなものであるか、社会統制システムが直面している無秩序と多様性の広がりがどれくらいであるか、そして市民が積極的に社会統制へ参加することで両者のあいだにどのような共犯関係がつくられているか、という問題である。

ここで、私が述べてきた包摂型社会から排除型社会への移行のプロセスを、もういちど要約しておきたい。第1章と第2章では、生産と消費の両方の市場が変容し、さまざまな領域で犯罪と無秩序が増加し、社会秩序自体が問題視されるようになったことをみた。規範はますます破壊され、つねに疑問視されるようになり、市民社会もこれまでより細分化され、バラバラになり、人々はこれまでより互いに疑い深くなった。それは、一方では個人の人生から確実性が失われ、世界が多元化して「存在論的不安」が生じたためであり、他方では世界にリスクと不確実性が増大して、「物質的不安定」が生じたためである。犯罪や無秩序、反社会的行為といった社会的な「困難」が拡大したことと、規範が多様化し、規範をめぐっての争いが起こり、社会的な「差異」が増大したこととが結びつくことによって、市民社会に質的な変化が起こっただけではなく、社会統制システムにも変化が起こり、とりわけ保険統計的な司法制度が現われることになった。このようにして市場における排除は、市民社会に排除と分裂を引き起こすことになったが、それはまた国家による排除活動のうえにも質的・量的な変化を引き起こすことになった。つまり、国家はこうした変化に対応するために、最終的には市民社会と市場における排除をさらに強化する方向に導かれたのである。後期近代社会はまさに「人間を吐き出す」奇妙な機械である。それは、市場活動の急激な発展を原動力としながら、その内部のあらゆる箇所で排除のメカニズムを作りだしている。

寛容性の長期的な低下傾向?

これまでは排除の歴史的過程に焦点をあて、排除の構造を明らかにしてきた。ここから、社会が長期的に不寛容になっていく傾向にあるという考え方をするのはやめることにしよう。というのも、多くの自由主義者《リベラル》は社会的排除の原因が単純に不寛容の増大にあると思いたがっているが、実際はそういうわけではないからである。レヴィ=ストロースによる二つの社会の対比は、明らかに現代社会にたいする中傷となっている。というのも近代の都市住民が、前近代社会の平均的な人々より、さらには現代の農村の人々よりはるかに寛容であることは、ほとん

釜ヶ崎のススメ

原口剛・稲田七海・白波瀬達也・平川隆啓 編著

日雇《ひやと》い労働者のまち、福祉のまち、観光のまち……。さまざまに変わりつづけ、いくつもの姿をもつこのまちで、ひとは、いかに稼《かせ》ぎ、いかに支えあい、いかに暮らしてきたか？　このまちの経験から、いまを生き抜くための方法を学ぶ。写真、図版、多数収録。　●本体2,400円＋税

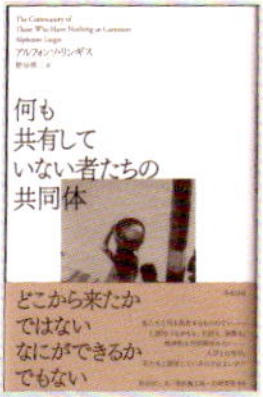

何も共有していない者たちの共同体

アルフォンソ・リンギス 著
野谷啓二 訳　田崎英明・堀田義太郎 解説

私とは何も共有するもののない――人種的つながりも、言語も、宗教も、経済的な利害関係もない――人びとの死が、私と関係しているのではないか？　すべての「クズ共《ども》」のために、出来事に身をさらし、その悦《よろこ》びを謳《うた》いあげるリンギスの、官能《かんのう》にあふれた代表作品。　●本体2,600円＋税

立身出世と下半身
――男子学生の性的身体の管理の歴史

澁谷知美 著

大人たちは、いかにして少年たちの性を管理しようとしたのか？ この疑問を解くため、過去の、教師や医師の発言、学校や軍隊、同窓会関連の書類、受験雑誌、性雑誌などを、徹底的に調べる。少年たちを管理した大人と、管理された少年たちの世界へ、ようこそ！　●本体2,600円＋税

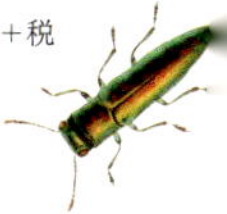

飯場へ　暮らしと仕事を記録する

渡辺拓也 著

職場の共同性をどんどん切りつめていく理不尽《りふじん》な圧迫を、私たちは、どのように押し返せばよいのだろうか。本書は、飯《はん》場《ば》の一人ひとりの労働者が置かれた関係性に注目し、この問いに迫る。どういうルートで飯場に入るのか、どんな労働条件で仕事をするのか、どのような人たちと出会い、そして飯場を出て行くのかを、「僕」の飯場体験にもとづいて詳しく描き、考え抜いている。　●本体2,600円＋税

ど疑いえないからである。都市の下位文化《サブカルチャー》は万華鏡のように姿を変え、電子メディアは毎日多様な文化の一覧表を届けてくれる――たとえそれが視聴者のレベルに応じて切り刻まれ、ごちゃ混ぜにされたものだったとしてもである。こうした差異と多様性こそが、後期近代におけるライフスタイルと消費生活の要《かなめ》となるものである。私たちは夕食で世界中の料理を楽しむことができるし、スーパーマーケットではカリブ料理から地中海料理にいたるまでの幅広い食材が手に入る。ポピュラー音楽産業は、ロサンゼルスのゲットーに住む反体制派のラップ音楽家をスターに仕立てあげる。ゲイの風潮はテレビのトークショーを賑《にぎ》わし、コメディアンはそれを芸にして人気を得る。どのような結婚形態、ライフスタイル、性的関係であれ、毎日の議論の主題にされないものはない。

要するに、後期近代社会は多様性を消費する社会である。それは差異にたいして萎縮するどころか、差異を商品として仕立て直し、街角のスーパーマーケットや書店で売り飛ばす社会である。このように差異のほうは歓迎されるわけであるが、これにたいして「困難」のほうは人々にまったく受け入れられない。ここで私が論じているのは、寛容の構造の逆転という大きな変化についてである。近代社会は、多様性にたいして不寛容な社会であった。それは差異を和らげ、同化する社会であった。しかし他方では、近代社会は社会的「困難」にたいして比較的寛容な社会であった。強情な人々や厄介な反抗者は、社会に復帰させたり改心させたりする格好の標的とみなされていた。ところが後期近代社会では、差異や多様性はただちに無害化され、内部に取り込まれ、そして賞賛される。後期近代社会が受け入れないのは服従しない人々と危険な階級である。後期近代はこうした人々にたいして巧妙に防御壁を築こうとしているが、それはたんに体制の内と外に人々を分けるだけではなく、あらゆる人々のあいだに張り巡らされるのである。

近代主義の世界

こうしたことは、すでに描いてきたように、第二次世界大戦直後の包摂的な世界（近代）と二〇世紀の終わり三分の一の時期に現われた排除的な世界（後期近代）を対比してみれば明らかである。近代社会の主な特徴は、「人々を飲み込む」社会だということにある。そこで逸脱者は、ふたたび社会に飲み込まれるために存在する。犯罪者は社会復帰させられ、精神障害者と薬物依存者には治療が施され、移民は同化させられる。十代の若者は「矯正」され、崩壊した家族はもういちど正常に戻るようにカウンセリングを受けさせられる。それでも頑固に厄介な問題を起こそうとする集団は、福祉国家とその役人たちにとってじつに仕事のしがいのある、歓迎すべき挑戦相手でさえあった。アルヴィン・グールドナーが指摘しているように、そこにははっきりと功利主義的な計算が働いている。

功利主義的な価値観にしたがって組織された社会が直面する困難とは、「役に立たない」人間とその性質をどのように処理し、管理するかという問題である。「役に立たない」人間を処理し、管理する戦略にはさまざまなものがある。たとえば、「社会に役立つ」人々の目障りにならないように、空間的に離れた場所に隔離し、孤絶させることもそのひとつである。かつてアメリカン・インディアンを居留地に押し込めたのがその戦略である。あるいはアメリカの黒人を民族的ゲットーに閉じ込めるのもそうである。かれらも金があれば、フロリダの高齢者コミュニティのような、快適な環境での生活を選ぶこともできる。しかし金がなければ、失業して技術もないアメリカの若者——その多くは黒人だが——のように、特別訓練や再訓練のために合宿に送りこまれるかもしれない。あるいは、刑務所や精神病院に閉じ込められて、司法当局や医療組織による矯正訓練を受けることになるかもしれない。

福祉国家への移行は、判断基準が個人的価値観から集団的利益に移行することを意味するだけではない。それは、「役に立たない人々」を処理し、管理することが、国家にとってますます重要になることも意味している。福祉国家の拡大という現象は、ある面ではこの問題が大きく複雑になりすぎて、市場やその他の伝統的領域によるインフォーマルな統制では対処できなくなったことを意味している。福祉国家の戦略とは、病人や逸脱者、不熟練労働者を「社会に役立つ市民」に仕立て直し、「社会」に戻してやることである。そのためにはかれらを一定期間のあいだ病院に収容し、治療やカウンセリング、そして訓練につぐ訓練を施さなければならない。福祉国家の戦略は、「役に立たない人々」を監禁・排除・隔離する古い戦略とは、「人間の再訓練」という点で区別される。福祉国家の戦略が古い戦略と異なるのは、それが自己投資を追求することにある。その目的は、社会に役立つ人間を増やし、そうでない人間を減らすことである。[1971, pp.76-7]

近代主義が追求したのは、同化である。そのとき問題となったのは、同化の難しさではなく、多様性のほうであった。近代主義が重視したのは単色《モノトーン》の単一文化《モノカルチャー》である。すなわち、人々は「進歩」という名のモノレールに乗り込み、『ナショナル・ジオグラフィック』でよく見かける「未開世界」を出発して、一九六〇年代初期のケロッグ・コーンフレークの宣伝にあるような「アメリカ中産階級の快適な生活」という終着駅に向かっている、と信じられていたのである。

レヴィ=ストロースは、こうした「人々を飲み込む」社会のもつ魔術的な力について語っている。それは「危険な力をもつ人々」を中和することにより、ひいてはかれらを社会にとって「役に立つ人々に変えてしまう」[1992(1995), p.388]。それは近代社会が見事なまでに実現したことでもある。というのも、近代社会は異なる価値観をもつ集団をみると、その集団にたいして正統的な価値観をもつように忠告する。近代主義は多元性を憎むあまり、相対的な価値に代えて絶対的な基準をもちだすのである――中流階級の基準こそが「正常」なのであって、「奴ら」

の基準はまったく正常ではない。「われわれ」は標準的な英語を話すが、「奴ら」は読み書きさえできない。「われわれ」はきちんとした核家族のもとで暮らしているが、「奴ら」の家族はバラバラだ。「われわれ」は一生懸命働いたごほうびにモルトウイスキーをたしなむが、「奴ら」がたしなんでいるのは非合法の麻薬だ。それというのも、「奴ら」は性格が歪んでいて、浅ましいほどの快楽主義者だからだ。「われわれ」の攻撃性は正常で、望ましいものである。ただ、「奴ら」のような荒くれ男たちも戦時中は勲章をもらえたものだったが、「奴ら」の暴力と攻撃性が神聖な操縦室の外で、つまり戦争以外のことに発揮されると、「奴ら」は自分の攻撃性を制御できるようになるまで長時間のセラピーを受けなければならない。「われわれ」の側には起業家がいる。「奴ら」の側には泥棒がいるだけだ。

近代社会は、同化が困難な人々を柔術の技のように巧みに捕まえ、抵抗するかれらを主流派の秩序の支持者にまで仕立てあげた。近代は、同化に抵抗する人々など何も恐れなかった——真に恐れたのは、社会問題を引き起こす連中ではなく、多様性のほうであった。精神分析医、ソーシャル・ワーカー、犯罪学者など多くの専門家は多様性をうまく説明することを仕事とした。実証主義社会科学が発展したのも「例外的現象」をどうにか説明するためであった——近代社会は経済的にも社会的にも成功を収め、歴史的発展の最終段階にあると思われるほどなのに、いったいなぜこれほど多くの価値観や態度、行動の違いが生じているのだろうか？　そこから、専門家集団や実証主義科学にとっては、多様性をたんなる逸脱にすり替えることが任務とされていたのである。

包摂主義とその急進派

「寛容の一九六〇年代」が到来すると、戦後の時代はひとつの頂点を迎えた。法的・政治的な市民権が階級や年齢、人種、性別を越えて広まるにつれ、社会契約の範囲内で許容される「正常」の定義も拡大していった。かつては逸脱とみなされていた行動、すなわち社会契約の範囲外にあると定義されていた行動も、大幅に認められるようになった。それは、少年非行と「被害者なき犯罪」〔一九六五年にアメリカの社会学者エドウィン・シャーが提唱した概念で、売春や麻薬・中絶などの遺法行為や同性愛などの逸脱行為を指す〕という二つの領域でとくに顕著にみられた。一九六〇年代に初めて少年犯罪が増加したとき、多くの国の政府がしたことは、少年の正常な成長過程で起こる失敗としての少年犯罪と、少数ではあるが深刻な適応障害に悩む少年の犯罪を区別することであった。一九六八年にイギリスで公刊された『少年犯罪白書――事件のなかの子どもたち』は、その区別をよく示している。

法に抵触する不適切な行動をまったくしないで育つ子どもは、少数しかいないだろう。そのような行動は、子どもの正常な成長過程の範囲内にあるもので、たいした問題ではない。しかし、なかには不十分な家族環境や社会環境のせいで起こった行動や、学校生活や学校

以外の生活にうんざりして起こった行動、適応障害や未成熟を示す行動、さらに性格が逸脱していたり崩れていたり、異常であったりしたことから起こった行動もある。

〔HMSO, 1968, p.7〕

要するに、ほとんどの少年非行は正常な行動であり、それは語のいかなる意味においても「犯罪」ではないということである。さらに、より「深刻」な少数の事件でさえ、実際は犯罪とはみなされなかった。というのも、それは環境的要因から生じたものだからである。少年非行は主体的な意志にもとづくものではなく、外部の要因に決定されたものであった。つまり、犯罪は、人間の悪意が犯罪を生むという古典的な枠組みではなく、外部要因の作用と反作用のメカニズムから捉える実証主義の枠組みによって理解されるべきものであった。したがって、少年非行とは正常な行為であるか、あるいは何かが欠落したことから生じる行為であった――いいかえれば、それは正常、ないし正常性における一種の欠乏とみなされたのである。

昔の常識でいえば、およそあらゆる国でもっとも法律違反をおこなっているのは若者である。不法侵入や路上強盗、窃盗、公共の場での乱闘などがもっとも頻繁にみられるのは、若者世代である。少年非行を「犯罪」というカテゴリーから救い出し、「正常な若者の行動」(われわれも若い頃はそうだった)と「少数の適応障害による行動」(奴らはわれわれのようには成長しなかった)のどちらかに当てはめるというこのやり方こそ、「包摂」そのものである。そして、この後者の「深刻な」逸脱について、それは悪意からではなく社会的訓練が受けられなかったために起こったと解釈すれば、自由主義的な社会契約説に昔からつきまとっていた都合の悪い亡霊――「この逸脱は階級間の不平等の産物かもしれない」という可能性――を追い払うことができる。ベッカリーアがよく理解していたように、「合理的な犯罪者」というのは、社会的な適応技術をもたないために私たちと区別された人々のことではなく、財産と収入にかんする既存の制度が根本的に不平等であることを少しでも理解したために私たちと区別された人々のことである。そうした人々による犯罪は、たんなる一般的規範からの逸脱ではなく、階級間格差から生じたものである。またジョン・ピッツが指摘するように、包摂主義的な政策は「若者にかんする司法制度を脱犯罪化するとともに脱政治化する試み」でもあった［1997, p.255強調は原著者による］。かりにそのような政策が実現していたら、これまで当然のように犯罪とみなされていた行為の大部分が、刑事司法制度の管轄から除外されてしまったことだろう。しかし実際には、こうした改革にたいする根強い政治的抵抗があった。そのために、一九六九年の「少年犯罪法」は、現在からみてもラディカルな側面があったのだが、大幅な譲歩を迫られることになった［Pitts, 1988］。ボトムズとスティーヴンソンによれば、これらの政策は「イギリスの成文法ではかつてないほど福祉国家の理念が刑事司法に適用された」結果であった［1992, p.36］。これを補足するさまざまな政策が立案されたが、ヨーロッパのいくつかの国々（たとえばスウェーデンやオランダ）では他に例をみないほど福祉国家の力が強まっていた。実際、犯罪の脱政治化は「犯罪加害者を政治的対象とみなすことを止め、科学あるいは専門家の対象とみなす」［Pitts, 1988, p.150］動きとなり、その流れは一九八〇年代までに驚くほど進展した。ジョン・ピッツの指摘によれば、イタリアのボローニャを囲むエミリア・ロマーニャ州では、同州の一五〇〇万人の人口のうち、一九八七年に保護観察処分に付された未成年者はたった二人しかいなかった。その十年前には四〇〇人の少年が拘禁されたというのに、である。

いうまでもなく、かつての少年犯罪はもっと排除的な観点から捉えられていた。一世紀前の施策と比較してみれば、右に述べた脱政治化の動きがどれほど極端なものであるかが容易にみてとれる。ヴィクトリア朝時代には、社会的差異とつきあっていくのに、それほどの困難はなかった。というのも、人々はかんたんに悪事に手を染めたからである。ヘンリー・メイヒュー［1861］が描いた浮浪児は、ブルームスバリーの片隅やケンジントンの北部でかれらを目にしていたヴィクトリア朝の人々にとって、明らかに自分たちとは異質な存在であった。ヴィクトリア朝の人々は、スコット・フィッツジェラルド（後述）のように「貧しい連中は、われわれと似ていないというより、われわれとは異質な連中だ」と語ったことだろう。実際、ジュディス・ウォーコヴィッツが的確に述べているように、ブースやメイヒュー、グリーンウッドなどのヴィクトリア朝時代の都市生活の観察者は、社会的差異を描くために、わざわざ大冒険に出かけていった。「都市を冒険した文学者たちは、まるで人類学者のように特権的なまなざしで、貧民たちを自分たちと異なる人種として、あるいは国家共同体の外側に位置するものとして描いた」[1992, p.19]。さらに、「ブースとその仲間たちは、〈理解不能なもの〉を〈理解可能なもの〉にするために、都市のスラム社会にラマルクやスペンサーの進化論を適用した。ブースたちは、性別役割や性行動の逸脱を、生物学的な退廃のしるしと解釈した」[ibid., p.35]。漫画でも博愛団体の冊子でも、とりわけ都市に住むユダヤ人とアイルランド人が描かれるときには、社会的差異の底流にある人種的差異が強調され、さらにダーウィンの著作に由来する「先祖返り」の概念が多用された（ラマルクやスペンサーの概念が多用されたのはいうまでもない）。こうしたことすべては、アンダークラスの文化的差異や人種的差異が強調される、二〇世紀後半の社会的差異の世界を予告しているようにみえる――しかし、どうやら話を進めすぎたようなので、この点については後回しにしよう。

ここですぐに私たちの関心を引くのは、逸脱を狭く定義し、最大限の寛容をめざす一九六〇年代のラディカルな包摂主義と、それ以前の時代の排除主義との対比についてである。そこから、一九六〇年代の包摂主義の根底にある二元論的な特徴が示される。すなわちこの包摂主義は、ほとんどの「社会問題」を正常とみなし、残りのわずかな部分を病理とみなす、二元論的な特徴をもっている。この特徴は「被害者なき犯罪」の領域にとりわけ顕著にみられる。ここでは、とくに麻薬と同性愛という二つの領域をかんたんに取りあげてみよう。

麻薬の合法化にかんする議論は、時代とともに変わってきた。かつて麻薬使用は、不道徳な行動であり、異なる世界への欲求、ボヘミアン的な生き方、そして空想的な感受性の高揚と関連づけて捉えられがちであった。しかし、現在になると、麻薬使用は不適応の問題として捉えられるようになった。麻薬にたいするイメージが歴史的に変化したのである。かつて詩人のコールリッジや評論家のド・クィンシーはアヘン中毒であり、小説中の人物であるシャーロック・ホームズもモルヒネ中毒であった。そうした肯定的なイメージも、現代になると「ひ弱な超自我、依存的な自己、男性としてのアイデンティティが欠如した」〔たとえばChein, *et al.*, 1964〕ヘロイン中毒者という情けないイメージに取って代わられた。つまり、麻薬中毒は社会的差異から「欠如」へと変わってしまった。その重要な帰結として、かつてのヘロインは明らかに肯定的で魅力をもつものであったが、それも文学で取りあげられなくなり、現在ではたんなる現実逃避の手段として求められるにすぎないものと捉えられるようになった。

また一九六〇年代のラディカルな人々のあいだに起こったマリファナ合法化をめぐる論争が、包摂主義的な意見に落ち着いたのも、ごく自然ななりゆきであった。マリファナ使用者は「われわれと同じ人間」であり、ただかれらはビールを飲む代わりにマリファナを吸っているにすぎない、と主張されたのである。しかもマリファナを合法化すべしという議論のなかには、合法化すれば正常なマリファナ使用者が反社会的な麻薬中毒者にならずにすむという議論まで含まれていた（この議論については私自身にも責任がある）〔Young, 1971a参照〕。この議論では、マリファナの使用と新しく生まれたボヘミアン文化の結びつき――差異の文化というものがあるとしたら、これもそのひとつである――が完全に無視されている。実際は、この結びつきこそが当時のマリファナに反対するモラル・パニックを説明するものであった［Young, 1972］。

「寛容の一九六〇年代」という神話があまりにも広まったおかげで、当時の制度改革がかなり制限されたものであったことがしばしば見落とされている［Greenwood and Young, 1980］。成人男性どうしの同性愛の合法化をめぐる議論は、まさにそのことを示す格好の事例であろう。その議論では、同性愛者の（さまざまな）ライフスタイルにはまったく言及されることなく、ただひたすら同性愛を精神障害として受け入れるかどうかをめぐって展開された。たとえば、イギリス下院議会の「性犯罪法案」の第二読会の冒頭陳述で、同性愛の合法化論者であるレオ・エイブスは、同性愛者は「男性の身体と女性の精神をもって成長した人々」［*Hansard*, 19 December 1966, col.1086］であると主張していた。こうして、正常／異常の二項対立が男性／女性の二項対立にすり替えられ、同性者の男性は不十分な男性、いわば名誉女性として扱われるようになった。それだけではなく、同性愛者が「女性」とみなされたことで、かれらは「正常」なカップルとして安定した関係を築くことができるようになり、その結果、同性愛者のカップルはもはやパパとママからなるカップルに比べてとくに危険なものではなくなった。しかし、そこでも取り残された人々がいる。たとえば、肛門性交愛者は未成年者に危害を加えるとみなされ、合法化の議論から排除されていった。そうした人々は、法的介入の対象とされ続けたのである。同性愛が議論されるなかでは、こうした病理学的な観点の是非が問われることもなければ、そこで用いられた二項対立の論理が問題とされることもなかった。

以上、包摂主義の言説が、あらゆる差異を「同じもの」か「欠如したもの」のどちらかに、あるいは「正常なもの」か「異常なもの」のどちらかに還元してきたことをみてきた。「われわれと同じ人々」と「われわれがもつものをもたない連中」という二分法は、いかなる差異の痕跡も消去してしまう。こうしたことも、後期近代の排除型社会の到来によって、すべて変わりはじめた。差異は追求すべき至高の価値となり、自由に認められ、受け入れられ、しばしば誇張されるまでになった。排除主義の時代に問題となるのは、差異ではなく困難である。包摂型社会は、多くの合意と少ない困難から構成された社会であった。合意はたえず維持されたが、他方で差異は徹底的に取り除かれた。当時の包摂主義的な政策は、労働市場があらゆる人々を取り込むことによって、また政治的・法的・経済的な市民権の着実な発展によって、そして物質的な成功によって施行できるようになった。そして包摂主義の時代には、あらゆる世代の人々の生活が向上し、人類史における最高水準にまで達した（第1章を参照）。

後期近代の変容

前章で私は、近代社会を土台から掘り崩し、変容させることになったいくつかの外的要因について詳しく検討した。社会は多様化するにしたがい、さまざまな困難を抱えることになった。価値観の多元化や、海外移民の流入、下位文化の多様化といった現象は、これまでの絶対的基準をもはや通用しないものにしてしまった。いまや、社会的困難はいたるところにあふれている。たとえばイングランドとウェールズでは、一九五五年から九五年のあいだに犯罪発生率は一一・五倍になり、暴力事件は二〇倍にまで激増した。後期近代の道徳家が直面しているのは、人々が多様化し同化困難な人々が急増したという問題である。もはや美徳は永遠に消え去ってしまい、厳格な道徳は過去の遺物になりはてた。他方で犯罪は「正常」な出来事となり、一般市民にとって日常生活の一部になりつつある。

このような劇的な変化のために、後期近代における寛容／不寛容の構造は、しだいに近代世界のそれとは正反対のものになりつつある。多様性は容認されるようになり、ライフスタイルの差異はむしろ賞賛されている。しかし他方で、同化困難な人々はますます許容されなくなってきた。この変化は、レヴィ＝ストロースの言葉でいえば「人間を飲み込む社会」から「人間を吐き出す社会」への変化ということになる。一九七〇年代初期に多くの著作家がこのレヴィ＝ストロースの比喩に魅了されたのは、そうした社会的背景があったためと思われる。

排除型社会は社会統制の新しい方法を開発する必要に迫られている。人々を飲み込み、抱きかかえる戦後の社会は変容し、現在は人々を排出し、分離し、排除する社会になった。たしかに、この変化はレヴィ＝ストロースの二分法を思い起こさせるものであるが、実際に起こった事態はそれほど単純ではない。というのも、実際は、後期近代は「飲み込む」側面とともに「吐き出す」側面もそなえているからである。それは内部に多様性を取り込みながら、寛容性のさまざまな程度に応じて包摂と排除をおこなっているのである。さまざまな社会統制の制度が変化したが、それは後期近代の社会システムが直面している問題にたいする応答としてである。それは、ますます多様化する世界にたいする、あるいは犯罪と社会病理が途方もなく拡大した世界にたいする応答としてである。要するに、社会的差異と社会的困難がともに増加したということである。ここで誰の目にも明らかと思われる事実を強調しておきたい。それは、ある社会が直面しているさまざまな問題は、その社会がそれらの問題を解決する方法を大きく規定する、という事実である。なぜこのようなことをあえて強調するかといえば、これら両者が独立したものと考える人々が多いからである。たとえば警察や監獄、さまざまな犯罪防止制度が、それらが解決すべき当の問題とは無関係に発展してきたと信じこんでいる人々がいる。さらに言えば、犯罪や逸脱を規制する統制様式が、「正常」な行動を促すための統制方式とたいして違いはないと考える人々もいる。こうしてみると、これと同じような考え方は社会のあらゆる領域に広がっていることに気づく。実際には、社会統制は警察のパトロールや刑務所だけに限られるものではないのだ。

したがって排除の様式も、過去のそれとは異なり、現在のさまざまな現象に対応したものになっている。とはいえ、それはスイッチのオンとオフを切り替えるように、包摂と排除を切り替えるというものではない。つまり、人々を社会の内側にいる者と外側にいる者にきれいに分割しているわけでもない。むしろ、それは社会のいたるところで機能する、選別のプロセスなのである。社会的排除は、富裕層の信用格づけにはじまり、投獄された囚人の危険度の評価にいたるまで、さまざまな段階がある。ここで評価されるのは「リスク」であり、その大きさは保険統計的な観点から、すなわち計算と査定によって決められる。そのような社会のイメージを述べるなら、それはインサイダーが中心にいてアウトサイダーが周縁に追いやられるという同心円状のイメージではなく、地位に応じて人々が順番に並んだビーチのようなイメージであろう。ビーチの一番上では金持ち連中がさんさんと日が当たる場所でカクテルを味わっているが、一番下では貧民がいまにも海に溺れそうになって必死にもがいており、なかにはそのまま死んでしまいそうな人々もいる。このビーチは上から下までなだらかにつながっているが、それでも大金持ちとアンダークラスのいる場所ははっきりと分けられており、人々が場所を移動することはできなくなっている。

保険統計主義の出現

ヨーロッパの金融都市フランクフルトでは、多くの道路が忘却へとつながっている。ゴミ箱の陰に隠れて麻薬を注射することもできるし、階段の踊り場でトリップすることもできる。ドイツの大銀行のガラス張りの本社ビルがひしめく通りには、国費でつくられた快適な部屋があり、そこに入って鉢植えを見ながら、ヘロインを心ゆくまで楽しむこともできる。

ヨーロッパはいまやドラッグ革命の最前線にいる。チューリヒでは中毒者にヘロインの処方箋が出され、市が援助する施設で注射してもらうことができる。麻薬中毒者が注射するそばには市の職員が付き添い、医者が適切な投与量をコンピュータで管理している。オランダでは、来年の五月から、アムステルダムとロッテルダムの市当局が、中毒患者に試験的にヘロインを提供する。そしてドイツの麻薬専門家は、ハンブルクやシュツットガルトのような大都市でもフランクフルトと同じ施策を実行するよう圧力をかけている。これは――少なくとも今のところは――だれにでもヘロインをばらまいているわけではなく、ハード・ドラッグの中毒者のために管理された環境を用意してやろうという施策である。ドイツでは、かりにマリファナをめぐる議論が起こるとしても、せいぜいのところ運転中のマリファナ服用を認めるかどうかが問題になる程度だろう。それにたいしてハード・ドラッグの中毒は社会問題になっており、そのため右で述べたような施策が実行されることになったのである……。

市の老人連中はこうしたハード・ドラッグ対策に賛成している。なぜかといえば、理由はいたってかんたんである。店主たちは、店の入口に麻薬中毒者が意識を失って寝ころんでいることにうんざりしている。都心部の住民たちは、麻薬を過剰に摂取した十代の若者たちを町内の路上から追い払うため、民間警備会社に多額の金を支払うことを嫌がっている。そうしたわけで、堅実な市民たちはもはや礼節をかなぐりすて、不動産価格と営業利益を守るために、政府が援助する「ヘロインルーム」政策を支持しているのである。

[Roger Boyes, *The Times*, 1 December 1997]

後期近代社会における社会統制の基調にあるもの、それは「保険統計主義」である。すでにみたように［第2章の表2-2（一一九頁）］、ここでは正義を追求することよりも被害を最小限にすることが求められている。そして犯罪や逸脱の原因を探ったところで犯罪という社会問題は解決しないとみなされている。保険統計主義の中心にあるのはリスク計算である。それは精度の高い確率論的解析であり、そこで注意が向けられるのは問題の原因ではなく、その問題が起こる蓋然性である。保険統計主義にとって重要なのは、正義ではなく、被害の最小化である。それが目的とするのは、世界から犯罪をなくすことではなく、損傷を最小限にする効果的手段である。それが追求するのは、ユートピアをつくりだすことではなく、敵意に満ちたこの世界に塀で囲まれた小さな楽園をできるだけ多くつくりだすことである。保険統計主義に反映されているのは、個人と社会の領域においてリスクが増加しているという事実である。犯罪は日常生活の一部になるくらいまで常態化した。犯罪者はいたるところに現われ、街の裏通りだけではなく、地位の高い人々のあいだにも現われるようになった。また犯罪は、街の貧しい地域だけではなく、犯罪被害者を保護するはずのシェルターや犯罪者の更正施設でさえ発生するようになった。さらに犯罪は、見知らぬ人々と出会う公共空間だけではなく、夫と妻、親と子どもという家族関係の内側にまで入りこむようになった。ボーイスカウトの隊長や警察官、ヒッチハイカー、ベビーシッター、夫、恋人、義理の父や母、高齢者を介護する人々——これらの人物が、すべて警戒され、疑われるようになった。あらゆる人物が警戒すべき「他者」となり、それは犯罪者やよそ者だけに限られなくなった。犯罪の原因はますます理解不能になり、どこで犯罪が起こるか分からなくなった。これらのことから、犯罪への不安もますます強まっている。そうした状況から、個人も社会制度も「どうしたら危険な人々のなかから安全な人々を選別することができるか」という問題に直面することになった。しかし、正確で確実な選別方法がないために、結局は確率に頼って選別する以外に方法がない。

　規範も多元的社会によって脅かされているもののひとつである。多元的社会では複数の規範が併存しており、なかにはどの集団にも重なるような規範もあるとはいえ、すべての集団に等しく適用される規範は存在しない。さらに規範は時代とともに変わるだけではなく、個人の人生の短い期間でも変わるものであり、また変わってきたものである。それはまぎれもない事実である。したがって、もはや「何が正しくて何が誤りなのか」ということは問題にされなくなった。その代わり、「どれが破られそうな規範なのか」「実際に被害をもたらしそうなリスク要因はどれか」といったことが問題にされるようになった。個人の責任を問題にすることは、しだいに重要性を失っていったのである。たとえば、あなたがショッピング・モールの支配人か、あるいは家族を守ろうとする母親であったとして、ある人物に危害を加えられたとしよう。そのとき、この人物が精神異常者であるか悪人であるか、規範を遵守《じゅんしゅ》する能力があるかないかなどは、あなたにとってどうでもいい問題である。したがって「犯罪は自由意志にもとづく行為なのか、それとも環境に決定された行為なのか」という区別は曖昧なだけではなく、無意味ですらある。あなたにとっては事件を理解することよりも、事件を避けることのほうが重要なはずだ——こうした理屈から、起こってしまった事件を道徳的に非難することよりも、事件が起こらないようにリスクを最小にすることのほうが重要とされていった。

保険統計主義と「新刑罰学」

このような保険統計主義の言説は、とりわけマルコム・フィーリーとジョナサン・サイモンの独創的な『新しい刑罰学』[1992]において巧みに指摘されているものである。ただしかれらの著作は、現象面の記述については目を見張るものがあるが、保険統計的な言説の起源を説明する部分では、それを犯罪発生率の上昇と切り離して考えるという、よくある誤りを犯している。かれらは、合衆国では「過去一五年間に、収監者数は劇的に増加しているにもかかわらず、同時期に記録された犯罪発生率はゆっくりとしか増加していない」[ibid., p.450]と指摘している。そしてその時期に合衆国において保険統計的な言説がどのように起こったのかを明確に記述している。しかし、かれらが与える一連の説明は、まったく皮相なものである。つまりかれらは、保険統計的な言説が起こった原因は、経営システム理論が公共政策学や商学などの領域に与えた影響や、法学や経済学における最近の知的流行にあると説明する［Feeley and Simon, 1994］。かれらはそのことを次のように要約している。「犯罪統制にかんする司法の保険統計主義が生じたのは、社会全般におけるテクノロジーの発展に原因が求められる」［1994, p.185］。ここでは、犯罪そのものが重要な要素であるとは考えられていない。つまり、刑事司法制度に加えられている圧力と、その言説や実践における変化とのつながりが、まったく考慮されていないのである。フィーリーとサイモンは、刑事司法制度にたいする外的圧力の存在を認めてはいるものの、それでも収監者数の増加こそが新しい刑罰学が生まれた「原因でもあり結果でもある」と主張している。

また、かれらは刑事司法制度における保険統計的な変化を、犯罪の増加と切り離して考察しているだけではない。さらにかれらは、保険統計主義を単純に統制機関の傾向にすぎないと考えており、それが社会制度と人々の両方に普及した態度であるとは考えていない。こうした思考上の欠陥は、ある側面では、「リスク」という概念の内容を検討しないまま放置したことに由来しているが、さらにいえば、そのリスクが現実の変化なのか、それとも認識上あるいは現象上の変化でしかないのかを明らかにせず、曖昧な態度でごまかしたことにも由来している。

保険統計主義が道徳的に中立であることは、きわめて重要な意味をもつ。というのも、それはジグムント・バウマンが無関心化と呼ぶ、ポスト近代的な感受性の一部をなすものだからである。無関心化とは「人間関係から道徳的な意味をはぎとり、道徳的評価を免除し、さらには「道徳とは無関係なもの」にしようとする」態度のことをいう［1995, p.133］。ジョナサン・サイモンは、未来の保険統計主義社会のシナリオを次のように描いている。

> 生活の背後にめぐらされたセキュリティ・システムは、抑圧的で強制的なものになっていくだろう。さまざまな社会統制が、安全を確保し、社会的コストを引き下げるという名目で、人々の労働や生活の仕方を支配するために導入されるだろう。そのような統制は、伝統的な刑事司法における社会統制とはまったく異質なものになるはずである。ドラッグの統制がいい例であろう…八〇年代にドラッグが禁止されたのは、たんにドラッグが交通事故のリスクを上昇させ、生産性を下げると考えられたからにすぎない。
>
> 　統制のシステムも同じように変化しつつある。近い将来、雇用の条件として尿検査が課されるようになり、それによって効果的にドラッグ使用を減らすことが可能になるだろう。国家がドラッグを使用した個人を道徳的な目的で処罰するということはなくなるだろう。その代わり使用者は「リスク」とみなされ、システムへのアクセスが禁止されるようになるだろう。ドラッグ中毒者は逸脱した悪人ではなくなり、自己の決定によってリスクの高い集団の一部になった人間とみなされるだろう。すなわち、かれらは雇用と社会参加とい

——うコースから外されていくだろう。

そして彼は脚註でこう付け加える。

この論文を書いた後、ドラッグ使用が政治的問題として熱心に議論されるようになった。しかし、そこで実際に展開されているのは奇妙なほど非政治的な議論であり、ドラッグ使用の道徳的ジレンマについては誰も明確に述べないままである。政策の主眼も、もっぱらドラッグ検査を体系化するにはどうしたらよいかということに置かれている。そして論拠として挙げられるのは、ひたすら「リスク」だけである。すなわち、ドラッグを使用する人々は自分自身を傷つけているだけではなく、経済にもダメージを与えている、ということが論拠とされているのだ。〔1987, p.85〕

保険統計主義とリスク社会

驚くべきことであるが、保険統計主義の刑事司法にかんするアカデミズムの言説は、「リスク社会」の特徴にかんする実り豊かな社会学的研究〔Beck, 1992; Giddens, 1991〕と無関係に展開されてきた。この指摘は、とりわけジョナサン・サイモンが一九八七年に書いた予言的な論文「リスク社会の出現」に当てはまる。現在では、その後フィーリーと共同で書かれた新しい刑罰学と保険統計的な司法にかんする一連の論文［Feeley and Simon, 1992, 1994; Simon, 1993; Simon and Feeley, 1995］がよく知られるようになったが、その前に書かれた「リスク社会の出現」のほうはもっと幅広い問題領域を扱っている。ただし、前節でも引用したこの論文は、サブタイトルの「保険・法・国家」が示すとおり、リスクそのものではなく、リスクへの対処方法について分析したものであった。アンソニー・ギデンズにとって、リスク社会という概念は、後期近代におけるリスクの特徴や、リスクへの個人や集団の反応として発達した「計算的な態度」と深く結びついたものである。

高度近代《ハイモダン》の「世界」で生きることは、暴走する巨大な力《ジャガーノート》に飲み込まれる感覚を抱くことでもある。それは、たんに複雑な社会変化がたえまなく起こっているからだけではなく、この変化が人間の期待やコントロールにまったく従わないからでもある。合理的秩序に社会環境や自然環境を従わせようとする期待は、ますます怪しくなってきた…。

神の摂理という考え方――この世の事物の性質を理解することで、人類はもっと安全で実りある生活へと導かれるという考え方――は、前近代社会における「運命」という概念の名残である。運命という概念にはどこか陰鬱なところがあり、そこには出来事の流れはあらかじめ定められているという意味が含まれている。近代社会の状況においても、運命という伝統的な概念は生き残っている。しかしそれは、リスクが生活の基本的な要素になるだろうという見通しとは、多くの面で相容れるものではない。というのも、リスクをリスクとして受け入れるということは、…私たちの生活が、いかなる意味でもあらかじめ定められたコースをたどるものではなく、すべて偶然の出来事に左右されるものであると認めることだからである。この意味において、ウルリッヒ・ベックが近代を「リスク社会」として描きだしたのはまったく正しいと思われる。この用語は、近代社会の生活がもたらした新たな危険に人類が直面しなければならないということを意味するだけではない。「リスク社会」に生きるということは、良くも悪くも開かれた可能性をもつ行為にたいして、人間があくまで計算的な態度をとることも意味している。個人的な次元であろうと世界的な次元であろうと、私たちが現代の社会生活でつねに直面しているのは、そうした問題である。［1991, p.28］

ここで私は、犯罪と逸脱の領域において、リスクという概念が根本的にどのような意味をもっているのかを議論したい。また個人や制度、あるいは刑事司法制度において、この概念がどのようにして「計算的」あるいは「保険統計的」な態度を生むことになったのかも明らかにしたい。

よそ者とともに生きる――リスクを構成する六つの要素

リスクの「現実的」な増大

この本全体をつうじて主張していることであるが、先進産業国のほとんどの国において、この三〇年のあいだに犯罪発生率が上昇している。また犯罪発生率の背後には、多くの反社会的行為が表面化しないまま存在している。加えて、犯罪の性質はますます残虐化する傾向にあり、略奪や無秩序があらゆる地域や社会集団に広がっている。

リスクの顕在化

マスメディアや圧力団体は――ついでながら犯罪学者の研究も――犯罪がかつてないほど広い規模で発生していることを警告している。全国の犯罪統計は、公式の犯罪発生率の少なくとも二倍――もしかしたら四倍――は犯罪が起きていることを告げている。児童虐待にかんする圧力団体は、虐待が家庭の外と同じくらい――あるいはひょっとしたらそれ以上に――家庭のなかで起きていると教えている。また、社会的弱者を保護し、援助するためにつくられたはずのさまざまな組織――老人ホームからラサール修道会や慈悲修道尼会の孤児院まで――でも犯罪が起こっていることや、警察や刑務所が実際には賄賂や暴力、麻薬取引の温床になっていることが明らかにされている。さらに、ホワイトカラーの不法行為や企業犯罪が毎日のようにテレビや新聞で報道されている。明らかに、そうした報告の一部は不正確なものであろうし、ある程度は誤解や曲解が混じったものであろう。しかし、それでも次のことは確実にいえる――この世界は、リスクに満ちあふれていると私たちに感じられているだけではなく、実際にリスクに満ちあふれている。社会組織のあらゆる領域でリスクが「顕在化」しているのである。

高まる期待

リスクは固定したモノではない。ある行動や習慣にたいする人々の寛容度が変化するにつれて、リスクは増大したり減少したりする。過去三〇年間の人々の態度の変化は、あらゆる点で「文明化の影響」を示すものである。その変化は、人々が互いに洗練された態度で接したり、生活の質を高めようとしたことから起こったものである。法と秩序への要求が高まっていることは、しばしば大衆の権威主義が高まっている証拠として否定的に捉えられているが、それはまた、大衆が日常生活における安全や安心、他者への思いやりを求めている証拠として積極的に捉え直すこともできる。こうしたことは、暴力という問題について少しでも考えてみればよく理解できる。ドメスティック・バイオレンスやレイプ、児童虐待、動物虐待といった一連の暴力犯罪が、ますます一般大衆の関心を集めるようになってきた。女性が労働市場に組み込まれ、公共領域で活躍するようになると、市民的秩序を公共空間だけではなく家庭でも守ることが求められるようになった。興味深いことに、女性が経済的・社会的に平等になってきたために、公共空間は、女性にとって男性からの暴力というリスクにさらされる場所になっただけではなく、さらなる尊厳が求められる場所にもなった。最近では女性がますますパブに通うようになっているが、ここでもこの二つのプロセス（暴力というリスクが増大したことと尊厳への要求が拡大したこと）を容易に見てとることができる。ビール製造業者が女性を懸命にパブへと足を向けさせようとしているのも、そうした背景があってこその話である。

慎重な態度

近代社会になって人々の移動が頻繁になると、コミュニティで生活の大半を過ごしたり、職場を中心にコミュニティがつくられることがなくなってくる。そのため知人や隣人、路上でたまたま出会う人についての情報は、かつてより大幅に減少することになる。人々はもはや、まわりにいる自分と同じ市民について、ほとんど何も知らなくなった。それに加えて、多様化した社会に生活しているため、人々は他者の行動を予測することがほとんどできなくなっている。この予測不可能性とリスクが結びつくことにより、人々は従来よりも他者にたいして慎重になり、そこから保険統計的な態度が生みだされることになる。

再帰性――「不確かなこと」の不確実性

後期近代社会を理解するカギとなるのは、リスクにたいする過敏な反応だけではなく、リスクを問題にすることそれ自体である。大都市は、危険にあふれた不確かな世界であるだけではなく、リスクの程度も不確かである。近代社会の、予測可能な不安と危険性の世界とは異なり、後期近代社会は、専門家も一般大衆もその程度を予測できないようなリスクにあふれた、不確実性の世界なのである。恐怖が生まれては消えていく――カージャックやＢＳＥ（狂牛病）、エイズ、暴走運転……。意識のスクリーンで恐怖が明滅する。何かおかしなことが起きているが、もはや誰を、何を信じていいのか分からない。かつては意見が一致していた専門家も、今ではわざわざ不一致を作りだしているかのようである。地球温暖化からオゾン層破壊まで、あるいはＢＳＥから残酷な児童虐待まで、意見の不一致があまりにも当たり前のことになったために、もはや専門家自身でさえ、なすすべもなく震え、他人の意見をただ伝えるしか能がなくなったようにみえる。しかし、この生まれては消えていく不安と恐怖は、一部の論者［たとえばFuredi, 1997］が指摘するように、たんなる幻にすぎないものではない。というのも、都市生活は夢物語ではないからである。それは合理的な根拠がある不安なのであり、だからこそ、それは人々の意識をしっかりと摑んで離さないのである。

増幅作用

マスメディアは、世界中から集めた犯罪と逸脱のイメージを大量にばらまいている。あらゆるニュースと同じように、メディアのイメージ商品の特徴は、異常性を売り物にしている点にある。すなわち、それが「ニュース」であるのは、それが人々にショックを与えるからである。これらのイメージが洪水のように押しよせることによって、犯罪への「恐怖」は実際のリスクと比べて不釣りあいなほど増幅される。メディアの増幅作用はここで挙げた六つの要因のひとつにすぎないが、人々のリスク評価を決定する唯一の要因としてしばしば挙げられるのは、まさにこの要因である――あたかも恐怖とはテレビを見ることで起こる超常現象であるかのように。

〈環境世界〉とリスク・マネジメント

リスクにたいする過敏反応から生じたものが、後期近代社会の市民の保険統計的な態度である。それは用心深く、計算高く、反省的な態度である。そうした態度には、機会の追求という動機も含まれている。というのも、都市生活には興奮や快楽がリスクと同じくらい満ちているからである。どの先進産業国の巨大都市――ロンドンやニューヨーク、パリなど――でも、そこに暮らす市民は、みな同じような習性をもっている。それは他人から距離を置き、よそ者を遠ざけ、トラブルを避け、利益を追求するという習性である。

アンソニー・ギデンズは、人々がどのようにして自分の周囲に身体的・心理的な安心感を作りあげるかについて次のように説明する。「私たちが実際には見かけほど弱々しい存在でないとしたら、それは私たちが潜在的な脅威を遠ざけたり、脅威にならないようにする術を長い時間をかけて学んできたからである」[1991, p.127]。ここでギデンズは、ゴフマンの〈環境世界〔*Umwelt*〕〉という概念を踏まえている。すなわち、個人や集団が、自分たちの周囲を取り囲むようにして作りあげる「正常性」の領域である。動物の行動の研究から示唆を得たゴフマンは、『公共空間の社会関係』の最初の章を「見せかけの正常性」から書きはじめているが、そこで〈環境世界〉にかんする見事な記述を残している。

> 人間であろうと動物であろうと、個体の基本的な行動様式には次の二種類がある。第一の行動様式では、個体は歩き回り、草を食べ、あたりを見回し、子どもの世話をし、食物を消化し、住処をつくり、休息し、遊ぶことをつうじて、穏やかに日々の仕事をこなしていく。それにたいして第二の行動様式では、激情にかられ、恐怖におののき、相手を攻撃し、獲物に忍びより、敵から逃亡する。そして個体の生理機能は、それ自体がこの二面性に適合するようにつくられているのである。

個体がこれら二種類の行動様式を両立させることができるのは、バラバラの感覚情報を統合する見事な能力のおかげである。嗅覚や聴覚、視覚、触覚、気圧感覚――これらの情報の組み合わせ方は生物種ごとに異なるものの、それらの感覚能力によって、生物は状況の変化をすぐさま知覚し、周囲で起きていることをつねに監視することが可能になる。しかし適応という現象の驚くべき点は、個体が周囲の何も起こっていない場所に注意を向けながら、同時に視界のはるか彼方に起きている出来事を知覚できるほどに、その能力を発達させていることにある。自分が慣れ親しんだ事物には、個体はほんの一瞬しか関心を向けない。この関心さえ、すべてが秩序に従っていることを知覚すると、すぐに失われてしまう。しかし、いったん何かが起きていることを知覚すると、すぐにそれまでしていたことをぴたりと止め、すべての注意力がそちらに向けられ、対処行動が後に続いていく…。

[1971, p.238]

〈環境世界〉には、二つの意味がある。ひとつは、そのなかで安心を得られるような世界であり、もうひとつは、つねに覚醒しておかなければならない世界、すなわち不安の世界である。草原で静かに眠っている雌ライオンも、その片目はつねに遠く離れた場所に向けている。人間社会でいえば、〈環境世界〉とは、自分がいる場所によって、たとえば家にいるか都市の街角にいるかによって、膨らんだりしぼんだりする風船のようなものである。また〈環境世界〉の性質は、人が属している社会的カテゴリーによっても異なる。なかでも性別は大きな意味を

もっている。ゴフマンは、男性と女性の〈環境世界〉がまったく違うものであることを指摘した。公共の場でも家庭でも、男性から性的欲求の対象とされているというサインや暴力をふるわれようとしているというサインを識別することは、明らかに女性の社会的能力にとって重要な部分となっている。犯罪被害の実態を研究したことがある者なら誰でも、被害回避行動のパターンを知れば、その被害者が男性であるか女性であるかを見なくても当てることができる。研究者のあいだでも、都会の女性にとって夜が「戒厳令」を意味することはよく話題にされる〔Painter, *et al.*, 1989〕。また〈環境世界〉で大きな意味をもつものとして「人種」がある。どのエスニック・グループの人々も、どこが安全な場所で、どこが危険な場所であるかを熟知している。逆に人種差別主義者にとって、民族的マイノリティはマジョリティに恐怖や不安を与える存在としてある。さらに〈環境世界〉は年齢にも強く規定される。子どもは、自由で安全な空間がどこにあるかを知るための鋭敏な感覚をもっている〔Anderson, *et al.*, 1994〕。街角の不良少年は、自分たちの安全を守るために、そして敵に脅威を与えるために、自分たちの縄張りを精力的に見回っている。最後に当然のことながら、〈環境世界〉は階級によって決定的に規定されている。中産階級がカネのかかる場所に住み、自動車に乗り、会員制クラブや素敵なレストランに出入りするのは、自分の周りにいてほしくない下層の人々――「危険な階級」――をできるだけ遠ざけておくためである。中産階級はマンハッタンやロンドンのにぎやかな都心部を通り過ぎるときでさえ、「危険」な人々に近寄らないようにしている。

危険を示すサインは、とりたてて犯罪そのものでなくてもかまわないし、犯罪が起こる可能性でなくてもかまわない。たんにリスクの可能性や危険の接近がおぼろげながら認められただけで十分なのである。ゴフマンは、おそらく「反社会的行為」について述べた最初の研究者である。彼は、ウィルソンとケリングの有名な「割れ窓理論」（第5章参照）よりかなり前に、すでに反社会的行為に言及している。

ある人が、目の前でおかしな行動や場違いな行動をしている人物がいるのを見たら、次のように思うだろう。この人物の奇異な行動は、現時点ではまだ自分にとって脅威となってはいないが、こういう人物は他にも奇異な行動をするだろうし、そのなかには自分に危害を与える行動があるかもしれない、と。すなわち、私たちにとって他者の奇妙な行動は、そのままでは害にはならないにしても、潜在的な危険を示すサインとして機能する。したがって、日常生活のちょっとしたマナー違反が、早期警報として働くことがある。いつもながらの礼儀正しい行為であれば、たんにいつもながらの行動として解釈される。しかし、そうでない行為は警戒を呼び起こすことになる。

［1971, p.242］

ゴフマンはセクシャル・ハラスメントの例を挙げ、その行為が犯罪につながる性質をもっていることを図式的に示している。以下はメレディス・タックスの『女性解放――二年目のノート』からの引用である。[1]

ある若い女性が街の通りを歩いている。自分が他人からどう見られているか、そして通りですれちがう人々が自分の容貌にどう反応するか（それが現実の反応であるか想像上のものであるかは別として）を、彼女は耐えがたいほど意識している。彼女が歩道に一列に並んで昼飯を食べている建設労働者たちの前を通りかかる。すると彼女の胃は恐怖と嫌悪感できりきりと縮みあがる。彼女は顔が引きつるのをこらえ、無表情を装いながら、男たちを意識していないフリをする。しだいに彼女の歩き方と身のこなしは、ぎこちないロボットのようになっていく。労働者たちが彼女にどんな言葉をかけたとしても、彼女にとって我慢ならないだろう。男たちに彼女を物理的に襲ったり傷つけたりするつもりがないことは、彼女にも分かっている。せいぜい言葉を投げかける程度だろう。それでも、男たちがしようとしていることは、彼女にとっては権利の侵害である。つまり、男たちは彼女の身体を視線でもてあそぼうとするだろう。男たちは彼女の容貌を品定めするだろう。彼女の欠陥をあげつらい、歩いている他の女性と比較するだろう。男たちは、彼女が望んでもいないのに、勝手に自分たちのファンタジーの登場人物に仕立てあげる。男たちのせいで彼女は、自分がバカみたいで、グロテスクなほど性的な存在で、恐ろしいほどのブスに思えてくる。なによりも、かれらのせいで、彼女は自分がまるでモノとして扱われたような気持ちになる。

[Tax, 1970, p.12]

ゴフマンは、「平穏無事である」という状況は市民の道徳的な権利であると確信している[1971, p.240参照]。そのような状況にたいする信頼は、文明生活にとって本質的な要素である。そして彼は、市民の道徳的生活の質が全般に低下していることを明らかにする。

私たちは、公共生活がいかに壊れやすいものであるかをもっとよく理解すべきだろう。そのことは、公共秩序がどれほど複雑な相互信頼の上に成り立っているかを考えてみればすぐに分かることだ。実際、各人の〈環境世界〉を支える基盤が崩れ去るような状況も起こっている。そうした状況は、たとえばスラムの住宅開発によって生じた半ば公共的な空間では当たり前のように起こっている。…都心の繁華街のような、私たちの社会でもっとも公共的な場所でさえ、しだいに危険な場所になってきたことも明らかである。さまざまなカテゴリーに属する人々が混在している状態では、かれらのあいだの激しい対立——若者と老人、男性と女性、白人と黒人、貧乏人と金持ち、など——が公共の集まりの場でも起こるようになり、誰もが隣りにいる人物を疑う（あるいは自分が疑われていることを恐れる）ようになる。人々が自分のことにしか関心を向けないあいだは、かたちのうえでは市民的無関心が維持され、誰もが互いに深く立ち入らず、礼儀正しく接する態度が守られるだろう。しかし、そうした正常な見かけの裏では、誰もが必要とあらばいつでも争ったり逃げだしたりする準備ができているのだ。そして、このような無関心が支配する場所でも、危険を示すサインになるものはいくらでもある――そのサインは、路上がもともと危険な場所であると再定義され、高いリスクも当たり前とされるようになるまで警告を発し続けるのだ。

[1971, pp.331-2]

二〇世紀の終わり三分の一の時期に入ってから、安全な領域としての〈環境世界〉は急速に縮小していった（第2章参照）。この縮小は、前節でみたように、現実のリスクがもたらした事態でもある。というのも、リスクにたいする感受性の高まりは、他者にかんする知識の貧困化と表裏一体のものだからである。こうした不安の領域について、私たちはどのように考えればよいのだろうか？　外の広い世界についての知識が増えれば増えるほど、すぐそばにいる隣人についての知識は乏しくなっていく。これは一つのパラドックスである。〈環境世界〉という安全な領域は、不安の領域が急激に増大するにつれて縮小していく。

最後に、ゴフマンも触れていない〈環境世界〉の別の側面を挙げておく。それは動物の行動とも深くつながっている。たとえば草原を警戒して眺める雌ライオンは、安心できる領域と不安な領域をマッピングしているだけではなく、捕らえることのできる獲物をつねに探している。これを人間社会に適用すると、都市を危険と安全が交差する領域として捉えるだけではなく、興奮や興味、利益、行動の機会にあふれた場所として捉えることにもつながる。これこそジョナサン・ラバンのいう「ソフト・シティ」であり、そこでは都市が危険な迷宮であると同時に、あらゆる可能性のデパートとして描かれることになる。

近代の理解しづらさとリスク批判

「犯罪の恐怖と犯罪が起こりうるリスクの認知は、犯罪自体の実際のリスクとはまったく関係がない」という一連の主張がある。実際、犯罪への恐怖を犯罪そのものと関係ないとみなす議論は少なくない。この場合、犯罪への恐怖と不安は、たとえば都市再開発のような都市問題、人種主義、精神的病理から生じる別の恐怖心を置き換えた感情にすぎないとされる。そして、犯罪の「現実の」リスクを、それとは「不釣りあいな」別の恐怖心と対比させ、両者のあいだのズレを示すことにより、犯罪にたいする「真の恐怖」あるいは「現実の恐怖」が犯罪自体とは関係ないものとされてしまう。こうした不釣りあいが存在することの証拠として、よく女性や老人が引きあいに出される。といっても、女性と老人には犯罪被害を報告しない傾向がみられるだけではなく、最初から犯罪被害を避けるような行動をとる傾向がみられることから、そのぶん被害発生率が「人為的」に引き下げられており、現実の犯罪リスクが隠蔽されているという面がある。しかし、この点についてはすでに別の論文〔Young, 1988, 1992〕で検討したので、ここでは踏みこまないことにする。しかし、ここで繰り返し指摘しておくべきことは、犯罪の発生頻度がどのように評価されるか、さまざまなリスクのどれが重視されるかは、集団によって異なるということである。たとえば、一般的に女性は、男性に比べて暴力を大きな問題とみなす傾向がある。だからといって「女性が暴力を必要以上に懸念するのは、彼女たちが非合理的な不満に苛まれているからであって、専門家はそれら不満の真の原因を明らかにして、彼女たちに教えてやらなければならない」などと考えるとすれば、それはまったくもって歪んだ男性至上主義としかいえない。

　こうしてみると、犯罪の評価は、それぞれの集団の下位文化の影響を無視しては考えられないことが分かる。素朴な「実在論者」が信じているように犯罪を「客観的」に知ることなど、もはや不可能である。それでも、ここにはもっと重要な問題がある。犯罪を都市生活におけるさまざまな問題の投影とみなすことの裏には、犯罪は他の社会問題と切り離して考えることができるという信念が隠れているのだ。しかし、実際には多くの理論家が指摘するように、犯罪は一連の反社会的行為のごく一部にすぎないものである。また、ラディカルな犯罪学者が主張し続けているように、凶悪な犯罪の背後に横たわる価値観は通常の価値観と切り離せないだけではなく、固く結びついたものでもある［たとえば Currie, 1997a］。犯罪を他の都市問題の反映とみなすことは、炎を熱の反映とみなすことに似ている。そのような論者によれば、両者は関係がないだけではなく、真の実体は高すぎる熱であり、私たちは目の前で揺れる炎に魅せられているが、それはマスメディアや犯罪統制産業〔本書二〇〇頁参照〕によって注意を逸らされているだけだ、ということになる［たとえばBaer and Chambliss, 1997］。

これにたいして私が主張したいのは、次のようなことである。人間の行動がつねに意味づけと評価の対象になる以上、客観的なリスクと主観的な恐怖のあいだに一対一の対応関係などあるはずがない。実証主義者はリスクと恐怖のあいだに単純な相関関係があるかどうかといったことについて議論しているが、それは出口のない行き止まりに向かうだけだ。必要なことは、犯罪がどのように意味づけられているかを探るために、集団の下位文化にまで足を踏み入れることである。集団の質的調査こそ、リスクと恐怖の因果関係を明らかにする道である［Sayer, 1984］。リスクと恐怖のあいだに比喩的な関係しかみられない集団もあるかもしれないが（それでも、これが現実に基礎づけられた比喩であることに違いはない）、正真正銘の緊密な因果関係が発見される集団もあるかもしれない［Young, 1992］。

人々の意味づけや評価が定まるには時間がかかるものである。それは物理学で互いに衝突する粒子について語るようにはいかないのである。人間の主観を物理現象と混同するという誤りこそ、大衆の犯罪への態度にかんする近年の（とくに合衆国の）議論を混乱させた原因である。サイモンとフィーリーのような優れた論者たちでさえ、人々の犯罪への態度については、パズルの組み立て方を誤ってしまった。

これほど強烈な恐怖心を説明するものは何だろうか？　数年間でここまで劇的に恐怖が増大したのはどうしてだろうか？　犯罪への恐怖が高まったことの理由は、いまだによく分かっていない。ここで挙げた問いには現時点では複雑すぎてまだ不十分な回答しか与えられていない。それでも、このパズルを解く重要なピースがある。それは、犯罪にたいする大衆の関心の強さと、実際に起こっている犯罪の凶悪さの程度のあいだに、直接的な相関がみられないことである。このことはあまり理解されていないが、しばしば取りあげられる事実である。実際この数年間で、全体として犠牲者が減少しているにもかかわらず犯罪への関心は高くなっている。ある種の人々では、以前よりも犯罪の被害者になる割合が増加しているのも事実である。たとえば一二歳から一五歳の若者たちは、八〇年代のあいだに暴力事件にまきこまれる割合が三四％も増加している。また都心に住む最貧層の人々、とくに若いアフリカ系アメリカ人の男性では、暴力事件がこの十年で顕著に増えている。そうしたことから、近年では犯罪にたいする罰をもっと厳しくすべきだという意見がますます支持されるようになっている。このような意見をもっとも強く主張しているのは郊外に住む中産階級の白人たちであるが、その集団における犯罪被害率はここ十年で着実に減少している。この人々はそれ以外の問題についてはあまり関心がない。自分たち以外のコミュニティに住む人々の福祉にも関心がなく、貧困層や人種的マイノリティから身を遠ざけて暮らし、政府支出が増大することにはすぐに不満を抱くような人々である。にもかかわらず、なぜかれらは、どの時代よりも犯罪被害の危険性が客観的に減少している現在になって、犯罪にたいしてこれほど大げさな恐怖を感じるようになったのだろうか。政府支出の増加にはいつもなら熱心に反対するかれらが、効果があるかどうかもはっきりしないような犯罪抑制策に、なぜ政府が新たに支出することを望んでいるのだろうか?

「恐怖」だけで近年の犯罪政策のあり方を説明しようとしてもうまくいくわけがない。実際、恐怖が何であるかを正しく説明することはきわめて難しいことである。そして、客観的なリスクと主観的な恐怖のあいだには明白な相関などまったく見受けられない。このことから理解されるのは、地域社会の秩序の崩壊や経済的不安、人種の人口構成の変化などの要因に加えて、犯罪と刑罰にかんする言説自体が、「恐怖」を増大させている根本的な要因となっているということである。

[1995, p.154]

ここに長々と引用したのは、同じような考え方があちこちにあるとしても[たとえばChambliss, 1994a, 1994b; Platt, 1996]、この文章が混乱をもっともよく示しているからである。この考え方に手短にコメントしておくと、ここでの混乱の中心にあるのは、この数年間で合衆国の犯罪発生率が横ばいになっているという思い込みである。もっとも信頼できる統計によれば、殺人事件が起きる確率は、一九七四年には一〇万人あたり一〇・二件であったが、一九九三年には九・五件になっている。この期間中、殺人事件の発生率はふらふらと上下し、ときには八・〇件(一九

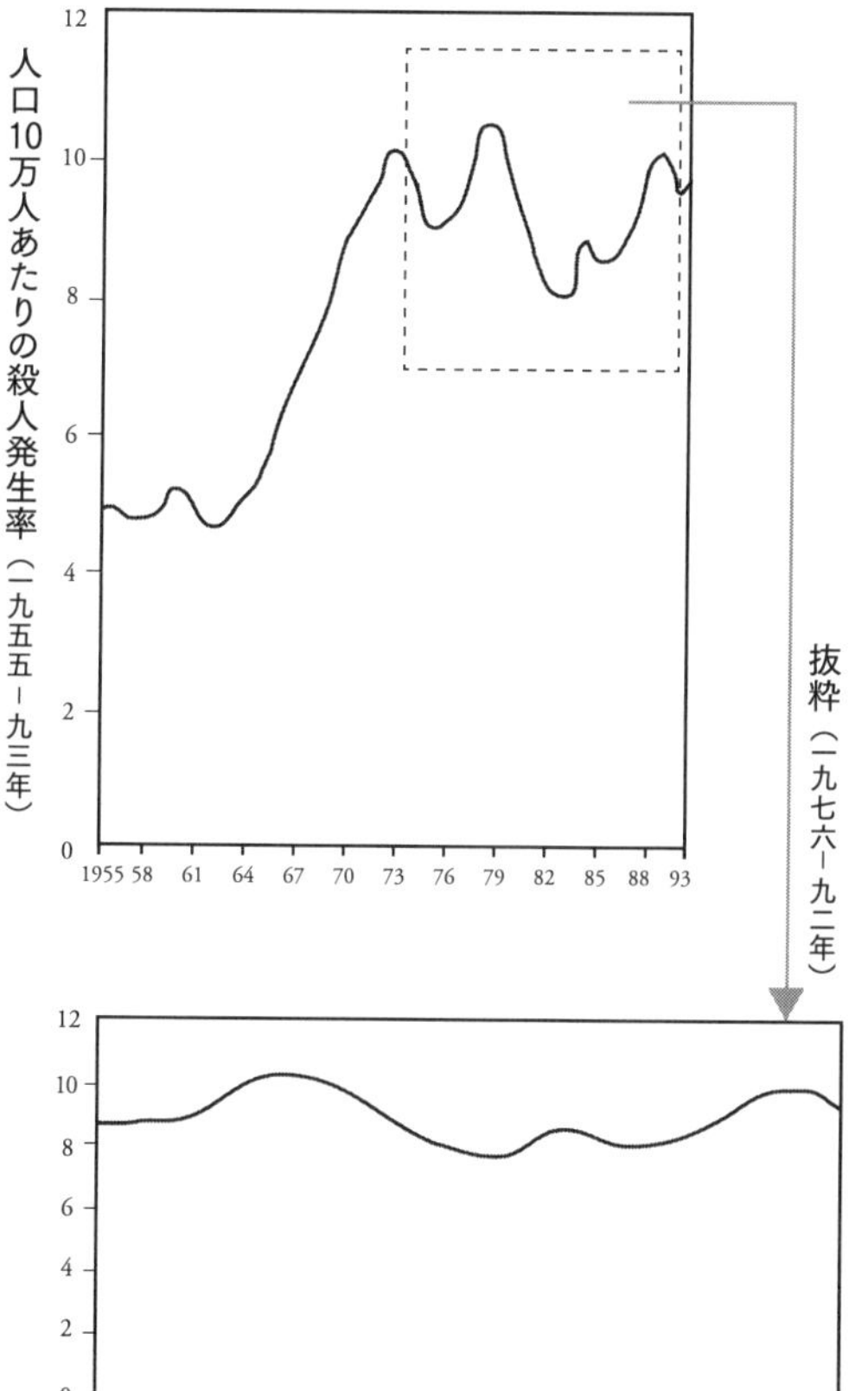

図3-1　合衆国における殺人発生率の変化，1955-93年

(*Archer and Gartner, 1984* ; *Maguire and Pastore, 1995*)

八五年）にまで下がっている（前頁の図3-1）。ウィリアム・チャンブリスは、長期的にみると暴力事件の発生件数はやや減少傾向にあるにもかかわらず、FBIが逆に増加傾向にあると主張してきたのは、FBIがこの上下の変化を利用しようとしたためだと指摘している［Chambliss, 1994b］。この点についてはチャンブリスの指摘は正しい。ただし、人々はよほど記憶力が悪くないかぎり、こうした楽観的な実証主義を受け入れることはできない。実際には人々の記憶力は明らかにもっとよいはずである。合衆国の中年の人なら誰でも、二〇世紀の終わり三分の一の時期になって（まさに私たちが問題にしている時代であるが）、暴力事件が劇的に増加したことを覚えているだろう。たとえば一九六六年には、殺人発生率は一〇万人あたりわずか五・九件にすぎなかった。結局は単純な話で、かれらは犯罪にたいする大衆の態度の変化に目がくらんだあまり、不覚にも一九七三年以後の殺人発生率が横ばいになった時期にしか目を向けなかったのである。たとえばチャンブリスが先ほどの主張をおこなうために使用したグラフは、まさにその時期しか対象にしていない［1994a, 図2；1994b, 図3］。しかし、もし彼がもう少し前の年代から始まるグラフを使っていたら、曲線が異常に高い水準まで急激に上昇していたことが分かっただろう（現在のアメリカの殺人発生率はイングランドとウェールズの七倍であり、若者に限ると五二倍にもなる）。自国の若者たちがこれほど大量に殺されていることに、アメリカ国民が苦しみを感じていないわけがない。かれらが厳しい犯罪政策と刑罰を復活させようと思っているのは、この問題が少しでも緩和されることを願っているからではないだろうか。

後期近代の進歩的な側面

リスク理論の批判者は、犯罪のリスクがおおげさに誇張されていると考え、大衆をマスメディアとリスク産業による文化的詐欺の被害者と捉えている。かれらには後期近代への社会変容をいかにもインテリっぽく語りたがるという腹立たしい習性がみられるだけではなく、かつての近代主義者と同じような調子で、読者にたいして真のリスクが何であるか、大衆が抱いている恐怖の真の原因は何であるかを教えてやらなければならないと思いこむ傾向がある。つまり、かれらは後期近代のもっとも重要な二つの要素を理解しそこなっている。それは、リスクにかんする人々の再帰性〔社会のあり方に一人一人の選択が影響を与える相互性、反省性〕と、専門家にたいする根深い不信である。

リスク理論の批判者たちは議論をあまりにも先に進めすぎている。後期近代の発展形態としてのリスク社会の出現は、きわめて複雑な現象である。というのも、人々がますますリスクを意識するようになったことは、二〇世紀後半に世界中で起こった、本質的に進歩的で民主的な社会へ向かうプロセスの重要な部分だからである。そのような進歩的プロセスとして、第一に環境保護運動が高まったこと、つまり「緑の運動」を挙げることができる。都市でも海辺でも、人々が環境や食物、飲用水の汚染に敏感になったことは、明らかに社会が前進するための偉大な一歩である。第二に、暴力にたいする嫌悪感が高まったことが挙げられる。とりわけ子どもや女性にたいする隠れた暴力への嫌悪感が高まったのはもちろんであるが、さらに、野生であるか家畜であるかにかかわらず、私たちと同じ地球上に生息する動物への暴力にたいしても嫌悪感を抱く人々が増えている。ここにみられるのは、フェミニズムと環境保護政策の影響である。この二つの社会的要求は、さらに一般的な要求の一部をなすものと考えられる。すなわち、それは私たちの周囲の世界は市民権によって広くコントロールされるべきだという要求である。それこそは、街に生きる人々が生活の質の向上を求めることから、公的機関に説明責任を求めることにまで通底している要求なのである。最後に、専門家たちが私たちの問題を定義する権利にたいして、あるいは解決方法を提供する能力にたいして、人々がますます疑いの目を向けるようになったことが挙げられる。人々がリスクを意識するようになったことの背後には、三つの主要な政治的立場からの影響がある。すなわち環境保護、フェミニズム、そしてリバタリアニズム（自由至上主義）である。社会学者のフランク・フュレディが述べているように、「リスク・レート」について話したり、安全や治安について議論をしたり、統計数字を疑ったり、解決法をめぐって政治的混乱が生じたりしたからといって、そうしたことはかならずしも政治の役割が放棄されたことを意味するわけではない。そうしたことが意味しているのは、私たちにとって「リスク・レート」がいまや一種の「民主主義の通貨」になり、物事を再帰的に検討するための手段になったということなのだ。リスクが実際に生じているのかどうか、それともたんに誇張されているにすぎないのかどうかを問うだけでは、根本にある問題を見失うことになる。実際にリスクが生じているケースもあるだろうし、空騒ぎされているだけのケースも少なくないだろう。しかしここで重要なのは、生活の質にたいする人々の要求水準が高まるにつれ、リスクの評価もまた厳密になったということである。その核心にあるのは、社会を精密に調査し、評価するための技術が向上し続けているという事実である。さらにいえば、リスクの高低にかんする議論があること自体、あるいはそうした著作を書いている人々がいること自体が、後期近代の偉大な成果のひとつなのである。このことは、近代が「リスクなき社会」をもたらすという約束を守ることができなかったことを意味するわけではない。むしろ、近代がこの約束を忠実に守り続けた結果、その遂行がきわめて難しいことが明らかになったのである。

社会的排除と市民

これまで私は、社会的排除がどのような意味で社会と市民にかかわる全体的な問題から発しているかを述べてきた。批評家のなかには、これを単純に権力から押しつけられた現象と考えたがる者もいるようだが、実際はそうではない。排除は刑事司法制度だけが生みだしたものでもないし、国家や地方自治体の法令が作りあげたものでもない——もちろん、それらの要素が排除の過程で重要な役割を担っていることには変わりないのだが。排除のルーツは、私たちの生活が依拠しているさまざまな物質的・道徳的なリアリティのなかに存在するのである。すなわち、リスクを心配し、道徳的な不確実性を憂慮するような「保険統計的」な態度こそが排除のルーツとなっている。危険を実体化し、一部の人々を悪霊に仕立てあげる風潮は、現在ではいたるところに広がっている。社会的排除の力は社会のあらゆる場所に作用しているが、それは幻想から生みだされたものではない。リスクや道徳的な不確実性は、政治家や、とくに刑事司法制度や民間警備会社（いわゆる「犯罪統制産業」）といった社会統制専門の官僚制度によって喧伝されているにすぎないものではなくて、それらは実際に存在するものである。したがって、クロード・レヴィ＝ストロースが「人間を吐き出す社会」、すなわち人々を排除し追放する社会について語ったとき、国家やエリートの利害関心よりもむしろ社会のあり方そのものを強調したことは正しかった。研究者が「社会」や「社会統制」という用語を使うとき、それらが「権力者の欲望」と同じ意味で使われているわけでないことは、つねに強調しておく必要があるだろう。権力は社会のあらゆるところに遍在している。排除と包摂の現象を十分に理解するには、権力者の欲望だけではなく、権力をもたない人々の欲望や悪意も考慮に入れなければならない。

逸脱の原因としての包摂と排除

本章ではこれまで、個人や集団を社会の外へ排除する力について考察してきた。これはレヴィ=ストロースの、そしていうまでもなくラベリング理論の枠組みに準じている。ラベリング理論が、逸脱が社会と国家の過剰反応によって犯罪などの社会問題にされていくプロセスを分析の主題にしていたことは、ここで特記しておくべきだろう。なかでもとくに重要なのが、エドウィン・レマート［1967］の「一次的逸脱」と「二次的逸脱」の区別である。一次的逸脱とは、社会の内部で発生する「自然な」タイプの逸脱行動であり、他方、二次的逸脱のほうは、一次的逸脱にたいする社会的反応から引き起こされる行動である。ラベリング理論の伝統では、介入によって生みだされる二次的な問題行動のほうが、まったく介入がなかったときの一次的逸脱よりも深刻な問題であると考えられてきた。現在のドラッグ合法化をめぐる議論でも、まったく正当なことに、このような考え方が支配的である。これとよく似た概念として「逸脱の増幅」というものがある。これはレスリー・ウィルキンス［1964］が発案して定式化し、さらにスタン・コーエン［1972］が展開したことで有名になった概念であり、私自身もその概念に依拠して論文を書いたことがある［1971b］。この概念は、逸脱が時代とともに深刻さを増していくという考えをラベリング理論に付け加えるものであった。すなわち、強力な社会的排除は、排除された人々の逸脱をさらに悪化させるため、最初の状態に比べて新たな問題を増やしてしまうという考え方である。これは、少年司法の領域において、法律制定と司法現場の両方の場面で、過去三〇年間にわたって直面してきた問題である。

しかし排除と包摂の理論は、ただ犯罪や逸脱にたいする社会的反応を対象としているだけではなく、犯罪と逸脱の原因をも扱うものであるのは明らかである。犯罪の原因を説明する理論は、文化に原因を求める理論と、社会構造に原因を求める理論の二つに大きく分けることができる。文化論者は政治的保守主義と、社会構造論者は政治的リベラリズムと、ともにゆるやかに結びついている（このことをよく示すのは、「文化論者」のチャールズ・マレー〔1990〕と「社会構造論者」のウィリアム・ジュリアス・ウィルソン〔1987〕によるアンダークラスの本質をめぐる論争であろう）。文化論者によれば、犯罪の原因は、文化の欠如、社会化の欠如、あるいは社会・コミュニティ・家族への象徴的統合の欠如にあるとされる。そのことをよく示しているのが、ハンス・アイゼンクによる古典的な犯罪の定義である〔1970〕。彼によれば、犯罪が起こるのは次のような原因による。

- ◉社会化の能力が遺伝的に欠けていること。
- ◉幼児期に社会的訓練を施すことができない家庭に育ったこと。
- ◉社会化の過程で、一貫しない矛盾した価値観を習得したこと。

アイゼンクは、これらの社会化を妨害する三つの要素が相互作用することにより、個人の文化的参入が妨げられると考えた。政治的右派による最近の理論も、この考え方を焼き直したものである。ゴトフレッドソンとハーシの『犯罪の基礎理論』〔1990〕や、ウィルソンとハーンスタインの『犯罪と人間の本性』[1985]がそのよい例である。これらのアプローチでは、犯罪と逸脱はその社会の文化に統合されないことが原因であるとされる。つまり犯罪の原因が、文化の欠如に求められているのである。このようなモデルは個人主義的実証主義と結びついたものであり、そのイデオロギー的意味は明らかである。というのも、この考え方によると、逸脱は、物質的不平等や文化的差異から起こるものではなく、誰にとっても自明で道徳的に絶対に正しいとされる文化の欠如から起こるものとされるからである[Taylor, *et al.*, 1973]。

もうひとつのアプローチもまた、欠如のモデルにもとづいている。社会構造論者は、犯罪と逸脱は物質的貧困（不平等、貧困、失業など）から生じると主張する。ここでの問題は絶対的剥奪にある。すなわち、人々が犯罪に関与するのは、かれらが経済的に包摂されていないからだ、というわけである。これが政策と結びつくと、人々に仕事や収入が与えられれば犯罪や無秩序はなくなるはずだ、という考え方になる。このような社会的排除への観点は広く流布したものであり、クリントン政権やブレア政権の政策にも影響を与えたほどである。しかし、この「社会的実証主義」も一九六〇年代に西側世界で起こった事態によって大きく揺らぐことになった。その当時、完全雇用が達成され、生活水準が上昇したにもかかわらず、犯罪発生率も同時に上昇した（第2章参照）。実際には、社会不安の原因となるのは絶対的剥奪感ではなく、相対的剥奪感のほうである。相対的剥奪感とは、不平等と不公平についての主観的経験である。そして、これは機会ではなく能力と結びついたものである。というのも、相対的剥奪感は、たんに生活費を得る機会が均等でないことを問題にしているのではなく、むしろ報酬が能力に応じて配分されていないことを問題にしているからである。

このように、政治的右派による「個人主義的実証主義」の理論にせよ、政治的左派による「社会的実証主義」の理論にせよ、いずれの欠如モデルにも欠陥があることが明らかになった。犯罪の原因を、前者は、社会の文化的包摂性が欠如していることに求めており、後者は、社会の経済的包摂性の欠如に求めている。しかし、すでに第1章で論じたように、どちらのアプローチも、市民の主体的な能力を無視している。それらの理論は、社会の公平性を冷静に測定し、同一文化をたんに再生産するのではなく新しい文化的差異を創りだすという、行為者にそなわる能力を無視しているのである。したがって、この二つの相反する立場は、それぞれ異なるタイプの排除について議論しているのだ。より正確には、それらは積極的な排除の過程ではなく、包摂の欠如ともいうべき問題について議論している——つまり、文化的／経済的包摂の欠如である。それこそは二つの伝統的な理論が不十分ながらも明らかにした主題であり、また今日のヨーロッパの社会的排除にかんする議論の中心にある主題なのである。

二つの実証主義の批判

社会学的思考の伝統のなかにも、先の二つの実証主義にたいする批判がある。それはデュルケムの著作にもすでにみることができるが、もっとも影響の大きかった論文はロバート・K・マートンの「社会構造とアノミー」であろう。一九三八年に書かれたこの論文は、おそらく社会学の歴史上もっともよく引用されてきた論文である。そこでマートンははっきりと個人主義的実証主義と社会的実証主義の両方を標的にしている。そして、犯罪と逸脱は、社会の文化や構造から生じる「正常」な反応であって、個人の病理から生じる現象ではないと述べ、個人主義的実証主義を否定している。また、多くの貧しい国々では豊かな国よりも犯罪発生率が低く、生活水準が上昇しても犯罪が減少することはないという矛盾した事実についても、マートンはよく理解していた。彼の社会的実証主義への批判はきわめて明快である。

この理論的分析は、犯罪と貧困の関係をよく説明するものである。貧困は、他の要素と無関係な変数ではない。それは、多くの社会的・文化的変数の複雑な相関からなるシステムの一変数である。こうした観点から貧困を眺めると、これまでと状況はまったく違ったものになる。しかし、貧困を相関変数として捉え、さらに機会の制限が貧困から生じるものと考えたとしても、これほどまでの犯罪発生率の高さはそれだけで説明できるものではない。よく言及される「豊かさのなかの貧困」でさえ、高い犯罪発生率を説明する概念とはいえない。反社会的行動が「ありふれた」ものになるのは、まず貧困な状態があり、また貧困であれば社会の全成員が称揚するような文化的価値を得ることが難しくなる状態があり、さらに富の蓄積を成功の象徴として高く評価する文化がそれらの状態に結びついたときである。東南ヨーロッパでは、アメリカ合衆国ほどには、貧困が犯罪と結びついていない。ヨーロッパのこの地域の国々では、階級が上昇する機会は合衆国よりも限られている。また貧困自体も、また貧困にともなう機会の不平等も、犯罪とはっきりとした相関関係にあるとはいえない。貧困、機会の制限、成功の象徴の広範な共有――これら三つの関連を正しく考慮に入れることで、**成功の象徴が階級ごとに異なっている**ような硬直した階級構造をもつ社会に比べて、私たちの社会のほうが犯罪と貧困の相関性が高いことをはじめて説明できるようになる。

　私たちの社会では、出世や成功へのプレッシャーが強すぎるあまり、そのために利用される手段を社会的に規制することができなくなっている。「目的が手段を正当化する」という言葉が人々の行動を導く金科玉条となってしまったのだ。そうなったのは、文化構造が「出世」という目的を過度なほどに称揚し、社会組織も人々が適切な手段に頼って行動する可能性を過度なまでに制限したためである。

［1938, p.677 強調は原文］

したがって犯罪とは、個人的な病理現象ではなく、社会の深奥で起こった文化的・社会的圧力から生じたものである。

ここでの議論の目的と関連していえば、この状況には二つの重要な特徴がみられる。第一の特徴は、そうした反社会的行動は、ある意味では「誘発されたもの」であるということである。すなわち、その文化で共有されている何らかの価値と、「出世」や「成功」を文化的目標として合法的に追求するための適切な機会を均等に提供しないような階級構造がそろうことによって、反社会的行動が引き起こされるのである。 [ibid., p.676]

すなわち犯罪は、文化的に与えられた目標と、それを達成するために使用可能な手段のあいだの矛盾から生まれるのである（このマートンの説はよく知られている）。そしてアメリカ的な価値観、つまり成功を重視し、手段より目的を重視する個人主義は、この矛盾をさらに増幅させている。

マートンの定式を、本書の議論に合わせて書き直してみるとこうなる――犯罪は、文化的包摂と構造的排除によって引き起こされる。マートンは「犯罪は文化の欠如によって起こる」という個人主義的実証主義の教義を反転させ、「犯罪は成功と個人主義の文化への参入によって起こる」と主張した。彼はまた、社会的実証主義の教義にも修正を加えた。つまり、犯罪増加の原因となる欠如は、物質的欠如でもなければ機会の欠如でもなく、万人に開かれた能力主義社会を称揚する「アメリカン・ドリーム」という文化状況における欠如なのである。

包摂と排除——過食症としての後期近代

以上の議論をつうじて、私たちは長い道のりを経てふたたびレヴィ＝ストロースの「人間を飲み込む社会」と「人間を吐き出す社会」という比喩に戻ることになる。つまり、「社会的人食い」がおこなわれる社会と、逸脱者を吐き出す社会である。マートンが「満足しない社会」を意味するために提案した類型は、その両方の特徴を同時にもつような社会であった。それは、人々を貪欲に飲み込み、同時に人々をつねに排泄するような、いわば「過食症社会」である。「過食症《ブリミア》——つねに空腹で、それを我慢できない状態を指す。さらに意図的な嘔吐や下剤の大量摂取が伴う場合、その症状は〈過食神経症〉と呼ばれる」［*Collins Encyclopaedia*, 1995, p.145］。先進産業国の社会秩序は、その成員を飲み込むものである。それは教育やメディア、市場へ組み入れることをつうじて、大量の人間を食い尽くし、その文化のなかに同化・吸収する。マスメディアは媒体を増殖させ、あらゆる場所に入りこむことにより、人々の余暇時間に占める割合を増やしているだけではなく、グローバル化した成功と期待と欲望のイメージを垂れ流している。なによりも決定的なことは、そのようなマスメディアの情報が「正常なライフスタイルとはどのようなものか」とか「ゲームに参加すればどのような商品や快楽が与えられるのか」といったイメージから成り立っていることである。ライフスタイルのイメージを与えるのは、もちろんスターのライフスタイルの紹介だけではない。メロドラマもあれば、だらだらと垂れ流されるフィクション番組もあり、また日常生活の報酬についてのドキュメンタリー番組もある。こうしたイメージのほとんどは、ふだん視聴者の目に留まることがないものだろう。それは舞台の背景であって、たいていの場合、注意が向けられないものである。しかし、快適なアパートや自動車のモデル、余暇の過ごし方、自由なライフスタイルなどのイメージは、すべて視聴者の意識に刷りこまれていく。したがって、メディアが与えるのは「どれくらい快適な生活を期待したらよいのか」「どのような商品を買えば成功者になれるのか」というイメージなのである。さらに、メディアは「どれくらいの報酬が必要なのか」という観念に加えて、「どれくらい成功しているのか」を測定する尺度まで与えている。「成功のチャンスは万人に開かれており、成功するかどうかはどれだけ努力したかにかかっている」というわけである。アメリカン・ドリームだけではなく、「ヨーロピアン・ドリーム」や「オーストラレイジアン・ドリーム〔Australasiaはオーストラリアとニュージーランドおよび近隣諸島を意味する言葉でAustraliaとAsiaの合成語〕」までが世界中に浸透していく。こうしたイメージは、報道室で制作される「事実にもとづいた」ニュースとともに、テレビドラマの虚構のストーリーによっても運ばれている。非西欧諸国のテレビ視聴にかんする研究は、ドラマの背景にあるイメージが視聴者にどれほど大きな影響を与えているかを明らかにしている［たとえばLull, 1991］。トンプソンは次のように述べている。

――たとえば国際ニュースをみているとき、視聴者は、外国の光景に添えられたコメントに向けるのと同じくらいの注意を、街角の様子や家屋や服装にも向けている。

〔1995, p.176〕

東ヨーロッパのスターリン主義の崩壊を最終的に促したのは、西側世界における日常生活のイメージのたえまない流入であった。しかし、メディアの流すイメージが外国にまで影響を与えるとしたら、国内の人々にはもっと多大な影響を与えているはずである。

もちろん、マスメディアだけが私たちの社会にとって包摂の装置なのではない。公教育は、子どもたちを労働者に仕立てあげるために、「キャリア」や「能力主義」、「成功」という観念を植えつけている。他方で、市場、とりわけ消費市場も、人々をそこに組み込むために、参加を促している。こうしたイメージの侵食に抵抗できる人は、もはやほとんどいないだろう。新聞やラジオ、テレビの視聴を禁止し、社会から隔絶された学校を独自に設立し、外部集団との交流を完全に断つようなことでもしないかぎり、こうした文化と断絶することはとてもできそうにない。

フィラデルフィア都心の事例

これまでの議論から明らかなように、後期近代における社会不安は、単純に排除から生まれたものではなく、包摂と排除の「過食症」的プロセスから生まれたものと考えられる。この仮説を検証するには、「アンダークラス」の現状を取りあげるのがもっとも手っとり早いだろう。実際、アンダークラスの社会には外部世界から隔絶され、排除された多くの人々がいる。そこでは社会病理と反社会的行為が日常生活の一部になっており、人々は文化的に疎外されることによって、きわめて多様なライフスタイルをもち、さまざまな野心を抱くようになっている。ウィリアム・ジュリアス・ウィルソンは、先駆的な著作『アンダークラス——ほんとうに不利な立場に置かれた人々』［1987］で、この社会的転落のプロセスを克明に描いている。もともと黒人は、ロサンゼルスやニューヨーク、シカゴ、デトロイトなどの工場に職を求めて、アメリカの大都市の中心部に集まっていた。その後、一九七〇年代の脱工業化の時代になると、資本は安い労働力を求めて、貧しい黒人を見捨てて東南アジアに飛んでいった。他方で中産階級の黒人も増加したが、機会均等を保障する政策のおかげで、かれらは合衆国の官僚組織などに職を得ると、スラムを捨てて郊外へと逃げだしてしまった。後に残されたのは、人種と階級の面で空間的に隔離され、経済的な機会を奪われた、孤立した人々であった。男性が職を得られないために家族をもつことができなくなると、「結婚する資力のある」男性の数は減少の一途をたどり、その結果として片親または女性だけからなる家庭が大幅に増えることになった。その子どもたちは、もはや毎日仕事をするという役割モデルをもたず、核家族の生活習慣も教えられることがないまま育つことになった。ここにひとつの文化が生まれた——達成意欲に欠け、労働規範にもなじまず、家族構造も不安定で、男らしさをやたらと強調し、犯罪と暴力が支配するような文化である。ウィリアム・ジュリアス・ウィルソンの説明によれば、これこそが都市のアンダークラスの誕生である。

ここで述べられているのは、アンダークラスの形成にかんする古典的で社会民主主義的な説明である。経済的・社会的排除（これは空間的隔離によって加速する）によって社会解体と文化的欠乏が引き起こされ、アメリカ社会の主流文化から排除された社会集団が発生する、という説明である。このようなウィルソンの説明とチャールズ・マレーのアンダークラス論［1990, 1994］を比較してみよう。マレーの主張は次のようなものである。まず、福祉国家が「依存文化」を創出したことにより、男性たちは仕事を探す能力をなくし、また探そうともしなくなり、さらに女性たちは生活保護のおかげでシングルマザーになるよう促される。それによって創造されるのは、社会で広く認知されている労働倫理とはまったく相反する文化である。この文化のもとでは、シングルマザーは子どもをうまく社会化することができないし、男性に与えられるのは単調な仕事ばかりで、それに比べれば泥棒などの非合法の経済活動のほうがよほど魅力的に映るようになる。そうした事情から、犯罪と無秩序が社会にはびこるようになる。つまり、貧しい国民を社会的・経済的制度から締め出しているのは、福祉国家によってつくりだされた文化というわけである。このようなマレーの説明は、ウィルソンの理論とまったく反対の主張なのだが、それでも両者の文化にたいする捉え方をみると、格差や社会解体、アメリカ社会の主流となっている価値観からの疎外という点については、相違点よりも共通点のほうが多いことが分かる。

ウィルソンとマレーの二人は明らかに、すでに私が触れた二つのタイプの説明の代表者である。前者は、経済的排除によって集団が排除されていく現象について語り、後者は、人々が子どもたちを社会化させる能力をもたないため、子どもたちが一般的な文化に適応できなくなり、そこから排除が「自己選択」されていく現象について語っている。いずれにしても、アンダークラスを文化的欠如によって説明している点で両者は同じである。しかし、黒人文化が主流文化とは異質であるという点から議論をはじめる論者が、左派にも右派にも少なからずいることは、ここで指摘しておいていいだろう。このうち左派の人々(ウィルソンはとくにかれらを批判している)は、黒人文化を、抵抗と闘争と生き残りを目指す、「主流文化に代わるもうひとつの文化」と捉えている。また右派の人々は、黒人文化を、本質的に非妥協的で、規律もなければ同化されることもない、まったく異質な文化と捉えている。したがって、この問題については四つの立場があることになる。すなわち、アンダークラスを文化的欠如の問題と捉える二つの立場と、異質な文化に属する人々と捉える二つの立場である。しかし、支配的文化を体現したものとしてアンダークラスを捉えるという視点は、これらのどの立場にもみられない。

カール・ナイチンゲールは、フィラデルフィアの黒人スラムにかんする注目すべき著作『崖っぷちの人々』[1993]で、説得力ある鋭い考察をもって、これら四つの立場に反論している。というのも、彼の主張によれば、アンダークラスの問題で重要なのは、疎外という現象を理解することだけではなく、それと矛盾するようであるが、黒人の若者がどれほどアメリカ文化に包摂されているかを理解することである。このような文化的包摂は、黒人たちが経済的・社会的に排除された結果、弱まるどころか、むしろ強まっている。アンダークラスの人々の暴力に支配された人生を理解するには、文化的同化を理解することが鍵となる。ナイチンゲールは、この著作を次のように書きだしている。

> この本は、アメリカの子どもたちについての本である。しかし、ほとんどのアメリカ人は、本書で書かれた子どもたちを指して、自分たちと同じ「アメリカ人」という言葉を使わないだろう。多くのアメリカ人がその子どもたちを指すのに好んで使う言葉は「疎外された若者」、「スラムのガキども」、「奴ら」、「おまえら」であり、もっと差別的な人なら、「不良ども」、「チンピラ」、「福祉ゴロ」、あるいは「ニガー」と呼ぶことだろう。…しかし、今日もっともよく使われるようになった言葉は「アンダークラス」——あるリベラル派の学者の定義によれば「汚らわしく卑しい人間以下の存在」である。ところで、アメリカには本書に登場する子どもたちを指す、もっと適切な言葉がある。たとえば「アフリカ系アメリカ人」という言葉もそのひとつである。しかし（まったくアメリカ的な食べ物であるアップルパイや隣りの子どもたちを指すときのように）「**正真正銘**のアメリカ人」という言葉が使われることはまずない。
>
> 〔1993, p.1 強調は原文〕

そして彼は、かつてのマートンのように、犯罪や無秩序がいかにアメリカン・ドリームと深くかかわっているかを理解するようになったが、その経過を次のように記している。

子どもたちは貧しく、福祉に依存し、移民労働者との競争に負け、地域のリーダーからも見離され、人種的に隔離され、多くのアメリカ人から恐れられ、蔑まれ、最後には投獄されている。本書に登場する子どもたちほど、アメリカの主流社会から疎外されている存在はないようにみえる。

しかし、都心部の貧しいアフリカ系アメリカ人の子どもたちの生活がまったくアメリカ的なものだとはじめて理解したのは、私自身がかれらと親しく付きあうようになってからのことである。 [ibid., pp.5-6]

ナイチンゲールは、黒人たちがアメリカン・ドリームを熱烈に信じることによって、逆に自分たちがその夢を実現できないことに怒りを覚えるようになっていく様子を詳細に描いている。最初に彼は、黒人たちがいかにアメリカの主流文化の影響を受けているかを描きだしている。彼は、市場が黒人たちを取り込み、スニーカーや車、服、宝石などへの熱狂を煽《あお》っていることについて、次のように記している。

この地域の多くの子どもたちは、すでに五歳か六歳になる頃には、大人たちの贅沢なブランドの名前を呪文のように唱えるようになる――グッチ、エヴァン・ピコン、ピエール・カルダン、ベンツ、BMW。…十歳になる頃には、ナイキやリーボックのスニーカーの熱狂的信者になっている…。
[ibid., pp.153-4]

アフリカ系アメリカ人のテレビの視聴率はきわめて高い。かれらの視聴時間は、白人の一・五倍もある。平均的な黒人家庭では、テレビは一日に十一時間もスイッチが入ったままである。実際、黒人文化には主流文化が深く浸透している。ナイチンゲールは「善なる暴力の行使」――問題が起これば暴力で解決すればよいという概念――と彼が呼ぶものについて指摘している。アメリカでは、漫画やスペクタクル映画、法と秩序の考え方、そして外交戦略にいたるまで、それは重要な主題として繰り返し登場するものだ。彼は、アフリカ系アメリカ人の子育ての重要な要素が、リベラルな価値観を反映した「自由放任」ではなく、むしろ伝統的な「厳格な躾《しつけ》」であることも指摘している。彼がインタビュー調査をしている最中に湾岸戦争が発生したが、そのとき黒人スラムの人々はブッシュを支持していた。しかし、ナイチンゲールの説明によれば、黒人たちが伝統的価値観に熱狂的に賛同するのは、たんにテレビや市場の影響を受けているからではなく、自分たちの不利な境遇を補償しようとする、複雑でダイナミックなプロセスの表われであるという。

ナイチンゲールは、マートンと同じように、こうした緊張が経済的・社会的排除と文化的包摂の組み合わせから起こっていることを強調するが、他方では、この矛盾を補償するために、文化的アイデンティティがいっそう大きな意味をもつようになることも指摘している。

> 都心の子どもたちは、アメリカ主流文化の大規模な市場に包摂されている。そのことは、黒人の子どもたちが、日々の生活で直面している経済的・人種的排除にたいしてどのように反応するかを決定するほどの大きな意味をもっている。実際、子どもたちにとって、排除の経験は辛《つら》い記憶と結びついている。そのことが子どもたちを、とくに大衆文化へと熱狂的に向かわせているのである。というのも、消費文化は、子どもたちが挫折感を慰めるための魅力的な手段を提供してくれるからである。
> 〔ibid., p.135 強調は原文〕

ここでナイチンゲールはマートンの議論よりさらに進んでいる。下位文化理論の伝統でいえば、ナイチンゲールの研究は、アルバート・コーエンの『不良少年たち』〔1955〕ときわめて近い位置にある。コーエンの関心が、アンダークラスの不良少年にみられる強烈な自己表現と消極的な態度にあったことを思い起こすべきだろう。犯罪は、マートン的パラダイムの帰結として期待されるような、手に入らない物質財を手に入れるための「もうひとつの手段」なのではない。実際、その手段としては、犯罪は失敗に終わるほうが多いのだ。コーエンによれば、犯罪とは、学校で教えこまれる中産階級的な価値観への抵抗であり、その陰画である。そして非行は、伝統的価値観の欠如でもなければ、別の価値観の表われでもなく、独自の心理的過程を経て、伝統的価値観それ自体から生じるものなのである。もちろん、ナイチンゲールとコーエンのあいだには違いもある。コーエンが学校を主題としているのにたいし、ナイチンゲールが分析したのはマスメディアと消費市場である。また、コーエンの「反動形成」が伝統的価値観の反転を意味しているのにたいし、ナイチンゲールの「補償」概念は、伝統的価値観への過剰な同一化を意味している。しかし、両者の相違は、私たちが次の点を考慮に入れるならばすぐに解消される程度のものである。すなわち、学校が与える労働や規律、報酬という能力主義的価値観は、消費社会が称揚するものとは反対のものである、という点である。というのも、消費社会は幸運や快楽、レジャー、娯楽、財産といったものを賞賛しているからである。矛盾を補償するために消費文化に同一化することは、学校文化に同一化することと単純に同じではない。しかも、コーエンが『不良少年たち』で描いているのは、四〇年以上も昔の話である。現在の消費文化は、まだバランスが維持されていた昔の時代に比べると、過剰なほど快楽や自己実現に力点を置くようになっている。そうであれば、今日の大衆文化それ自体が、体制の引き起こす機能不全や市民たちの失望を補償するものと捉えてもそれほど誤ってはいないだろう。一九三〇年代のハリウッドの白黒映画は、エリートたちの富と遊びの世界を描いていた。大衆も映画を観るときは、仕事とお金の心配を横に置いて（要するにそこから逃避して）、楽しい時間を過ごすことができた。しかし、現代のフルカラー映画で主要なテーマとなっているのは暴力であり、その暴力はすぐに模倣され、街中で実行される。要するに今日の映画は、ギャングになろうとする人々のために手っとり早いレトリックと役割モデルを提供している。映画が与えるのは、もはや現実世界からの逃避ではなく、現実そのものなのである。しかし、この点については後で詳しく検討しよう。

以上のように、カール・ナイチンゲールの理論は、アンダークラスの問題をたんなる排除の結果と考える人々を批判するものである。具体的にいえば、それが批判しているのは、ウィリアム・ジュリアス・ウィルソンとその一派の社会的孤立にかんする理論である［たとえば Sampson and Wilson, 1995］。ウィルソンらの疎外理論は多くのことを説明しているが、それでも十分な理論であるとはとても思われない。

経済的・人種的な疎外を進行させているこれらの力は、凶悪な暴力事件やコミュニティの衰退を説明するものである。ただし、それと同じ力が、都心部の人々を主流文化へ包摂されるように仕向けていることを忘れてはならない。［ibid., pp.74-5］

さらにナイチンゲールの主張は、スラムを異質な価値観の集積場とみなすような理論を批判するものでもある。というのも、スラムはそのような場所であるどころか、まったくうんざりするほどアメリカ的価値観で満たされているからである。ここで、アイデンティティと差異という視点から問題を捉え直してみよう。ナイチンゲールはフィラデルフィアのアンダークラスを「アイデンティティを欠いた人々」と捉えたが、それはかれらが「私たちと同じアイデンティティ」をもたないという意味であって、けっしてかれらがバラバラな多文化社会の異質な世界に暮らしているという意味ではない。ナイチンゲールが「差異の喪失」を論じるとしても、それは過去のアフリカ系アメリカ人の文化が失われ、アメリカの主流文化に吸収されていることを指しているのである。

　これこそ、文化的包摂と社会的排除から成り立つ「過食症」社会である。その社会では、貧しい人々はみずからの不遇を埋めあわせるために、過剰なまでに主流文化への同一化をおこなう。そのことにより、かれらは、社会構造が本質的に排除的であることを、これまで以上に知るようになる。ナイチンゲールは後者のプロセスについて軽く触れただけであるが、このプロセスをさらに検討することで、私たちは議論をもっと先に進めることができる。このような排除をともなう過剰な同一化は、アンダークラスの人々にどのような反応を引き起こすのだろうか。もっとも明快な回答は、犯罪である。若者の場合には、ギャングなどの犯罪的下位文化の創出であろう。こうした下位文化は、従来は一般文化にたいする異質な文化として構築されるものと考えられてきた。このような位置づけについては、犯罪学理論においても長いあいだ議論されてきたが、最近のエスノグラフィー研究は、それが誤りであることをはっきり示している。たとえば、フィリップ・ブルジョアによる、ニューヨークのイースト・ハーレムのエル・バリオ〔イースト・ハーレムの三番街から五番街の一角、ヒスパニック系の居住区〕でのエスノグラフィー研究を取りあげよう。そこには、カール・ナイチンゲールの仕事との明らかな類似性がみられる。ブルジョアもまた、アフリカ系アメリカ人の文化を主流文化に同化されたものとして描いている。さらに彼は、プエルトリコ移民の文化がアメリカ文化の一部になっていくプロセスを鮮明に描きだしている。

> 私は、麻薬密売人と街の犯罪者たちを、アメリカ社会の主流文化を担う正当な一員とみなそうと思う。かれらは危険な暗黒街で活躍する「エキゾチックな他者」ではない。それどころか反対に、かれらの存在は「メイド・イン・アメリカ」そのものである。都会のやる気にあふれた野心的な若者たちは、一九八〇年代と九〇年代のあいだに数十億ドル規模にまで成長したドラッグ経済に魅了されている。なにより、かれらはホレイショ・アルジャー〔一九世紀アメリカの児童向け物語作家で、刻苦勉励して貧困から這い上がり成功するという立身出世物語を好んで書いた〕風のアメリカン・ドリームを信じているのだ。
>
> 合衆国のほとんどの人々と同じく、麻薬密売人や街の犯罪者たちも、先を争ってパイの分け前に与《あず》かろうとしている。実際、成功を追い求めるかれらは、アメリカ人の古典的な階級上昇モデルをそのまま実行しているのだ。かれらは、個人事業者としてのキャリアを貪欲なまでに追求する。つまりリスクを負い、勤勉に働き、幸運を祈っている。かれらは

荒々しい究極の個人主義者として、勇敢にも未知のフロンティアを開拓する。そこは、いたるところに富と名声、そして破滅が待ち受けている場所である。また、敵とみなされれば即座に捕まり、無情にも撃ち殺される場所でもある。

〔1995, p.326〕

しかし、成功するのはほんの一握りの人々にすぎない――コカイン密売人は、一日で莫大な金を手にするかと思えば、翌日には一文無しになってしまう。スラムの人々のほとんどが、挫折のなかで暮らしている。そしてこの挫折は、一般社会の価値観を内面化したことの結果である。しかも住人たちは、この挫折を社会システムの欠陥に由来するものとは考えず、自分のせいだと思い込んでいるのである。文化的に包摂されることで社会的に排除された人々であるかれらは、自分たちが排除されたことの責任が自分たち自身にあると思っている。ブルジョアは次のような結論を下している。

本書の主役たちの成功や失敗には、どこにもプエルトリコ人らしいエキゾチックなところはない。それどころか、本書のいたるところで「アメリカの主流文化」が姿を現わしており、その結びつきも明白である。都心部は、合衆国における最大の失敗を示している。それは全体社会のうえに吊り下げられた「ダモクレスの剣」〔ダモクレスは紀元前四世紀ころのシラクサの廷臣。彼が王族を賞賛しすぎたため、国王は食事中の彼の頭上に一本の馬の毛で剣を吊り下げ王族の繁栄が不安定であることを理解させようとした〕である。この剣が落下せずにバランスを保っているのは、皮肉なことに麻薬密売人や麻薬中毒者、街の犯罪者たちが、怒りや絶望を自分たち自身に向けているおかげなのだ。プエルトリコ人たちは、かれらの怒りのエネルギーを、抑圧的な社会構造にではなく、自分たち自身や、自分たちが住んでいるコミュニティに向けている。……ここには専門家が示せるような解決方法はない。この泥沼から抜け出すには、どれほど長い時間がかかるとしても、社会構造と政治・経済に根本から手を加え、さらに社会的周縁化の背景にあるイデオロギー的・文化的な原因にも対処する必要がある。

[ibid., pp.326-7]

しかし、この「過食症的」な排除型社会では、そのような社会的・政治的包摂に向けた長期的政策が実現することは考えにくい。現実の事態はまったく逆方向に進んでいるからである――合衆国の刑事司法制度はかつてないほど拡大しており、その標的となっているのはスラムのアンダークラスの人々なのである。

この節の最後に、排除の最終段階がどのようになるかを描いてみよう。犯罪的な下位文化を生みだす原因となっている包摂の運動は、労働をめぐるまったくアメリカ的な観念に依拠している。それは粗野な個人主義と競争の領域として労働を捉える観念で、それに拍車をかけているのが映画産業である。というのも、映画は犯罪と犯罪でないもの、善人と悪人、ヒーローと悪役の区別をぼかし、「善なる暴力」のメッセージを運ぶ手段となっているからである。それらに続くのは、想像を超えるほどの過酷な排除である。すでにみたように、合衆国の刑事司法制度は、これまでに例をみないほど厳しい姿勢でスラムの若者に照準を定めている。二〇代の若者で、一年のうちのある時期に収監された者の割合は九人に一人になり、執行猶予と仮釈放も合わせると、その割合は三人に一人にもなる。要するに、刑事司法制度が若者たちの人生を決定し、アイデンティティをつくり、日常生活を脅かしているのである。これこそ、長い「過食症」的プロセスにおける排除の最終局面である。こうしてみると、包摂と排除から成り立つ世界とは、なんとも奇妙な世界である。この過食し嘔吐する社会システムでは、一方では全体社会がアンダークラスをこねまわし、形を与えながら、他方では同じ全体社会がアンダークラスを拒絶し、追放しているのだから。

差異の神話

下位文化はすべて（完全に閉鎖的な下位文化は別にしても）、広く一般化した文化から大きな影響を受け、そのあり方が決定されるという議論がある。こういう議論から、すぐに次のような疑問が生じる。つまり、私たちの排除型社会もかつての包摂型社会と同じように文化的にはかなり同質的な社会なのではないだろうか、後期近代が自賛する多様性は、たんなる神話にすぎないものではないだろうか、という疑問である。ラッセル・ジャコビーは、『ニュー・レフト・レビュー』の論文で「多文化主義の神話」を痛烈に批判している。

私の主張したいことは、こうだ。多文化主義、あるいは同じような意味だが、文化的多様性や多元性といった言葉は、どれも新しい流行語にすぎないものである。それはひっきりなしに用いられているが、実際には何も意味しないか、あらゆることを意味しているだけである。これらの用語は、たんに意味不明の専門用語の見本というだけではなく、新しいイデオロギーになってしまっている。あえて挑発的な言い方をすれば、多文化主義というのは、もはや現実がそうでなくなってから引っ張りだされるようになった、たんなる標語でしかない。文化的多様性を主張する声が高まっているのは、文化的差異は増大しているどころか実際には消失しつつあるという、あまり歓迎されない真実を覆い隠すためである。合衆国では良くも悪くもたったひとつの文化だけが繁栄している。それはビジネスと労働と消費の文化である。

[1994, pp.121-2]

これとは反対に、人類学者たちは、文化間の差異が「劇的」に拡大していると主張してきた。しかし、ジャコビーは、ルース・ベネディクトの一九四三年の古典となった著作『文化の諸類型』を引用しながら、次のように反論している。

——少なくとも、ドブ島民の植物栽培法と、今日のアメリカの農夫や庭師の栽培法を混同する者はいないだろう。ベネディクトによれば、ドブ島の農業では「ヤムイモには人格があると思われており、そして夜になると畑から畑へ徘徊すると信じられている。そのため、人々は呪文を唱えて、うろつきまわるヤムイモをおびき寄せ、もともと植えられていた畑を捨てて自分の畑に留まるようにしむける」。[ibid., pp.122-3]

さらにジャコビーは次のように続ける。

前近代社会では、バラバラの集団がそれぞれ独自の文化を発達させていたかもしれない。しかし高度に組織化されたアメリカ社会では、そうした独自の文化を維持することはできないのだ。その手段や、そのために必要となる集団的孤立が、どこにも存在しないからである。アメリカの「多様な文化」について語ることは、ドブ島の文化について語るのとはまったく別のことである。アメリカの諸々の文化は、それらよりさらに大きなアメリカ産業社会の一部をなすものでしかない。どの文化も、その魂には——あるいはその財布には——「アメリカ産業社会」の署名が刻まれている。

私は断言しよう。アメリカの「多様な文化」など、単一の消費社会の内部にしか存在しない。職業スポーツやハリウッド映画、自動車、デザイナーの服、ブランド物のスニーカー、テレビやビデオ、商業的な音楽やCDによって、アメリカの多文化主義は支配されているのだ。「さまざまな文化」が生き、働き、夢を見ているのは、同一の社会内でのことである。メキシコ系アメリカ人も、中国系アメリカ人と同じように、よい仕事に就き、郊外に住み、高級車を乗り回したいと思っている。そのこと自体はかまわないのだが——私たちの誰もがそうなのだから——、しかし、このような生活や野心が、どうやって「固有の文化」をつくるというのだろうか。［ibid., p.123］

さらにラッセル・ジャコビーは、社会から排除された人々でさえ、きわめて容易にこの消費文化を受け入れてしまうと指摘している。そして彼は、私たちとまったく同じように、ナイチンゲールによるフィラデルフィア研究を参照している。

ジャコビーの議論は、市場によって市民たちが結合し、ひとつに統合される近代社会では、多文化主義など存在する余地がないというものである。後期近代の消費文化は、少数の閉鎖的な集団や到着したばかりの移民などを除いて、すべての人々を飲み込んでしまう。この観点は、さらに多くのことを意味する。つまり、他から独立した文化的本質という観念は、生物学的な種の多様性という観念と同じように、まったくの虚構である。人間の文化を構築するものは、相互の交流であり、異種混淆《こんこう》であり、新しい発明である。互いがゆるやかに結びついた社会では、孤立した独自の存在などありえないのであり、国と国のあいだ、あるいは大陸と大陸のあいだでさえ、そこにあるのは、エドワード・サイード〔一九三五〜〇三、西欧の言説を支配するオリエンタリズムを批判する仕事で著名な批評家〕の言葉を借りるなら、重なりあう境界線と「からみあう歴史」なのである[1993]。

そうであれば、後期近代が私たちにもたらす多様性の感覚は否定されることになるのだろうか？　いや、そうではない。問題は、ジャコビーが観察した内容よりも、むしろ彼が社会の観察に使用したレンズのほうにある。というのも、彼は合衆国のなかに多文化主義を探そうとして、わざわざ「双眼鏡」を用いたからである。そのため、よほど文化の差異が大きく、独立していて、「完全に」区別できるものでなければ、彼は文化的多様性を認めることができなかったのである。しかし、差異を探すために、「うろつきまわるヤムイモ」のような事例を基準にするのはまちがっている。後期近代における差異は、アクセントや強調の置かれ方、一般的価値観の再解釈や再文脈化のされ方をつうじて捉えられるべきものである。それは、グローバルとローカルの両方の水準にまたがる問題である。ここで述べていることは、私たちが階級構造の下部から上部へ、つまり裕福で地位の高い人々へと視線を移動させてみると、もっとはっきりするだろう。しかし、私たちはその前に、まず下位文化という概念の意味を明らかにしておきたい。なぜなら、この概念は、私たちが多文化社会における多様性を考えるにあたり、鍵となる概念だからである。

下位文化の概念

デヴィッド・ドーンズは、ロンドンのイースト・エンドの労働者階級にかんする逸脱研究で、C・S・フォードによる文化の定義を援用している。その定義とは、「文化とは学習された問題解決法である」というものである。いいかえれば、下位文化とは、ある集団が直面している固有の社会問題に対処するためにうまくつくられた解決方法とみなされるものである。したがって、下位文化を理解するには、行為者の主観的な経験を探索し理解することがどうしても必要になる。

> いかなる事情や要因から発生した問題であろうと、それらはどれも個人の準拠枠――その人物が世界をどう捉えているか――や、個人が直面する状況――その人物がどのような世界に住んでいるか、その世界のどこに位置が与えられているか――に由来するものである。
> [1966, p.6]

要するに下位文化とは、既存文化を道徳的基盤として生まれてくるものであり、また、既存文化の枠組みのなかで認識された問題を解決するための方法である。

文化とは、人々が日常生活で直面する諸問題に対処するためのさまざまな方法のことである。そこに含まれるのは、言語や服装、道徳的基準、政治的制度、芸術の様式、労働、規範、性のあり方——要するに人間活動のすべてである。人々は、この世界のなかに自分に固有の構造的な位置が割り当てられていることを知る。そして、自分のいる場所で起こる問題を解決するために、下位文化的な解決方法を発展させる。人は、いかなる位置にいようとも、各人に固有の下位文化を進化させるのである。いうまでもなく、そこで一番重要になるのが、年齢や階級、エスニシティ、ジェンダーによる位置づけである。それらの要因は、社会的空間に占める位置に応じて（たとえば都心に住んでいるか、田舎に住んでいるか）、さらに本書で議論しているように、どの時代のどの国に住んでいるかに応じて、人々の生活のあり方を定めるのである。したがって、集団が抱える構造的問題というのは、社会全体でみれば集団ごとに異なるものであり、また階層化されたものである。さまざまな下位文化は、どれも互いに重なりあっているところがあり、独立した閉鎖的な規範から成り立つものではない。労働者階級の若い黒人男性の下位文化は、同じ階級の黒人女性の下位文化と、多くの点で重なっている。しかし、そこには性別の差異に由来するような明らかな相違も存在する。社会構造の同じ位置にある人でも、異なる下位文化を発展させることがある。また、それらの下位文化は、時とともに変化することもある。モッズ、ロッカーズ、テディ・ボーイズ、パンクスといった下位文化のどれもが、同じ問題に直面した労働者階級の若者たちによる、さまざまな試みである。下位文化は、人間の創造物であるからこそ、そこに参加する人々の想像力によって異なる姿をとるのである。

あらゆる人々が、自分たちに固有の下位文化を創造している。下位文化という用語は、若者や逸脱者の文化を指すためだけに使用される傾向にあるけれども、それは焦点の当て方の問題でしかない。たとえば、若者や逸脱者以外でも、警官やソーシャルワーカーはそれぞれ固有の下位文化をもっている。かれらの下位文化もまた、裏社会のそれに劣らず、独特で成熟した文化なのである。

したがって、下位文化とは、より上位の価値体系や社会構造と結びついたものであり、またローカルな社会問題や各集団が抱える困難と結びついたものでもある。社会全体で相互関係の重要性が高まっている現代においては、それぞれの文化が――たとえ人々が努力したところで互いに分離して密閉状態にあることなど考えられない。そして、文化の「本質」と呼ばれるもの――実際には表面的な文化特徴にすぎないものであるが――も、各集団が直面する問題も、つねに時代とともに変化するものなのである。

下位文化と多様性

下位文化という概念によって、私たちは後期近代における多様性の性質を理解することが可能になる。下位文化は、社会のあらゆるところに発生する。それは、広範な価値についての解釈の総体であり、解釈でどの部分が強調されるかは、年齢や階級、ジェンダー、エスニシティによって異なる。それぞれの下位文化は、寄せ集め《ブリコラージュ》、再解釈、そして発明によって結びついている。しばしば、エスニシティと多様性は概念のうえで誤って混同されている。また多文化社会という概念も、しばしば誤って互いに独立した多くの文化からなる社会とみなされている。そうした誤りが起こるのは、それぞれの文化が他の文化とまったく独立した本質をもち、その起源となった文化が集団によって忠実に再現されたものである、と人々が思いこんでいるためである。そのように思いこむ人々は、エスニシティが下位文化を構成する一要素にすぎないこと、そして下位文化がつねに変化するものであることを見逃しているのである。私が通学していた北ロンドンのストーク・ニューイントンの中学校近辺にも下位文化はみられたが、たとえばエスニック文化に注目するだけでは、その下位文化を理解することはとうていできないだろう。その地域では、アフリカ系カリブ人、アフリカ人、トルコ人、クルド人、アイルランド人、イングランド人、ユダヤ人が衝突しあいながら共存していた。複数のエスニシティが織物のように絡みあうのは当然のことである。これらのエスニシティはつねに変化し、発展し続けるだろう。しかし、さまざまな若者たちが結びつき、それによって若者文化が互いに混じりあうこともはてしなく続くだろう。少年少女がつくるさまざまな下位文化には似通ったところもあれば、違ったところもある。しかも、そうした下位文化は階級の壁を越えて結びつくこともあるのだ［Back, p.1996］。

多文化主義者は、下位文化を、原子のようにバラバラに孤立し、それぞれが独立の文化的本質をそなえたものとして捉えようとする傾向がある。しかし、後期近代の多様性を把握するには、そうした観点よりも、下位文化を多様な要素の集まりと捉える観点のほうが適している。だからといって、エスニシティを基盤とした古い移民文化がなくなったと主張しているわけではない。しかし、そうした古い移民文化は、いわば「文化的恐竜」のようなもので、もはや現状に適応してしまったか、あるいは消滅してしまったかである。もちろん、そうした移民文化を復活させ、一種の「文化的ジュラシック・パーク」をつくろうとする国粋主義者や分離主義者がいるのも事実である。しかし、そうした試みは、短期的には成功を収めるかもしれないが、歴史の流れに逆行していることは明らかである。最後に、下位文化に焦点を当てることで、次のような事態を理解できるようになる。つまり、高齢者差別や性差別、人種差別、階級差別がさまざまに結びつくことによって、ある下位文化が他の下位文化にたいして影響力を行使するようになり、実際にさまざまな問題を引き起こしているが、その問題を解決するために、さらなる下位文化の発展が起こっているという事態である。したがって、下位文化において重要な問題となってくるのは、もはや文化ではなくて、権力と闘争である。たとえ文化が問題になるとしても、それは利益にもとづいた、機能的な、単一の文化なのである。

そうした状況においては、差異は下位文化と結びついたものとなり、下位文化はローカルとグローバルの両方に結びついたものとなる。すなわち、現在の下位文化はグローバル文化の一部であり、それ自体が後期近代における市場社会の産物なのである［E.Currie, 1977a］。市場社会は、個人主義と消費主義《コンシューマリズム》〔健全な経済の基礎が消費拡大にあるとする主張〕を称揚し、また能力主義を称揚することによって自身を正当化し、さらに自己表現と自己実現を最大限に礼賛してきた。そうした価値観が社会に浸透したことから、「多様性など存在しない」と主張するジャコビーのような批判的理論家が登場したのである。もちろん、下位文化のエスニックな側面が滑稽なほど強調されていることを指摘した点で、ジャコビーの主張には正しいところもある（「サルサ・ソースの売り上げがケチャップを抜いたからといって、それで合衆国が文化的に多様化したといえるだろうか？　それは、たんにメキシコ料理を食べる人が増えただけの話ではないのか？」［1994, p.125］）。しかし、年齢や階級、性別、エスニシティごとにみられるローカルな多様性は、労働市場における複雑な変化から、規範が曖昧化した世界における多様なアイデンティティの追求にいたるまでの、もっとグローバルな問題と結びついたものである。市場の力がすみずみまで浸透し、とりわけ消費主義が謳《うた》われるような社会では、社会構造のあらゆる隙間が、大きな刷毛《はけ》で「市場価値」という色にいずれ塗りつぶされてしまうのは確実である。すでに本書では、ナイチンゲールによるフィラデルフィアのスラム研究を参照しながら、このプロセスを目の当たりにした。社会という織物は、もはや一九七〇年代の包摂主義の時代、つまり完全雇用が守られ、長い人生のあいだ仕事に就くことができ、家庭生活と余暇の位置づけもはっきりと定まっていた時代ほど、人々の手で緊密に織られてはいない。ここで思いだすべきなのは、排除型社会の登場によって労働市場が解体したことと、個人主義の拡大によってアイデンティティと自己実現への志向がもたらされたことである。役割《ロール・テイキング》を担うことよりも、役割《ロール・メイキング》をつくることのほうが重要な課題になったのである。

　下位文化がなくなることはないだろう。しかし、それは従来のような明確な形を失ってしまった。後期近代における下位文化は、これまでよりもっと多様で、ある価値観から別の価値観への転換や変化をともなうものになった（たとえば〔Taylor, 1999〕を参照。そこでは下位文化はいずれ消滅すると主張されている）。また、その性質も構成員も時とともに大きく変化するものになった〔Ruggiero and South, 1995〕。これと同じような議論が、グローバル化と文化についての研究でも起こっている。すなわち、「マクドナルド化」と呼ばれる文化帝国主義が進行しており、世界中がアメリカ文化という単一の鋳型にはめ込まれつつあるという議論である〔Schiller, 1992(1969); Ritzer, 1993〕。この議論には多くの批判があるが〔Thompson, 1995〕、私たちの目的にとって重要なのは、次のような批判である。それは、マクドナルド化とは反対に、ローカルな文化がグローバルな力を雑種化〔ハイブリッド化〕する、という批判である。ローカルな文化は、それぞれの文脈に合わせてグローバルな力を再解釈し、変化させ、再編する。こうした戦略のどれもが、画一的なメッセージと思われる事物と、それが人々の文化や信念に与える影響とのあいだで起こっているものである。「雑種化《ハイブリッド》」というのもそうした一連の戦略のひとつであって、それはローカルな文化がグローバルな力を皮肉な仕方で模倣することを可能にする方法である（たとえば、「ギャングスター」文化にかんするナイチンゲールの研究〔Nightingale, 1993〕、あるいは「ゲイのアイロニー」にかんするクイア理論家〔「クイア」は、かつては「オカマ」「変態」などを意味する蔑称だったが、近年は性的マイノリティを広く指す用語として定着した〕の主張〔Plummer, 1995, pp.138-43〕を参照)。他にも、厳格にそのまま置き換えたり、単純に無視したり、中性化するといった戦略もある。こうしたことがローカルな文化で実際に起こっているとしたら、同じことが年齢や階級、性差、エスニシティがもみくちゃになっている下位文化で起こっていないわけがない。さらに——もっとラディカルな主張によれば——ポール・ウィリスが論じたように、市場の力は個人の自由な選択と自己実現を強調することにより、たんに受動的な大量消費にとどまらず、それをはるかに超えるプロセスを始動させている。市場は、もはや社会への同調を求めるようなことはせず、多様性への道を切り開いている。

市場は、古い規則や上下関係を一掃することにより、日常文化に革命を引き起こす原動力になっている。それは永遠に続く革命、内部に矛盾をはらんだ革命である。市場による欲望の飽くなき探求と創造は、人々のあいだに野心の象徴を通貨のように大規模に流通させる。ただし、通貨のほうは価値低下やインフレを起こすかもしれないが、野心のほうは現在では日用品のように流通するまでになった。この流通がさらなる野心の発見と創造をもたらしているのだが、このプロセスが元に戻ることは、もはや二度とないだろう…。

商業と消費主義によって、生活と活動の日常的象徴が爆発的に増加した。商業が、共通文化という魔神を、不注意にもランプから解き放ったのである。もはやこの魔神をランプに戻すことはできない。重要なのは、どのような願望が満たされるべきかを明らかにすることである。それこそが、私たちの想像力に賭けられている問題であろう。
［1990, pp.26-7］

すでに指摘したように、多様性について議論するうえで問題となるのは、観察のためにどのようなレンズを使用しているかということである。ラッセル・ジャコビーの目に世界が一元的に映ったのは、彼があまりにも拡大率の低いレンズを使ったためであった。さらに彼は、文化的差異というのは「文化的恐竜」――彼が扱ったハシド派の厳格なユダヤ人や、近代文明を否定するアーミッシュの人々――を指す概念としか思っていなかったようである。もちろん現在のイギリスや合衆国にも、まったく異質にみえる文化が存在しているのは事実である。たとえば、最近の南アジアや中東からの移民文化がそれに該当するだろう。そして、これらのまったく異質にみえる文化も、短い期間であればおそらく残存することができるだろう。しかし、もっと重要なことは、深刻な剥奪感や不満を主観的に経験するのは、そうした孤立した文化の人々ではないということだ。剥奪感や不満は、同化が進んだ文化の人々ほど深刻なものになる。というのも、人々が不公平をはっきりと感じるのは、かれらが多数派の人々と同じ期待を抱くようになったときに限られるからである。不満の原因となるのは絶対的剥奪ではなく、相対的剥奪なのである。たとえば犯罪が発生するのは、きわめて強い相対的剥奪が起こる場所であり、そのような場所には、かなり大きな同化圧力が働いていると考えられる。実際、イギリスでは、アフリカ系カリブ人の移民第一世代の犯罪発生率は低かったのに、第二世代になると犯罪発生率が上がった。これにたいして、同化が進んでいない南アジア人たちの犯罪発生率は、同化が始まった最近になって、ようやく上がりだしたばかりである［Lea and Young, 1993］。

金持ちは別の人間

ここでようやく、第2章の終わりで約束したように、F・スコット・フィッツジェラルドの社会的差異にかんする有名な洞察を紹介することができる。それは、フィッツジェラルドがアーネスト・ヘミングウェイに向けて述べた次の言葉に要約されている。

「アーネスト、君も金持ちが私たちとは別の人間たちだってことを認めた方がいいよ。」ヘミングウェイはこう答えた。「そうだな、あいつらは金を持ってるからな。」

同質性と差異の問題は、このエレガントな短いやりとりに凝縮されている。もちろん、金持ちも社会の一部であり、かれらは多くの面で全体社会の文化の価値観を共有している。しかし同時に、金持ちが暮らしている社会的領域は、下の階級の人々と比べると負担と利益がもっと高いところである。そして、かれらのライフスタイルやアイデンティティの感覚、問題への対処法（あるいは対処せずにすます方法）の発達のさせ方も、他の人たちとまったく異なっている。大部分の人々は、物質的な必要性という限界の内側で暮らしている。サー・エルトン・ジョンは一日の買い物で五〇万ポンド〔日本円でおよそ一〇億円〕を使ったが、普通の人々はそれほどの大金をどう使ってよいか分からない。また、会社の経営者たちが危険な誘惑や落とし穴に囲まれていることも知らない。さらに、成功した人気ミュージシャンや映画スターが、買い物やパブやレストランで嫌がらせを受けることが日常生活の一部になっていることも理解できない。金持ちと普通の人々のあいだの差異は、多くの政治家や芸能人、さらに王室の人々でさえ、皆と同じように自分たちが「普通」であることをアピールする必要に迫られているという事実によって、さらに明らかになる。その典型的な例はエルビス・プレスリーだろう。晩年のエルビスには、いつも枕元に二冊の本を置いて眠るという噂があった――つまり、聖書と薬局方である。一方では、エルビスは自分自身の自己認識とアイデンティティを「礼儀正しく、神様を畏《おそ》れる南部の少年」、すなわち「普通」の男性というものに置いていた。しかし他方では、地元メンフィスのローカルなラジオ局で「ザッツ・オールライト・ママ」が流れた運命の日以来、名声が彼の人生を大きく変えてしまい、彼は公私ともにもはや「普通」ではなくなってしまった。実際、彼にとって、興奮剤と鎮静剤を組み合わせた異常な薬物摂取は、巨額の富とこびへつらう人々の群れがおりなす迷路のなかで、もはや彼の元には戻らないミューズを探し求めるために必要であった。

フィラデルフィア再考

スラムの文化は、外の世界の文化と緊密に結びついており、ダイナミックに変化している。その変化を突き動かしているのは、理想と機会のあいだの矛盾であり、また経済的市民権の剥奪から起こる矛盾であり、さらに社会的な拒絶から起こる矛盾である。スラムに文化が欠如しているわけでもなければ、スラムの文化が他の文化と本質的に異質なわけでもない。そうではなく、スラムの文化は差異なのである。下位文化が特定の価値観を強調し、変化させるのは、その下位文化が社会全体の一般的文化と結びつき、それを切り貼り《ブリコラージュ》することによってである。スラムの人々は、自分たちの不利な状況を埋めあわせるために、上位の一般的文化にたいして過剰なほど同一化したり、あるいは過剰なほど拒絶したりする。この点で、ナイチンゲールとジャコビーはどちらも誤りを犯した。というのは、選択も誇張も、ある面では差異になるものだからである。下位文化は、もはや後戻りできないほど主流社会と結びついてしまっているが、にもかかわらず、それは差異なのである。そこにこそ後期近代社会における多様性の意味がある。下位文化とは、重なりあい、選択、強調、そして変容の場である。さらに下位文化は、こうしたプロセスをつうじて新たな可能性を創造するとともに、他者を排除する場でもある。下位文化の成員は、こうした状況のなかで自分自身を理解する。しかし、そのときかれらは、自分たちを創造的な存在と捉えると同時に、他方では他者を本質化する。たとえば、ときに下位文化が「男らしさ」という本質をつくりだすのも、その文化が差異を厳格に受け入れながら、人種的偏見のなかに陥ってしまうためである。

ここで過食症社会のメカニズムについて考えてみよう。このメカニズムは、次の諸段階からなる。最初に人々は、文化的包摂のプロセスのなかで、相対的剥奪を経験する。次に、剥奪感を埋めあわせるために、人々は消費と競争というアメリカ的価値観に過剰なほど同一化するようになる。最後に、そのことによって、さらに人々の剥奪感は慢性化することになる。そうした人々が犯罪に向かおうとする傾向は、個人主義によって、さらに暴力を正当化する概念が与えられることによって、増幅される。秩序ある行動の正当性は、いたるところに逸脱を「中性化する技術」があふれているため、かんたんに見失われてしまう。とはいえ、包摂／排除のパラドックスは、たんに物質財へのアクセス――自動車や衣服、住宅など――の問題にみられるだけではない。それはアイデンティティの喪失という問題にもみられるものである。読者は第1章で取りあげた「社会的排除がアイデンティティの危機をもたらす」というジミー・フェイスの主張を覚えているだろうか。下層階級の若者たちは、市民としての地位を十分に獲得することが禁じられることによって、かれらのアイデンティティと自己評価にかんする深刻な危機に直面しているのである――かれらは、路上では毎日のように警察から厳しく扱われ、多くのテレビドラマがその背景に快適な家庭生活を描きだしているのに、頼りがいのある夫や一家の大黒柱という役割を果たすことができない。さらに偏見やステレオタイプのせいで、一般市民から嫌われてもいる。そうしたことが積み重なって、尊厳を奪われた感覚がしだいにかれらの心を支配するようになるのだ。このように、かれらは相対的剝奪だけではなく、存在論的危機にも直面しているのである。アイデンティティの危機を解決する方法のひとつは、自分たちの特徴を強調し、他者との区別をはっきりさせ、自分たちを固く安定した存在として示すことである。要するに自己の存在を本質化し、他者との相違を誇張することである。マッチョ文化が理想とするのは、タフな肉体をした「強い《ハード》」男性である。これは女性の、あるいは女々しい男性の「弱さ《ソフト》」によって引き立てられる。このことによって、異性愛が想定する男性像とともに、女性や弱い男性、同性愛の男性の「他者性」が同時に本質化されるのである。これに貢献しているのが、ハリウッド映画であり、マーヴェル・コミック〔スパイダーマンやハルク等の漫画で知られるアメリカの出版社〕などの漫画である。リチャード・スパークスは次のように指摘している。

もっとも驚くべき特徴のひとつは…明らかに、大袈裟なまでの筋肉の逞《たくま》しさである。たしかに、初期のスターたちも力強く、たくましい姿をしていた（おそらくジョン・ウェインが典型であろう）。しかし、『スパルタカス』のカーク・ダグラスのような少数の例外を除けば、肉体がこれほど細部まで鮮明に描かれたことはなかった。スタローンとシュワルツネッガーは、たんに男性のヒーローであるだけではない。筋肉でふくれあがったかれらの肉体が表現しているのは（なんとまあ、嫌なことだが）「男らしさ」なのである。どうやら最近では、誰もが過剰なほどアピールしなければ、「男らしさ」――戦士の本質というものが原型とされているようだが――を示すことができないようである…。

シュワルツネッガーやスタローンの「超肉体」にみられるのは、誇大表現された男らしさである。そうであれば、『リーサル・ウェポン』シリーズにおけるメル・ギブソンの演技にみられるのも、限界ギリギリに挑む、危険な「超《ハイパー》男らしさ」なのだろう。

[1996, pp.335-6強調は原文]

ポール・ウィリスは、有名な『ハマータウンの野郎ども』[1977]で、不良少年の「野郎ども《ラッズ》」が生き残っていくために、マッチョで、女性蔑視的で、人種差別的でインテリ嫌いのアイデンティティをつくりだしていくプロセスを描いている。これと同じようなアイデンティティの強化策や本質化のプロセスは、下層階級の成人男性が周辺に追いやられる地域なら、世界中のどこでも起こっていることである。社会の下層にいる人々のあいだに性差別や中産階級への敵意、人種差別がありふれた特徴としてみられるのは、もはや普遍的法則に近いといえよう――ただし人種差別の標的は、白人になったり黒人になったりするのであるが[Messrschmidt, 1993]。

もちろん、自己と他者の本質をでっちあげてアイデンティティを強化するプロセスは、方程式でいえば片方の辺にしか相当しないものである。他方の辺に相当するのは、一般社会の人々がアンダークラスの人々に投げかけるイメージであろう。ここで、第1章でみたように、後期近代への急速な移行にともなって存在論的不安が広がっていることも、アイデンティティを本質化する傾向に拍車をかけている――そして存在論的不安が広がっているのは、若者自身が苦境にあるためではなく、社会全体の内部に排除へと向かう強い力がそなわっているためであるのは明らかである。

次章では、こうした自己と他者を本質化するプロセスが、どのようにして他者の「悪魔化」――社会構造のある特定の部分に社会病理の責任を押しつけること――につながっていくのかを明らかにしたいと思う。

第4章

他者を本質化する

「悪魔化」と怪物の創造

これまでの章で、私たちは、保険統計的な態度が犯罪リスクという社会的困難への応答として現われたことに焦点を当てて、議論を重ねてきた。しかし、そろそろ方向を変えて、差異という二つめの問題に取りかかるべきだろう。社会秩序の多様化から生じるさまざまな問題にたいして、個人と全体社会はどのように対処しているのだろうか？　第1章で私が描いたのは、労働市場における変化と市場社会がもたらした個人主義の広まりから社会的排除が起こり、そこから生じた相対的剥奪の拡大と社会統制の弱体化によって犯罪が増加して

いくプロセスについてであった。そこで起こる物質的不満と葛藤こそは、社会統合における困難がいたるところに広がった原因である。しかし、さらに私は、後期近代社会が深刻な存在論的問題を抱えていることも指摘した。もはや人々は、家庭生活と労働からなる安定した枠組みから、自己を「脱埋め込み」〔社会学者ギデンズの用語。社会関係をローカルな文脈から切り離すこと〕せざるをえなくなった。また、世界は確実性を失い、多様な選択肢が人々の目の前に広がるようになった。さらに、疑念と不安が周囲の事物だけではなく、自分自身にまで向けられるようになった――これらすべての変化が、物質的にも存在論的にも不安定な状態をつくりだしている。しかも、物質的不安定と存在論的不安が結びつくと、問題の置き換えや他者への投影という現象が引き起こされやすくなる〔Lutrwak, 1955; Holloway and Jefferson, 1997〕。しかし、そこにみられる不安や恐怖が、犯罪をはじめとする社会問題が引き起こすさまざまな社会的困難に由来していることはここで指摘しておくべきだろう。これらの不安は現実から遊離した幻想などではないのだ。恐怖心が別の姿をとり、他者に投影されることは珍しいことではないが、多元性と差異からなる世界では、そうした投影は逸脱した他者に向かう。その他者は、実際の犯罪者である場合もあれば、法律に従っていてもどこか逸脱していると思われるような文化に属する人々の場合もある。つまり、投影しやすい相手であれば誰でもかまわないのである。近代社会の包摂主義的な言説では、逸脱的他者は、ぼやけた、不完全な正常人のイメージで語られていた。逸脱的他者は何かを欠いた存在とされていたのである。社会化が不十分であったり、社会的美徳をもたなかったり、文明を欠いていたり、自己抑制ができなかったり……とにかく、逸脱者とは何かが欠如した人々とみなされたのである。それにたいして後期近代社会では、差異が受け入れられ、賞賛されるようになった。この点だけをみれば、スケープゴートとして逸脱的他者がでっちあげられるようなことは、かなりの程度、防止されている。しかし、後でみるように、後期近代世界に生じているさまざまな不安は、あらゆる安定した事物を動揺させている。多文化主義でさえ、安定を与えるものではない。実際、キリスト教世界ではつねに原理主義と分裂が付きものである。他者を悪魔に仕立てあげる「悪魔化」の可能性は、いつも存在しているのだ。したがって、ここで後期近代における文化的差異の力学をみておくことが必要なのである。

多文化主義的エポケー

現象学は、現象学的エポケーという概念を提示した。現象学的エポケーとは、世界が実在するという信念の一時停止であり、デカルトの方法的懐疑をより徹底することによって、自然的態度〔日常生活のなかで世界や事物の存在を自明視する態度〕を乗り越えるための道具立てである。ところで、現象学者がおこなうエポケーとはまったく別のものであるが、自然的態度のうちにある人も、またある種のエポケーをおこなっているとはいえないであろうか。つまりその人は、現象学者のように外部世界とその対象にたいする信念を一時停止しているのではなく、反対に、それらの存在にたいする懐疑を一時停止しているのである。世界と対象は、もしかしたら目に見えているのとは別の姿をとるのではないか。自然的態度にある人が〈括弧〉に入れているのは、こうした懐疑である。私たちはこうしたエポケーを自然的態度のエポケーと呼ぶことにしたい。

[Schutz, 1967, p.xliii 強調は原文]

アルフレッド・シュッツが日常世界の自明性について論じたことは、よく知られている。日常世界は、懐疑が一時停止され、「自然的態度のエポケー」によって置き換えられた安全な世界である。私たちの社会的世界は人間の手によってたまたま今ある姿をとっているにすぎないのだが、自然的態度のエポケーにおいてはそのような考えが棚あげされているのである。ピーター・バーガーとトーマス・ルックマンは、共著『現実の社会的構成』のなかで、社会制度や行為に付与された意味が客観的実在として、つまり恣意的な人工物ではなく確固とした存在として認識されるようになる理由を指摘している。それは、懐疑を一時停止しているあいだは、アノミーへの恐怖や、実存的な孤独と孤立の感覚から守られるからである。すなわち、「制度的秩序は恐怖にたいする防護壁として現われる。アノミーになるということは、この防護壁を奪われるということであり、悪夢の襲来にたったひとりでさらされるということなのである」[1967, p.119]。人間存在の根底にある不安定さ、そして生存に適した〈環境世界〉への欲求は、一連の防衛メカニズムを要求する。バーガーとルックマンは、このメカニズムを、やや誇張して「世界維持のための概念装置」と呼んでいる。なかでも重視されたのが次の二つのプロセスである。ひとつは「治療」で、これは潜在的な逸脱者を社会の内側に置き続けるための手段である。つまり、かれらが逸脱した行動をとるのは、たんに理性と判断力の使い方を誤っているからであり、かれらが逸脱した思想や欲望をもっているからではないのだ、とかれらに思いこませるわけである。もうひとつは「無意味化」というもので、これは逸脱した規範や価値観をたんに無意味なものとみなす方法である。あるいは、それらを別の世界を意味するものとしてではなく、たんに「正常」な自明視された世界が失われた状態として捉える方法である。これらの装置は、近代の包摂主義者のレトリックとほとんど同じものであり、逸脱を一種の欠如と捉え、逸脱者を「われわれ」の社会と同じ価値観が「欠如した」人々と捉えるものである。実際、バーガーとルックマンの著作は、まさにそうした包摂主義の時代に書かれたものであった。かれらによれば、自然的態度は次の二つのものによって揺るがされる。ひとつは夢や幻想、つまり意識の裏面である。もうひとつは――私たちの議論にとってはこちらのほうが重要なのだが――異なる下位文化や社会の多元的現実である。というのも、自明性の世界に埋没する人々であっても、これらの「もうひとつの世界」と出会うことによって、自分の人生がいかなる絶対的な意味ももたないこと、たんに相対的な意味しかもたないことを、思い知らされる可能性があるからである。ここでの問題は、後期近代への移行がこうした存在論的不安を増幅していることである。職場と家庭から成り立っていた日常世界は解体し、人々は自分が社会の内部にきちんと埋め込まれているという安心感をもはや得ることができなくなった。この安心感は、人々が世界を自明なものとしてすんなり受け入れるために不可欠の要素であったが、それが失われたのである。他方で、都市生活の文化とライフスタイルは多様化の一途をたどり、それがマスメディアによって広められることで、人々にとって自明で確実だったはずの世界は根底から崩れてしまった。ちなみに、かつてヘルムート・シュルスキー［1957］は、こうした状況を「さまざまな世界が売られている市場」という印象的な言葉で表現し、それがもたらす「たえまない再帰性」について論じた。

後期近代は、社会的困難と多様性がたえず増大する世界である。リスク意識の高まりが保険統計主義を導いたのは事実だとしても、その背景になったのは、家庭と仕事の結びつきがゆるんだことにより、個人はきわめて貧弱化した〈環境世界〉を生きなければならなくなったのに、他方で目の前にはあまりにも多様な異世界が広がったという事実である。こうした状況は、明らかにかつての「世界維持のための概念装置」では耐えられないものであり、人々が新しい防御戦略を発展させ、洗練させたのも当然のことではないだろうか？

以上のことから、現象学的エポケー（世界の自然なあり方を疑い、日常世界を自明なものではなく、たんなる現象とみなす視点）は、相対主義によって支えられていることが分かる。当然のように自分たちとは別の仕方で物事をおこなっている人々が実際に存在することを考えれば、もはや自分たちの世界だけに安住することはできなくなる。後期近代の市民にとって世界がたったひとつではなく複数存在するということは、誰もが現象学的態度で生きなければならないことを意味する。自然的エポケーが通用したのは、戦後の先進産業諸国で合意と物質的保障と社会的包摂が維持されていた時代である。しかし、現在のように都市生活が多様化し、グローバル化したマスメディアが毎日のように多種多様な文化を垂れ流す状況では、もはや自然的エポケーは通用しなくなっている。こうした困難に対処する態度こそ、私が「多文化主義的エポケー」と呼んでいるものである。つまり、自然的エポケーの特徴である「懐疑の一時停止（あるいは〈括弧〉にいれる）」を、いわば多元化することである。この場合、それぞれの文化は、他の文化からみずからを区別するために、独自の排他的領域という〈括弧〉のなかに閉じこもろうとする。それはちょうど、それぞれの集団が、リスクを最小にするために、保険統計的計算にもとづいて物質的・経済的バリアを張り巡らせようとするのと同じである。いずれの場合も、道徳的行為によって規範からの逸脱者が生まれ、物理的行為によって都市の縦横に物質的バリアが張り巡らされ（自分たちの領域から交通を締め出すために、一方通行によって他者を再誘導したり、実際に締め出したりする）、そして他者への無関心が人々を支配するようになる。というのも、そこでは互いにいかなる道徳的評価を下すことも許されず、むしろ互いの区別は「自然」なものとして正当化され、自他の境界線上では警戒心だけが交換されるようになり、能力の評価が交換されることがなくなるからである。

文化的革命における存在論的な不安

一九六〇年代に先進産業諸国を吹き荒れた文化的革命は、二〇世紀後半でもっとも重要な事件である。エリック・ホブズボーム〔1994〕からアミタイ・エチオーニ〔1997〕まで、多くの社会評論家が——それぞれ解釈は異なるとしても——この運動の重要性を強調している。この革命は、労働市場における経済的変化とともに、包摂型社会から排除型社会への変容を促進する重要な原因となった。文化的革命が発生した背景にあったのは市場社会の登場である。ポール・ウィリスは次のように述べている。

市場は、古い規則や上下関係を一掃することにより、日常文化に革命を引き起こす原動力になっている。それは永遠に続く革命、内部に矛盾をはらんだ革命である。市場による欲望の飽くなき探求と創造は、人々のあいだに野心の象徴を通貨のように大規模に流通させる。ただし、通貨のほうは価値低下やインフレを起こすかもしれないが、野心のほうは日用品のように流通するまでになった。この流通がさらなる野心の発見と創造をもたらしているのだが、このプロセスが元に戻ることは、もはや二度とないだろう。〔1990, pp.26-7〕

文化的革命が求めたのは、人々が個性を伸ばし、自分自身の人生に意味を与えることができるような世界であった。つまり、人間の多様性が開花する世界であった。この革命によって、世界に徹底的な脱伝統化のプロセスが引き起こされ、かつては自明視されていた家族や仕事やコミュニティのあり方が失われ、疑いの目が権威そのものにまで向けられるようになった。ここで、自己実現の追求とその結果としての多様性の追求が、安全性《セキュリティ》の追求とは相容れるものでないことを指摘しておこう。存在論的な意味での自己実現は、存在論的な意味での安全性と相反するものである。それは、自己実現の追求が他のさまざまな価値観との衝突をともなうからというだけではなく（もちろんそれも大きな理由なのだが）、自己実現が個人の自由選択の結果であり、自明視された安全な世界にたいする挑戦となっているからである。したがって、そこにはたんに社会的矛盾だけではなく、心理的な分裂も存在している。存在論的確信が、安定状態の快適さと挑戦への欲求のあいだで引き裂かれているのである。

しかし、文化的革命はそれ以上のことを約束した。そこで約束されたのは、なんと勇ましい世界、なんと新しい世界だったことだろう！　つまり、その世界では現実を社会的に構築することが重視され、人々はあらかじめ定められた本質に従って行動する必要はなくなり、自分のライフスタイルを自由につくることができるようになったのだ。この輝かしい新世界では、差異が尊重され、権威が疑われる。もはやどの文化の支配にたいしても、挑戦が起こることが避けられなくなった。また、もはや白人の中産階級の中年男性であっても、ルールを勝手に決めることはできなくなった(かれらはすでにいなくなったか、いなくなりつつあった)。イギリスでさえ、戦後にみられたような背筋をまっすぐのばした、妙な口ひげの、早口でしゃべる典型的なイギリス紳士――その世代はほとんどが皮肉屋である――は永遠に追放された!

多様化と存在論的不安という問題に対処するための広く行き渡った方法が、多文化主義である。この教義はあらゆる先進産業国に広がり、とくに英語圏の国々に広がったが、もっとも劇的に浸透したのは合衆国であり、そこでは多文化主義がリベラリズムの中心的な政治要綱となったほどである――といっても、政治的右派に向けた多くのリップサービスをともなってはいたが。かつての「人種のるつぼ」という包摂主義的な観念は、多様性を支配的文化のエートスに同化させ、消滅させるものであった。それに反して多文化主義は、人々が自分自身であることを、つまり人々が自分自身の差異を発展させることを認め、逸脱にたいして寛容であることを主張するのである。皮肉にも、このような多文化主義の試みにはさまざまな矛盾が含まれている。それらの矛盾は、社会全体の圧力や不安と重なることで、つねに多文化主義自体を転覆させようとするものである。そこから後でみるように、本質主義の誘惑が、すなわち「さまざまな世界が売られている市場」とは真っ向から対立する衝動が、あるときは社会的なかたちで、あるときは人間行動が生物学的に説明された時代に逆戻りするようなかたちで、ふたたび登場することにつながっていく。

しかし、私たちにとって最初に必要なことは、多文化主義の理念がどのようなものであるかを検討することである。そのために、包摂主義の分析と多文化主義のそれを対照させてみよう。たとえば同性愛を例にとると、それは下記の表４－１のようになる。この表で分かるように、多文化主義は、少なくとも見かけのうえでは進歩的なものといえる。

多文化主義のもとでは、男性同性愛はエスニックな下位文化と同じように、「ゲイ文化」と捉えられている。また男性同性愛の否定的な側面は、文化のあり方としてではなく、価値中立的な保険統計的「リスク」として捉えられている。ゲイ文化そのものは批判の対象にも、まして道徳的非難の対象にもなっていない。そこで批判されているのは、危険なセックスに潜んでいるリスクであり、このリスクはすべての性関係（もちろん異性愛も含まれる）に当てはまるものである。このリスクは、麻薬使用者の静脈注射と同じように、下位文化の問題と切り離され、被害を最小限に食い止めなければならないリスクとして、中立的観点から把握されるのである。

表4-1　同性愛のイメージにかんする包摂主義と排除主義の比較

状　態	リベラルな包摂主義	多文化主義的な排除主義
「正 常」	安定した同性愛カップル 「われわれと同じ」	ゲイ文化（複数） 「われわれとは異なる」
「逸 脱」	肛門性交愛者 「われわれの道徳を欠いている」	安全でない、危険なセックス 「エイズのリスクがある」

存在論的な危機にたいする多文化主義的な解決

長い目でみれば不安定をもたらすという矛盾があるにもかかわらず、後期近代の存在論的動揺への対処法として採用されているのが、多文化主義である。さまざまな意味で、これは単一の価値観が支配していた過去の包摂主義型の社会にしがみつくよりも、かんたんな適応法である。かつてないほど批判的な市民からなる多様化した社会においては、合意と安定性からなる古き良き社会へのノスタルジーを維持したいと思えば、かなりの努力が必要となる。それに比べて多文化主義は、人々の自然的態度を脅威から守ってくれるだけではなく、多様性という厄介な代物を快適な〈環境世界〉へと変換してくれるのである。ここで、多文化主義の内容をリストに挙げてみよう。

⦿多元主義　社会的世界は、文化の多元性によって成り立っている。その多元性には、それぞれの文化を生んだ国々の多様性が反映されている。さらにそこには、たとえばゲイ文化や宗教的コミュニティ、あるいは地域的・国民的な差異も付け加わる。

⦿差異の称揚　このような多様性は、教育や政治、マスメディアといった制度によって称揚され、促進され、洗練される。

◉平等性　あらゆる文化が平等とみなされる。包摂主義の時代では、ひとつの文化（つまり「支配的文化」）が、他の文化よりも優れていると考えられていた。しかし今日、それは恥ずべき自民族中心主義《エスノセントリズム》と考えられている。また、かつてなら社会の解体とみなされたものが、現在では組織の差異化とみなされるようになった。たとえば、私たちの社会にはさまざまな種類の家族構造が存在しているが、いまや「不適切な家族構造」が話題にされることはほとんどない（この点については［W.J. Wilson, 1987］を参照）。

◉無関心化　「無関心化」という現象は、すでに私が保険統計的なリスク観の広まりとの関連から述べたことであるが、多文化主義においては文化という観点から捉え直される。異文化が道徳的に評価されることはない。文化を構成する個々の項目については賛同を得られないものがあるとしても（たとえば女性の性器切除や手足の切断刑など）、そうした項目は文化それ自体とは切り離して捉えられる。つまり、異文化は評価されるものではなく、その存在自体が喜ばしいものなのである。

◉本質化　多文化主義においては、さまざまな文化には歴史的に形成された本質的特徴があるとみなされる。もちろん包摂型社会においても文化は本質主義的な観点から捉えられていた。ただし、それは自分たちの文化にだけ本質があるのであり、他の文化にはそれが欠けているという捉え方であった。しかし、現在は多文化主義の時代である。そこは差異の世界、つまり複数の文化的本質がバラバラに存在する世界である。自然界で多種多様な生物が生きているように、各文化もまた独自の「自然」な規範をもつものと考えられている――それは、ちょうど幼児向け漫画に出てくる動物が、それぞれの部分的特徴がおおげさに強調されて、描き分けられているのと同じことである。

◉帰　属　どの人々も、なんらかの文化に帰属する存在とみなされる。ときには、自分の「ルーツ」が分からず、自分が祖先から受け継いでいるはずの文化的遺産を、わざわざ発見しなければならない人もいる。そのような人々は、自分自身の個人的な「本質」とのつながりを求めているように思われる。多文化主義の時代においては、自己アイデンティティは自己認識と文化的同一化によって達成されるのである。

◉埋められない距離　都市居住者は、買い物客として、あるいはレストランの客や観光客として、特定の区域を訪れる（チャイナタウン、西ベルファストのカトリック教徒地区、ゲイ文化のマンチェスター、リトル・イタリア、などなど）。しかし、かれらは自分たちの文化を変えることも、さまざまな世界の文化を変えることもできないのだ。

このような多文化主義にみられる一連の現象が、どのような働きをしているかはおのずと明らかである。それは、各人に文化的本質を割り当て、存在論的不安からの防壁をつくることで、かれらに安心感を与えているのである。さらに多文化主義は、自分とは異なる行動様式を、異なる本質をもった他者に帰属させることによって、人々の自然的態度を維持する役割を果たしている。つまり多文化主義のおかげで、人々は自分たちの選択を相対化しなくても、規範の相対性を受け入れることができるようになるわけである。そして、保険統計的態度がリスクへの不安をつくりだすのと同じように、多文化主義における異文化への距離の取り方（「尊重」とか「寛容」という言葉でごまかしているが）が異文化への不安をつくりだす可能性は十分にある。というのも、それは戦後の包摂型社会に代えて、排除型の飛び地が点在する世界をつくりだすからである。重要なことは、多文化主義というプロジェクトの驚くべき本質を理解することである。かつて近代主義が求めたのは、開放的で、「脱埋め込み」的で、両義的で、断片化された世界をつくりだすことであった。それは自己とライフスタイルを自由に選択し、創造することが可能な世界であった。しかし、多文化主義はそのような世界を消し去ろうとする――つまり、一方で多様性を認めながら、他方では行為者から選択の自由を奪おうとするのである。

ゲイ文化が人々の関心や議論を呼ぶ理由もそこにある。それは、なんといってもゲイ文化が人工的な下位文化であるためである。ゲイ同士の友情は、仕事や家族、コミュニティで継承されてきたものではない。都市におけるゲイ文化のエリアも明らかに人工的なものである――ニューヨークのクリストファー通り〔ニューヨークのゲイ文化の拠点〕は、チャイナタウンのような自然発生的なエスニック文化の拠点とは明らかに異質である。ゲイ文化は伝統や歴史を掘り起こして発見されるものではない。それは高らかに宣言され、即興的につくられる。ゲイ文化は異性愛文化の寄せ木細工《ブリコラージュ》であり、それはスキンヘッドからサンディー・ショウ〔六〇年代のイギリスの歌手〕やジュディー・

ガーランド〔アメリカの女優・歌手、映画『オズの魔法使い』等〕の扮装までも利用した、創造的なスタイルなのである。しかし、ここでも本質主義がまたもや顔を覗かせている。この点について、ケン・プラマーの『セクシュアル・ストーリーの時代』から、長くなるが重要な箇所を引用したい。

過去一世紀に、同性間の性的経験に何が起こったかを理解するには、その状況を想像してみるとよい。できるなら、同性愛者の次のようなささやかな体験を思い描いてほしい。同性の相手にエロティックな眼ざしが注がれ、二人——あるいはもっと多くの人々——が互いの身体をみて性器を興奮させ、身体を寄せながら満たされた感情に包まれる、そのような体験である。こうした体験をもつ人々は、おそらく世界中のどこにでもいる。しかし、かりに読者が一九世紀に生まれて、二〇世紀終わりの世界に迷いこんだとしよう。すると、目の前にある世界がまったく異質な世界にみえてくるはずだ。この一世紀のあいだに、ささやかな同性間の経験にいったい何が起こったのだろうか？　というのも、現在では多くの大都市で、こうした同性愛のごく些細で個人的な経験をめぐって、数多くの物語と活動のネットワークが人気を集めているからである。街中では、同性愛者向けの書店やビデオ店、サウナやポルノショップ、バーとクラブ、乱痴気騒ぎのディスコや静かな詩の朗読会、レズビアンによる劇団やゲイのための劇場、同性愛者専用の健康診断やレストラン、ゲイの合唱団やレズビアンの共同結社——同性愛者のあらゆる関心を満たす集団が存在している。この二〇年のあいだに、何十万人という男性や女性が、なんの不自由もない人生を送れるようになった……ほんのちっぽけな経験が、大規模な文化的形式をそなえるまでになったのだ。

しかし、もっと重要なことがある。それは、同性愛の経験が、この世界に存在するための重要な様式になったということである。西側世界のあらゆる主要都市において、多くの人々が「ゲイ」や「レズビアン」、あるいは一九八〇年代以降は「クイア」になり、人生を最初からやり直している！　さまざまなアイデンティティが、セクシュアリティを中心に築きあげられている。ひとつの経験が、ひとつの本質となるのだ。…もちろん、性的倒錯者を見世物小屋の怪物にしていた一九世紀の医学者たちも、セクシュアリティを中心にアイデンティティを構築していたという点では変わらない。しかし、現在の同性愛者のアイデンティティは、もはや外から押しつけられた烙印ではないのだ。それは自分の意志にもとづく、内発的なアイデンティティとなった。これこそ、同性愛のささやかな経験がずっと意味し続けてきた「真実」である――それは、本当の意味で異質な、確固たる本質を意味するサインなのだ。

［1995, p.86 強調は原著者］

プラマーが述べているように、ゲイたちにも本質主義に向かおうとする衝動がある。そのようなゲイたちの態度は、フランク・モートが指摘するように、おのずから矛盾をつくりだすことなる。

ゲイ・コミュニティに広がっているのは、「本質主義もどき」のアイデンティティ、つまり民族を基盤とした利益集団が用いているアイデンティティ概念をそのまま流用したものである。それは日常生活で常識のように使われており、これまで学者や研究者がつくりだしてきた概念といっしょに、どこかぎこちなく居座っている。かれらのあいだで参照される理論はさまざまに異なるとはいえ、同性愛の存在を、歴史的・社会的環境の多様性との関連から捉え、相対主義の立場から肯定する議論が支配的である。「社会構築主義」と呼ばれるようになったパラダイムが、同性愛者の自己像を統合したり安定させたりする方向にではなく、脱構築する方向に働いているのだ。 [1994, p.208]

本質主義が人々を惹きつける理由

一九六〇年代から七〇年代初頭にかけての包摂主義の時代には、進歩を要求することは平等を要求することであり、そのさい差異にはまったく関心がもたれなかった。その要求は、差異を減らそうとする思考様式と一体のものであった。このことは、とくに文化についてあてはまる。さまざまな信仰の類似性が賞賛され、民族が溶けあう「人種のるつぼ」が称揚された。性的志向についても、ゲイのカップルは異性愛のカップルと同じような存在とみなされ、したがって両者を平等に処遇し、尊重することが求められた。さらに、リン・シーガルが以下に述べているように、男女両性の関係についても同じことがあてはまる。

> 七〇年代初期のフェミニストの著作では、女性と男性とのあいだに本質的な差異があるという考えは最初から否定されていたが、七〇年代末になるとその差異が賞賛されるようになった。私のような古いタイプのフェミニストは、こうした風潮に戸惑うばかりである。
> [1987, p.X]

当時の進歩的言論では、黒人と白人、ゲイと異性愛者、男性と女性、さらに「正常者」と「逸脱者」が同じものであることが強調された。したがって、それらを対等に扱わないことは明らかな不正義とみなされていた。しかし、そうした風潮は大きく変わり、現在では人々のあいだの差異が強調されるようになり、また、それらの差異が平等なものとして承認され、尊重されなければならないと主張されるようになった。さらに、このような主張は本質主義と結びつくようになった。つまり、人々のあいだの差異は、時代を超えて一定の「本質」にもとづいている、と考えられるようになったのである。今日、本質主義の考え方が多くの人々を魅了しているが、それには多くの理由がある。ここではまず、本質主義それ自体の魅力について考えてみたい。

本質主義は、自分自身だけではなく、自分が所属する集団についても主張することができるし、他者に適用することもできる。自己本質化の魅力は、以下に述べるように多くある。

❶存在論的な安心感を与える。本質主義は、あらかじめ選択肢を減らすことによって、人々に安心感をもたらす。かつてバーガーとルックマンが強調したように、この社会は、人間がつくりだしたものであり、したがって懐疑や不安、パニック、恐怖とつねに結びついている。そのような社会のなかで、本質主義は「私たちがこれをこの方法でやるのは、いつもこの方法でやってきたからだ、そして、これこそが正しいやり方なのだ」と確信させてくれる。

❷責任を免除する。本質主義は、人間の行為から選択肢を減らすことによって、人々を道徳的責任から免除する。したがって、人々は他者によるいかなる批判からも、あるいは行動を改めよという要求からも逃れることができる。たとえば「麻薬中毒者」の「役割」も、生物学的に(あるいは化学的に)定められた「依存」という本質をもとに構築される[Young, 1971b]。したがって、あらゆる逸脱も悪行も、行為者のせいではなく、依存や嗜癖を引き起こす化学物質のせいだと説明される。こうした考えは、成人の責任能力を免除することにつながり、それは現在のような失業率の高い時代、すなわち「男らしさの危機」の時代にはとくに魅力的に映る

［Auld, *et al.*, 1986］。同じように、ストリート・ギャングの若者たちについても、かれらが男性至上主義や国粋主義を信仰するのは、かれらの男性性やエスニシティの本質に原因があるとみなされる。つまり、かれらは「〈男らしさ〉の病」［Liebow, 1967］にかかっており、だからこそかれらは女遊びやギャンブル、過度の飲酒を「必要」としているのだ、と説明されるのである［Bourgois, 1995］。

3 受容できないものを正当化する。 恐ろしい行動や慣習的行為も、本質主義によって正当化される。イギリスからの独立をめざす北アイルランドの共和主義者たちが住む地域を、イギリスへ併合することを要求する住民たちが、奇妙なおそろいの衣装を着て、ドラムを鳴らしながら大行進するのも、文化的遺産と自己アイデンティティの重要な要素として正当化される。性器切除（女性であれ男性であれ）から特定地域の政治支配にいたるまで、多種多様の怪しげな行為が「それは原理主義者たちの宗教的行為であり、昔から変えてはいけないと決められている」という理由や「それは国粋主義者たちが望んでいることで、歴史的な伝統の重みがある」という理由で正当化されてしまう。

4 優位性を肯定する。 本質主義がもっとも利用されているのは、人種や性差、階級にかんする優位性を正当化するときである。たとえば家父長的支配でさえ、男性の生物学的な優位性や、あるいは男性が社会化の訓練をつうじて優位性を獲得していると説くことによって、正当化することができる。逆にいえば、最近の「文化的フェミニスト」や「ラディカル・フェミニスト」たちも、社会改革の必要性を、女性に内在する優位性を説くことによって正当化することができる［たとえばDworkin, 1980］。

5 利害の一致を主張する。 すべての女性や黒人たちの利害が、本質的には一致していると主張することによって、それらの集団の内部にある地位や恩恵の格差を——ときに都合よく——無視することができる。たとえば機会均等政策についていえば、それは比較的恵まれた立場にある人々にとっては、（同じ「本質的アイデンティティ」をもつ集団であっても）自分たちより仕事や住宅を手に入れる機会に恵まれない人々と同じ立場から主張できるようになるので、好都合なのである。

6 自己を防衛する。 本質主義は、たんに強者の言い逃れのために利用されているわけではない。それは、相対的に弱い立場にある集団のメンバーが、自分たちの行動がみんなと同じように「自然」な行為である（したがって「認められるべきだ」）と主張するために利用されることがある。すでに触れたように、本質主義に立つ同性愛者は、同性愛は生物学的な本質なのだから、誰からも責められる理由はないし、異性愛と同等に扱われるのは当然だ、と主張している。

本質主義は、排除主義のもっとも重要な戦略のひとつである。それは、文化や自然をもちだすことで、人々の集団をバラバラに分割しようとする。本質主義の魅力は、人間の歴史上つねに存在してきた。しかし、後期近代社会に突入した現在、その戦略がとくに魅力的にみえるようになったのは明らかである。後期近代は、存在論的不安が増大する時代である。多くの個人や集団が、アイデンティティの危機に悩まされている。そのような文化的傾向のなかでは、基本的価値や家族の価値が強調され、原理主義が人々の心に強く訴える。たとえば、公共領域へ女性が参入したことは、男性性にたいする大きな打撃となって社会的葛藤を引き起こすことになり、また、下層労働者階級の男性が周縁化されたことは、性差を本質化するマッチョ文化を生みだすことになった。さて、このあたりで、他者を本質化するプロセスに議論を移すことにしよう。

他者を本質化する▼1

ある集団の本質とみなされたものを、その集団自身が有利になるために利用することは、それほど珍しいことではない。それと同じように、私たちが他の集団をステレオタイプによって眺めるとき、私たちはそのステレオタイプを自分たちのために利用しているのである。その利用の仕方は、次に述べるような自己本質化の仕方とまったく同じである。

❶存在論的な安心感をもたらす。著しく多元化した世界のなかで、私たちは、自分たちとは異なるライフスタイルや規範選択があることを知るようになった。そこから相対主義が生じてくるわけだが、これは人々にとって、かつてないほどの存在論的な脅威となっている。もし同性愛がたんに選択されたライフスタイルにすぎないものだとしたら、異性愛を生来的なものと思っている男性のアイデンティティは脅威にさらされるだろう。あるいは、もし男性がすべきことと女性がすべきことの境界が侵食され、曖昧になってしまえば、男性性を固く信奉する人々は、そのあらゆる侵害にたいして抵抗し、それを正当化するために、男女両性の「本質的差異」に固執することになるだろう。以上のように、他者を本質化することは、そうではない別のあり方の可能性を捨てることである。あるいは、それは他者を、自分たちとは異質な社会集団のたんなる属性に還元してしまうことといってよい——ゲイの連中は生まれついての同性愛者なのだ、信仰心のある奴らはもともとそういう文化に生きているのだ、女性はもともと直感と衝動と感情だけで動き、子どもの面倒をみるのが好きな生き物なのだ、という具合である。

❷特権と差異を正当化する。他者を本質化することにより、私たちは階級格差を受け入れ、維持することができる。この社会では、特権や報酬は能力にもとづいて配分されると信じられ

ており、それが実際にはどれほど不公平ででたらめな配分だったとしても、格差があるのは人々のあいだに本質的に大きな能力差があるためだと信じられている。この信仰のおかげで、豊かな人々は枕を高くして眠ることができ、貧しい人々はみずからの境遇を受け入れることができるようになる。すでにスコット・フィッツジェラルドの差異についての批評をみたが、彼の金持ちについての考え方は、もっとはっきりしている。

> 金持ちの連中は、君や私のような人間とはまったく違う連中なのだ。かれらは、人生の早い段階から財産と享楽を手にしたわけだが、そのことがかれらをどこかしら変えてしまっている。僕たちが辛《つら》い思いをしているときも、金持ちは笑っている。私たちは物事を素直に信じこむのに、かれらはいつも冷ややかだ。そうしたことは、自分も金持ちに生まれてこないかぎり、理解できないものだ。金持ちは、心の奥深くで、私たちより優れていると思っている。それというのも、私たちは自分の人生にたいする保障や逃げ場を、自分で探さなければならないからだ。もしかれらが私たちのいる世界に降りてきたとしても、あるいは私たちより下の世界に行ったとしても、それでもかれらは私たちより優れていると思いつづけるだろう。とにかく、かれらは違うのだ。

3 他者を責めることを可能にする。 本質主義は、すぐ後でみるように、他者を「悪魔化」するための必要条件である。つまり、ある集団（社会の内部にあるか外部にあるかは関係がない）をその社会が直面する構造的問題の原因として非難するためには、本質主義が必要なのである。

❹他者への投影を可能にする。 本質主義によって、私たち自身の深いところにある不快な部分を、他者に投影することができる。デイヴ・モーリーとケヴィン・ロビンズは次のように述べている。

> よそ者や外国人は、私たちの傍らにいるだけではない。かれらは私たちの内部にもいるのだ。ジュリア・クリステヴァ〔一九四一〜、フランスの精神分析家、哲学者〕が指摘するように、よそ者とは「私たちのアイデンティティの裏面」である［1991: 20］。私たちのなかで隠蔽され、抑圧されたものは、私たちの感覚のなかに実存的不安や不吉なものをつくりあげる。つまり、私たち自身のアイデンティティを構築するさいに排除されたものが、私たちの想像力に取り憑き、心の平安をかき乱すために、ふたたび戻ってくるのである。［1995, p.25］

このような悪夢を鎮めるために、そして私たちのアイデンティティ選択をより一貫させ、自他の区別をはっきりさせるために、私たちは不快な感覚を他者に投影するのである。

生物学的本質主義と文化的本質主義

本質主義には次の二つの信念が含まれる。まず、「ある集団の伝統は、その集団の本質を形成する」（文化的本質主義）というものと、もうひとつは「文化や行動のパターンは、生物学的差異によって規定されている」（生物学的本質主義）というものである。近年の議論では、生物学的な本質主義に言及する傾向が、また息を吹き返してきている。この議論のあるものは、右派の人々が伝統的に生物学的本質主義に固執してきたことの結果である。たとえば、ある人種や労働者階級の人々が「劣っている」ことを生物学的に正当化しようという議論がある。ハーンシュタインとマレーよるベストセラー『ベル・カーブ』[1994]では、知能指数は人種や階級によって差があり、そして現在の西側世界における不平等な社会構造は現実の生物学的差異に由来すると主張されている。さらに悪質なのはフィリップ・ラシュトン[1995]である。彼は、流行中の進化論的心理学に足を踏み入れながら、白人と黒人のあいだにみられる犯罪発生率や攻撃性、性欲の相違は、「人種」間の本質的な差異に由来するものであって、身体環境の差異から生じたものである、と主張しているのだ。

さらに驚くべきことに、社会的差異を生物学的に基礎づけようとするこれらの主張は、政治的には進歩的な立場にある人々にまで影響を与えているのだ。リン・シーガルはこの点について次のように書いている。

これまでフェミニストは、男女の社会的不平等やいわゆる「男らしさ」「女らしさ」の対比が生物学的に決定されているという見方に激しく抵抗してきた。しかし、今日では、一部のフェミニストが、それと同じくらい激しい情熱をもって、まったく反対の陣営に走ってしまった。 [1987, p.7]

また、ケン・プラマーも、同性愛の生物学的根拠が発見されたという話が、一部のゲイ・コミュニティで熱狂的に歓迎されていることについて記述している。

多くの人々にとって、同性愛とは、自然にそなわった差異にかんする一種の生物学的な物語としてある。そのようなアイデンティティにかかわる本質主義的な物語をつくっているのは、文化なのである――「同性愛者が生まれつきであるのは、異性愛者が生まれつきであるのと同じことだ。そのように私は考え、感じ、理解して生きてきた。そして、この私の考えを否定する証拠は、これまでのところ存在しない」――これは、指導的なゲイ活動家のラリー・クレイマー〔一九三五年生まれの劇作家で、代表作にエイズを主題にした *The Normal Heart* がある〕の言葉である。また一九九一年には、サイモン・ルベイが視床下部収縮の研究をつうじて同性愛の生物学的根拠を（再）

——発見し、そのおかげで彼はゲイ文化の賞賛を浴びることになった。　[1995, pp.86-7]

実際に、ゲイ・コミュニティでは、「お母さん、遺伝子をありがとう」あるいは「Xq28」と書かれたTシャツがよく出回っている。「Xq28」とは、「ゲイ遺伝子」が位置するとされるヒトゲノムの部位を表わしている [Fernback, 1998]。

もっと奇妙なことがある。それは、進歩的なはずのコミュニティ活動家や議会の左派の人々が、あいかわらず人種的カテゴリーを用いていることである。他方でほとんどの生物学者は、私たちが使っている「人種」というカテゴリーにはまったく科学的意味がないことを確認している [Rose, *et al.*, 1990]。人種差別にもっとも反対しているはずの人々が、人種カテゴリーあるいは人種差別的カテゴリーを好んで用いるというのは、まさにパラドックスである。実際には、そうした人々は極右と並んでそうしたカテゴリーを用いたがる人々なのである。たとえば多くの社会福祉団体が養子縁組の親を人種にもとづいて審査しているが、その人種差別のすさまじさは、アパルトヘイト最盛期の南アフリカ国民党でさえ及ばないほどである。ポール・ギルロイ〔一九五六～、文化研究及びポストコロニアル理論の代表的な思想家〕は、このようなあり方を「民族絶対主義」と呼んで痛烈に批判した [1986]。彼の仲間であるジョン・ピッツも、アングロ・アメリカンの人種政策を批判しながら、次のように述べている。

> ギルロイが批判しているのは、アイデンティティを「完結」したものと捉える思想である。いいかえれば、社会的・個人的アイデンティティを（暗黙のうちにせよ明示的にせよ）ひとつの本質として措定するという「アイデンティティ・ポリティクス」の特徴を批判しているのである。人種のポリティクスには、本質主義的な考え方と多元主義的な考え方の、不可避のようにみえる対立がつきまとっている。また、その対立は、多くの社会科学や批判的著作にもつきまとっている。実際には、人種の統合と差別への抵抗は、出来事としてではなくプロセスとして考えられなければならない。かれらの主張の意図を汲み取るなら、そのプロセスが前提としているのは**変化**の弁証法と呼ぶべきものである…。
>
> このような考え方にもとづいて、「同じ人種を一ヵ所に集める」政策を無条件に受け入れるような人々を批判することに、ギルロイは精魂を傾けている。最近の人種的アイデンティティをめぐる言説は、子どもの保護やケアの領域にまで流れこんでおり、それらの言説には怪しげな「出自の神話」が埋め込まれている。つまり、見捨てられた子どもたちを癒すという作業を達成するには、文化的「ルーツ」にもとづいた肯定的アイデンティティを構築するしかない、という神話である。
>
> ［Cooper, *et al.*, 1995, p.139 強調は原文］

ピッツたちは、こうした政策をフランスの政策と対比させながら、次のように主張している。

フランスの政治的言説においては、アイデンティティという概念は、「社会性〔sociality〕」という概念のなかに――完全に吸収されているわけではないが――含み込まれている。つまり、あらゆる個人的アイデンティティは社会的につくられるものであり、多種多様で変化し続けるものである、と考えられている。このような考え方は、「差異」にたいする関心を、世界中で繰り広げられている「良い社会」のための闘争につなげるものである。また、それは社会的営みを再構築しようとする努力にたいして、なんらかの有意義な考え方を提供するものであろう。〔ibid.〕

本質主義の詭弁

かつて私とジョン・リーは、一九八四年に出版した著作のなかで、本質主義の欺瞞について次のように記したことがある。

ある集団の行動は、その集団特有の歴史や機会、制約によって規定される。そのように考えれば、特定の集団にそなわる「自然」な性質という観念――遺伝学的にもとづくものであれ、人種差別主義によるものであれ、あるいは長い歴史のなかで比較的変化を被らないまま継承された文化的本質であれ――を、もはや捨て去ることができる。あらかじめ遺伝子に書きこまれた情報によって集団の行動の特徴が決定されているという考え方は、今日では大多数の人々には受け入れられなくなっている。しかし、こうした生物学理論より、もっと大きな影響を人々に与えている理論がある。それは、文化主義理論である。この理論によれば、ある集団の本質的特徴はその集団の文化的伝統によって決定される、と主張されている。そして、優れた分析家であれば、こうした文化的伝統のなかにその集団の「本質」を発見することができる、とも考えられている。すなわち、ユダヤ人には金融業に向いているという「本質」が認められ、また現代のアメリカの黒人にはアフリカ人の優れたリズム感が「本質」として認められる、というわけだ。こうした理論は、エスニック集団とその歴史をめぐる議論に多くみられるだけではなく、さらに音楽(「アメリカにおけるアフリカ文化の直接の表現としてのジャズ」)から政治(「ユダヤ人は生まれつき逆境にあっても冷静でいられる」)の領域にまで広がっている。そして政治的な右派・左派を問わずあらゆる著作家が、移民の第二世代の行動を、その祖先の文化を再現したものとして捉えている。

ここで重要なのは、文化的継承や伝統を否定することではなく、それらの継承や伝統が、社会状況の変化のなかでつねに変化し、再解釈され、つくり直されてきたことを強調することである。人々の行為は無限に多様であり、それを遺伝子情報や文化的本質に還元することによって説明することはできない。一世代前には、迫害されたユダヤ人がいかに冷静であったかが語られていた。しかし現在では、ユダヤ文化には攻撃性が内在すると語られている。ある世代と次の世代の関係は、たんなる伝達のプロセスではない。それはつくりかえのプロセスなのである。

［1984, p.31 強調は原文］

私たちが書いたのは、本質主義にたいする批判だった。第一に、文化には時代を超えた普遍の本質など含まれていない。社会的条件が変わらなければ、文化もそのままの姿で変わらないだろう。しかし、状況が変化するときは、文化も急速に変化する。文化および下位文化は、直面するさまざまな問題に人々が適応するための方法なのである。第二に、文化は純粋なものではまったくなく、それどころか内部に矛盾や対立、不和を含みこんだものである。最後に、もっとも重要なことであるが、それぞれの文化は互いに切り離されて存在しているのではない。ある文化はつねに他の文化と思想や象徴を交換しており、その交換をつうじて文化の置き換えや変容が起こる。文化とは、「多文化主義」の布に織りこまれた糸のようなものではない。むしろ、文化とはさまざまな糸の色や織り目が互いに滲《にじ》みあい、混ざりあったものと捉えられなければならない。あるいは、もっと一般的な比喩を用いるなら、文化とは雑種《ハイブリッド》なのであって、独立した種ではないのである。今日のグローバリゼーションの時代において、この雑種性はますます明らかになってきている。

本質主義を拒否するのであれば、多文化主義の概念もまた捨てられなければならない。多文化主義は、さまざまな文化的本質をまるでモザイクのように並べ、それぞれの歴史的過去に接着しようとする。このような観点は、たんなる自然的エポケーにすぎない。つまり、それぞれの文化の本質はまったく変化せず、互いに侵害することも争うこともないと信じているのだ。ところで、本質主義や多文化主義を否定することは、多元主義や多様性を否定することではない。それらを否定すれば、万人の合意からなる居心地よい過去のノスタルジーに回帰しようとする保守主義者と同じ誤りに陥ることになるだろう。そうではなく、後期近代の世界に生気をもたらしているのは、あくまでもさまざまな文化の共存なのである。というのは、たんにそうした世界が魅力的で望ましいからというだけではなく、もはや単一文化の落ち着いた「古きよき時代」には戻ることができないからである。さまざまな文化の糸が縒《よ》りあわされ、それぞれの糸の色が混じりあい、変わっていくのは、多元主義によってである。そのような世界は、隔離と同化ではなく、交錯と雑種《ハイブリッド》化から成り立つ世界である。その世界では、文化はつねに変化し、ときに消滅することもある。また、そこでは差異も、新たな相乗作用からつねに生みだされることになる。

フローヤ・アンシアスも、民族間の関係を扱ったいくつかの最近の研究を評して、これと同じことをはっきりと述べている。そのさい彼女は、次のようなきわめて有益な対比をしている。

——私たちは、「多文化性〔multiculturality〕」(これは多様性、文化的浸透、そして雑種性を含んだ概念である）と「多文化主義〔multiculturalism〕」（これは差異と文化的再生産と文化的隔離を意味する概念である）を区別することができる。多文化主義は、文化の再生産と保存を主張し、文化に干渉しようとする考え方である。それにたいして多文化性のほうは、異なる存在様式を正当化することにともなう障害をなくすことを主張するもので、文化の再生産を目的とする概念ではない。多文化性は、雑種化とともに同化によって進展する。雑種化と同化を、集団を消滅や死に向かわせるものとして恐れるべきではない（とはいえ、同化が、あるイデオロギーや実践によって文化を変容させるものであり、したがって根本的には異文化からその存在の正当性を奪うものであるのは事実なのだが）。他方で多文化主義のほうは、文化の変容より、その再生産過程を重視するものである。〔1995, p.298〕

同じ社会に住んでいる人々のあいだでも、根本的で大きな文化的差異が存在するという信念は——それが根拠のない幻影であれ、捏造された伝統であれ〔Hobsbawm and Rqanger, 1983〕——、破壊的な結果をもたらすことがある。ロバート・ヒューズは現在のアメリカの「文化戦争」を痛烈に批判して、次のように述べている。

アメリカが「文化のるつぼ」であるとか、かつてそうであったとかと考えるのは、あまりに単純である。かといって、実際には文化の混合がまったく起こっていないと考えるのも、同じように単純すぎるだろう。アメリカにおける文化の混合や交流の複雑さを、ひとことで言い表わせるような比喩などひとつもないのだ。アメリカの文化が相互依存的であるのは、人々がそうなることを選択したからではなく、たんに差異を認識しながら生活せざるをえなかったからである。しかし、差異がひとたび「文化の壁」のなかに閉じ込められてしまうと、これらの相互依存も崩れ去ってしまう。かつては、人々が小さなセクトや集団に分かれ、小さな権力者たちがあちこちに発生することは、すでに死語となったが、「バルカン化」〔かつてバルカン半島が小国に分かれて分裂状態となり、第一次大戦の火種になったことに由来する〕という言葉で表現されていた。ユーゴスラヴィアは、共産主義の崩壊によって「文化的差異」（率直にいえば、時代遅れの宗教と民族主義の狂気）が解き放たれた結果、今ではバラバラ死体のような国になってしまったが、その様子は私たちに「バルカン化」という古い言葉の意味をあらためて理解させてくれる。つまり、それが指していたのはホッブズ的世界なのだ。ホッブズ的世界というのは、万人が万人にたいして闘争し、血みどろの確執と理論闘争が果てしなく続くような世界のことであるが、アメリカ流の一見穏やかで口当たりのよい多文化主義がもたらしているのは、まさにそのような狂気の世界なのである。過去のいかなる皇帝の支配も、ハプスブルク家の専制も、モスクワの共産党員による怠惰な統治も、それに比べるとよっぽどましに思われるほどだ。このような恐ろしい状況にいるにもかかわらず、アメリカ人は南北戦争の経験をすっかり忘れ去ったかのようである。というのも、保守派は「文化戦争」を公約しているし、他方で無知な急進派たちは「分離主義」を声高に宣言している。浅はかなことに、かれらは自分たちがどれほど恐ろしい悪魔を呼びだそうとしているのか、まったく理解していないのだ。もしかれらがそれを理解したら、恥ずかしさのあまり一言も発せなくなるに決まっている。

[1993, pp.15-6]

文化的本質主義は、人々にたいして自分たちが生まれつき優越性をもっていると信じさせるだけでなく、他方で同時に、他の人々を、本質的に邪悪で、愚かで、犯罪的な人々として、つまり悪魔として描きださせる。ジグムント・バウマンが指摘したとおり、そこにはリベラルな言い回しが排除の言葉に変容してしまうという恐ろしい皮肉がある。包摂主義の論理には進歩的側面があり、そこでは生物学的差異（人種やジェンダー、年齢など）はいかなる本質的な差異にも由来するものではなく、それが社会的産物であることが強調された。包摂主義によれば、人間の本性は柔軟な適応力をもつことにある――したがって社会的多様性も、社会化のプロセスでさまざまな差異が産出されることを意味しているのであって、何らかの本質から生じたものとは考えられない。黒人／白人、男性／女性、あるいは若者／大人という区別でさえ、社会的に構築されたものである。人間は本性から攻撃的なのではない。正しく成長した人々は、社会の調和をつくりだすことができる。人は犯罪者に生まれるのではなく、犯罪者になるのだ。生物学によって人間の行動を裁いたり、優劣を判定することはできない。さらに――ここにこそ進歩への希望があるのだが――よりよい社会をめざして辛抱強く制度をつくりかえていけば、私たちは子どもや仲間の市民を、そして自分自身をも、よりよく変化させることができる。人々は教育によって啓蒙され、民主主義によって権威主義的態度が払拭される。囚人は社会復帰できるし、治療機関は病人を癒《いや》し、その行動を矯正することができる。なぜなら、人々の性質はあらかじめ決定されているのではなく、変えることができるものだからだ。また、誰もが互いにたいして優しく接し、平和に共存することができるからだ。ただし、これには社会状況が人々をそのように教育し、導いていることが前提となるが。――こうした包摂主義の考え方は、第二次世界大戦後、人類の進歩についての合衆国とソ連の両方に共通していた主題であった。もはや地縁と血縁にもとづいた古い専制政治の時代は終わったのだ。人間は、文化の衣を脱げば、その下の姿はみな似ている。そして文化や行動は容易に変えることができる。包摂主義の論理は、このような考えにもとづいていた。

　バウマンが指摘したのは、生物学的本質主義が文化的本質主義に置き換えられるという変化である。

共同体のアイデンティティ構築の戦略を支えているイデオロギーと、それと結びついている排除主義の政策が語っている言葉は、矛盾したことに、かつて包摂主義の文化が語っていたのと同じ言葉である。そのイデオロギーにおいて不変の実体とみなされているのは、

> もはや一組の遺伝子ではなく、文化なのである…。不変の実体と想定された文化は、カースト制度や昔の階級制度と同じように、けっして混じりあうことがない。過去の栄光あるアイデンティティが危うくされたり侵害されたりしないためにも、それは他のものと混ざりあってはならないとされる。文化の歴史は、奇妙にも逆戻りしている。その流れのなかで、現在とくに「不自然」とみなされているのは、多元主義でも分離主義でもなく、さまざまな文化の改宗を推し進め、統合へと向かおうとする考え方である――そのような考え方は異常とみなされ、強く批判され、抵抗されている。 [1995, p.188]

人々はなんらかの文化のもとに生まれてくる。人々は文化によってアイデンティティを与えられ、その構成員とみなされる。かつての同化主義者たちが考えたように、特定の文化をつうじてでなければ、人は人であることさえできない。文化をもたない人々とは何者でもない人々であり、それは文化地図の周縁に、つまりそれぞれの部族や文化の居心地のよい領地の外側に取り残された「他者」でしかないというわけである。

　社会的多様性は、しだいに生物的多様性と同じように考えられるようになった。さまざまな生物種は、互いに交わることができない（またそうすべきでない）関係にあり、それらは汚されていない境界線の内側で保存されなければならず、もちろん種のあいだの争いも（残念ながら）「自然」なことなのだ、という具合にである。こうした動きについてバウマンは、多文化主義が新しい人種差別の前でいかに無力であるかを指摘している。というのも、新しい人種差別（ボスニアから北アイルランドにいたるまで、あるいは白人至上主義からネーション・オブ・イスラム〔合衆国のアフリカ系イスラム教徒による運動で白人への同化を拒否し、黒人至上主義を唱える〕にいたるまで）は、しばしば多文化主義とまったく同じような、文化主義的な言葉で語られるからである。

現在、いわゆる「反人種差別主義」運動の弱体化がヨーロッパのあらゆる場所で痛感されている。その原因は、文化の言説それ自体が著しく変容してしまったことにある。その言説の枠組みのなかでは、人間の差異を固定したものと捉える考え方や、人々をあるカテゴリーに押し込んで隔離したりする考え方にたいして、反対するような議論を展開することが、きわめて難しくなっている。というのも、そのような議論をすれば、対立を引き起こすリスク（あるいは犯罪の被害者となるリスク）から逃れられないからである。そうした困難のなかで、多くの著作家は、好戦的な人種主義の高まりに対抗するには、多文化主義の議論では明らかに力不足なことを憂慮しており、そのため独力で「近代という未完のプロジェクト〔現代ドイツの社会学・哲学者ハーバーマスの概念〕」を修復することに精魂を傾けている。かれらにとっては、このプロジェクトが人種差別の波を抑えるための唯一の防波堤なのである。しかし、ポール・ヨネットをはじめ、まったく別の路線を歩む人々もいる。かれらによれば、非難されるべきは反人種差別主義の運動のほうであり、それは異民族が互いに寛容であることや多様な文化や種族が平和に共生することを説くことにより、暴力的な排除主義を引き起こす原因になったと考えられているのだ。 [ibid., pp.188-9]

他者の悪魔化を成功させる条件

悪魔と出会うとき
私は悪魔に服を着せ、食事を与える
そして微笑む
そう、私は微笑む
そして悪魔は私を虜《とりこ》にする。 ['Strange Glue', *International Velvet*, Catatonia, 1998]

本質主義は、社会的対立に文化的な根拠を与える。本質主義は、社会のさまざまな部分の人々を悪魔に仕立てあげるための必要条件なのである。他者を悪魔に仕立てあげることが重要なのは、それによって社会問題の責任を、社会の「境界線」上にいるとみられる「他者」になすりつけることができるからである。このとき、よくあることだが、因果関係の逆転が起こる。社会に問題が起こるのは、実際には、社会秩序そのもののなかに根本的な矛盾があるからなのだが、そう考えるのではなく、社会に問題が起こるのは問題そのもののせいだ、と考えるのである――つまり、「問題自体を取り除いてしまえば、社会から問題はなくなるじゃないか！」というわけである。

こうした観点に立てば、たとえば危険度の高い有毒麻薬の使用も、不平等と排除から生じた問題とはみなされなくなる。その代わり、とにかく麻薬を入手できなくしてしまえばもはや問題は消滅すると主張されるようになる（「麻薬を許さない」をスローガンに、麻薬の密売人を全員逮捕すればよい）。したがって、社会から麻薬問題をなくすための解決策は、麻薬王のような権力者を探しだせばいい、ということになる。この場合、麻薬問題は、社会の内部構造や価値観などの根本的原因から生じるものではなく、あくまで表面的な現象とみなされる。そのとき、犯罪が、他者を悪魔に仕立てあげるための重要な要素となる。つまり、社会的排除を実行するためには、犯罪の原因を逸脱的他者に押しつけることが必要になってくるのだ。たとえば、ある人種を悪魔に仕立てあげるためには、犯罪の責任をその人種に押しつけることが不可欠なプロセスとなる。最近の例でいえば、北ギリシアとイタリアにおけるアルバニア人への攻撃がある。アルバニア人はその地域のほとんどの犯罪の元凶とみなされたのである［Karydis, 1992］。

こうしたプロセスはイギリスでも起こっている。一九九五年七月に、ロンドン警視庁長官であるポール・コンドン卿が引き起こした論争は、その格好の事例であろう。彼は、四〇人の地域指導員に出した手紙のなかで、ロンドンで発生する強盗犯の大半、おそらく八〇％以上を黒人が占めている、と書いたのである。さっそくメディアがこの話にとびつき、あけすけな議論が始められることになった。都心部の犯罪のほとんどが黒人によるということは、ロンドン市民の誰もが知っていて言葉にできなかった事実なのに、それを言葉にするだけの勇気ある人物がようやく登場した、というわけである〔J.Q. Wilson, 1987〕。私はそのような無神経な発言を深く憂い、誤った情報と格闘するために、その後の二週間というもの、テレビ番組に出演し、新聞のインタビューに応じることに多大な時間を費やすことになった。問題はその数字そのものではなく――それにしても八〇％という数字はあまりにも高すぎるが――、数値の背景である（〔Herpet, *et al.*, 1995〕におけるロンドンの調査を参照）。そこで重要であったのは、路上強盗の多くが都心部に住む貧しい若者の犯行であるということであった。そのような犯罪は、いかに深刻な結果をもたらそうとも、しょせん素人の犯罪でしかない。ロンドンでは、多くの路上強盗犯が黒人であるが、それはその地域の人口バランスがそうなっているからである。これにたいして、北部イングランドのニューキャッスルやグラスゴーでは、強盗犯の多くは明らかに白人である。また、グラスゴーでは、カトリックの人々はプロテスタントの人々よりも貧しい人が多いために、強盗犯もカトリックの割合が高くなっている。しかし、だからといって、スコットランドの警察長官が、各宗教ごとの路上強盗犯の統計表を作成して公表したりすれば、大衆から凄まじい怒りを買うことになるだろう。さらに、もし犯罪学者が、犯罪発生率と宗派とを関連づけて議論したりすれば、それはかなり奇妙なことになるだろう。たとえばキリスト教における「原罪」の信仰と強盗の発生率とを関係づけた理論が登場したり、グラスゴーのソーチホール通りの住民の教会に懺悔に行く回数と暴行事件との関連を議論したりすることになるだろう。このように、他者の悪魔化は、犯罪をその構造的な文脈から引き離し、犯罪を実行した集団だけに責任を負わせることを意味している。もちろん、このように批判したからといって、集団ごとに犯罪発生率が異なるという事実そのものを否定してよいわけではない（リベラル派にはそういう人もいるが）。その事実を否定することは、さまざまな集団が置かれている構造的な位置を無視することになってしまうからだ［Lea and Young, 1993］。それよりも、そうした犯罪は、社会で実際に起こっている重要な問題のなかで考察されるべきなのである。

さて、ここで紹介した事例では、黒人を悪魔化するプロセスはほとんど成功しなかった。というのも、メディアが報じた黒人による犯罪の数字も大きくばらついていたし、メディアだけではなく一般大衆にも慎重な意見が多かったからである。さらに、イギリスの黒人が社会にとけ込んでいたために、世論を暴走させてモラル・パニックを「成功」に導くことが難しかったのである。すでに第1章でみたように、後期近代社会においてモラル・パニックを成功させることはかなり困難である。▼2 ある民族を悪魔に仕立てあげることが容易に成功しているのは、国境を違法に越えて先進産業国にやってきたばかりの不法移民が対象になった場合である［Karydis, 1996］。そのとき、移民たちが起こした犯罪がどんなものであれ、マスメディアでおおげさに問題視されていく［Spinellis, *et al.*, 1996］。そして「不法」という属性こそが、かれらが犯罪者であることを示す「最大の特徴」とみなされていく。そのために、ありとあらゆる犯罪がかれらのせいにされるようになり、「かれらが不法な犯罪者になるのは当然だ、それはかれらが不法移民だからだ」というトートロジーがまかり通るようになる。こうした悪魔化のプロセスが極端なところまで進むと、その集団にたいする残虐行為まで公認されるようになる。スタン・コーエンが人権侵害の研究において見事に描きだしたように、悪魔化のプロセスは、正常な文明人の行動とは思えないほどの残虐な行為を他者に加えることを可能にするのだ。コーエンは、そうした残虐行為を道徳的に「中和化する技術」をリストアップしているが、そのひとつに「犠牲者非難〔victim blaming〕」がある。

もっとも一般的な犠牲者非難のやり方は、「最初に手を出したのはあいつらだ」「原因をつくったのはあいつらだ」「それは当然の報いだ」というものである。つまり、「あいつら」が責められるのは、一種の宿命というわけなのである。こうした正当化をするにあたっては、(目の前で起こっている他者の抵抗や挑発、暴力にたいする反応として) 現在の状況が用いられることもあるし、あるいは現在の被害者がもともとは加害者であったことを示すために、歴史的な物語が用いられることもある。最近の二〇年間に私たちがみてきた残虐行為――北アイルランドやルワンダ、かつてのユーゴスラヴィア、そして中東で――をつうじて明らかになったことは、もともとの原因をつくったのがどの集団で、「ほんとうの」被害者や最終的な被害者がどの集団なのかは、複雑な歴史のなかで絡《から》まりあっているため、議論したところで永遠に決着がつかないということである。

「被害者の存在を認めない」という別のやり方もある。国外向けの公式発表では被害者が存在しないことにされるので、他国民にはよく分からないが（ある程度は推測することはできるが）、国内においては、政府はそのイデオロギーをつうじて、自国の市民に共犯者あるいは共謀的な傍観者になることを強制するのである。

　これらの犠牲者非難のあり方には、次の要素が含まれている。一つめは非人間化である。これは人間性を否定することによって被害者集団の名誉を傷つけるやり方である。被害者は一段下の存在に貶《おとし》められ、他の人々とまともに比較される権利も、感情や情熱や共感をもつ能力も否定されるのである。かれらは野蛮人、珍獣〔gooks東洋人の蔑称〕、つり目〔slits同じく東洋人の蔑称〕、世間のダニ、けだもの、二本足のモンスターなのだ。暴力だけが「奴らが理解できる唯一の言語」なのである。二つめは地位の引き下げである。他者は人間以下の邪悪な存在であるだけではなく、能力に劣り、原始的で、未熟で、文明化されておらず、非合理的で単純な存在として、保護の対象とされるのだ。三つめは距離を置くことである。犠牲者から距離を置くと、支配集団は、もはや他者がいることを感じなくなる。他者は、ほとんど存在しないも同然になるのだ。かれらの存在そのものが知られないために、犠牲者とさえみなされなくなる。

[1995, p.79]

本質主義の言語が（しばしばナショナリズムと結びついて）どのように他者を悪魔化し、他者を非人間化していくのか。その結果、残虐な行為を容認するような「動機の語彙」〔行為を正当化するためのステレオタイプ化した説明図式を意味するC・W・ミルズの概念〕がどのように生みだされるのか——そうしたことを、ここで引用した文章は見事に描きだしている。

しかし、「悪魔」たちは、私たちの内部に入り込んできたよそ者だけに限られるわけではない。よそ者になってしまった私たちの同類たちも、悪魔とみなされるのである。後期近代の不安定なアイデンティティを落ち着かせるためには、つねに「悪魔のストック」が必要なのだが、それを移民たちだけでは十分に供給することができないのである。したがって、私たちの内部からスケープゴートが探されるわけであるが、そのもっとも重要な二つの集団が、アンダークラスの人々とドラッグ常習者である。これら二種類の現代の悪魔は、犯罪にかんする紋切り型の説明のなかで、きわめて重要な役割を果たす存在としてある。興味深いことに、それらの説明図式はどれも同じような物語になる。

❶誘　惑　「正常な」シングルマザーは、国家の福祉に頼った生活への誘惑に駆られている。また「正常な」人々も、ドラッグへの誘惑に駆られている。

❷泥沼化　そうしたシングルマザーは「依存の文化」にどっぷりと浸かった家庭を築くようになる。また、ドラッグを使用した人も依存から抜けられなくなってしまう。

3 問題の発生　福祉に頼って暮らす人々の依存文化は、そこで育った息子たちに、「男らしく」自立する道を閉ざしてしまう。その結果、息子たちはそれを補償するためにギャングに加わったり、犯罪を繰り返したりする。他方で、ドラッグ常習者は、ドラッグを手に入れる費用が増える一方となり、その支払いのために強盗をするようになる。このどちらも、一国の犯罪統計の数字を押し上げることに貢献する。

4 因果応報　惨めで辛い人生、どうしようもない不運。シングルマザーやドラッグ常習者を待っているのは、こうした運命である。そして、生活水準がとことん落ちてゆく地獄のような暮らしも、非常階段の踊り場でドラッグをやりすぎて死ぬことも、すべてみずからが招いた災いとみなされる。

このような物語では、逸脱者は誘惑に負けた人々として描かれる。かれらは自分の意志で逸脱したのであって、社会状況がそう仕向けたのではない、と主張される。「そうなったのは奴ら自身のせいで、社会のせいではない」というわけである。また、かれらは「依存」という本質が染みついた人々とされ、かれら自身がさまざまな社会問題の元凶とみなされる。社会がかれらの抱える問題をつくりだしたとは考えられもしない。それどころか、ほとんどすべての社会問題がかれらによって繰り返し生みだされ、最終的にかれらは自分自身までも傷つけるようになるとまで考えられるのだ。このような悪魔化の流れと闘うことはきわめて難しい。

こうした他者の悪魔化には、次の三つの要素が含まれている。まず他者と距離をとること、次に本質化された他者に責任を負わせること、最後に自分たちの正常性を再確認することである。他者と距離をとることの基本となるのは、犯罪や逸脱を、社会の基本的価値観や構造とは関係なく起こるものとして説明することである。主流となっている犯罪学のほとんどが、これと同じことを目的としている［Young, 1997］。本質化された他者に逸脱の責任を負わせることは、逸脱というのは逸脱的本質によって生みだされる現象で、その逸脱的本質は特定の個人や集団に内在していると考えることである（したがって、それは定義上「われわれ」の特徴ではない）。正常性を再確認することとは、デュルケム的に言い直すと［Erikson, 1966］、正常と異常との境界線をもっとはっきりと区別できるように引き直すということである。「人々のなかに潜む悪魔」というイメージは、逆に身近な正常人のイメージを強化する働きをもっている。たとえばシングルマザーやドラッグ常習者を「悪魔」とみなすことで、正常な家族やドラッグ依存症でない「正常」な人物のイメージが強化されるのだ――ただしこの場合、これら「正常」な人々がウイスキーやビール、ジントニック、タバコ、バルビツール酸系催眠薬、精神安定剤、抗うつ剤、抗不安剤などを服用していることのほうは考慮されないわけだが。そして、とりわけシングルマザーの存在は、「本質的家族」――昔から変わらない家族のイメージ――を強烈に喚起するものとなる。つまり、パパとママと二人の子どもがいて、庭つき一戸建てに猫といっしょに暮らし、パパはお金を稼ぎ、ママは家事と育児、そしてほんの少し仕事をする、朝は家族そろって朝食をとり、夕食時には家族で団らんの時間を楽しむ……といったような暮らしが永遠に続く、そのような家族のイメージである。

悪魔化と怪物の創造

これまでは集団を悪魔に仕立てることについて考えてきたが、ここからは個人に着目することにしたい。つまり「怪物」の創造について扱おうと思う。もちろん、この集団の悪魔化と個人の怪物化は、互いに重なるところもある。しばしば怪物をつくりだすことは、集団を悪魔に仕立てあげることの背景と結びついている。たとえば、ジェームズ・バルガー事件〔一九九三年に当時十歳の少年二人が、二歳の幼児J・バルガーを暴行・殺害した事件〕の犯人である少年たちの背景には、シングルマザーとアンダークラスの問題があると考えられているし、実際に集団病理の問題としてはっきり説明されたりもしている[Mooney, 1998]。モラル・パニックがしばしば発生しているのと同じように(第1章参照)、マスメディアや大衆の関心が特定個人に集中する事例もますます増えているように思われる。かつて私は、小児性愛者のシドニー・クック〔一九八八年に十四歳の少年に性的暴行を加えて殺害、さらに二〇人近い少年達の誘拐・性的暴行・殺害に関与した〕と幼児殺害犯のメアリー・ベル〔犯行時十歳の彼女は一九六八年に四歳の男の子を殺害し、その後巧みな嘘によって捜査と裁判を混乱させた〕というイギリスの二つの事例について書いたことがある。ひとつはシドニー・クックの釈放によって引き起こされたパニックについてであり、もうひとつはメアリー・ベルが自伝を出版するさい金を受け取っていたことが引き起こしたパニックについてである。テレビは二人の写真を流し続け、新聞は執拗に二人を追いかけ、大衆も強い関心をもった。クックの事例では、「法と秩序」を求める群衆（小児性愛への反対運動家など）がブリストルの警察署を囲み、暴動を起こす騒ぎとなり、たえず評論家がコラムや午後のワイドショーで感想を求められる事態となった。本書ではこの現象について十分な分析を加える余裕はないが、それでも一般的な観点から私たちの議論と関連させて考察することは必要な作業であろう。

❶ かれらが「邪悪」であることははっきりしている。クック、ベル、ヒンドレイ〔恋人のイアン・ブレイディと二人で連続殺人を繰り返し一九六五年に逮捕された英国の女性〕、ウェスト夫妻〔夫婦で二〇年間に少なくとも十二人の少女の性的暴行・殺害を企て、九二年に逮捕される〕は、いずれも大量の異常殺人を実行した。これらの事件では、マスメディアで広められる多くの他の事件とは異なり、誤認逮捕や無実を主張してかれらを弁護するような議論がほとんど出ていない（たとえばルイーズ・ウッドワード事件〔九七年にアメリカで英国人留学生のベビーシッターが赤ん坊を死亡させた事件。彼女の有罪・無罪をめぐって世論が二分した〕やO・J・シンプソン事件〔本書一一五頁参照〕の場合と比べればいい）。また、それらの異常殺人事件は、多くのモラル・パニックとは異なり、邪悪の烙印《スティグマ》を押された集団との関係があまりはっきりしない（たとえばモッズ、ロッカー、麻薬使用者、ニューエイジ・トラベラーなど）。

❷ かれらは怪物、つまり「われわれ」とは本質からして異なる生物とみなされる。かれらの

行動は「信じがたい」ものであり、「われわれ」がそのようなことをすることなど想像さえできないほど、「人間の理解と共感の限度を超えた」行為とされる。

3 事件にかんする言説は、因果関係に言及することも忘れない。かれらの邪悪さは、実際には社会がつくりだしたものであって、浮遊する悪霊が起こしたものではないのだ、と。ただし、その社会は「われわれ」の社会ではない。このことは、とりわけメアリー・ベルについて当てはまる。彼女は怪物的な家族から生まれた（サド－マゾ的な売春婦である母親が彼女を性的に虐待したため）とみられたからである。かれらの背景は、本質的に「われわれの背景」とは異質とされる。

4 かれらは、償《つぐな》いという行為とは無縁であるとみなされる。そもそもかれらは本質からして怪物なのだから、これ以上変わりようがない。監獄に入ったところで、一瞬たりとも悔い改めようとはしないだろう。せめて望ましいのは、かれらを永遠に監獄か他の矯正施設に閉じ込めておくことだ。あるいは小児性愛者の場合は、薬物投与によって去勢してしまうべきだ――という具合である。

5 かれらにかんする言説では、リスクが大げさなまでに誇張される。たとえばクックは、警察署に任意出頭中のときでさえ、人々から怖れられていた。刑務所の外にいた短い期間も、彼は警察と保護監察官によってつねに監視されていた。想像にもとづいて、かぎりなく保険統計的な言説が繰り広げられる。

6 マスメディアが、かれらを悪魔に仕立てあげるために中心的な役割を果たす。マスメディアは逸脱者を警察署の前まで追いかけ、しばしば事件への関与が不適切であったとして警察の責任を問いつめる。そのために刑事司法制度は、道徳的な仲介者の役割を果たすどころか、自分たちの立場を防衛する役割を果たすようになる。

7 二〇世紀の終わりになると、書店では、ひとつの本棚には収まりきらないほど多くの犯罪関連書が並ぶようになった。私が住んでいる英国マンチェスターに「ウォーターストーン書店」という大型書店があるが、最近その一階にある展示棚の配置換えがおこなわれ、書店の入口右側が数百もの犯罪関連の新刊書で埋め尽くされ、「連続殺人魔」「二〇世紀の性犯罪」といった項目が並ぶようになった。これら新刊書の一部は、街で上映されている映画とタイアップした内容の本であったり、あるいは映画の原作書であったりする。それは、たとえば『シャロウ・グレイヴ』『羊たちの沈黙』『レザボア・ドッグ』『ナチュラル・ボーン・キラー』といった映画で、いずれも無差別な暴力殺人に焦点を当てたものである。また、それらの映画では、初期の多くの映画と同じように、「犯罪心理」という概念が強調されているだけでなく（とくに犯罪の原因を探るドラマティックな方法として）、さらに現代社会における悪魔の実在という観念が重々しいくらいに映画のなかで強調されている。現在では、これと同じような道徳的・心理学的な関心がゴールデンアワーのテレビ番組でも広く見受けられるようになった。［Taylor, 1999, p.1］

大衆が犯罪や怪物の行動に興味をもつのは、一九世紀の「切り裂きジャック」をめぐる集団ヒステリーから現在にいたるまで、変わらない事実である。しかし、イアン・テイラーが分かりやすく示したように、さまざまなマスメディアの情報によって、人々の関心を抱く領域は急速に拡大しており、その内容もグローバル化したものになった。現在では、連続殺人犯は世界的な関心の対象となっている。ウィンチェスターの刑事裁判所でおこなわれたウェスト夫妻の裁判に世界中のジャーナリストたちが集まったことは、そのことを示すいい例である。連続殺人、とりわけ性犯罪がからむ連続殺人は、ジャーナリストにとって格好のネタである。セックスと暴力が絡んだ記事が、広い読者を獲得する手っとり早いポルノグラフィーとなっていることは疑いない。そうした記事は、いうなれば大きな反響を呼び起こす「合法的ポルノ」なのである。それは非難されながら、広く歓迎されてもいる。ちょうど、タブロイド紙とアンドレア・ドゥオーキン〔ラディカル・フェミニストでポルノグラフィーを女性にたいする暴力として批判〕の両方が大もうけしたように［Young, 1981］。

❽最後に、マスメディアや大衆が個人を美化する場合、その過程は細かいところまで怪物化のそれとほとんど同じなのだが、取りあげられる内容がまったく逆になる。したがって、同じ過程から怪物と聖人、魔女と聖女の両方が生みだされる。たとえば、ダイアナ妃の死亡事故への反応がそのいい例であろう。彼女の欠点はすべて忘れられ、完全無垢の女性というイメージだけが彼女に投影されている。

このようなプロセスをつうじて、「われわれ」は邪悪な性質から無縁であるとされる。そして邪悪さは、怪物とみなされた他者の特徴とされる。他者に責任を負わせようとするこうした態度はそのまま、普通の人々が悪魔の所業を企てたホロコーストの時期にもみられたし、「英雄」たちが罪のない人々に爆弾を落とし、無差別に焼き尽くした総力戦の時代にもみられた。そのような時期には、人間の欲望やセクシュアリティがしばしば残忍で奇怪な形態をとる。ルワンダやボスニアで民族浄化の名のもとにレイプや大量虐殺がおこなわれたのもその一例である。正常人／怪物という二分法を受け入れてしまえば、「われわれ」に残忍な性質が潜んでいることを否定することができる。つまり、攻撃性や性欲の暗い側面は私たちと無縁なものになるわけである。

しかし、これらの怪物を人々の内面の投影として説明するだけでは、つまりマイケル・クライトンのSF小説『スフィア――球体』のように、かれらを私たちの暗黒面が抽出された存在として描くだけでは、まったく不十分である。問われなければならないのは、次の点である。「私たちがそのような投影を、しかも特定の時期に必要とするのはなぜなのか？」「その投影は、どのようにして起こるのか？」「他者を本質化し、非人間化する心理的機制はどのようなものか？」もちろん、次の問いも見逃したり忘れたりしてはならない。「怪物とされた人々は、どのような理由から残虐な行為をするようになったのか？」しかし、私はこれらの問いはそれぞれ独立したものではないと考えている。つまり「社会はどのように怪物たちをつくりだすのか」という問いは、これは「私たちは怪物たちの表象をどのようにつくりだすのか」という問いと併せて考察されなければならない。さらに、これを「どうしてかれらはそのような残虐な行為ができたのか」という道徳的な問いにしてしまうと、かれらを「正常」な世界の外側に置き、私たちとはまったく無縁な存在にしてしまうことになり、ますます本当の理解から遠ざかることになるだろう。

本質主義と戦争の犯罪学

ルース・ジャミソンは、「戦争の犯罪学」を打ち立てる必要性を強く主張している［1988］。彼女の指摘によれば、今日の犯罪学が戦争や大量虐殺を正面から取りあげないのは「驚くべきこと」である。彼女が集めた資料の一部は、戦時中の戦場における暴力と銃後の国内で起こる暴力とのあいだにはっきりとした相関関係があることを示している。戦場でも銃後でも、暴力をふるうのはしばしば同一の集団（たとえば若者）であり、国家が戦争を推進するときにもちだす理屈は、「犯罪撲滅への闘い」（「法と秩序への闘い」との比較は［Steinert, 1998］を参照）にみられる理屈とほとんど同じである。さらに、後期近代においては、暴力をともなう争いが、国内でも国家間でもますます頻繁に起こるようになっている。民族対立は、しばしば犯罪と政治の両方にまたがる問題として混同や混乱を引き起こす原因となっている。つまり、社会全体において政治問題と犯罪問題のあいだの区別が曖昧になっているのである。たとえば、北アイルランドやボスニアでは同一人物が犯罪集団と政治集団の両方に属していることがあるし、ソマリア駐在の腐敗した国連軍やキプロス駐在の賄賂が横行している国連英軍のようなところでは、上官の指揮下になかったり非番だったりすると、兵士はすぐさま犯罪者に変身する。兵士たちは、しばしば公的任務として警察官の役割を担わされる。さらに予備隊が組織されて軍事的な取り締まりがおこなわれ、軍隊と予備隊の共同作戦が増えてくると、使用する兵器がしだいに「格上げ」され、行動の暴力性も高まっていき、戦争と犯罪統制のあいだの区別はますます曖昧になっていく［Kraska and Kappeler, 1997 および Lea and Young, 1993 参照］。

ところで、戦争と犯罪がかぎりなく近づくのは、実際に攻撃がおこなわれるときである。

「格好の敵」をつくりだすためには、私たちは次のことを確信する必要がある。㈠かれらは、私たちが抱えているさまざまな問題の大きな（あるいはすべての）原因である、㈡かれらは、私たちとは生まれたときから異質で、邪悪で残忍で退廃した存在である――このように、敵とみなすためには相手を特定し、本質化する必要があるのだ。一つめの原則によって、人々の憎悪をかれらに向けることが可能になり、二つめの原則によって、人々に暴力の使用（しばしばそれは残虐な行為となる）を「許可」することが可能になる。戦争中の政府は、このように自分たちと敵を対比させることにより、兵士たちに暴力行為をしやすくなるようにする。犯罪の場合も同じで、政府と司法機関は私たちと犯罪者がどれほど異質であるかを喧伝する。こうして「麻薬との戦い」は、しだいに「麻薬王との戦い」へと導かれる。「麻薬貴族」たちを悪の権化として本質化し、「麻薬常習者」を退廃的人間の典型として本質化することによって、撲滅キャンペーンの標的を絞り、正当化することができるようになる。ニルス・クリスティーが的確に述べているように、国民はそのような「格好の敵」への戦いに動員されることを拒否できなくなるのだ［Christie and Bruun, 1985］。このことは「憎悪の犯罪」、すなわち人種主義や同性愛嫌悪に由来する犯罪にもっともよく当てはまる［Berk, 1990: Herek and Berrill, 1992］。しかし、他者への嫌悪と偏見にもとづく「憎悪の犯罪」という概念は、もっと広い領域の犯罪を含んでいることに気づくべきだろう。女性にたいする男性の暴力の多くは女性恐怖に由来しているが、そのような男性は明らかに女性が本質的に逸脱した存在だと思いこんでいる。かれらが呪文のように唱える「あばずれ《スラグ》」、「売女《ホー》」、「雌豚《ビッチ》」といった言葉が、その考えの正しさを示している。こうした言葉はしばしばかれらが女性にたいして攻撃を加えるときに用いられるもので、家父長制に従順な「よくできた女」という言葉と対照をなすものである［Lees, 1997; Mooney, 1999］。

アイリス・ヤング〔一九四九～アメリカの政治学・フェミニズム研究者。その主張は本書の第7章で詳述〕は、有名な『正義と差異のポリティクス』のなかで、ここで述べた議論を拡大し、暴力とは抑圧の主要形態であると主張している（この抑圧という概念には、搾取や周縁化、無力化、文化帝国主義も含まれる）。彼女は、暴力がとくに文化帝国主義と結びついており、ゲイやレズビアン、ユダヤ人、アフリカ系アメリカ人、ラテン系アメリカ人、女性に向けられていると考えている。つまり、彼女は「憎悪の犯罪」という概念を、本質主義に支えられた多数者による暴力に拡張したのである。これは、暴力の一般的概念を転倒させるものである。というのも、一般に暴力というのは何らかの手段であり、いつどこで起こるか分からないものと考えられているが、彼女は暴力を文化的抑圧、すなわち他者を文化的につくりだすプロセスとして捉えているからである。ナンシー・フレイザー〔一九四七～アメリカの政治学・フェミニズム研究者。その主張は本書の第7章で詳述〕は、そのような考え方は暴力の概念を拡張しすぎていると批判し、文化帝国主義とは関係のない暴力も存在すると主張している［1997, p.200］。彼女はその一例としてストライキ中の労働者にたいする暴力を挙げているが、「正常」な犯罪のほとんどもそこに含まれるだろう（たとえばパブでの喧嘩や強盗など）。とはいえ、路上強盗の場合でも、犯罪者を文化的他者とみなすことは、犯罪者にたいして市民の正常な行動規範から逸脱した行動をとることの口実を与えることになるのだが、彼女たちの議論ではそうした問題はあまり考えられていないようである。

本質主義と社会的排除

以上の議論をつうじて、本質主義が社会的排除を積極的に推進するものであることが明らかにされた。本質主義は、敵を用意し、ステレオタイプを提供し、攻撃を導き、集団内のアイデンティティを再確認させる。こうしたことが、単純で強力なレトリックによっておこなわれる。しかし、ここでもう少し議論を進めなければならない。というのも、社会的排除のほうにも本質主義を強化し、具体化するという側面があるからである。デヴィッド・マッツァの著作『逸脱者になること』［1969］の結論部分で、彼は本質主義と社会的排除の関係について議論している。この関係についてマッツァが述べていることを並べると、次のようになる。

1 社会的排除は個人あるいは集団のアイデンティティの感覚を脅かすものである。それは人々を存在論的に不安定にさせることにより、本質に固執する態度を導く（本書最終章の議論を参照）。

❷行為者は、アイデンティティの欠如を埋めあわせるために、自分の本質に固執するようになる。マッツァが取りあげたのは、ジャン・ジュネ〔フランスの小説家で、十代の大半を感化院で過ごし、成人になった後も何度か収監された〕が泥棒として告発されたために、その後実際に泥棒になってしまったという有名な事例である。ジュネは告発によって自分の基本的な位置を与えられ、本質を手に入れたのである。すなわち、彼は「泥棒であることを自己の存在の核心にした」(少なくともサルトルが書いたジュネの伝記『聖ジュネ』〔1964〕ではそう書かれている)。これまで私たちは、逸脱者にたいして軽蔑すべき本質を与えることが、どれほど皮肉で、人を馬鹿にするものであるかだけではなく、人を大きく変えてしまうものであることをみてきた。にもかかわらず、相変わらず人々は、そうした仕方で自分自身のアイデンティティを確認し続けるのである。

❸最後に、もっとも重要なことであるが、社会的排除は物質的財を手にする機会を奪い、別のアイデンティティを手に入れる可能性を奪うことによって、その目的を実現する。たとえば、生活の糧を手に入れるには泥棒するしかないほど追いつめられた人は、しだいに自分がほんとうに泥棒なのだと信じこむようになる。他方、周囲の人々は自分たちの予測が正しかったと思う――そらみろ、奴は泥棒だと思っていたが、やっぱり泥棒じゃないか。

マッツァは、こうしたことを本質主義の「巧妙なペテン」と呼んでいる。たとえば、「どうしてある人物が本質的に泥棒であると分かるのか」という問いには「それは奴が泥棒を繰り返しているからだ」と答える。さらに「なぜその人は泥棒を繰り返すのだろうか」という問いには、物質的理由や存在論的理由は無視したうえで「それは奴の自己の核心に泥棒という本質があるからで、泥棒を繰り返すのは当たり前のことだ」と答えるわけである。

先に掲げたフィラデルフィアの事例に戻れば、カール・ナイチンゲールは、スラム文化からラップ歌手やヒップホップ歌手の英雄が生まれた事情を次のように述べている。すなわち、かれら英雄たちは「人種的憎悪を示す言葉の意味を転倒させ、〈ニッガー〉というレッテルや暴力性、性的たくましさを、歌詞をつうじて、正真正銘の黒人であることの勲章へと変えたのである」[1993, p.132]。さらにナイチンゲールはこう付け加える。

少年たちは、自分たちのプライドを守るために、屈折して皮肉なやり方で「ニッガー」という言葉を意図的に――人種的排除とステレオタイプをはっきりと思い起こさせるために――用いる。そのことによって、かれらはその言葉のもつ自嘲的な意味あいを受け入れるのである。こうして形成されるアイデンティティは、少年たちが抱く黒人男性の理想像を強化することにも、また均質化することにも一役買っている。その理想像に自己を重ねることで、少年たちは耐えがたいほど辛《つら》い記憶を抑えこんだり、逆にその記憶を攻撃的に表現したりするようになるが、これは都心部の少年なら誰にでもみられる傾向である。しか

し残念ながら、そうした態度は、アメリカの白人が黒人にしつこく抱いている暴力的なイメージを和らげることにはならない。実際、都心部の社会生活の歴史をみると、かれらの生活は、部分的とはいえ一種の力学的サイクルに捉えられている。といっても、貧困が世代から世代へと「自己保存」されるサイクルが一番重要というわけではない。そうではなく、その残酷な力学のなかで、若い黒人男性が一種の罠に捕らわれていく過程がいちばん重要なのだ。つまり、白人の人種差別がつくりだした自己像が心のなかに埋め込まれることによって、かれらは自虐的に振る舞うことに魅力を感じるようになってしまうのである。

[ibid., p.133]

この見事な一節を引用したのは、本質主義が繰り返し詐欺をはたらく様子がきわめてコンパクトに描かれているからである。ただしこの場合、本質主義はたんに一個人を騙《だま》すだけではなく、人種全体や世代全体をひとまとめに騙している。

ここにこそ本質主義の人々を惑わせる特徴がある。というのも、一方で保守派の人々は本質は実在であると主張しており（泥棒は泥棒であり、無気力な人間はやる気がなく、若い黒人は暴力的だ、というように）、他方でリベラル派の評論家たちは本質と思われているものはたんなる錯覚にすぎないと主張しているからである。本質とは、社会の貧しい人々や弱い立場にある人々にたいして抱かれる偏見にすぎない。現実の人々はそれほど異なった存在ではなく、たんに社会システムがあたかも本質をもつかにみえる人々を生みだしているだけのことだ。本質をもつようにみえる存在は、本質でもなければ錯覚でもない。それは見せかけの世界であり、その実体はたんなるステレオタイプのぼんやりした内容にすぎないのである。

この章では、刑事司法制度による社会的排除のうち、とくに明らかな二つの特徴を指摘したい。ひとつは、市民社会における排除的傾向は、まさに刑事司法制度において、国家が主導する秩序維持活動と容易に結びつき、拡大するということである。次に、このような国家の介入と市民社会の排除的傾向は、アメリカ合衆国において、もっとも明白なかたちをとるにいたったということである——とはいえ、ゼロ・トレランス政策〔些細な違反も厳罰をもって対処する政策〕と、それにともなう監獄の増加を容認する考え方は、すでに世界中の先進産業国で広まりつつある。

第5章

不寛容の犯罪学

ゼロ・トレランス政策とアメリカにおける刑務所拡大の試み

私は、かつてジョージ・エルドスとの共著『父権なき家族』において、一九四一年にサンダーランドで起こった事件を取りあげ、その不寛容《ゼロ・トレランス》で、独断的な取り締まりについて述べたことがある。ある日曜日の朝、街の中心部にある店の搬入用駐車場で、三人の少年がウッドバイン〔イギリスの安タバコ〕を回し飲みしていた。そのとき一人の警官が片方の通路から、別の警官がもう一方の通路から現われた。少年たちは両親のいる家まで歩かされた（警官と少年たちは一マイルも歩いた）。かれらの父親もタバコを吸い、警察官も吸っていた。しかし、一二歳の少年たちには許されなかった。子どものくせに公衆の面前でタバコを吸うなどという、一般に認められた大人の権威をバカにするようなことは、かれらには許されなかった。少年たちは、戦争に行かずに家にいた父親にたえず口答えしていた。母親にたいしてもそうだった。

あるジャーナリストが、この些細な（被害者もいないような）違反のために警察の人的資源が無駄遣いされていることを告発する記事を書きたいと思ったとしよう。しかし、そのとき海岸で少年たちの父親か兄弟の殺された姿が発見されたとしたら、編集者は「この告発にいったいどのような意味があるのか」と疑問に思うだろう。さらに、この記事を編集者が公表したとしても、おそらく読者のほうが記事の意図を理解できず、こう思うだろう――「少年たちは父親が家にいたときには規則を守らなくてはならなかったが、もう父親がいなくなったので、規則を無視してもよくなったというわけなのか」。

結論をいえば、警察の目が人々の生活の細部にまで行き届き、そのことに人々が合意していた時代には、警察活動は目立たず、人々の感情を害することもなく、うまく機能することができた。三人の少年は、労働者階級に属しており、戦争と不況の時代につくられた、庭のない、道路に面した長屋に住んでいた。その後、少年たちの一人は、その街で最大規模の造船所の溶接工となり、別の一人は銀行の頭取に、残りの一人は工業専門学校《ポリテクニク》の学長になった。

[Dennis, *Zero-Tolerance: Policing in a Free Society*, 1997, p.2]

後期近代の多様性は、人々に過去の包摂的で安全な世界へのノスタルジーを掻き立てている。この新たな時代の特徴である犯罪と社会病理の増加にたいして、人々は緊急対処方や万能薬を要求しているが、それはかつての子ども時代の記憶にある安全な街角や裏庭を取り戻すためである。父親は仕事(あるいは戦争)に出かけ、母親は家を守り、警官は街を巡回し、いたずらは蕾《つぼみ》のうちから芽を摘まれ、悪事には毅然と対処する。フィルムを巻き戻せ、未来に向かって後戻り《バック・トゥ・ザ・フューチャー》、というわけだ。

二〇世紀の残り三分の一の時期、おそらく日本を除けば、どの先進産業国でも犯罪発生件数は増加した。犯罪は、アメリカといくつかの国では早い時期から増加し、オランダなどがその後に続いたが、長い目でみれば、どの国も犯罪発生件数が増加するのは避けられないと見られていた。犯罪がとくに増加したのは、完全雇用が保障されていた時代から一九八〇年代の不況期にかけてであった。この時期に犯罪が劇的に増加した国もあった。イングランドとウェールズだけで一年間（一九九一年）に記録された犯罪発生率は、一九五〇年の全国の犯罪発生率を二五％も上回った。犯罪発生率の増加は、しだいに社会の広い範囲に影響を与えるようになった。そして生活水準が大幅に上昇し、膨大な資金が刑事司法制度や予防措置に投入され、個人の安全対策が次つぎに取られたにもかかわらず、犯罪の増加は止まらなかったのである。人々にとって、犯罪は例外的な出来事ではなく、もはや日常生活のありふれた光景となった［Lea and Young, 1993; Garland, 1997］。また犯罪にたいして取られた予防措置も、お粗末なマジノ・ライン［第二次大戦前にフランスがドイツとの国境に築いた防衛ラインで、難攻不落と言われながらドイツ軍によって一挙に破られた］のようなもので、膨大な費用をかけたわりにほとんど効果がなかった。ある時期には「何をしても無駄」というスローガンが生まれ、人々は犯罪統計の発表に恐怖をおぼえるありさまだった。ロンドン警視庁の警視総監が述べたように、犯罪統計は「毎年、警察を悩ませる…コミュニティの原罪」になった。さらに、「〈統計〉という野獣は、年々その力を増し、無慈悲にも時代は終末を迎えたようであった」［Newman, 1985, pp.14-5］。

実際、ロンドン警視庁は、それまでは伝統的に、犯罪の問題は「自分たちの」問題であると熱心に主張したものであったが、一九八六年になると、これまでの主張を否定するようになった。次のロンドン警視庁の文書からその辺りの苦渋を読み取ることができる。

私たちを何度も同じことで批判して喜んでいる多くの批評家は、考え方を誤っていると思われる。一方で、左派は、政府の政策がかれらのいうところの相対的剥奪感を広め、激しくしており、それが犯罪増加の原因になっていると主張している。しかし同時にかれらは、警察が犯罪発生率の上昇を抑えることができず、ロンドン市民を守ることができていないと批判している。他方で、政府は経済政策を推進し、財務省の主導による社会政策を導入しているが、その目的はただひとつ、インフレの抑制である。その目的を達成するためには、どのような不幸な社会的副産物も、避けられない犠牲として容認されているのである。

さまざまな社会的・経済的な要因は、警察活動の本質的な問題ではない。そうした外的諸要因にもとづいた予測とは切り離して警察活動を評価するほうが、もっと建設的というものだろう。[Metropolitan Police, 1986, pp.115-6]

しかし、長いあいだかかって、ようやく風向きも変わったようである（あるいは、少なくとも逆風は止んだようである）。一九九三年から九五年にかけて一七の先進産業国のうち一二ヵ国で犯罪発生率が低下し [Home Office, 1996]、その結果、さまざまな犯罪防止にかかわる機関が、それを自分たちの功績としてふたたび主張するようになったのだ。なかでもニューヨークの場合は劇的で、三年間（一九九三〜九六）に犯罪発生率が三六％も下がり、「奇跡」と賞賛されたほどである。実際、「警察の指導者とコンサルタントたちは、自分たちが起こした奇跡を広め

るために、合衆国全土を行脚しながら、犯罪を抑制するための新しい科学的手法の必要性を訴えている」[Lardner, 1997, p.54]。さらに、当時のブラットン警視総監は「ニューヨークで犯罪が減ったことに文句があるなら、ぜひ警察に言ってくれ」と誇らしげに発表した。犯罪学者ジョージ・ケリングは、「割れ窓理論」〔建物の割れた一枚の窓ガラスを放置しておくと全部の窓ガラスが割られてしまう現象に象徴されるように、軽微な犯罪も放置しておけばいずれ重大な犯罪につながるという環境犯罪学の理論〕がニューヨークに奇跡を起こしたと主張し、その理論を広めるべく世界旅行に出発した[Kelling and Coles, 1997]。さらに、短期間ではあったがニューヨーク市警本部は世界でもっとも訪問者が多く、研究された警察機関となった。

こうしたことから、イギリスのジャック・ストロー内務大臣が、労働党が政権を獲得した後の党会議で「地域の犯罪や無秩序にたいしてはゼロ・トレランスの方針で臨む」（一九九七年六月）と表明したのも、それほど意外なことではなかった。また一九九七年五月には、後にアイルランドの首相となったバーティー・アハーンが、ブラットン警視総監のアイルランド版であるジョン・ティモニーとともにゼロ・トレランスを公約に掲げたのも、こうした流れに沿ったものであった[Shapiro, 1997]。

ウェストミンスターのセミナー——暴かれた奇跡

一九九七年七月のある日の午後、経済問題研究所という右派シンクタンクでセミナーが開催され、私もそこに招待された。ちょうど『ゼロ・トレランス——自由社会の監視』〔Dennis, 1997〕が出版された直後のことだった。そのセミナーでは、元ニューヨーク市警警視総監ウイリアム・J・ブラットンの講演会が開かれた。聴衆には、有名な右派コラムニストの一団や、研究者が数名、保守党の中央本部の関係者、テレビジャーナリストたちがいた。それまでかれらは、都市にはびこる無秩序を正し、かつての秩序ある状態に戻すような、犯罪問題を迅速かつ劇的に解決する方法を探し求めていた。そのときかれらの耳に飛びこんできたのが「世界最悪の犯罪都市」から「世界でもっとも安全な大都市のひとつ」へと変貌したニューヨークの成功物語である。この都市は、三年間で犯罪発生率が三六%、殺人発生率が五〇%以上も減少したのである。

私自身は、このセミナーに向かう途中、次のような疑問を考えていた。一九八一年にサウス・ロンドンのブリックストンで起こった暴動は、不寛容《ゼロ・トレランス》な犯罪対策が招いた結果ではなかったろうか？　ブラットンは、自分が指揮をとった犯罪対策や警察力のおかげで犯罪発生率が下降したと述べているが、その主張にはどのような根拠があるのだろうか？　サンディエゴでは、ニューヨークと正反対の犯罪対策を採用し、大きな成果を上げたのではなかったか？

このセミナーの欺瞞を暴く前に、ゼロ・トレランスという概念について説明しよう。この数年間で、ゼロ・トレランスという言葉は、コミュニティの安全を語るさいに使用される専門用語になった。この概念が治安面で目的としているのは、市民道徳に反する行為を絶対に許さず、しつこい物乞いや押し売り、浮浪者、酔っぱらい、娼婦を厳しく取り締まり、街中から逸脱者や無秩序を一掃することである。そこには「逸脱を狭く定義する」ことと反対の傾向がみられる〔Moynihan, 1993; Krauthammer, 1993〕。ゼロ・トレランス概念の内容を具体的に示しているのは、「三振アウト」刑罰政策〔三回起訴された人物には無条件に本来より重い刑罰がかけられる刑罰政策で、全米の多くの州で採用されている〕であろう。この方針のもとで合衆国はドラッグ戦争を起こし、その結果として収監者数が急激に上昇したのだが、世論の側もそれを容認したのである〔Murray, 1997 参照〕。ゼロ・トレランスという概念には、次のような六つのカギとなる要素がみられる。

❶犯罪や逸脱にたいする寛容度の低下。
❷目的達成のために懲罰を利用し、過激な手段を用いることも辞さない。
❸礼儀や秩序、市民道徳の水準を、知られうるかぎりの過去まで戻す。
❹市民道徳に反する行為と犯罪が連続したものとみなされ、「生活の質」を維持するための規則を破ることは、重大な犯罪とつながっているとみなされる。
❺市民道徳に反する行為と犯罪には関係があり、市民道徳に反する行為を監視しておかなければ、さまざまな形で犯罪が増加すると信じられている。
❻そうした考えを広げるために、同じテキストが何度も繰り返し言及される。それは、一九八二年の『アトランティック・マンスリー』誌に掲載され、もはや古典として知られるよう

になった、ウィルソンとケリングによる「割れ窓〔Broken Windows〕」という論文である。

さて、詳しい話は後回しにするとして、例のセミナーに戻ろう。白ワインとカナッペが出されてすっかりくつろいだ聴衆は、警視総監から、強硬な政策を執ることで犯罪が大きく減ったというドラマチックな話を聞けるものと、今や遅しと待ちかまえていた。ところがウィリアム・ブラットンが話した内容は、その期待を少々裏切るものであった。最初に彼は、自分がゼロ・トレランス概念とはまったく関係がないと言い切ることから講演を始めたのである。ブラットンの考えによれば、この概念は警察業務にはなじまないものである。唯一の例外があるとすれば、それはドラッグ使用と警察内の不正であろう。警察業務において重要なのは状況に適合した柔軟な判断であり、そのことは所轄の地域と協力して捜査する場合も例外ではなく、住民の優先事項や価値観を無視して判断するわけにはいかない。ブラットンは、犯罪と反道徳的行為のあいだには広い範囲で連続性があると考えており、この両方にたいして取り締まりをおこなうことには賛成していた。彼は、以前ボストンの警察署長だった頃にウィルソンとケリングの論文を読んだが、その内容は彼がそれまで確信していたことと一致していたという。しかし、警察の取り締まりを厳格化することだけが犯罪に対処することではなく、取り締まりというのは社会が変化して、いずれ安定に向かうための一歩にすぎないものだと述べた。最後に、彼は、今回のロンドン訪問（ブリックストン視察も含む）をつうじて、ロンドンの人々の多くが落ち着いており、市民道徳を守って行動していることに感銘を受けたと述べ、ある場所で成功したからといってそのまま別の場所で同じ方法を採用しても成功するとはかぎらないと警告した。

控えめに考えても、聴衆は落胆したとしか思えない。というのも、かれらは単純でドラマチックな成功物語を聞きにやってきたのに、ブラットンの話の大半は自己満足がまじった常識的な物語にすぎなかったからである。

主張の誤りとカテゴリーの混同

ここで、ブラットンの講演内容を取りあげながら、一般にゼロ・トレランスについて主張されていることの誤りと、そこにみられるカテゴリーの混同について考えてみたい。まず、よくある単純な説明によれば、ゼロ・トレランス政策は「割れ窓」理論にもとづいており、それをニューヨーク市が採用して犯罪を減少させたということになっている。実際には、そのような因果関係はまったくない。その説明は、論理を無視し、虚構をもって根拠に置き換えた、たんなる詭弁にすぎない。それらの因果関係をひとつずつ検証してみよう。

❶ニューヨーク市の犯罪は一九九三〜九六年にかけて劇的に減少した。 これは先の単純な説明

のなかで唯一の事実である。しかし、この事実のうえに一連の誤った因果関係が積み重ねられていく。犯罪統計でもっとも信頼できると思われる殺人にかんする統計では、件数がこの期間に四九・五%も減少している（これは一九六八年以後もっとも低い数値である）。またニューヨーク市保健医療組合のデータによれば、同じ期間に、銃による怪我の治療者は五六・三%も減少している［Jacobson, 1997］。たしかに、この時期は担当部局や政治家が犯罪撲滅をスローガンに掲げて大々的に活動をしていたときであり、ニューヨーク市警も「最高」の統計数値を達成しようとしていたが、だからといってこの二つの数値が捏造されるようなことは、まずありえないと考えてよい。

❷犯罪発生率が減少したのは、ニューヨーク警察本部が革新的な警察活動をしたためである。
ここに最初の因果説明の誤りがある。この説明に根拠がないことは次の事実から明らかになる。すなわち、一九九三〜九六年にかけて合衆国の大都市では、二五都市のうち一七ヵ所で犯罪が減少したのである（次頁の図5-1参照）。しかも、それらの都市のなかには、緩やかな犯罪政策を公式に採用した都市（たとえば暴動後のロサンゼルス）や、ボストンやサンディエゴのような地域指向型の犯罪政策を実施した都市も含まれている［Pollard, 1997; Currie, 1997a］。それだけではなく、その前後にわたって犯罪政策をまったく改革しなかった都市（たとえばオークランド）でも犯罪が減少しており、さらに、警察官を削減したいくつかの都市でも同じように減少した。

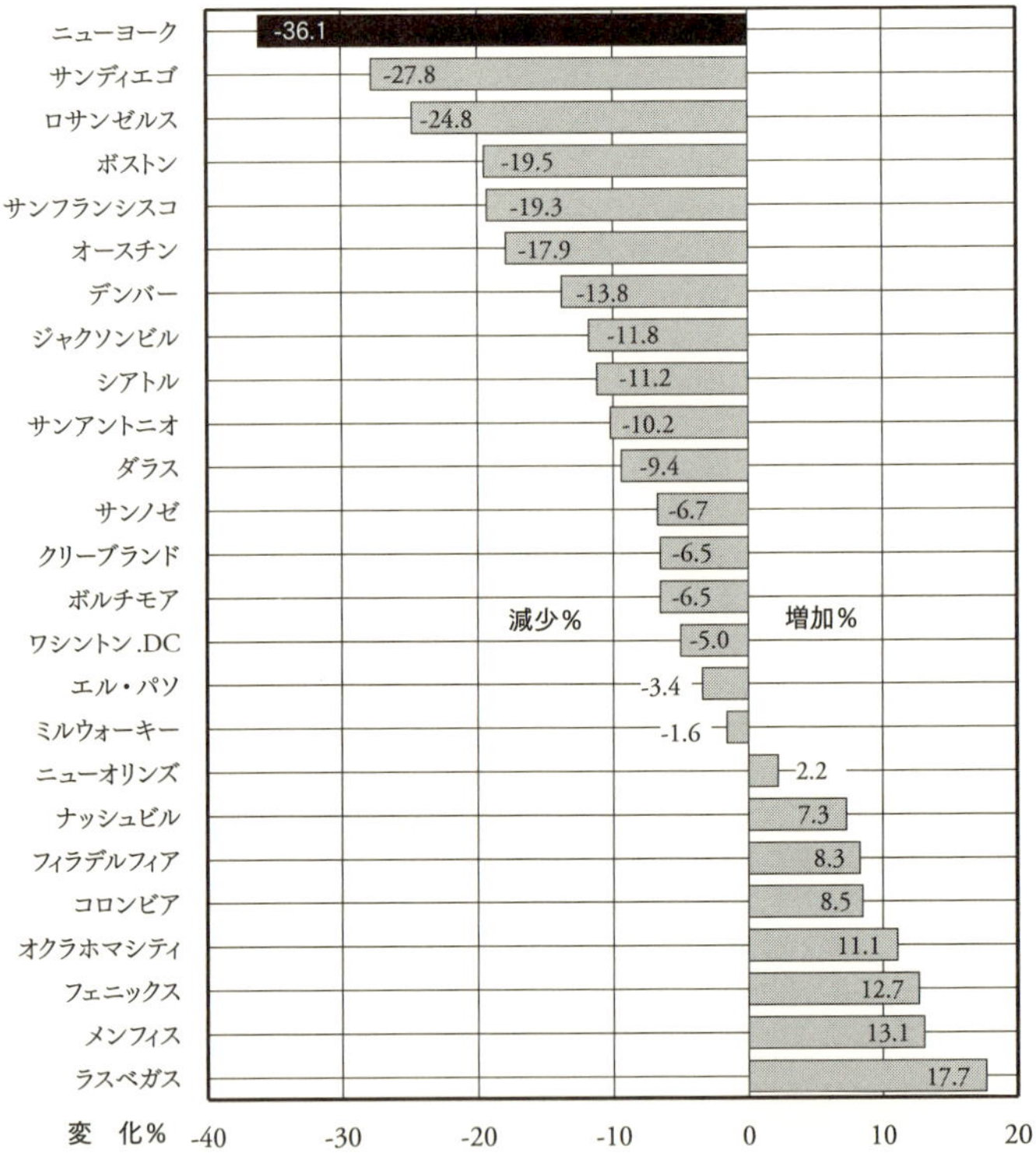

図5-1　合衆国25大都市における凶悪犯罪の増減率
（連邦捜査局，1993-96年）

註：このグラフにシカゴ，シャーロット，ヒューストン，およびインディアナポリスが含まれていない理由は，1993-96年のデータが不足していたり信頼性に欠けていたりしていたためである。これらの都市に替えて，デンバー，クリーブランド，ニューオリンズ，オクラホマシティを比較のために追加した。

ということは、警察体制とは無関係に凶悪犯罪は減少したということである［Shapiro, 1997］。そしてニューヨーク市の犯罪発生件数は、ブラットン警視総監が新しい警察体制を敷く以前からすでに減少傾向にあった。さらにいえば、大都市における犯罪発生件数は、ゼロ・トレランスが国際的な専門用語になるずっと以前から、すでに減少傾向にあったのである。

3 ニューヨーク市でゼロ・トレランス政策が試行された。 すでに紹介したように、聴衆が落胆したセミナーで、ブラットン警視総監はゼロ・トレランス政策を実施していないと明言した。というのも、一律に厳格な施策を実施すると、警察は現場で柔軟な対処ができなくなるうえ、秩序を失った現代の都市でそのような施策を実行することは、まず不可能だからである。たとえば、かりにニューヨークのハーレムで法律の条文一つひとつを厳格に適用するとしたら、警察の予算はいくらあっても不足するだろう。実際、警察が取り締まり対象を軽犯罪から凶悪犯罪へと移すことは（ウィルソンとケリングは「割れ窓」論文でそのことを嘆いている）、犯罪発生件数を大きく増加させる役割を果たす。警察の取り締まりが緩くなったのは、たんに犯罪摘発の基準が下がったためではなく、財源を要求する力が弱かったためである。ブラットンの功績は、秩序を乱す軽犯罪の取り締まりを強化するために、警察予算の増額を強く要求したことにある。付け加えると、彼はゼロ・トレランスとは関係がない一連の新しい警察業務の導入もおこなった。たとえば、業務の成果を測定するために、毎日コンピュータで統計処理をおこない、その数値を活用すること、などである。

さらに、ブラットンだけではなくジョージ・ケリングでさえ、ゼロ・トレランス政策は「割れ窓」理論とはまったく関係がないと強く主張している［B. Walsh, 1997 参照］。

以上のことから、ニューヨーク市警の実践とゼロ・トレランス政策の関係、およびゼロ・トレランス政策と「割れ窓」理論の関係は、いずれもはっきりと否定され、それらに関係があるとする議論は根拠が薄いことが分かる。

❹「割れ窓」理論にもとづく政策がニューヨーク市で試行された。ニューヨーク市でゼロ・トレランス政策が実施されなかったことは、すでに示したとおりである。それでは「割れ窓」理論のほうはどうだろうか？　ブラットン警視総監は、こちらは実施したと述べている。実際、彼はボストンの警察署長だった頃から、つまり論文を読む以前から、この理論の有効性に気づいていたと述べている。そしてジョージ・ケリングも、共著者であるジェームズ・Q・ウィルソンとともに提出したいくつかのアイデアは、すでに論文を書く以前から自分の頭のなかにあった理論にもとづいている、とはっきり述べている。ケリングの最近の著作『割れ窓を修理する』［Kelling and Coles, 1997］では、そのような主張が誇らしげに述べられている。

「割れ窓」のリアリティ

さて、いまや古典ともなった論文「割れ窓」について検討してみよう。ちなみに、この論文は一九八二年に『アトランティック・マンスリー』誌に掲載され、ウィルソンのベストセラーである『犯罪を考える』〔1985〕に多少修正されて再掲された。「割れ窓」が、近年の犯罪学にもっとも大きな影響を与えた論文であることは事実である。しかし、多くの重要な論文と同様、この論文が実際に読まれることはほとんどない。また、この論文で明確に主張されている政策の意味が議論されることも、めったにない。

この論文の背景には、警察が通常採用している方策によっては効果が上がらないという失望がある。その失望は、部分的には、ニューヨークやニュージャージーをはじめとする合衆国の多くの都市についてのジョージ・ケリングの先駆的研究にもとづいている。それらの研究で示されたのは、犯罪を減らすためには、警察による現状の取り締まりでは限界があるということであった〔Wilson, 1985, pp.61-74; Kinsey, *et al.*, -1986, pp.77-87 参照〕。このような結論は、とりわけイギリス内務省が支援した国際研究でも確認されている〔Morris and Heal, 1981; Clarke and Hough, 1984〕。そこで主張されたのは、警察業務のあり方は大きな岐路に立っており、犯罪との「戦い」において警察を「守りの砦」とみなす慣習的観点は、根本から見直されなければならない、というものであった。この点についてウィルソンは次のように書いている。

犯罪を減らす能力という点からのみ（あるいは主としてその点から）警察活動に評価を下すのは誤っている。警察活動のほとんどは、犯罪が発生して報告された後で実行される。…従来、警察の役割というのは…都市の地域住民の治安を守ることであった。犯罪が懸念されるとき、私たちは刑事司法制度のなかで一番目につきやすく、慣れ親しんでいる機関に頼ろうとする。すなわち、私たちにとって、警察は頼みの綱であると同時に、欲求不満のはけ口なのである。そのような行動も理解できないわけではないが、やはり誤っている。おそらく、私たちは一歩離れ、もっと広い視野から警察を眺めるべきであろう。犯罪統制において、警察が重要な位置を占めているのはたしかである。しかし、警察は、地域の治安維持においてさらに重要な位置を占めるべきである。

［1985, p.74］

ジェームズ・Q・ウィルソンは、警察業務にかんする従来の観点にはっきりと異議を唱えている。従来の観点では、犯罪問題を解決するには昔のように厳しい取り締まりをすればよいと信じられている。しかしウィルソンの主張は、こうしたゼロ・トレランスに賛同する通常の主張とはかけ離れている。警察は犯罪問題にたいして限られた役割しか果たすことができない。ウィルソンはこの点を明瞭に主張している。

私たちが知りうるかぎり、犯罪発生率にたいして最大の影響を及ぼすものとは、私たちの生活と歴史にかかわる要素——自由についての意識、社会の繁栄状態、子育ての方法、人々のさまざまな価値観——である。そして、こうした要素はもっとも変化しにくいものである。それにたいして、より変化を受けやすい要素——警察の行動、地域の組織形態、刑事司法制度の運営、裁判所が下す判決——のほうは、犯罪発生率にたいして限られた影響しか及ぼさないのである。 [ibid., p.250]

このような、犯罪統制において警察は中心的役割から周辺的役割に変更されるべきだという主張は、犯罪学者のあいだでは理論的立場にかかわらず意見の一致をみている。ウィルソンとケリングが見抜いたのは、犯罪にまでいたらないような些細な違反や秩序を乱す行為を抑制することが、犯罪の取り締まりと同じくらいコミュニティにとって重要である、ということであった。反社会的行為、すなわち「生活の質」を損なう犯罪は、都市住民に「不快感」を与える主な要因である。このきわめて的を射た洞察に加えて、かれらはさらに論争的な二つの主張を提起した。第一の主張は、警察は凶悪犯罪を減らすことはできないにしても、秩序を乱す行為を減らすことはかんたんにできる、というものである。実際、それはまさに警察が伝統的に担ってきた役割である。第二の主張は、反社会的行為にたいする取り締まりは、コミュニティが絶望と解体の危険を脱するためのテコの役割を果たす、というものである。つまり、警察によるインフォーマルな取り締まりは市民たちの自警活動の意識を高め、そこから腐敗に向かう悪循環もいずれ反転し、凶悪犯罪の発生も防がれるはずだ、というのである。ここで私はかれらの理論に立ち入って批判するつもりはないが、次の点は指摘しておこう。それは、かれらの主張が、あらゆる犯罪にたいしてゼロ・トレランスで臨むという構想とはほとんど別物である、ということである。そうした構想の根底にあるのは、警察が社会秩序の形成において中心的役割を果たしており、街角を「掃除」するだけですぐに奇跡のような素晴らしい効果が上がるはずだ、という信仰である。しかし、ウィルソンとケリングの主張はもっと緻密である。かれらは、警察は周辺的な役割を担うにすぎず、社会秩序は社会構造のもっと深い部分に源泉がある、と考えている。最後に、かれらはゼロ・トレランスを主張しているのではなく、政治的現実主義にもとづいた慎重な対処を主張しているということを指摘しておこう。はたして警察署長や政治家は、次のようなかれらのアイデアに賛同するだろうか？

各警察署は、現有の警官を配備するにあたって細心の注意を払わなければならない。ある地域は徒歩でパトロールできないほどモラルが低下し、犯罪が多発しているかもしれない。そのような地域にたいして、人員が限られた警察にできることといえば、せいぜい警官の派遣を要請する大量の電話に応答するくらいのことである。また、別の地域は徒歩のパトロールを必要としないほど平穏で平和かもしれない。重要なのは、そのどちらでもない地

域を見極めることである――公共秩序が乱れてはいても、回復できないほどではないような地域はどこか。路上の多くが占拠されていても、そのことを憂慮している人々が多い地域はどこか。いつも窓が割れてはいても、すべての窓が割られているわけではなく、割れてもすぐに修理されている地域はどこか。

ほとんどの警察署は、このように地域を区分し、警官を割り当てる体系的手法をもっていない。警官はただ犯罪発生率にしたがって割り当てられている（つまり、警察は絶望的な地域についてはは細かく調べることはできても、中間的な状態にある地域についてはしばしば見落としてしまうのである）。

[ibid., p.88]

モラル・パニックと特効薬――民衆の悪魔と無垢な聖女たち

さて、ゼロ・トレランスによって犯罪が減ったという奇跡のようなつくり話が、これほどすぐに広まり、世界中で実施されるようになったのは、いったいなぜなのだろう？　その場しのぎの対症療法にすぎない考えが、これほど広い領域で人々を惹きつけているのは、どのような理由からなのだろうか？　この問いに答えるために、次の点をかんたんに見ていくことにしよう。すなわち、マスメディアの状況、異議申し立て機関の脆弱《ぜいじゃく》さ、後期近代の多元的世界に生きる人々の心理的諸問題である。

マスメディア

すでに何度も述べたように、ニュースの価値でもっとも重要なのは「意外性」である。つまり、人々を驚愕させるものか、日常生活の「常識」とは対照的なものが、価値あるニュースとされる〔Young, 1971a: Cohen and Young, 1981 参照〕。これまで犯罪学者や逸脱現象の研究者は、当然のように否定的な異常現象に携わってきた。すなわち、かれらが関心を寄せてきたのは犯罪者であり、連続殺人犯であり、民衆の悪魔であり、諸々の怪物たちである。しかし、悲劇的な死を遂げたスターや英雄、無垢《むく》な聖女といった、肯定的な異常現象もまたメディアの格好の素材であり、民衆の希望と不安が投影される対象である。メディアがそうした肯定的現象を扱う仕方は、まさに人間存在の暗い側面を扱う仕方と同じである。つまり、ニュースを選択し、強調し、構築することである。したがって、犯罪の増減が大きなニュースになるのと同じように、犯罪対策も大きなニュースになるのである（栄養補助剤や監視カメラ、自警団、DNA検査と並んで、ニューヨークのゼロ・トレランス政策がニュースになる）。モラル・パニックとその特効薬は、毎日ニュースを流すために必要な素材なのである。それは、ガンで苦しむ人々の悲劇的ストーリーが、新しい「革命的」な治療法とセットにされて、いつも繰り返し報道されるのを見れば分かることだろう。さらにいえば、西欧社会がゼロ・トレランス政策に期待する背景には、悲しむべきことだが、犯罪が西欧社会でこれまで恒常的に増加し続けてきたことが挙げられる。だからこそ、「ニューヨークで、スコセッシやルメット〔いずれもアメリカの映画監督〕の映画で暴力都市として描かれていたあのニューヨークで、犯罪があらゆる地区で減少したという事実は、まさに奇跡ではないか！」というわけである。

こうした奇跡や突破口を探し求めることは、ニュースを収集する組織にとっては、内側から制度化された体質となっている。さらに付け加えると、番組編成に都合がよい目立つ要素があれば、たとえ短くて単純な断片的素材であっても、つなぎあわせてニュースにしてしまうというやり方は、これら組織に共通する目的と動機となっている。抜きだされた発言の一部、ほんの一瞬の映像ですべてが語られ、そこに大衆を扇動する次のようなメッセージが暗黙のうちに挿入される。「それだけで問題がかんたんに解決するというのに、なぜかれらはそれを実行しないのでしょうか？」これが、マスメディアが表面的な応急処置を喧伝するときの常套手段である。

異議申し立て機関

異議申し立て機関は、政府や民衆にたいして、犯罪問題を早急に解決する手段があると思わせることで仕事をもらっている。これは、小さな独立企業の場合もあれば（たとえば私立の麻薬クリニックや防犯組織）、大組織の実務家集団の場合もある（たとえば麻薬や窃盗の専門対策部）。いずれにせよ、社会統制を業務とする大組織がしばしば異議取り下げ機関として機能しているのとは対照的に、それらの機関は自分たちが社会問題の解決者であることを主張し、互いに争うことを仕事としている［Gusfield, 1989］。異議申し立て機関にとって、逸脱者の社会復帰や救済はどうでもよいことであって、むしろ逸脱者の起訴や管理、収容という問題こそが最大の関心事である。これらの機関の主張が熱狂的に受け入れられるのは、統計が示す傾向と一致したときだけである（ブラットン警視総監とニューヨーク市の場合のように）。そして、第二次世界大戦以来、このような一致はほとんどなかった。したがって、警視総監とニューヨーク市長が犯罪が減少したことを奇跡と思いこんだのも当然である。というのも、誰であれ、ありがたい戴《いただ》き物にケチをつけようなどとは思わないからである。

大衆

後期近代は価値の多元化をもたらしたが、それと同時に、就職や結婚、コミュニティといった従来の市民生活に組み込まれていた要素が不安定になり、日々脅かされる世界をもたらした。このような存在論的な不安定化にたいするひとつの反応として、確固たる規範を定めようとする欲求が、しばしば過去へのノスタルジーと結びついて生じる。すなわち、万人に市民道徳が行き渡り、将来が予測できた時代として過去が思い起こされ、そこに戻って行為規範をつくり直したい、という欲求が生じるのである。ゼロ・トレランス政策の魅力がそのような過去の世界に根ざすことは明白である。ゼロ・トレランスの提唱者たちは、懐かしい過去に照らして逸脱に取り組み、過去の基準に反する病理現象を一掃すると約束する。こうした即時的な主張が力をもつような文化的雰囲気が生まれたが、そこには手軽な奇跡や手っとり早い救済への信仰がある。次節で述べるような日常的思考に巣食う二つの錯誤は、この信仰から生じているのである。

犯罪を表面的に捉える誤りと社会を単純化して捉える誤り

先ほど紹介したセミナーは、ひたすら犯罪問題にたいする応急措置と単純な解決の追求に終始するものであった。ゼロ・トレランスにもとづく対処法はその典型であるが、それ以外にもさまざまな特効薬が処方された。たとえば自警団や監視カメラ、失読症〔学習障害の一種で識字障害・読字障害ともいう。知的能力や学習能力に異常がないにもかかわらず、文字が読めない、読めてもその意味が分からない（文字と意味を繋げることができない）等の症状が現れる障害をいう〕の犯罪者の治療のための栄養補助剤、グレンドン・アンダーウッド監獄での心理劇など、リベラルな聴衆が飛びつきそうな話題が取りあげられた。どれでもお好みのものをお取りください、早く取らないと流行に乗り遅れますよ、というわけである。特効薬とみなされているこうした対処法は、どれも二つの錯誤にもとづいている。

第一の錯誤は、ものごとを表面的に捉える思考法にある。その思考法によれば、犯罪は社会の外面的で表面的な問題にすぎない。つまり、犯罪は社会全体にわたる慢性的な疾患ではなく、たんに適当な軟膏を塗っておけば治るような局所的疾患とみなされる。このような思考法から、現象を表面的にしか捉えようとしない犯罪学が生じている。その犯罪学によれば、犯罪とはちょっとした傷のようなもので、適切な治療をすれば身体から取り除くことができ、それ以外の部分は健康なのだから、根本的な治療は必要ないとみなされる。こうした主張をする犯罪学者は、犯罪学の本流から距離を置きながら、犯罪を減らすための小手先の技術や解決策をあれこれと提案している。要するに、ここでは因果関係の転倒が起こっているのだ。つまり、社会が犯罪問題を生みだしているのではなく、犯罪が社会に問題を引き起こしているというのである。かつて犯罪が比較的異常な現象であった当時は、人々はまだ前者の因果関係の捉え方をすぐに受け入れることができた。しかし、犯罪が多発するようになると、犯罪というのは本来ありふれたものでショッキングなものでもないと諭《さと》されないかぎり、もはや人々が前者の捉え方を受け入れることは難しくなった。ほとんどの犯罪学者は、保守派であれリベラル派であれ、後者の因果関係の捉え方に満足することはない。しかし、なかにはこれを熱心に支持する犯罪学者もいる。

第二の錯誤は、次のような広く認められている考え方にある。それは、社会というものは比較的単純な構造をしており、さまざまな社会現象（結婚、自殺、ストライキ、犯罪）は、社会構造上の他の部分の狭く限られた変化としか関連をもたない、という考え方である。実際には、社会とは複雑な相互関係からなる全体であり、いかなる特殊な社会的介入であっても、他の社会事象になにがしかの影響を与えるものであるし、その影響を計算することはつねに困難である。同じように、犯罪発生率も他の多くの現象から影響を受けている。刑事司法制度による対策の程度が、犯罪発生率に影響を与えているのは事実である。しかし、地域のインフォーマルな統制の程度も同じように犯罪発生率にたいして影響を与えており、さらには雇用形態や子育てのあり方、文化的・政治的・道徳的状況、組織犯罪の程度、不正ドラッグの使用形態など、影響する要因を挙げればきりがない。こうした要因を数えあげるだけでも大変な作業なのだが、それでもまだ十分ではない。というのは、さらに人々の自分自身の境遇にたいする評価や意識を考えなければならないからである——たとえば人々が失業について認知している不平等感や、警察や収監について感じている不公平感などである。社会は、自然界と同じように複雑である(自然現象でさえ、天候によってそのすべてを説明しようと思う人はいないだろう)。それだけでなく、社会は自然界よりさらに解釈することが難しいのである。なぜなら、社会のさまざまな要因の一つひとつは、時間とともに、人々の解釈をつうじて変容していくからである。たとえば収監についていえば、同じ判決を下されても、ある人は完全に正当な判決であると思うだろう(「まったく自業自得だ」というように)。しかし、別の人は軽い犯罪であるのに不当で不正な判決が下されたと思い、判決を恨むようになって、将来さらに凶悪な犯罪に手を染めるかもしれない。さらに別の人にとっては、その判決は、特定の社会集団に属するために誰もが通過しなければならない儀礼のようなものと思われることもある。そして社会現象においては予想もできないねじれた関連が生じることがある。たとえば、収監率が低いことが犯罪抑止に効果をもつこともある。それは、そのコミュニティが犯罪を罰金で解決することで合意しており、刑事司法制度が完全に公正に機能している場合である。逆に、高い収監率が犯罪を増加させることもある。それは、刑事司法制度による犯罪の軽重の判断が不公平であったり、あるコミュニティだけが他のコミュニティと比べて特別に厳しく取り締まられていると多くの人々が感じている場合である。

現代の犯罪学にはさまざまな政治的・理論的立場がある。それでも、犯罪を社会の表面的なものにすぎないとみなす考え方と、社会を単純なものとみなす考え方は、いかなる立場の犯罪学者も同意できない考え方である。すでに見てきたように、ジェームズ・Q・ウィルソンは、犯罪が、普通なら自由の基盤となるはずのさまざまな価値——子どもを育てることや裕福であること——から起こっていると考えている。ウィルソンによれば、それらの価値は人々ができるだけ変わらないままであってほしいと願う類いのものである。衝動をかきたて、消費を煽《あお》りたてるような社会では、子育ての習慣はいい加減になり、そのことが犯罪を生みだす原因になるだろう。犯罪者をどれほど厳しく取り締まり、どれほど多くの人を監獄に入れようと、そうしたことでは問題の表層的な部分しか扱うことができない——ウィルソンの「現実主義」の基本には、このような考え方がある。つまりかれの犯罪学は、そもそも都市のすべての地域で犯罪をなくそうというのは無理なのだから、犯罪を大幅に減らすとか、まして犯罪を根絶しようなどとは思うべきでない、と考えるのである。政府は近年のドラッグ戦争で多額の費用をかけて大かがりな介入をおこなったが、ウィルソンはその中心人物であった。この点について彼の主張を聞いてみよう。

> 多くの人々が…私たちがドラッグ戦争に敗北したと考えている…（しかし）私たちは降伏してもいないし、負けたわけでもない。ただし、勝利したわけでもない。国家はドラッグから人々を救いだすことに最大の力を尽くし、それは達成されたのだ。ドラッグ問題は食い止められ、犠牲者の数は最小限にとどめることができた。そしてドラッグ犯罪の増加に対処するために、あらゆる手が尽くされ、法制度も強化された。
>
> [1992, p.26]

冷徹な「現実主義者」であるウィルソンは、それでも右派の犯罪学者のなかではもっとも楽観的な人物である。統制理論の創始者であり影響力をもつ人物であるトラヴィス・ハーシは、マイケル・ゴトフレッドソンとの共著『犯罪の一般理論』を次のように締めくくっている。

> 国家は、犯罪の原因でもなければ、犯罪の解決主体でもない。私たちの考えでは、自己を抑制する能力の低下が犯罪の原因となっており、その能力は生まれてから六歳から八歳のあいだ、つまり子どもたちが家族あるいは家族の代替集団で見守られている時期に形成される。あれこれの犯罪行為を防止することでは限られた効果しか得られないが、子どもた

> ちを社会化する家族組織の能力を向上させるような政策を実施すれば、長い期間のうちに犯罪を実質的に減少させる効果があると期待することができる。これこそ国家にとって唯一の現実的方策であろう。
>
> [1990, pp.272-3]

そしてかれらは、雑誌『ソサエティ』に掲載された論文で、アメリカの犯罪政策を次のように酷評している。

> アメリカの犯罪政策には、それを導く理論が欠けている。それが頼っているのは、実証的な裏づけすらないような、たんなるスローガンやキャッチ・フレーズである。すなわち、職業犯罪や犯罪者養成組織、ドラッグ検査、「中間的制裁」〔非営利法人の不正などに対して、明白な処罰と放任の間に、税制を利用した罰則を課すことにより、不正を規制すること〕、ギャング集団、長期化する一方の刑期、といった言葉を強調しながら、実際には広く各地に警察部隊を緊急配備するというお決まりの手段しか取らないのである。
>
> 　こうした状況に正しく対処するには、社会理論と社会研究に立ち戻らなければならない。近年の動向は、一部の政治家や官僚の野望によって政策が正当化されることがどれほど危険なことであるかをよく示している。
>
> [1995, p.30]

刑務所を最大限に活用したゼロ・トレランス政策を主張しているチャールズ・マレーでさえ、

ゼロ・トレランス政策は犯罪問題を根本から解決するものではなく、「それで闘いに勝つことはない」と強調しており、さらに「この政策によって一九五〇年代の犯罪発生率に戻したいなどと思えば、その先には絶望があるだけだろう」と述べている［1997, p.20］。

後期近代への移行

後期近代への移行にともなって、先ほど挙げた二つの誤った思考方法（すなわち、犯罪を表面的現象と捉える思考方法と社会を単純なものとみなす思考方法）は、ますます通用しなくなっている。

まず、犯罪を表面的な現象とみなすという誤った思考方法を取りあげよう。包摂型社会から排除型社会への変化には、労働市場の解体がともなっている。というのも、この解体によって経済的に不安定な人々や、現実に労働市場から排除されている人々が、大量に生みだされているからである。このような社会基盤の動揺は、相対的剝奪感をさらに先鋭化させている。さらに市場の力は、労働市場を変容させただけでなく、同時に新しいライフスタイルからなる消費型世界をつくりだし、個人主義を社会全体に浸透させることになった［Currie, 1997a参照］。犯罪はこうしたことが結びついて起こっている。そして、犯罪はいまや日常生活のありふれた出来事となった［Lea and Young, 1993; Garland, 1996参照］。犯罪の発生状況は、地図の上でかんたんに明らかにすることができる。通常、それは公的資料が示すものよりも、もっと広い範囲に及んでいる。あいかわらず犯罪が集中的に発生する地域は残っているが、その数はしだいに減っている。しかし、他方で一般的な犯罪の起こらない地域がなくなっている。凶悪犯罪や傷害犯罪はいまだに繰り返し起きているものの、日常的な違反行為がそれらを大きく上回るようになり、常態化するようになった。ここから、私たちは「犯罪者〔criminal〕」に代えて「違反者〔offender〕」という言葉を使うことにしよう。実証主義的な犯罪学者が好んで取りあげるお定まりの犯罪については、これまで発生率が一定であると信じられてきた。しかしこの説は、たとえかれらの基準を用いたとしても、もはや明らかに支持することができなくなった。他方で新実証主義の犯罪学者は、理性的な市民と合理的な違反者のあいだに区別はないと考えるようになった。というのも、出来心で万引きをする人物は、衝動的な買物客と同じタイプに属すると考えられるからである〔Clarke, 1980〕。

このような世界では、犯罪を、社会に適応できない犯罪傾向のある個人のせいにしたり、周囲の「進歩」から取り残された地域のせいにしたりすることは、もはや無理というしかない。社会の表面にできた染みは、いまや全体に広がってしまっているのだ。例をひとつ挙げよう。ジェフ・ピアソンたちのグループは、一九八〇年代初頭にイギリスにおけるヘロイン中毒の広まりについてすばらしい研究をおこなった。かれらによれば、ヘロイン中毒はさまざまなライフスタイルと関連しており、それはステレオタイプ化した「ヤク中《ジャンキー》」のイメージから連想されるライフスタイルとはまったく異なるものであった。

何年にもわたる調査が明らかにしたところでは、ヘロイン中毒は広くさまざまなライフスタイルと関連している——正常な家族生活と職業生活を送りつつ適度にヘロインをたしなむ人々から、無秩序な生活を送りながら犯罪と収監を繰り返す「ヤク中」にいたるまで、中毒者のライフスタイルは多岐にわたっている。それでも一世紀前の「典型的」なヘロイン常習者といえば、自由奔放な生活を送る人々や精神状態の不安定な人々のことであった。しかし、近年にヘロイン常用者の数が着実に増加していくにつれ、明らかにそうしたステレオタイプは通用しなくなっている。たしかに、心理的な理由で麻薬の誘惑に抗しきれない人々がいるのは事実である。しかし、今日の社会において、人格要因や精神病理によってヘロイン常用を説明することはまったく不適切と言わねばならない。

[1985, p.8]

ピアソンの研究グループが聞き取りをした相手のひとりであるアランは、かつてヘロインを常用していたころの経験を次のようにうまく説明している。

「あんたにも分かるだろう。昔は、一マイル離れたところからでもヤク中の連中を…かんたんに見分けることができたんだよ。注射跡だらけの腕とか、貧相なヒッピーとか、そういった特徴全体から見分けることができたんだ…俺が言ってることはあんたにも理解できるだろう…。でも今では、街中でヤク中を見かけたとしても、あんたにはどうだか知らんが、俺には普通の奴らと区別できなくなったんだよ。」（アラン、二四歳、マンチェスター）［ibid., p.9］

ドラッグ使用が常態化するのと並行して、犯罪も常態化している。それらの現象は、もはや社会の表面に単独で生じた小さな傷とはみなせない。むしろ、小さなニキビが身体中に広がって発疹になったと考えたほうがよい。しかも「犯罪の常態化《ノーマライゼーション》」から「犯罪者の正常人化《ノーマライゼーション》」にいたるまでは、ほんの一歩である。こうした変化によって、「犯罪者となる者は当人自身に原因がある」と捉える近代主義の考え方は、もはや通用しなくなっている。同じことは違反者についても当てはまる。新古典主義犯罪学では、違反行為とそうでない行為は明確に区別されていたが、違反行為の種類が広がるとともに、その区分は曖昧で連続したものになり、それと並行して、違反者の定義も固定したものではなくなった。これまでの実証主義的な近代犯罪学は、少数の明確な犯罪者しかいない社会を前提にしてつくられたため、犯罪の原因はそれら犯罪者の個人的要因に求められていた。つまり犯罪は、異常性格や差し迫った個人的事情から生じるものと考えられていたのである。また新古典派的な犯罪学は、犯罪を法律によって明確に規定できると考えてきた。しかし、後期近代においては、違反者と違反行為を明確に定義することができなくなった。違反者はいたるところに存在しており、違反行為も多くの反社会的行動と同じように輪郭がぼやけてしまったのである。

二つめの錯誤、すなわち社会を単純なものとみなす思考方法に話題を移そう。この思考方法によれば、社会は単純なつくりをしているので、介入すればきちんと結果が生じるし、その計測も容易であると考えられていた。しかし、このような考え方もますます支持できないものになっている。人間社会はそもそも物質世界より複雑で、変化にたいする柔軟性をそなえている。しかし、この複雑性と柔軟性は、後期近代になってますます顕著になっている。社会の複雑性はさらなる複雑性を生み、社会は変化にたいしてますます柔軟になった。そのために介入の結果を予測することは、これまで以上に困難になった。ここで社会への介入を、インプット（変化する値、すなわち変数）とアウトプット（介入結果とその計測値）という二つの構成要素から成り立つと考えれば、後期近代社会における複雑化の過程がどのように進行するかが理解しやすくなる。この複雑化の過程は、かつてないほど価値が多元化し、社会システムがますます包摂性と統合性を失っていく過程である。

インプット

公共の優先事項

近代社会における専門家の役割は、公共の優先事項を定めること、つまり大衆に取り組むべき問題を教えることであった。しかし後期近代社会になると、専門家は受動的な大衆に問題を示すことができなくなった。すなわち、核開発の専門家をはじめ、食品衛生や輸送、ドラッグ、犯罪の専門家など、いわゆる「権威筋」が発言しても、すぐさま疑われるようになったからである。権威はますます尊重されなくなり、そのうえ、権威とされる集団の内部でさえ何が権威であるかについて意見が一致しないという奇妙な慣習ができあがっている［Giddens, 1991; Beck, 1992］。専門家の主張はますます特定の利害集団に配慮したものとなり、いっそう悪いことに、科学的な客観性にもとづいた統一見解を出すことさえ難しくなっている。専門家たちはバラバラに見解を出すと、すぐさまマスメディアがかれらの意見の不一致を取りあげる。マスメディア自体も見境なく拡大するばかりで、多様で幅広く、しかもかつてない速さで移り変わる問題をたえず流し続ける［NcRobbie and Thornton, 1995］。他方で大衆はますます均質性を失い、異質性を高めている。いくつかの優先事項は共通の問題として受け入れても、他の事項では争うようになった。コミュニティの問題については意見も態度もバラバラになった。したがって、何が解決すべき問題であるか、あるいは何が望ましい結果であるかは、つねに異論を差し挟まれ、疑問視されるようになった。

有効な変数

犯罪を減らすための標準的な介入装置としては、警察やコミュニティ、家族、経済政策、教育システムが挙げられる。これらの変数は、どれも後期近代になって機能が低下したものである。コミュニティはますます凝集性を失っており、コミュニティの価値を回復しようと議論したところで、それはたんに私たちがどれほど過去の夢にしがみついているかを明らかにするだけで、挫折することが目に見えている。また、コミュニティを内側から再生する政策にしても、街中をうろつく精神疾患者や前科者に生活手段を与えることができず、結局、希望的観測のまま終わったか、皮肉な結末を迎えただけのことであった。人々に長期的な雇用を提供したり、人々を社会秩序に組み込んで安全を確保することは、地方行政はおろか政府ですら力が及ばない。それは世界規模で作用しているさまざまな力にかかわる問題なのである。ほとんどの社会民主主義的な施策は、もはや実効性をもたなくなった〔Hofman, 1993参照〕。また、家族と刑事司法制度の強化という保守主義の標準的な手法も有効ではなくなっている。すでにみたように、優れた批評家であるジェームズ・Q・ウィルソンは、犯罪発生率に大きな影響を与える要因こそ、もっとも変化させにくい要因であることを素直に認めている。そして警官数や収監者数、学校の道徳教育など、すぐにでも変更することができるような要因さえ、家族やコミュニティの弱体化と雇用の不安定化によって、犯罪の減少にはほとんど役に立たないものになっているのだ。

介入の価値とその変容

社会が後期近代に移行するにつれて、その要素（変数）に奇妙な現象が生じた。すなわち、多元的社会においては、ある要素が社会のある部分から別の部分へと移動すると、その要素の価値や役割が変わってしまうだけではなく、時間とともに不安定になっていくのである。以下、このことを二つの例で説明しよう。まず刑罰という要素を取りあげる。ある人物に、禁固二年の判決が下されたとする。その判決が意味する内容とそれがもたらす影響の大きさは、この人物が男性であるか女性であるか、専門職者であるか失業者であるか、若者であるか老人であるか、という事情によって変わってくる。合衆国の都心部では、若い黒人男性に禁固刑の判決が下されることはまったくの日常茶飯事になっている（それらの地域では若い黒人男性の四人に一人がつねに刑務所に入っている）。そうした状況では刑務所に入ることは「男の勲章」になることはあっても、否定的な意味あいをもつことはない。合衆国における刑罰の取り組みを広い視野から眺めてみると、そこでは刑罰の意味が変わりつつあることが分かる。社会の広範な人々にとって、もはや矯正監察処分（保護観察、仮釈放、禁固）はスティグマになるどころか、むしろ日常的な出来事となった。つまり、免許証の裏に違反事項が記載されたり、軽い病気を抱えていたりすることと変わらなくなったのである。次に、もっと分かりやすい要素である賃金を取りあげよう。仕事で時給が上がったとする（たとえば一時間あたり二ポンド）。それがどのような意味をもつかは、その人の社会構造上の位置によって異なってくる。中流階級の人々にとっては、その程度の昇給は気づかないほど小さなものであろう。しかし、低所得層の人々にとっては、仕事への熱意が上がるほどの大きな魅力をもつだろう。さらに、「貧困の罠」

〔低所得者が収入増のために生活保護の対象外となり、結果として収入減となる状況〕に直面している人々にとっては、それこそ無意味な昇給と思われるだろう。

アウトプット

計測

犯罪学（実際には社会科学全般にいえることだが）において計測が問題にされるのは、計測者ごとに「同一」の行為にたいする定義が異なるという実態があるためである。ある人にとっては暴力と映る行為が、別の人にとっては暴力とは映らず、まったく無害な行為とみなされることもある。また、男らしさを競うギャング集団の若者たちは、中流階級のサラリーマンとはまったく異なる価値尺度をもつことがある〔Young, 1988; Mooney, 1998 参照〕。後期近代では、多元主義が広がるにつれ、価値尺度が集団ごとに多様化し、その内容も時代とともに変わっていく。別の例を挙げると、「公共物の破壊」をどのように定義するかは、同じ団地に住む人たちのあいだでも、所属する集団ごとに（とくに年齢や性別ごとに）異なるだろう。さらに厄介なことに、「見るに耐えないほどの公共物の破壊」ということになると、その定義は時代とともに急速に変わっている。

自己賛美の文化

真に必要なのは、犯罪統制の施策の効果を正確に測定する機関である。しかし、犯罪統制産業には「自己賛美の文化」が骨の髄《ずい》まで浸透している。たとえば「ドラッグ問題の専門家が、レポート十本のうち一本でも正しいことを書いていたら、ドラッグ問題はとっくの昔に解決していただろう」とよく囁《ささや》かれるのも、専門家が事態を自分たちに都合よく捉えてきたためである。同じような傾向は、とりわけ犯罪発生率が下降するときによくみられる。専門家は犯罪発生率が下降したのは自分たちの組織のおかげだと主張する誘惑にかられるが、それには専門家としての慎重さを失いかねないほどの力があるようだ。私たちが必要としているのは、こうした自己賛美の文化に代わる、自己懐疑の文化である。

すりかえ

あらゆる社会的介入は、必然的に問題の「すりかえ」をひきおこす。それは十分な能力があれば避けられるような技術的問題ではない。どのような社会でも、「すりかえがされているかどうか」ではなく、「いつ、どこで、どの程度のすりかえがされているか」が問題とされる。さらに重要なのは「誰のためにすりかえがされているか」ということであるが、これはあまり問われることがないようだ。ロジャー・マシューズが述べているように、「悪質でないすりかえというのは、もっとも弱い立場にある人々を犯罪や反社会的行為から守り、犠牲者の発生やその影響の広まりを未然に防ぐこと」を目的としたものである［1992, p.46］。後期近代の特徴は、正規雇用市場の労働者と、非正規雇用市場の労働者、そして労働市場からまったく排除されている人々とのあいだの格差が大きく広がっていることにある。私たちは犯罪統制の戦略を検討するにあたってそのような社会的分裂を視野に入れるべきであり、そこにみられる問題のすりかえをたんなる技術的問題として済ませるべきではない。実際、社会的分裂がますます拡大していることは、犯罪被害を受ける者と受けない者とのあいだの格差が広がっていることをはじめ、さまざまな証拠が示しているとおりである［Hope, 1996］。

寛容の限界

以上の議論で、私たちは、ゼロ・トレランス政策がはたして有効性をもっているのか、それはどれくらい明確な概念なのか、ということを分析した。とくに問題にしたのは、ゼロ・トレランスとはどのような内容で、それはほんとうに機能するのか、ということであった。最後に、もっとも核心的と思われる問いに移ることにしよう。すなわち、それは「寛容《トレランス》」にかんする倫理的・政治的な問いである。リベラル民主主義において寛容とはどのような意味をもっているのだろう？　後期近代において、私たちは正常と逸脱を区別する境界をどのように定めればよいのだろう？

これまで、私たちは不寛容の犯罪学について議論してきた。すなわち、それは社会の周縁にいる人々や些細な違反をした人々を厳しく取り締まることに潜む不寛容についての議論であり、さらに、それと密接に関連して、監獄制度が収監者数を年々増加させていることについての議論であった。近年のそのような流れは、警察の介入を最小限にとどめ警官数を最小化することを主張するリベラルな意見や学説とは、まったく反対のものである。実際、警察力の最小化は、一九世紀以来の理論犯罪学における隠された計画とさえいってもよい。というのも、リベラル民主主義国家はそもそも刑罰の最小化を目指すべきであり、もっと最近では、多様性と差異にたいして寛容な社会を創設することを目的にしなければならないということが、暗黙の前提になっているからである――しかし、ゼロ・トレランス社会はまさにその正反対なのである。

この対立を考察するにあたり、もっとも安易な方針で臨むとしたら、新しい刑罰理論の重要領域であるゼロ・トレランス政策を徹底的に批判することでこの章を終えるのがよいのかもしれない。つまり、私たちはゼロ・トレランス政策を、「人間のクズ」という烙印を押された人々を街から一掃しようとする策略として捉え、次のように批判すればよいのだ。ゼロ・トレランス政策とは、大量の人々が周縁に追いやられ、貧困にあえぎ、抑圧されるような社会をつくりだす排除の過程の一部をなすものであり、さらにいえば、それはたんなる保険統計的な処理にすぎないもので、司法というより公衆衛生と呼ぶべき政策である[Young, 1998]。というのも、その政策では、ショッピング・モールで楽しく買い物をしている客たちが、真っ昼間から酒を飲んで酔っぱらっている浮浪者を見て不快に思うようなことがあってはならない、という判断が下されるのだから。たしかに、ここで挙げたことはすべて事実なのだが、だからといって、このような安易な結論で満足するわけにはいかない。これでは犯罪学の根底に潜む矛盾はとうてい理解できないし、現実的な関心から目を逸らすことになってしまうからである。

このような難点は、もうひとつのゼロ・トレランスにかんする議論——すなわち、フェミニズムの議論——を参照することでさらに明らかになる。というのは、フェミニストが推進する「女性への暴力にたいするゼロ・トレランス政策」のキャンペーンは、同じく「ゼロ・トレランス」という名称で呼ばれる警察の取り締まりキャンペーンとまったく対照的だからである。このフェミニストによる「ゼロ・トレランス」キャンペーンは、もともとはカナダ連邦政府による「家庭内の暴力を撲滅する運動」に由来している。連邦政府がこの運動を始めたのは、一九八九年一二月六日にモントリオールで起こった虐殺事件に衝撃を受けたためである。それは一四人の若い女性がひとりの男性によって虐殺された事件であるが、彼女たちの大半は工業大学の学生であり、男性が激高して虐殺にまで及んだのは、彼女たちが男性の領分を侵しているというのが理由であった［Foley, 1993］。この運動のスローガンは、エディンバラ地区評議会の女性委員会にそのまま引き継がれ、一九九二年一一月には「女性にたいする暴力のゼロ・トレランス」という有名なキャンペーンがおこなわれ、ロンドンのさまざまな地区で繰り広げられた（このキャンペーンの評価については［Mooney, 1998］を参照）。ここで私たちは、ゼロ・トレランスを主張する別のキャンペーンに出会ったわけだが、かりにもまともな精神の持ち主で、女性にたいする暴力や性的攻撃、幼児虐待は絶対に許されるべきではないという主張にたいして、賛成しない者がはたしているだろうか？

ここでゼロ・トレランスという警察の取り締まりに関連する用語について、フェミニストの運動がこの用語を「よい意味」として用いていることは、意味上の混乱を招いているというより、警察とは対照的な意味で用いる方法を示していると考えるべきだろう。当然のことだが、両者の意味内容はまったく異なっている。フェミニストの主張するゼロ・トレランス概念は、ウィルソンとケリングがこの概念について定義したどのような基準にも当てはまらない。女性にたいする暴力は、たとえ富裕層の人々のあいだで起ころうと、あるいは貧困層の人々のあいだで起ころうと、社会のいかなる場所でも許されない。この規範はあらゆる場所で一律に適用されなければならない。「女性にたいする暴力のゼロ・トレランス」は、「取り締まりのゼロ・トレランス」とは異なり、過去のノスタルジーに浸ったり、黄金時代を懐かしんだりするものであってはならない。というのも、女性にたいする暴力がなかった「黄金時代」など過去に例がなかったからである。現在でも、家父長的な社会では女性にたいする暴力がつねに起こっている。したがって、フェミニストが主張するゼロ・トレランス概念は、規範を設けることによって新しい世界をつくりあげる試みであり、過去を復活させることとはまったく別のことなのである。

当然のことながら、これら二つのゼロ・トレランス概念には矛盾があり、それを回避するために、私たちは一方を考慮して他方を無視することもできる。すなわち、女性にたいする暴力にはゼロ・トレランスの態度を維持しながら、困窮者による女性への暴力には寛容な態度で臨むという対処も可能である。しかし、このような態度はフェミニストが要求する普遍的規範（女性にたいする暴力はどこで起ころうとすべて禁止されるべきである）に抵触するだけではなく、それはリベラル派の人々にだけ広く浸透している一種の不誠実な考え方であるようにも思われる。かつて私は、そこに潜んでいる思考様式を現実主義的な立場から次のように批判したことがある。

犯罪にたいする左派の人々の態度には矛盾がみられる。というのも、かれらは女性や移民にたいする犯罪には大きな関心を寄せるにもかかわらず、その他の犯罪にはほとんど関心をもたないか、あるいは容認するような態度をとっているからである。すでに述べたように、この態度に潜んでいる誤りの一部は、左派の人々が抱いている次のような信仰に由来している。すなわち、財産を奪う犯罪は被害者がブルジョアに限られており、またブルジョアの人々にたいする暴力は、ロビン・フッドのようなアマチュア犯罪者による「富の再配分」という正義の実践である、という信仰である。残念ながら、こうした考えはまったく事実に反している。皮肉なことだが、近所のアパートのドアを壊して押し入る若者た

ちが、実は大邸宅に住んでいて、イギリス国民運動のバッジを付けてアジア人を虐待しているというのが現状なのである。[Lea and Young, 1984, p.262]

さらに、ゼロ・トレランスをめぐる二つの言説のあいだには重要な類似性がある。両者は寛容さを減らすことを、つまり「逸脱を広く定義する」ことを明らかに望んでいる。また両者とも、どこまでを違反行為とみなすべきかという問題に関心を寄せている。つまり、どちらの言説も、誰もが重罪とみなす行為と、一部の限られた人々が「生活の質を汚す」犯罪とみなす行為の両方を懸念しているのである。とくにフェミニストたちは、「普通」の男性による日常的行為、たとえば職場や街中でのセクシュアル・ハラスメントのような反社会的行為が、どれほど女性の心を脅かし、公共空間で女性の移動の自由を脅かすものであるか、ということに関心を向けている。

これらの議論から、私たちはふたたび「割れ窓」理論へと連れ戻されることになる。ウィルソンとケリングの論文の重要性は、些細な反社会的行為が累積すれば、それは市民にとって犯罪と同じくらい大きな問題となることを指摘した点にある。そして、この論文の限界は、かれらが反社会的行為を犯罪から切り離して考えようとすることにある。つまり、かれらは、逸脱と犯罪を同じ原因から生じる同じ現象の一部であると考えるよりも、反社会的行為と犯罪が二つの別々の原因から起こるものであるかのように考える傾向がある。[▼1] 現在では、左派リアリストとラディカル・フェミニストの研究では、犯罪と反社会的行為のあいだに連続性があること、どちらも社会全体に重要な影響を与えること、どちらも共通の原因に由来していることが認められている。そのことを示す一文を引用しよう。

犯罪は、社会病理の連続体における終着点である。犯罪を、秩序を乱したり壊したりする他の現象から切り離して捉えることはできない。他の現象とは、たとえば早朝に窓から騒がしい音楽が聞こえる荒れ果てた公団住宅であり、壁の落書きであり、店内での喧嘩であり、中身がつまったまま放置されたゴミ箱であり、オイルが染みついた車道であり、横柄な態度の若者たちであり、家の前の道を猛スピードで走る大型トラックであり、夜の散歩もできない街路であり、たえず危険に注意しなければならない状況であり、世界がバラバラに崩壊したことを示す象徴であるなど、さまざまである。要するに、それらは人間性や基本的な良識を尊重する心が失われてしまったことを意味している…。

…人種的ハラスメント…は、明白な犯罪行為からたんなる嫌がらせまで、広い範囲に及んでいる。しかし、それぞれの行為を全体から切り離して考えることはできない。嫌がらせがエスカレートして暴力犯罪になることもあるのだ。さまざまな反社会的行為のなかでも、犯罪は、私たちの心にもっとも不快な印象を与える行為である。しかし、犯罪はそれでも氷山の一角にすぎないのだ。その背後には、ほとんど犯罪とはみなされない大量の違反行為――犯罪に比べれば「たんなる」児戯に等しい行為とみなされている――が存在しているのであり、それらの違反行為は、身を守る手段をもたない人々にたいするおぞましい攻撃と、部分的には同じものなのである。この点において、一部の評論家たちによる、大多数の犯罪が「軽微」であるから考慮する必要がないという主張は、否定されなければならない。

人種的ハラスメントと類似した現象として、女性にたいするセクシュアル・ハラスメントがある。女性たちが職場や街角で受けているセクシュアル・ハラスメントは相当なものである。そのため女性にとって公共空間での移動、とくに夜間の移動は厳しく制限されている。そして、攻撃的性行動の連続体の終着点にあるのがレイプである。レイプ事件が他の性犯罪と比べて発生件数が少ないからといって、その社会に女性にたいする反社会的行動があまりみられないということにはならない。反対に、それはその社会においてレイプが現実的な脅威となっており、そこではセクシュアル・ハラスメントが広く蔓延していることを象徴しているのである。 [Lea and Young, 1984, pp.55-8]

私がこの文章を書いたのは、フェミニズム研究者のリズ・ケリーたちが、女性にたいするさまざまな暴力をひとつの連続体として捉えるアメリカ人活動家たちの仕事［たとえばMedea and Thompson, 1974］をさらに発展させていた頃と、ほぼ同時期であった［1987; Kelly and Radford, 1987］。

以上のことから、犯罪と反社会的行為を連続したものとみなす一九八〇年代に起こった考え方には三つの異なる理論的源流があることになる。その流れとは、主流派の犯罪学、ラディカル・フェミニズム、そして左派リアリストである。ここで、そうした学問世界の内部の変化が、学問世界の外で起こったどのような変化に対応しているのかを考えてみよう。私の考えでは、それは後期近代の出現にかかわる三つの大きな変化に関係している。

(一) 二〇世紀の終わり三分の一の時期は、犯罪の増加と社会病理の拡大に特徴があるというより、犯罪がますます社会病理的になり、社会病理がますます犯罪的になったという点に特徴がある（このことを早くから指摘した論文として［S. Cohen, 1973］を参照）。もはや、犯罪を社会病理から区別することはできなくなったのである。かつての貧困地域では、職業的なエリート犯罪集団が、一部の一般市民（銀行や店舗、ナイトクラブ、他の犯罪集団）を標的として、人々を震えあがらせていた。しかし、現在の貧困地域を支配しているのはアマチュア犯罪者たちである。市場個人主義の広がりによってホッブズ的世界がもたらされ、いまや青少年の非行は相互殺戮の様相を呈するほどになった。社会病理は犯罪と同じくらい重要な問題となっただけではなく、犯罪と連続した現象であることが明白になったのである。

(二) 多元的社会が発展することによって、秩序にかなった行為とそうでない行為の区別をめぐる集団間の争いが広がりつつある。集団が互いに寛容であることがますます必要とされながら、寛容の限界をめぐる争いがつねに起こるようになった。ある人からみれば秩序にかなった行為も別の人からすると無秩序な行為と映り、ある集団にとっては「正常」な行動も別の集団にとっては耐えがたいものと感じられるからだ。

(三)社会構造における大きな変化のひとつに、女性の役割の変化が挙げられる。女性が労働市場へ参入した結果として、公共空間においては仕事と余暇のために女性がますます移動するようになった。女性は、男性と経済的に平等になるにつれ、男性と同じように人間として尊敬されたり、妨害や危害を加えられることなく自由に行動することを望むようになった。また、男性から女性の行動や安全に不当な侵害が加えられることを受容しなくなった。さらに、女性が公共生活で重要な政治的・経済的役割を担うようになり、女性にたいする暴力や虐待を容認しなくなった。こうした法と秩序にたいする女性たちの要求は、公共的な言説を変容させる大きな要因となっている。

このような寛容をめぐる議論および法と秩序にたいする要求の高まり——受容できない行為が増加しているせいもあるが——は、犯罪と逸脱の問題として、一般社会においても学問世界においても中心的課題になってきた。このことをよく示しているのが、ダニエル・パトリック・モイニハンによる「逸脱を狭く定義する」[1993]という有名な論文である。そこで彼は、犯罪や社会病理の増加にうまく対処するには、ある種の犯罪や家族崩壊、精神疾患といったさまざまな病理現象を、逸脱の定義からはずすだけでよいと述べている。ある意味で、ゼロ・トレランス政策はこのような議論にたいする反応である——それは寛容の度合いを下げ、不寛容の度合いを高める方向に戻そうとするものであり、警察の取り締まりについていえば、それは犯罪や社会病理の拡大を「許容」してきたリベラリズムを批判するものである。ブルース・シャピロは、この点にかんして次のように述べている。

ゼロ・トレランスの監視政策は、たしかにキャンペーン用の宣伝文句としては申し分のないものである。そのもとになったウィルソンとケリングの割れ窓仮説にしても、手を下しようがないほどひどい犯罪に悩まされている社会であれば喜んで飛びつくような内容である。しかし、目の曇ったリベラル派の人々は見落としているようだが、割れ窓仮説をよく検討してみれば、それは犯罪にかんする仮説ではまったくなく、解体した社会秩序にかんするひとつの視点にすぎない。ウィルソンとケリングによる最初の論文も、ケリングとコールの最近の著作も、犯罪政策を提唱するために書かれたわけではなく、市民の自由やホームレスの権利、あるいは自由な社会を主張する人々を執拗に攻撃するために書かれているのである。ケリングとコール［1997］によれば、社会病理は「個人主義の精神が浸透し、法律が共同体の利益よりも個人の基本的権利を守ろうとすればするほど激しくなる」とされている。ケリングとコールは、一九六〇年代が個人主義の精神を肥大させたと主張して、この年代を執拗に批判する。すなわち、「暴力をともなわない逸脱のほとんどすべてが、個人の表現の自由という概念によって、とりわけ合衆国憲法修正第一項〔言論の自由にかんする条項〕によって解釈されるようになった」。さらに彼は、精神疾患のホームレスをアメリカの路上に蔓延させた責任は市民の自由を擁護した人々にあるとまで主張している――レーガン政権がコミュニティ支援計画の予算を削減した事実も、同政権が公共住宅の建設事業を廃止した事実も、不動産投資家がかつて困窮者向けに提供されていた数千の簡易住宅を高級住宅に建て替えた事実も、どうやら彼はまったく覚えていないようである。

暴力犯罪が生じる過程は複雑であり、それは都市と貧困層の状況に密接に結びついている。そこにこそ、ゼロ・トレランスの福音に隠れている真の危険がある。すなわちゼロ・トレランス政策は、犯罪をその原因から切り離し、安全な社会がどのようなものであるかも示さず、あらゆる手段を用いて秩序を維持しなければならないという強迫的な幻想を振りかざすだけなのである。

[1997, p.6]

ここで引用したシャピロの主張は、私の見解と重なるものである。すなわち、犯罪発生率は犯罪が起こる社会的背景、あるいは社会システムの構造的問題に左右されるという見解である。明らかに、かつての西欧世界全体において刑事司法制度の「寛容度」が高まったのは、「リベラリズム」の思潮が高まったためではなく、刑事司法制度にたいする圧力が異常に強まったた

めである。また、個人主義や刹那的満足を重視する価値観が犯罪問題に大きな影響を与えていることは事実であるとしても、そうした価値観は社会が漠然と許容したために広まったものではなく、二〇世紀後半の市場主義の拡大が引き起こした現象である［Currie, 1997 a］。犯罪発生率は、社会の物質的条件に結びついている。刑事司法制度は、リベラルな思想によるものであろうと、厳格な保守的道徳によるものであろうと、犯罪発生率にそれほど大きな影響を及ぼすわけではない。たしかに犯罪のなかには刑事司法制度によって抑えられるものもあるが、それでもラムゼイ・クラークがかつて『アメリカにおける犯罪』［1970］で雄弁に述べたように、犯罪は、それを生みだす物質的条件が解決されないかぎり、すぐに再発するものである。窓を割る犯罪者を処罰することだけが必要なのではなく、割れた窓を補修することも必要である。つまり犯罪対策は、都市社会を再建するための全体的プログラムの一部として機能する必要があるのだ。したがって、犯罪にたいするゼロ・トレランスに意味があるとしたら、それが不平等にたいするゼロ・トレランスを意味するときだけであり、そうでなければ何の意味もなくなってしまうだろう。

アメリカにおける刑務所拡大の試み

ここで、不寛容の犯罪学にかんする二つめの主題、すなわち刑務所の活用による犯罪抑制という問題に移ろう。このような方法が実践されているのは、リベラリストの多くは単純に不寛容が高まったためと考えているが、実際にはそうではなく、戦後の犯罪発生率が激しく上昇したことに刑事司法制度が追いつかなくなり、犯罪に関与した者が刑務所に入れられる可能性が低下する結果となったためである。この点について、チャールズ・マレーは『刑務所は有効か？』〔1997〕のなかで、イングランドとウェールズの状況とアメリカ合衆国の状況をグラフを用いて比較している。イングランドとウェールズの場合は単純で、時代とともに収監率が低下し、犯罪発生率は上昇している。それにたいして収監を重視する合衆国の場合、収監者数はイングランドとウェールズに比べてはるかに多く、現在では一九五〇年代の水準に戻っているほどである。

一般に、犯罪発生率は、犯罪者が刑務所に送られる割合と反比例すると考えられている。これはなんとも単純な公式である。それが事実だとしたら、犯罪学者の仕事はどれほど楽になることだろう！　というのも、統計表をみれば犯罪発生率を測定するのはかんたんな作業であり、チャールズ・マレーが示したグラフをみれば、その常識が十分に通用するようにみえるからである。実際、図5-2では、イングランドとウェールズでは収監率が低下するにしたがって犯罪が増加しており、合衆国では反対のことが起こっていることがはっきりと示されている。そのように考えれば、アメリカにおいて刑務所を拡大する試みは成功したかのように映る。この章で先に述べたように、刑務所拡充という船は、あれこれ論争を巻き起こしつつも、最終的に

イングランド及びウェールズにおける収監率の激減（1950-95年）

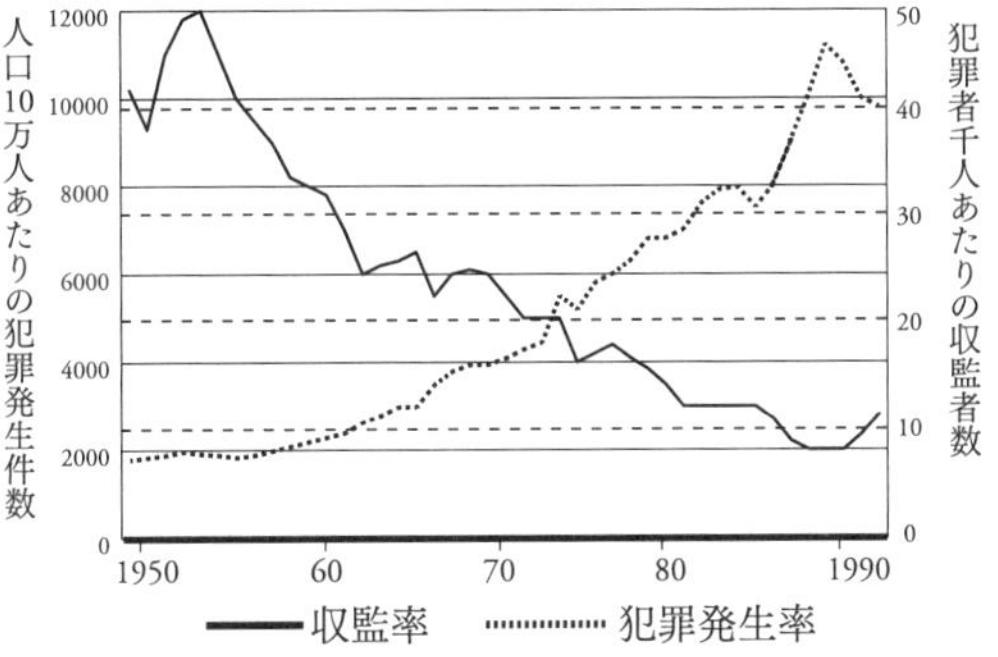

アメリカにおける収監政策の実績（1950-93年）

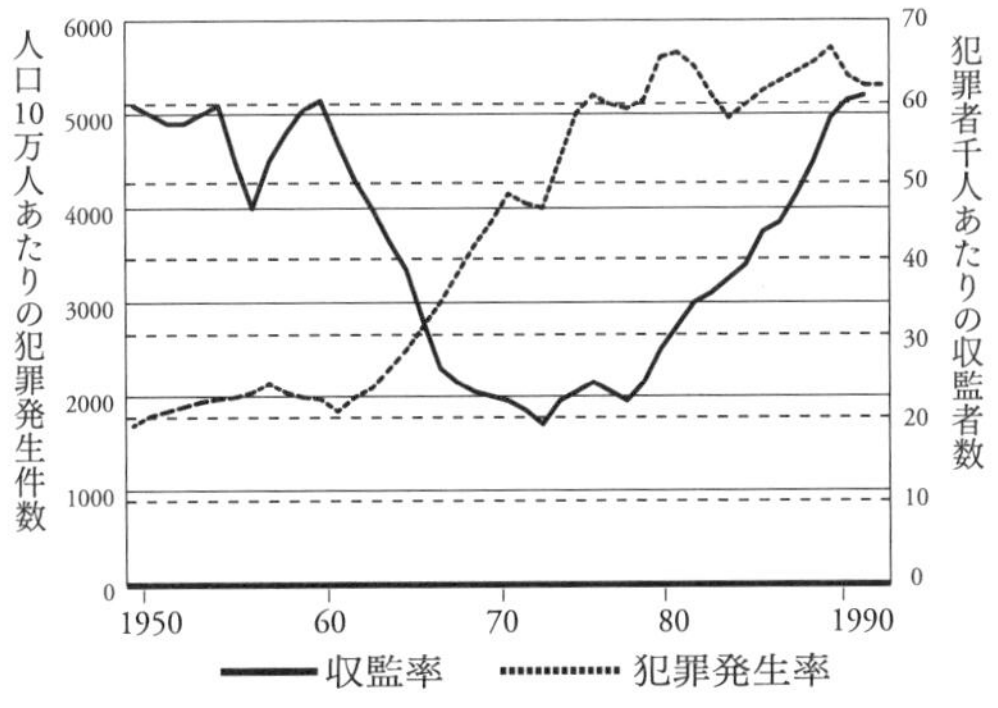

図5-2　収監率と犯罪発生率のグラフ
（イングランド及びウェールズ，アメリカ合衆国）

は大西洋を渡ってポートランド港まで到着した。それは犯罪問題が手に負えなくなったときに役立つアメリカ流のノウハウを輸出するためにやってきたのである。

チャールズ・マレーは優れた論客である。彼はリバタリアン〔自由至上主義者〕の陳腐な論拠にもとづいて、事実とは正反対のことをドラマチックに「証明」する優れたテクニックの持ち主なのである。彼は、これまでの著作のすべてをそのようなやり方で書いている。『敗北』〔1984〕では福祉国家を「福祉依存」を招いたとして猛烈に批判し、『イギリスにおけるアンダークラスの出現』〔1990〕では、福祉依存の文化においては行為の責任が曖昧になり、家族とコミュニティの規律が失われると主張した。さらに、リチャード・ハーンスタインとの共著『ベル・カーブ』〔1994〕では、既存の社会構造が分裂したのは民族や階級間に知能格差があるためであって、能力主義が不十分であるためではない、と世論を挑発した。しかし、これらの理屈がどのようにつながっているのか、私にはさっぱり理解できない。最初の著作でマレーが描きだした貧困者の姿は、怠けるのと仕事をするのと、犯罪者になるのと正直者になるのとではどちらが得策なのかを、合理的に計算する人間であった。二つめの著作になると、貧困者とは、マレー自身の言葉によれば、若い頃に身につけた「美徳の習慣」をすっかり失った人々とされている。最後の著作では、貧困者とは、リスクや報酬を的確に評価することができないほど「認知レベルが低い階級」の人々とされている。私は、これらの主張にそれぞれ「マレー仮説①」、「マレー仮説②」、「マレー仮説③」と名づけ、ときどき学生たちにそれらの主張がどのように論理的に結びついているかを質問することにしている。そして私の考えるところ、それらの論理にはまったく整合性がみられない。たとえば、三つの著作ではそれぞれ異なる犯罪理論が援用されている。マレーによれば、犯罪が引き起こされるのは、最初の著作では合理的な計算からであり、二つめの著作では（シングルマザーや無能な父親のせいで）しつけが十分にされていないためであり、三つめの著作では知能が低いためである。そして貧困者は、最初の著作では他の人々と同じような合理的な計算者（ただし貧しいという特徴がある）であり、二つめの著作ではリスクをもてあそぶような文化に追随する人々であり、三つめの著作では生まれつきリスクが理解できない人々である。マレーは、この著作の結論部分で、二〇世紀中に人間の本性が「奇跡的に変化する」ことはないだろうと述べている。それでも、彼自身の著作にはいつも奇跡的な変化が起こっているようだ。とりわけ、彼の新しい著作『刑務所は有効か？』〔1997〕では、これまでにないほど素晴らしい奇跡が起こったようである。ここで立ち止まって、この著作について述べよう。彼は、貧困者が合理的な計算者であるという仮説（マレー仮説①）にもとづいたうえで、収監率と犯罪発生率は反比例すると強く主張することから出発する。しかし、この主張は途中で崩れ去り、続いてマレー仮説②がもちだされる（幸いなことに、この著作ではマレー仮説③は登場しない）。つまり、彼は「美徳の習慣」はもはや回復不可能なほど失われてしまったと書いているだけではなく、その本の一九頁で、収監という手段は脅しの効果を失ったためにもはや魔法の特効薬ではなくなったと書いている。ところで、「美徳の習慣」は犯罪の根本原因に影響を与えるものではないし、それが失われたからといって犯罪発生率が一九五〇年代の水準にまで戻ることは考えられない。それは犯罪問題を解決するものではなく、せいぜい最悪の状態を多少改善するくらいの「相殺効果」しかもたらさないものである。なぜなら、マレー自身が認めるように、犯罪発生率を大きく減らそうとするなら、犯罪が起こる原因をなくすしかないからである。

ここで、彼自身が強く主張している見解に戻らなければならない。というのも、そこには読者の心を摑む強烈なメッセージがあるからだ。そのメッセージとは、収監率と犯罪発生率には明白で直接的な相関関係があるという主張である。この定式そのものは古典的で、常識にさえなっているものである。しかし、この定式は、マレーが嫌っているリベラル派による反対の定式、すなわち収監率は犯罪発生率とまったく関係がないという定式と同じくらい誤っているのである。実際には、人々の頭のなかには両方の定式が自明なこととして存在している。だからこそチャールズ・マレーは一方の定式をありえないこととして葬りながら、もう一方の定式を鏡像のように扱うことで、そちらのほうが正しいと説得することができるのである。この問題の核心にあるのは、またもや社会は単純であるという考え方である。つまり、異なる社会事象（たとえば結婚、自殺、ストライキ、犯罪など）の発生率の変化は、限られた範囲内にある別の事象の発生率の変化と直接的に相関している、と捉えるくらいに社会を単純な構造に還元しているのである。

かりに収監率と犯罪発生率が一対一の単純な相関関係にあり、他のすべての要因を無視してかまわないとしたら、マレーの見解はまったく正当というほかない。しかも、マレーが合衆国とイギリスを比較した一九五〇年から九〇年にかけての時期は、見事なほど収監率と犯罪発生率が反比例している。ところで、この時期は急激な変化の時代であり、おそらく産業社会における過去数百年間の構造的変化のなかで最大の変化が起こった時期であることは、すべての社会評論家が一致して認めていることである。雇用形態や家族、婚姻制度が根本的に変化しただけではなく、女性の役割も変わった。さらに、若者文化が発展し、違法なドラッグ使用が蔓延し、コミュニティが解体し、マスメディアが人々の生活の重要な役割を担うようになった。そしてマレー自身が強調する犯罪との相関要因——福祉国家の役割の変化、構造的失業状態にあるアンダークラスの出現——がみられたのもこの時期である。もちろん、そこに収監率の変化も付け加わる。こうした変化のなかで、ひとつの要因が他の要因を圧倒するようなことや、別々の二つの文化であらゆる要因が厳密に並行して変化するようなこと、複数の要因のあいだに誰でもはっきりと見て分かるほど単純な反比例の関係が生じるようなことがあるとしたら、それこそ奇跡としかいいようがない。にもかかわらず、チャールズ・マレーが私たちに信じさせようと強く主張しているのは、「収監率が上がれば自動的に犯罪発生率が下がる」という切り替えスイッチのような犯罪理論なのである。

マレーの主張の根拠となっている事柄をいくつか検討してみよう。まず、マレーの主張が正しいとしたら、私たちは、少なくとも高い収監率によって低い犯罪発生率を維持している国がいくつか存在することを期待してもよいだろう。とはいえ、犯罪発生率の国際的比較というのはきわめて厄介な仕事である。その理由は、国によって凶悪犯罪の定義も、暗数〔被害を受けても届けが出されないなどの理由で公式に記録されていない事件の数。本書九八頁参照〕の大きさも違うからである。それでも殺人件数の比較は、各国における暴力事件の実態を推測するための最低限の手がかりにはなる。それではこのような前提に立ったうえで、実際に比較してみよう。まず、アメリカの収監率はイギリスの六倍以上あるが、記録された犯罪発生件数との割合でみると、収監率は一一倍以上になる。さらに殺人発生率をみると、アメリカはイギリスの七倍である。スイスの犯罪発生率はイギリスと同程度であるが、収監率はイギリスより四〇％も低い。ちなみに、スイスでは銃の所有が一般化していること〔スイスには徴兵制があり、各家で銃を保管する義務がある〕を付け加えておくべきだろう。このような事実から、すぐにマレーの主張は根拠が薄いということがはっきりする。すなわち、合衆国の高い犯罪発生率は、収監以外の多くの要因と関連しており、収監率はさまざまな要因のひとつにすぎないのである。

しかし、断片的データだけで国際比較をすると事実を見誤る危険性も高い。そうであれば、国ごとに収監率の変化がもたらす影響を時系列で並べてみたらどうだろう？　さらに、比較する国として、凶悪犯罪の定義がほとんど変わっておらず、短期的であっても他の社会的要因がほぼ一定に推移している国を選ぶことにしたらどうだろう？　そのように考え直したうえで実際に比較してみると、またもマレーの主張に根拠がないことが明らかになる。たとえばアメリカでは、一九八七年から九五年にかけて収監者数は一二四%に増加したが、犯罪発生率のほうは二%しか減少していない。それにたいしてデンマークでは、収監者数が七%の増加、犯罪発生率は三%の増加である。この時期のデンマークでは、記録された犯罪一〇〇件あたり〇・六件という非常に低い収監率が安定して維持されており、犯罪発生率も低いまま推移している。しかし、同時期のアメリカの収監率は、デンマークの二〇倍弱にまで達している。この事実から、私たちが次のような疑問を抱いたとしても何の不思議もないだろう——どうしてアメリカの科学者や議員たちは、大挙してデンマークに押しかけ、犯罪対策が成功している理由を探しに行かないのだろうか？　また、アメリカ人は、多額の費用をかけて、自分たちが入るための巨大な監獄をつくる実験に熱中しているようだが、どうしたらかれらにその実験をやめさせることができるだろうか？

同じような例はいくらでもある。たとえばオランダでは、一九八七年から九五年にかけて、収監率が二倍に増えたにもかかわらず、犯罪発生率は八%増えた。はたして、これを成功と呼べるだろうか？　同時期のスコットランドでは、収監率は四%の増加にすぎないのに、犯罪発生率は四%の増加にとどまったが、これはオランダの増加の半分にすぎない。たしかに、これは私たちイギリス人の「金は無駄に使わない」というケチな国民性にぴったりの結果であろう。

最後に、一九八七年から九五年におけるヨーロッパ諸国の収監率と犯罪発生率の国際比較をみよう（次頁の表5-1）。

最初に、収監率にみられる特殊な傾向について述べたい。犯罪発生件数にたいする収監者の比率に着目すると、犯罪発生率が劇的に上昇している国ではどこも収監率が減少している傾向がみられる。これはたんに刑務所の収容能力が犯罪者の増加に追いついていないことを示しているだけのことであり、マレーが述べるところによれば、そうなるのは政治家が収監の効果をよく理解していないためである。しかし、その因果関係は、マレーの定理とは正反対である。すなわち、収監率の低下が犯罪発生率の上昇をもたらしているのではなく、さまざまな要因から犯罪発生率が上昇し、そのことが必然的に収監率を低下させているのである。犯罪発生率が大きく上昇している国々をみれば、先に述べた収監率の低下傾向がとくに明白になる。この表ではイングランドおよびウェールズ、アイルランド共和国、フランス、オーストリアがそうした国々である。しかし、犯罪

表5-1　収監率*と犯罪発生率（ヨーロッパ諸国から一部を抜粋）

1987-95	収監率の変化（%）	記録された犯罪件数の変化（%）
イギリス及びウェールズ	-17	+31
スコットランド	+1	+4
アイルランド	-13	+20
フランス	-10	+16
オーストリア	-32	+24
オランダ	+87	+8
デンマーク	+7	+3
（補足）アメリカ合衆国	+124	-2

＊収監率は，記録された犯罪10万件の犯罪者のうち，収監された人数から算出した。

発生率がほとんど上昇していない国々でも、マレーの法則は明らかに当てはまらない。たしかにマレーが着目したイングランドとウェールズの場合、収監率と犯罪発生率がはっきりと相関しているようにみえる。しかし、隣国のスコットランドに目を転じると、収監率と犯罪発生率はほとんど変わらないまま推移しているし、デンマークでは収監率と犯罪発生率がともに上昇している。さらにオランダの場合、収監率がすさまじい勢いで上昇しているにもかかわらず犯罪発生率は上昇しており、この結果はマレーの主張にとどめの一撃を刺すものといえよう。

以上のことを理解したうえで、収監率と犯罪発生率の因果関係をもう一度考え直してみよう。収監および収監率は、犯罪発生率を決定するひとつの要因ではある。しかし、それは多くの要因のひとつにすぎない。さらにいえば、収監率は他のさまざまな要因と相関関係にある。コミュニティの結合度の強さ、刑事司法制度に人々が認める正当性の度合いなどは明らかな要因であろう。また、収監が与える影響は、当然ながら収監者が起こした犯罪の種類によっても、その人物のコミュニティにおける位置によっても異なる。皮肉なことに、ホワイトカラーの犯罪者は、通常なら収監されるような一般的犯罪を起こした場合でも、下層労働者階級の若い犯罪者に比べると収監されにくい傾向にある。収監率はたしかに重要な要因ではあるが、その同じリスクも集団によって受け取り方はさまざまである。思慮深い政治家であれば、こうした条件を考慮したうえで犯罪問題に対処するべきである。そして、ひとつの相互作用だけしかみないで犯罪の原因に対処しようとすれば、かならず手痛いしっぺ返しが待っているということを、肝に銘じておくべきである。

マレーが犯罪抑制の手段として収監だけに絞って議論を展開したのは、論争を引き起こしたいという誘惑に駆られたためと思われないこともないが、それでもやはり、一種の原理主義からそのようにしたと考えるほうが納得がいく。彼は、彼自身が立脚する考え方では犯罪問題を根本的に解決することはできないと述べているが、その点は正しい。つまり、犯罪の原因を、左派が主張するように社会的不平等にあると考えようと、彼が主張するように福祉国家とそこから生じる「依存の文化」にあると考えようと、いずれの考え方でも犯罪問題を根本的に解決することができない点では同じである。マレーによれば、どちらが正しいかという問題はたいして重要ではない。なぜなら、一方では社会主義が実現することはありそうもないし、他方では彼が望むような福祉国家の消滅も起こりそうもないから、というのである。私にいわせれば、このような論理は、根本的に社会を変えなければ何も実現できないと主張しているようなものである。というのも、短期的・中間的なさまざまな目標を実現することも可能だからである。社会的不平等にしても変わらないわけではなく、これまでの過去に減らすことができたのだから、これからの未来にわたってもまた減らしていくことができるだろう。同じように福祉国家にしても、先進産業社会が福祉政策に支えられることなく存続できるとは考えにくいが、それでも過去二〇年の経緯をみると、こうした良識の基盤も頑迷な右派権力によって掘り崩される可能性があることは否定できない。最近出版されたマレー自身の長い伝記である『リバタリアン〔自由至上主義者〕であることの意味』〔1996a〕を読めば、彼が収監に固執すること自体、みごとなパラドックスであることが分かる。この著作で彼は、交通事故の発生を抑えるには、自動車の安全基準を定める法律よりも社会基盤の技術的整備のほうが効果的であると論じており、さらには航空規制や麻薬取り締まり機関、反差別団体などは国家が管理すべきでないとまで論じている。このような主張を読めば、読者は次のような疑問を抱くはずである。これほど勇気あるリバタリアンであるマレーが、アメリカの刑罰制度を擁護するのは、いったいどうしてなのだろうか？　国家に敵対する頼もしい闘士であるマレーが、成熟したリベラル民主主義で起こっている国家による市民生活にたいする最悪の侵害に荷担するのは、どういうことなのだろうか？

アメリカの刑務所政策がどれほど大規模な実験であるか、その実情をみてみよう。一九八五年から九六年の一一年間で、アメリカの収監者数は二倍に増加した。現在の収監者数は一六〇万人であり、この数値はフィラデルフィアの人口に相当する〔司法統計局、一九九六〕。収監者数だけではなく、保護観察者や保釈者の数も急増している。また、現在のアメリカでは、成人人口の三七分の一にあたる人々がなんらかの矯正・監視措置の対象となっている。その全員を集めて自治体をつくったとすると、五〇〇万人の成人人口をもつ大都市が出現することになる。これは合衆国で二番目の大きさの都市に相当する〔Currie, 1996参照〕。これほど多くの市民を投獄し、監視するような事態を、社会契約にもとづいたリベラル民主主義と呼ぶことはとてもできない。これで市民を守るというのはまったくのお笑いぐさである。さらに、アメリカにおける暴力事件の発生率の高さは、安定した民主社会においては異常である。すなわち、合衆国全体における殺人事件の発生率は、イングランドとウェールズの七倍であり、そのうち若者による殺人事件にかぎれば、驚くなかれ、なんと五二倍になる。そしてアメリカでは、大都市の広い面積の場所が、市民（男女を問わず）にたいして立ち入り禁止区域に指定されている。

アメリカ合衆国の犯罪発生率は、最近の数年で下降したとはいえ、暴力犯罪、とりわけ殺人について言えば、あいかわらず高い数値のままである。一九九三年から九六年にかけて、合衆国で犯罪全体の発生率が三％減少したのは事実であるにしても、しかしすでにみたように、この時期は、一七の先進産業国のうち一二ヵ国で犯罪発生率が下降しているのである。したがって、犯罪発生率が減少したといっても、わざわざ宣伝するほどのことではないのだ。しかも、合衆国の犯罪発生率が減少したのは収監率を高めたせいであるという有力な仮説にしたがうなら、ニュート・ギングリッチ議員の「アメリカの犯罪発生率をヨーロッパ並みにまで下げる」という夢を実現させようとすると、収監人口が想像もつかない数にまで膨張するだろう。すでに熱狂的な保守派の人々のなかには、ジョン・ディルリオのように、犯罪と闘うために収監人口を二倍にせよ、と主張する者まで登場している。このような流れがいつになったら止まるのか、今のところ予想することは難しい。それは、収監人口がニューヨーク市の人口と並ぶようになったときだろうか？　それとも矯正・監視対象の人口がロサンゼルス市の人口と並ぶときだろうか？ 慧眼の批評家たちは、こうした事態をジグムント・バウマンの言葉にならって「全体主義国家なき全体主義的解決」〔1995, p.205〕と呼んでいる。

アメリカの刑務所政策は極端なまでの人種差別的な問題を示しており、これはきわめて危険な状況にあると言わざるをえない。すなわち、二〇〜二九歳のアフリカ系アメリカ人の男性は、人生のどの時点でも九人に一人は刑務所に入っており、保護観察と仮釈放を含めると、この割合は三人に一人にまで達する〔Mauer, 1997〕。この数値でもめまいが起こりそうなのに、たとえば「これまで収監されたことがある」人々も含めたり、アフリカ系アメリカ人のうち中流コミュニティを除いて貧困層だけに絞ったとしたら、数値はこれよりはるかに高くなるだろう〔Simon, 1993参照〕。合衆国の大半のスラム地域では、いかなる矯正・監視措置もまだ受けていない若い男性が半端者とみなされたり、否定的な烙印を押されたりすることがよく起こっているようだ。実際、こうした状況でいかなる法にも抵触しない人々がいるとしたら、そのほうが逆におかしいとみなされるだろう。そして、これほど異常に高い収監率であるにもかかわらず、黒人コミュニティはあいかわらず暴力に蝕まれ続けており、事件が増える一方である。アメリカの黒人にとって、死因の第一位は殺人であり、人生でもっとも見こみのあるキャリア・アップは収監である。これほどマレーの主張を否定する事実はないだろう。

ヨーロッパ諸国は、アメリカの民主主義を支持するとしても、アメリカの誤った政策をそのまま輸入するのではなく、その政策の誤りを検証しなければならない。ヨーロッパの政治家たちは、何の疑問ももたずに大西洋を渡り、大規模な刑務所実験の手法を学ぼうとしている。しかし、犯罪を減らす方法を合衆国から学ぼうとするのは、女性の権利を学ぶためにサウジアラビアを訪れるのと同じくらい馬鹿げたことである。合衆国から学ぶべき教訓はただひとつしかない。それは、私たちは処罰を強化する方向に向かってはならないということである。合衆国の刑務所は、勝者がすべてを独占する社会を維持することが目的でつくられた強制収容所にすぎないのだ。私たちが必要としているのは刑務所を拡大することではなく、社会を改革することである。

六〇年代の包摂型社会と近年の排除型社会は、いずれも失敗に終わった。包摂するために必要とされたのは、均質性と文化の同質性、アイデンティティであった。それらは男女の性別のあいだの、民族集団、さらには社会階級のあいだの階層分化を覆い隠すものであった。続いて出現した排除型の世界は、多様性を認めたものの、差異を本質主義的な鋳型にはめこみ、人間の潜在能力を制限し、無意味化し、そして人々をつねに「悪魔化」と抗争へと向かわせた。その構造は、内部に極端な不平等を含みながら、世界を力づくでまとめることを特徴としており、そのために刑事司法制度が市民にとってますます日常生活の一部となりつつある。そのなかで私たちは、新しい包摂主義のた

第6章 まとまりのある世界とバラバラの世界

めに、人々がともに生きる世界のために、富の公平な配分と多様性の自由を保証する世界のために、何を求めればよいのだろうか？　なによりも最初に、基本的な事柄から考え直してみよう。それは、正義の領域の問題と、共同体《コミュニティ》の領域の問題である。

どのようにして社会がバラバラになるのかを理解するには、どのようにして社会がまとまるのかを理解しなければならない。刑事司法制度では社会結合を維持できない。いかなる社会も、占領状態にあるのでないかぎり、強制だけでまとまることはない。社会生活における結合と崩壊の原因を突き止めようと思うなら、私たちは市民社会そのものに立ち戻らなくてはならない。リベラル民主主義には大きな二つの問題がある。ひとつは、報酬をどのようにして公平に配分するかという問題である。システムを支え、仕事への参加を促し、分業を支えるにはどう配分したらよいのだろうか？　もうひとつは、自分の利益を追求する個人から構成される社会が、集合的目的をもつようになるにはどうしたらよいかという問題である。「万人の万人にたいする闘い」という言葉に象徴されるような自己破壊的な方向に向かわないためには、どうすればよいのだろうか？　これら二つの問題領域について、前者を「正義の領域」、後者を「共同体の領域」と呼ぶことにしよう。この二つの領域はしばしば互いに混同され、互いに依存しあっているが、それでも区別されるものである。両者ともシステムにたいして正当性の根拠を与えるものであり、また皮肉なことに、人々の不満が生じる最大の原因でもある。公平で包摂的な新しい社会をつくるには、次の二つのことが必要となる。それは能力にもとづいて報酬を配分することであり、次に多様性を尊重しながら統一ある社会を打ち立てることである。

私の考えるところ、この二つの必要性は、左派と右派の双方を覆っている考えに対立するものである。政治的左派の人々の意見はたいてい、雇用機会の増大と所得の再配分を問題にする。しかし、それは能力主義とはかけ離れた主張である。共同体の領域にかんする進歩的な思想は、多文化主義にもとづいている。その理念は、根本的には本質主義的であり、文化的ナショナリズムが引き起こすさまざまな問題を解決できないばかりか、マイノリティを悪魔に仕立てあげる風潮を助長するものである。それにたいして右派の人々は、市場の効用を中心とした経済学的議論を展開する。たしかに市場は、需要と供給のバランスにしたがって雇用を増やすかもしれない。また、最初は「依存の文化」を尊重しはしても、次いでそれらを規律化し、最後には消し去ってしまうだろう。おそらく市場は、人々のすべてを包摂できるわけではない。それは、実際にはむしろ雇用においても排除的な市場をつくりだす。つまり、報酬はミクロ経済学の教科書に書かれた公式どおりに配分されるのではなく、もっと不透明な原理にしたがって配分されるようになる。そのことが市場と能力主義を自然な同盟関係ではなく、敵対関係に置くのである。さらに、親の資産を継承する人々がたくさん存在することによって、「社会における報酬は職場での努力で決まる」という考え方は崩壊しつつある。文化的領域について、保守派の人々は、社会秩序を創出するカギとなるのは家族と地域社会《コミュニティ》であると強く主張している。私の考えでは、家族や地域社会は、社会結合に特別な役割を果たすものではまったくない。このような強固な家族や地域社会へのノスタルジーは、もはや戻ることのない過去の世界に向けられたものである。最後に、私は現在流行している共同体主義《コミュニタリアニズム》の理論――多文化主義と強い家族の両方を強調することによって右派と左派を結ぼうとする試み――に焦点を当てたい。

正義の領域 ―― 能力主義の社会

能力主義の社会とは、なによりもまず、努力と能力に応じて報酬が割り当てられる社会を意味する。その社会では、年齢や階級、性別、民族にかかわらず、人々は平等に労働市場へ参入することができ、その仕事の内容によって報酬が異ならなければならない。就業機会は形式的に均等であり、それは結果として報酬の実質的な不均等に結びつかなければならない。ただし、これらの原則には明らかな例外もあるし、差し迫った理由から例外とされるものもある。なぜなら、どのような社会においても病者や高齢者、若年者は例外とみなされる必要があり、すべての成員にたいして最低限の生活水準が保障されるべきだからである。このような例外措置は、能力主義社会の階層構造の最底辺に張り巡らされたセーフティ・ネットとして機能すべきものである。

能力の階層序列と表裏一体をなすものとして、刑罰にも階層序列がなければならない。人々は、法の前では平等な存在として、罪の軽重にしたがって懲罰されなければならない。この原則にもまた、年齢や病気や責任能力に応じて例外が設けられなければならない。このような能力主義の原理は、必然的に権利と義務をともなう。権利とは、すなわち労働市場に入る権利であり、就業および職業訓練の機会のどちらも平等に与えられる権利である。これに対応する法的権利が、法の前ではだれでも平等に保護と配慮を受けることができるという権利である。これらの権利にたいする義務のほうはまったく明白である。つまり勤労の義務、財を配分する義務、法を尊重する義務、他者の権利を尊重する義務である。

以上で述べたことはリベラル民主主義の社会観であり、それは先進産業諸国の政治的義務や市民権の問題を理解するときに重要となる。しかし、デュルケムからマートンにいたる社会学者たちが指摘してきたように、こうした社会観、つまりヨーロッパ的理念やアメリカン・ドリームを支えている社会観には皮肉が潜んでいる。というのも、能力主義の文化的理念は、富と機会が不平等に配分されている現存の社会構造とは相容れないからである。そして、現存の社会秩序を正当化する仕組みは、その社会のなかに不安や不均衡をつくりだす原因にもなっている。

さて、能力主義社会を競技場にたとえた比喩をふたたび取りあげよう。理想的には、そこでは誰もが自由に競技へ参加することができる。各人はトラックを走り、他の競技者たちと競争し、努力と能力に応じて彼（あるいは彼女）は報酬を受け取る。とはいえ、それは奇妙な競技場である。というのも、ゴールの一メートル前から走りだす人々もいれば、スタート地点の一〇〇メートル手前から走りだす人々もいるからである。ある人々は、競技場の限られた部分にしか入ることが許されていない――この人々は報酬の高い領域には永久にたどりつけない。またある人々――通常は女性――は一日のハードな仕事を終え、疲れ果てて競技場に到着する。そして一生のすべてではなく、人生の限られた時間だけをその競技場で過ごす。また、競技場に近づくことさえ許されない人々もいる。他方では、一歩も走らないのに賞金だけをもらう人々がいる。それは競技場の所有者である。それでも、どのような人々にも、豊かな社会で競技の観客となり、多額の賞金が配分されている様子を眺めることは許されている。もし能力主義の第一段階が、人生の競技において業績にしたがって報酬が配分されることであるとしたら、続く第二段階は――こちらのほうがより重要なのだが――だれもが平等な条件で競技をすることができる競技場を建設することである。報酬の大部分が相続されるような社会では、能力主義を実現することは不可能である。具体的な例を挙げよう。アメリカの雑誌『ソサエティ』の巻頭特集に「不平等の拡大という神話」という記事が掲載されたが、そこでは次のように書かれている。

全世帯の一％にすぎない最富裕層が所有する資産の割合は、一九八三年の三一・五％から、八九年には三六・九％に上昇したが、九二年になると、三〇・四％に下降した。したがって、全体を長い目でみれば、不平等は多少緩和されている。ただしその変化は統計的に有

意なものではない。　[1997, p.2]

この箇所に続いて論じられているのは、よくありがちな「アメリカン・ドリームは不平等の拡大などものともしない」という主張である。政治のことなど忘れてしまえ、というわけである。しかし社会民主主義者であれ、自由主義者であれ、保守主義者であれ、新自由主義者《ネオリベラリスト》であれ、これほどの資産が親から相続されている社会を、能力主義にもとづいた自由な労働市場と呼ぶことなどできないだろう。「なすにまかせよ《レッセ・フェール》」を唱えた古い自由主義者でさえ、報酬の配分については、労働力の需要・供給バランスに合致した、もっと緩やかなグラフを望んだにちがいない▼1。

現代世界は、いかなる歴史的基準からみても裕福な世界のはずなのだが、それでも人々のあいだに不満が引き起こされている。それは、不満の原因が絶対的な剥奪感ではなく、相対的な剥奪感にあるからである。この競技場で、人々は報酬の配分が不平等であることを感じている。それは、自分が他の人々と同じくらい一生懸命に走ったにもかかわらず実質的な報酬がかれらより少ない、という理由からである。あるいは単純に、競技場やその一部にさえ入ることが許されないという理由からである。そうしたわけで人々は心の底でこう思うようになる――「もしチャンスさえあったら、自分にもすばらしい人生がつくれるはずなのに」。とはいえ、すべての人々がそれほど思い詰めているわけではない。ある人々は「現実主義」というものの見方を採用して生きている――「成功するかどうかは、運の問題であり、人脈があるかどうかの問題であり、うまい汁を吸える立場にいるかどうかの問題である」。おそらくこうしたことが、能力主義の文化のもとで、人々がこれほどまでに星占いや運勢占いに夢中になり、ギャンブルや宝くじに多額の金をつぎこむことの理由なのだろう。成功が運しだいであるような体制を喩《たと》えていうとすれば、国営宝くじこそぴったりではないだろうか？　というのも、そこでは誰もが平等に宝くじを買うことができ、大当たりはコンピュータによってランダムに選ばれるからである。

国営宝くじのような皮肉な文化がなければ、おそらく人々の不満も膨れあがってしまうにちがいない。それでも当たり前のことだが、相対的な剥奪感が生じるのは、システム全体がランダムに動いているからではない。そうではなく、完全な能力主義社会にはほど遠いとはいえ、なかには努力が報われる人々がいるためである。というのも、あらゆる報酬が誕生日によって定められていたり、まったくランダムに――まるでフィリップ・K・ディックのSF小説にでてくる世界のように――決定されたり、すべての報酬がくじびきで決められるような静的な世界では、相対的な剥奪感など生じようがないからである［Runciman, 1966］。この体制が抱える矛盾は、能力に応じた報酬の配分を正当化する中心的原理そのものが多くの人々に不満を引き起こしている点にあるだけではない。さらに、その体制のメカニズムが部分的にしか作動しないためにさらなる不満を引き起こすという点も付け加えなければならないだろう。

左派と能力主義

保守派の人々は、能力主義については好んで語りたがるが、平等については沈黙したままである。他方で、伝統的な社会主義者は、平等については雄弁に語るが、能力主義については寡黙《かもく》である。ときには、後者は次のような信念をもつようになる。つまり、収入や(雇用という意味での)資源配分に格差があること自体が社会主義的には許されないことであり、実際には人々の能力のあいだにはほとんど格差がないのだ、という信念である。そこでは、あたかも「私たちは能力の点でも意欲の点でも事実上は平等なのだ、ただ機会が平等ではないというだけだ」と信じられているかのようだ…。

こうした理想主義的な平等観は、通俗的な誤りを犯している。つまり、実質的平等——「すべての人々は能力のうえで平等である」という考え——と、報酬と機会の形式的平等とが混同されているのである。前者の実質的平等の考え方は明らかに真実ではないし、社会的介入によって能力の平等を達成しようとする企ては非現実的な試みでしかない。また後者の形式的平等は、能力主義的な社会主義政策の主眼とされているものである。

[Corrigan, *et al.*, 1988, p.9]

共同体のすべての成員に仕事を割り振ることは能力主義とはいえない。ヨーロッパの封建領主がそうであった。かれらは他の人々に仕事を与えたのと同じような仕方で、自分たちにも仕事を割り振った。相手が誰であろうと内容を問わず仕事を割り当てることも能力主義とはいえない。ローマ帝国がそうであった。性別や民族を完全に考慮に入れて仕事を配分することも能力主義とはいえない。現在のテレビ局の報道番組がそうである。それらの番組では、政治的な意味では完璧に望ましい仕方で仕事が配分されているが、それが能力主義に映るのはたんなる偶然にすぎない。というのも報道番組で仕事をしている人は、かれらの属する集団の他の人々と比べれば、階級や人脈の点で特権的な位置にあると思われるからである。能力主義は、以上のいずれにも該当しない。というのも、それは能力に応じた仕事の割り当てとその結果に応じた報酬の配分から成り立つものだからである。それこそはアメリカン・ドリームの核心であり、さらには現代のヨーロピアン・ドリームと東南アジアの野望にとっての生命線なのである。

これまでにも社会的包摂という概念はしばしば経済学用語として用いられてきたが、それはたんに労働者全体に仕事を提供する、あるいは平等な就業機会を実現するという程度の意味しかなかった。いずれの場合も、能力に応じた報酬（すなわち能力にしたがった賃金の公平な増加）や資産相続といった根本的な問題が扱われることはなかった。それでも、能力主義の社会秩序をつくりあげることは、最近まで多くの左派の社会評論家にとって目標としてあった。たとえばアンソニー・クロスランド——多くの人々には修正主義者と思われ、一部の人々には危険なボルシェビキとさえ思われた人物——は、著作『社会主義の未来』〔1956〕で、機会の平等を達成するだけでは不十分であり、資産相続をなくすことが最重要の課題だと、当然のように述べていた。そして、もちろんデュルケム以来の——マルクス以来とはいわないにせよ——社会学の伝統は、資産相続を社会の不安定化要因として重視してきた。しかし、クリントンやブレアの施政方針のどこを読んでも、財産相続の問題はまったく見受けられない。さらに不思議なことに、職業能力に応じた報酬配分という狭義の能力主義の概念さえまったく見あたらない。そして、就業のための福祉事業という図式にしたがって、最低賃金をかろうじて上回る程度の賃金で雇用を達成することだけが最終目的として謳《うた》われている——さまざまな労働や専門職のあいだ、さまざまな労働市場のあいだの膨大な報酬の差については、問題にすらされていないのである。「勝者がすべてを手に入れる」社会とは、社会の頂点にいる人々が莫大な富を独占し、身の程を超える富を中流上層階級の人々が手にするような社会であるが、そのような社会のあり方が政治で問題にされることはない。次に引用するのは、『ガーディアン』誌の記者がそのような社会にたいする義憤に駆られて書いた、長い嘆きである。

ほんの小さな子どもでさえ、「勝者がすべて手に入れる社会」に直面している。それはBHS〔ブリティッシュ・ホーム・ストアの略語で、イギリスの安価な衣料店〕のトレーナーを着ている子どもたちが、遊び場でナイキの靴を履いた子どもに出会うときである。また中学生も同じである。それはNEXT

〔英国の比較的安価な衣料チェーン店〕の服を着ている中学生の前に、仲のよい友人がDKNY〔ダナ・キャラン・ニューヨークの略語で、高級衣料ブランド〕の服を着て姿を現わしたときである。しかし、人々がいやというほど直面するのは職場である。そこで人々は毎日のように「人生とはじつに不公平なものだ」ということを思い知らされている。

このような競技場では、正義はほとんど死に瀕している。人々の仕事の内容と支払われる報酬は、まったく釣りあっていない。

ジャン・レスリーを例に取ってみよう。かつてテニスのスターだった彼は、その後スミス・クライン・ビーチャム社の経営者となり、現在ではイギリスで最高額の給与が支払われている。このウィンブルドンの競技者と、かつてのライバルだったイリ・ナスタシは、たった一時間でロンドンの学校教師の一年分の所得を稼いでいるのだ。

何百万もの人々の未来がレスリーの手に委ねられている。なぜなら、彼の会社は世界で有数の救命ワクチン製造会社だからである。そして、彼は会社から六五〇〇万ポンドの年収が支払われているだけではなく、同社の実権を握ることでさまざまな恩恵に与っている。

彼と同じだけ稼ごうとしたら、学校教師であれば三〇〇〇年も働き続けなければならない。しかし、学校教師は在職中に一二〇〇人以上の若者たちにたいして、かれらの人生を正しく導くことができる。彼にかかる費用の少なさに比べて、彼が社会に与える恩恵は計り知れないほど大きい。

サッカー選手は、ファンを喜ばせるだけで週に五万ポンドの金を稼ぐこともある。昨年、マンチェスター・ユナイテッドが選手たちに支払った賃金は二二五〇万ポンドであった。それだけの額があれば、おそらく大病院の全職員の給与が賄えるはずである。

私企業と公的機関のあいだでも、給与や特典には大きく差が開いている。

類似した仕事内容であれば同等の賃金が支払われるべきであり、ある部門の賃金は別の部門の賃金と比較したうえで決定されるべきである。しかしそのような考えは、経済界ではずっと無視されているのだ。

[Buckingham, 1998, p.19]

すでに述べたように、社会がまったく能力主義にもとづいていないことが問題なのではない。報酬の配分がまったくデタラメにおこなわれていることが問題なのである。富が、いかなる約束事も理由もなく、行き当たりばったりに配分されているのである。笑い話のようだが、先進産業国では、国営の宝くじによって毎週のように百万長者が生みだされている。いちかばちかで成功に賭けた者たちで、勝者が報酬のすべてを手に入れているのだ。しかし、このことはなんら驚くべきことではない。というのも、ギャンブルは主要な成長産業のひとつになっているからである。合衆国では、ギャンブルに年間で三七〇億ドルもの金が動いている。ロバート・グッドマン［1995］の残酷な言葉によれば、ギャンブルが提供しているのは「希望の病い」なのである。

報酬の配分における正義を打ち立てなければ、安定した社会秩序など望むべくもない。しかし、能力主義だけでは安定をもたらすことはできない。というのも、人々が互いにたえず競争しあい、人間の価値が「人生レース」の結果により貨幣で換算されてしまうような状況では、社会が安定することもなければ、人々の利他精神がはぐくまれることもないからである。そうした風潮が個人に与える影響は有害でさえある。人々は価格を付けられ、売りに出されることで、自分自身を商品とみなすようになる。こうしたことは、現在の中産階級の人々の仕事中毒ぶりにはっきりと示されている。夫婦両稼ぎの収入《ダブル・インカム》（その生活はおそらく最低賃金かそれ以下で働く家政婦がいないと維持されない）は、最大限の収入を得るために毎日毎時間を捧げた結果である。そして子どもたちと過ごす「充実した」時間はぎりぎりまで削られ、休日はますます少なくなり、仕事のストレスを発散するために必要なレジャーは高くつく一方である。とはいえ、そうした人々だけを責めるのは酷というものである。なぜなら、企業の経営合理化によって、かれら従業員の労働負担はますます重くなっており、そのため残業したり、家庭にまで仕事を持ちこまなければならないことがますます増えているからである。神が与えてくれた時間のすべてを大きな収入を上げるために費やす人々がいる一方で、社会の底辺では仕事もなく満たされない人々がいるのはまさに喜劇的ですらある。それでも、仕事の配分と同じくらい、収入の配分は政治的に重要な問題である。

正義は満たされるのか？——家族の役割

政治的義務と社会結合の原理について論じた著作は無数にあるが、それらの著作ははっきりと次の二つに分けられる。左派の著者たちは共同体よりも正義を重視するが、右派の著者たちは正義よりも共同体を重要とみなしている。社会民主主義の人々は、不正が蔓延している状態では社会がまとまることはないと主張するのがつねである。じつに、正義あってこその社会秩序であり、正義以上に必要とされるものはないのだ、と。左派にとって、共同体の領域は正義の領域を反映したものである。これにたいして保守派の著者たちは、伝統的にこの定式を転倒させてきた。共同体こそはもっとも重要である。あらゆる共同体——国家や伝統、軍隊、学校など——は、個人やその報酬よりはるかに重要である。既存の秩序が受け入れられてこそ、はじめて正義は可能なのだ、と［van den Haag, 1975］。両者の対立は、そのまま家族と経済をめぐる対立となる。右派の人々にとって、家族とは遵法《じゅんぽう》精神をはぐくむ拠点となる制度である。家族こそは、人が幼児期に規律を学び、衝動を抑えることを学び、人を尊敬することを覚え、市民道徳の基礎を身につけ、そして幾度かの危機を乗り越えて大人になるための場所である。このように政治家は家族を称揚し、同じ立場にある犯罪学者——トラヴィス・ハーシャやチャールズ・マレー、ジェームズ・Q・ウィルソンといった犯罪学者——は幼児期の重要性をとりわけ強調する。つまりその時期の子どもをみれば、その子が将来犯罪者になるか、それとも立派に社会適応するかが予測できるというのである。しかし最近の左派の犯罪学者は、家族に焦点を当てることで肝心の問題から目がそらされていると考えている。実際、たとえばエリオット・カリーやウィリアム・ジュリアス・ウィルソンのような優れた犯罪学者たちは、片親家庭を例にとりながら、そのような家族を弱いものとみなすことは、「犠牲者を鞭《むち》打つ」に等しい所業だと主張する。さらにウィルソンが明確に述べているように、進歩的な人々《リベラルズ》のなかには、黒人家庭の調査をつうじてスラム生活の病理的側面を描きだすことは人種差別と変わらない、と考える人々も多い。

スラム生活の病理的側面を強調していた初期の研究は否定された。そして、黒人コミュニティのたくましさを強調する研究がそれに代わった。また黒人家族の崩壊を云々する議論に代わって、黒人家族の強さと美徳が賞賛されるようになった。一九六〇年代中頃の研究では病理的とみなされていたスラムの生活は、新たに解釈し直され、機能的な観点から再定義されるようになった。つまり黒人たちが、経済的困窮と人種差別が支配する環境のなかを生き残る能力をもつだけではなく、そこで成功する能力さえもっていることが示されるようになったのである。

［1987, pp.8-9］

このように家族が非行や犯罪と因果関係にあるという考え方が否定されるだけではなく、標準的な核家族モデルに沿わない親子関係のあり方は好ましくないという主張も白人中心主義とみなされる。というのも、非行の原因となっているのは家族ではなく、もっと広い社会的圧力だからである。つまり、経済的な剝奪や人種差別をはじめ、さまざまな社会的不正義こそが非行の源泉なのである。犯罪を減らしたければ、これらの不正義と取り組まなければならない。それ以外の原因を主張する説は、スケープゴートを用意して真実から目をそらせるか、あるいは真の問題を見誤っているものにすぎない——左派の人々はこのように主張する。

これまで述べたことから分かるように、保守主義者にとっては家族こそが社会秩序の核心であるのにたいして、左派にとって家族はそれほど重要な問題ではない。左派が問題にするのは社会正義であり、核心となるのは経済や雇用の領域における正義である。ここで、犯罪と病理の発生において家族がどのような役割を果たしているかを検討してみよう。現実主義的なアプローチは、最初に、犯罪方程式のふたつの構成要素を考える。つまり動機《モチベーション》（逸脱行動）と統制《コントロール》（社会の反応）である。通常、家族は統制の側にあるとみなされている。すなわち共同体を構成しているブロックのひとつ、というわけである。右派の人々は、家族の力が弱まれば、人間の本質的な利己性がそこからあふれだすと考える。ということは、右派にとって犯罪の動機はあまり重要ではない。なぜなら、どのような人間の心の内にも暗い動機が最初から原罪のように刻みこまれていると考えるからである。そうであれば、犯罪発生率がさまざまな社会集団で異なる原因は、それぞれの集団を構成する家族の安定度の違いに求められることになるが、そのような説明を受け入れるのは難しい。通常の犯罪を考えても、そのような穴だらけの主張はとうてい支持できるものではない。この主張にしたがえば、たとえばイギリス王室では、子どもは親と別々の宮殿で育てられるのだから、とてつもない犯罪者が生みだされるはずなのに、現実にそうなっていないのはなぜだろうか？　また、イギリスの上流階級では、子どもたちは早くから親から引き離され、私立の小学校《プレップ》や中学校《パブリック》で寄宿舎生活を送らねばならない決まりが、つまり家族が「解体」する習慣があるにもかかわらず、その子どもたちが将来さまざまな問題を抱えることにならないのはなぜだろうか？　たしかに上流階級については、これまでのところ詳しい研究はされていないにしても、青年期に性的な過ちを犯す傾向が広く存在していることは否定されていない。それでも、上流階級の紳士たちのあいだに、泥棒や強奪、武装強盗の発生率が極端に低いことは明らかではないだろうか？　しかし、ここではそれとは反対に、上流階級とは対照的な、成員どうしが緊密に結ばれた家族を取りあげることにしよう。職業的関心からクレイ兄弟の映画〔『ザ・クレイズ／冷血の絆』のこと。一九六〇年代のロンドンで活動したギャング、クレイ兄弟の生涯を描く〕を観た研究者の多くは、そこで描かれた固い絆で支えあう家族の姿に強い印象を受けたにちがいない。広い親戚関係と友人たちによって支えられた家族構造は、一九五〇年代のイースト・エンド〔ロンドン東部の下街〕の人情のあるコミュニティで見受けられたものである。といっても、その映画の男たちは、組織犯罪をおこなう巨大マフィア一族のような家族構造の世界に住んでいたわけではない。それどころか、映画で描かれた家族は、私たちがそこにすべてを見出すことができるものであった——家族思いの父親、古風な母親、広い親戚関係、家族の仕事を見習う子ども、緊密に結びついたコミュニティの感覚、などである。この種の映画は世界中で人気を博しているが、それに人々が魅力を感じる理由は、そうした映画の描きだす家族像が、私たちにとってはすでに「失われた」、あるいは経験したことがないものだからではないだろうか？　しかも組織犯罪の場合、成功するには強い家族がほとんど必須の条件でさえある。

　したがって、家族の安定性と犯罪の増減のあいだに一対一の関係がないのは明らかである。また、家族の活力とコミュニティの強度のあいだにも一対一の関係はみられない。実際、キャロル・ペイトマン［1988］をはじめとするフェミニストが指摘するように、現在の家族は原子のようにバラバラな存在であることが多い。リベラル民主主義の理論でも、しばしば家族は、その一つひとつが建築物を構成するブロックのように考えられている。よく知られたマーガレット・サッチャーの主張は、「社会というものは存在せず、存在するのは個人とその家族だけである」というものであった。それは「いかにして利己的な個人から安定した社会を建設するか」という問題が、「いかにして利己的な家族集団から社会を建設するか」という問題に移行しただけのことである。もちろん家族は、それを取り巻く広い共同体の価値を忠実に守ることの大切さを教えることもできる。しかし、いくら強固な家族であっても、魔法のようにコミュニティをつくれるはずはない。実際、起業家を生みだす強い家族というのは、その人物が家庭内で愛他的にふるまう原因となっているとともに、家庭の外であきれるほど利己的にふるまう原因ともなっている。そして、組織犯罪をおこなう家族もコミュニティを形成するが、しかしその家族が所属するエスニック・グループの外側にまでそのコミュニティが広がることはないのである。最後に、強固な家族がつねに平和な家庭であるという主張が誤りであることを指摘しておこう。イギリス社会の暴力事件の半数は家庭内で起こっている。通常は、夫の妻にたいする暴力である。緊密な家族構造がクリンチ状態にあるボクサーどうしの関係のようなものなら、それを維持するのがよいとはかぎらない。また、ジェーン・ムーニーが指摘しているように[1998]、シングルマザーによる子どもの虐待は女性の暴力事件で一番高い割合を占めており、したがって彼女たちを子どもたちのもとへ帰して家族をまとまらせようとするのは、皮肉な話だが、暴漢を家庭に招待するようなことになりかねない。この点についてフィリップ・ブルジョアは次のように述べている。

道徳を問題にする人々は、スラム化した都心部における子育てを批判して、そこでは家庭に父親がいないと嘆く。そして父親不在こそは子どもの道徳性を台なしにする元凶であると説く。しかし、シングルマザーの家庭が直面している最大の問題は、貧困なのである…。貧しい男を説得して核家族に戻そうとする政策努力は、方向を誤っている。問題はまさに正反対である。つまり、あまりに多くのひどい父親が、核家族の母親と子どもを恐怖に陥

れているのだ。むしろ、女性が子どもを産んでからシングルマザーになるまでに時間がかかりすぎることのほうが問題だろう。しばしば、彼女は夫からの想像を絶する暴力に耐えているのである。
[1996, p.287]

ここで気づかなくてはならない問題がある。それは、家族が伝えているのはどのような価値なのか、家族が許容し、推奨しているのはどのような行動なのか、という問題である。それは家族構造の強度と同じくらい重要な問題である。カール・ナイチンゲールがフィラデルフィア研究で示したように、「弱い家族」を強調することは、しばしばその家族が伝達しているさまざまな価値を見落としてしまうという誤った方向に私たちを導く。たとえば、家族そのものが暴力的であれば、そこで育つ子どもも暴力的になる。暴力的な子育てに由来するトラウマや、親どうしが暴力をふるう光景をみた経験は、その子どもが大人になってから暴力的にふるまう原因となることが、明白に示されている [Currie, 1998]。

したがって、家族がどれくらい全体社会に統合されているのかという問題だけではなく、家族がどのような価値を伝達しているのかという問題も考えなければならない。左派の人々の主張によれば、家族結合の強度と家族の伝達する価値のあいだには関係がない。それどころか左派の人々は、滑稽なほど理念的な図式にしたがって、どの家族も同じ強度で結ばれていると考えている。しかし、このような主張は正しいとはいえない。犯罪とは統制だけにかかわる問題なのではなく、統制と動機の双方にかかわる問題なのである。犯罪を企てる動機は、「模範的」な家族にも、構造的に弱い家族にも生じる。それでも家族の強固さは犯罪の防止にとって重要な要因であるにちがいない。なぜなら、たとえ遵法精神にあふれ、コミュニティと密接に結ばれている家族であったとしても、それが弱い家族であれば、個人――とくに思春期の少年――は外部の影響を受けやすくなるからである。剥奪感の激しい地域では、若者たちは誰にも見守られず、夜通し遊んでいても放ったらかしである。そのような若者たちは、かれらを監督するために人材もエネルギーも投入できる家族で育つ若者たちに比べ、仲間の誘いにのって非行に走りやすいのは当然である。さらに言えば、あらゆる家族構造のタイプが同じ強度をそなえているという主張は、いかなる理論的根拠ももたない――というのも、家族形態の違いによってさまざまな統制のあり方が存在するはずだからである。そのように考えなければ、政治的妥当性にしかもとづかない無意味な相対主義に陥り、現実の足場を失ってしまう。しかし、私たちは、非行の圧力からわずかでも子どもたちを守ることができるような家族形態をあらかじめ想定すべきではない。以上のことから言えることは、無拘束状態はかならずしも犯罪と逸脱を生みだすとはかぎらないが、その場所と時代に動機が存在すれば犯罪と逸脱を引き起こしやすくなる、ということである［Gottfredson and Hirschi, 1990 参照］。

どれほど家族が強く結びついていたとしても、魔法のように社会秩序をつくりだせるわけでもなければ、犯罪にたいする万能薬になるわけでもない。いくら強固であっても、原子のように他の家族から切り離され、なんら集団的価値を伝達しないような家族では、競争的な価値か本当に暴力的な価値しか伝達できないだろう。そのような家族はおそらく暴力の場となるだろうし、そこでは成員に与えられたトラウマをつうじて犯罪が引き起こされるだろう。他方、結合が弱い家族であっても犯罪を起こすとはかぎらない。ただし、その家族内に犯罪への動機がすでに存在すれば、その実行を防ぐことはできないだろう。しかし、それこそが現在の家族が直面している危機であるように思われる。貧しい家庭は、著しい不平等のために、犯罪への誘惑に強くさらされている――そこでこそ、犯罪の荒波から家族を守るための強固な防波堤が必要とされているにもかかわらず。

恣意的な規制

保守派は、ある意味では、完全に正しい感覚をもっている。もし現存の社会秩序が維持されることを願い、その秩序が本質的に不公平で不平等なものであれば、なすべきことは決まっている。つまり、人々がそのような世界を受け入れるように教育することである。抑制や服従、伝統の尊重、共同体規範への服従――こうしたことを生まれたときから個人に叩きこまなくてはならない。貧しい家族にたいしては、とくに厳しく規律を叩きこまなければならない。というのも、かれらは不平等のもっとも重い十字架に耐えなければならないからである。しかし、ここまで大胆な意見を吐く人は保守派のなかにもいないだろう――アーネスト・ファン・デン・ハーグのような刑法学者を除いては。

法律は、犯罪を起こしそうな者とそうでない者をきわめて慎重に区別し、取り締まる。その点では、革命主義者がさまざまな研究から手にしている信念（とりわけマルクス主義の理論）には真実が含まれている。それは、法とは金と権力をもつ者が金も権力ももたない者を監視するための装置である、という信念である。法が威嚇効果をもつのは、法で禁じられたことを犯す人々を法が取り締まるからである。貧しい人々や権力をもたない人々は、明らかに、他人のものを奪おうとしたり、社会に反抗したりする傾向が強い。これにたいして権力者や金持ちは、すでに多くのものを所有しているので、他人からものを奪う必要はないのである。

しかし刑法が、禁止されたことを犯す人々を取り締まるにあたって、金持ちや権力者よりも貧しく無力な人々を厳しく取り締まるというのは、とりたてて新しい発見ではない。それは、すでに禁酒法〔一九二〇年に米国で制定された、酒の製造・販売・輸出入を禁止する法律〕で明らかにされていたことである。この法律は、熱心な禁酒家たちにより、かれら自身ではなく、酒飲みたちを厳しく取り締まるために制定されたものである。明らかに、法律はある特定の集団を厳しく取り締まり、他の集団には甘い傾向がある。また、ある特定の集団には法を破る傾向があり、他の集団にはその傾向がない…。つまり法を破ろうとする傾向は、社会全体でバラツキがあり、個人の性格や生活環境によっても違うのである。このような理由から、法――および法を犯す者への処罰――が特定の集団や人物のうえに重くのしかかるのは必然である。社会から冷遇されている人々は、もっとも法を犯す傾向が高く、したがってもっとも頻繁に処罰を受けることになる。[1975, pp.45-6]

そして当たり前のことだが、「犯罪傾向の高い人々」を統制するには、法律だけでは目が粗すぎ、十分な装置とはいえない。そこから、幼少期からの躾《しつけ》が社会秩序を維持するために不可欠とされていく。したがって、貧困層の家族のあり方に多くの人々が関心を抱くその背後に潜んでいるのは、ほとんど偽善的な感情であって（その感情は不平等の原因を都合よく忘れさせてくれる）、それは人々が自分たちのためにつくりだした感情なのである。

そろそろ、これまでの議論を後期近代の文脈のなかに位置づけるべきだろう。というのも、後期近代は人々の生活における欲求の水準が大きく変化した時代だからである。欲求水準の変化は、政治的領域では市民権への期待が高まったことに、経済的領域では相対的な剥奪感が高まったことにみられる。さらに個人的領域では、自己表現と自己実現への要求が高まったことにみられる。家族制度についていえば、すべての成員を乗せ、しかもさまざまな理由から沈没しかかっている舟として家族を描きだすのは、大きな誤りである。この単純な比喩が誤っている理由は、家族の成員を家族という舟から切り離して考えている点にある。実際には家族の成員それぞれが家族という舟であり、両者を切り離すことはできないのである。男や女や大人や子どもを詰めこんでいたはずの家族という容《い》れものが、一貫性や凝集性を失ったのではない。そうではなくて、さまざまな理由から（よい理由も悪い理由もふくめて）、その成員たち自身が家族を解体したのである。家族を解体したのは、迷惑をかけられることも、従順であることも、規則を尊重して生活することも、家族の構造や経済に依存して生きることも望まなかった成員たちである。あるいは、夫の言いつけに素直に従おうとしない女性たちであり、親が定めた規則を素直に受け入れようとしない子どもたちであり、家族全員を支える責任を放棄した男性たちである。そこには前進もあり、後退もある。つまり、家父長的構造は解体したが、その一方で人々は互いにますます激しく商品化しあうようになったのである。

エリック・ホブズボームが二〇世紀末に起こった社会変動の核心とみなしているのは、以上のような社会関係の解体である。この社会変動は、これまでのところ社会の分断と抑圧の危険をもたらしてきたが、同時に偉大な自由と相互に尊重しあう共同体を約束するものでもある。

さて、ここからアミタイ・エチオーニの共同体主義《コミュニタリアニズム》に目を転じたいと思う。彼は、家族と共同体の両方に力点を置いた議論を展開しており、左派と右派の社会思想のあいだで、その中道を主張しているからである。

さまざまな市民団体が、公的機関が犯罪を撲滅するために提案している新たな措置をめぐって、議論を重ねている。しばしばリベラル派の人たちは、犯罪が新しい措置によって少しは減るとしてもなくなることはない、と主張する。そして犯罪と闘う最良の方法は、だれもが仕事をもち、十分な賃金をもらい、尊厳のある人間として社会から分け隔てなく扱われ、疎外されないことである、と主張する。たしかにそうした主張は筋が通っており、その目標も有意義なのだが、それにしても犯罪が起こる原因は驚くほど複雑である。この問題にかんする権威のひとりであるジェームズ・Q・ウィルソンは、著作『犯罪と人間の本性』で、犯罪の原因について六〇〇頁を費やしながら、それでもはっきりとした結論を出せないでいる。私としては、手短ではあるが、共同体主義のアプローチが明らかにした主要な発見について述べてみたい。

共同体の領域

　第一に、社会の弱い立場にあって真の意味で自立できない状態にある成員にたいして援助することは必要であり、また社会正義を前進させることも必要である——ただし、こうした社会的目標を達成しなければならないのは、それ自体がすばらしいことだからであって、そうすることで犯罪を大きく減らすことができるからではない、という発見である。

次の事実がある。犯罪が他のどの国々にまして多いのは、平均所得が他の国々（ポルトガルや中国、スペイン、インドネシア、ケニア）に比べてもっとも高い合衆国である。合衆国で犯罪が増加したのは、所得が上昇した時期である（五〇年代から犯罪は三倍から四倍まで増加した）。加えて、貧困層には法を遵守する人々が多く、富裕層には法を平気で破る人が多い。

第二の発見は、犯罪発生件数は共同体の全体的構成に大きく依存する、というものである。犯罪を減らすには、家族が強化されるだけでは十分でないし、学校できめ細かな教育がおこなわれるだけでも十分ではない。犯罪を最小限に食い止めるには、それらの要素が互いに連携していなければならないのだ。犯罪が起こらない国（あるいは世界）とは、家族が強く結びつき、学校では道徳が教えられ、共同体が完全に機能している国（あるいは世界）である。たとえばユタ州では犯罪発生件数がきわめて少ないが、それはここで述べた条件を満たしているからである。一九九〇年の合衆国全体の暴力犯罪の件数は人口一〇万人あたり七三〇件であるのにたいし、ユタ州では二八四件でしかない…ユタ州の場合、家族や学校や共同体が一丸となって――つまり、あらゆる構成要素が連携して道徳的インフラを整備することで――人々を道徳的に正しい行為へ導くように機能している。実際、ユタ州の人々は犯罪を防ぐことを唯一の、あるいは主要な目的として働いているわけではない。そうではなく、かれらは市民精神とさまざまな一般的価値を守るために働いている。

犯罪の減少は、道徳的な市民社会がつくられるときに支払われるボーナスなのである。
［Etzioni, 1993, pp.190-1 強調は原著者による］

アミタイ・エチオーニの『共同体の精神』から長々と引用したのは、たんに彼の共同体主義が広く反響を呼び、ヨーロッパとアメリカの政治家に歓迎されたからだけではない。彼の犯罪にかんする主張の多くに通俗的な誤りが含まれていることが、はっきりと理解できるからである。第一の誤りは、犯罪の原因は複雑であると注意を促しておきながら、そのすぐ後で、社会正義と犯罪のあいだにはまったく関係がない、と結論していることである。引用箇所によれば、その理由は、まず合衆国のように所得が高い社会では犯罪発生率が高く、所得が低い社会ではしばしば犯罪発生率が低いことであり、次に（すでに私たちが検討した説だが）富の増加は犯罪発生件数の増加と反比例ではなく、正比例の関係にあることである。ジェームズ・Q・ウィルソンの有名な警句を記しておくべきだろう――「やる気があるなら社会正義を追求すればよい。しかし、その人はただやりたいからそうするだけの話であって、まちがっても社会正義というものを正当化したり、それが犯罪を減らすなどと信じてはならない」。このように犯罪と社会正義のあいだの関係を否定するのは、とりわけ新実証主義者や保守系の思想家の常套手段である。それは、たとえばトラヴィス・ハーシであり、あるいはハンス・アイゼンクであり、そしてもちろんジェームズ・Q・ウィルソン本人である。かれらの主張の誤りは、絶対的剝奪と相対的剝奪を混同していることにある。人間の不満は、たんに経済上の不足だけから生じるだけではなく、評価や公正さの基準、配置などが適切でないことからも生じる。もちろん社会的不正義は、人口の大多数に知らせないでおくことが可能だとしたら、隠し通すこともできる。人々が不満を抱くようになるのは、人々が社会的不正義を認識するときであり、そして犯罪が起こるのは、その不満のはけ口が政治的に（おそらくは宗教的にも）与えられないときである。したがって、社会的不正義から犯罪にいたる道筋は、その社会において人間の評価がどのようなものであるかということと、その社会の人々の目の前にどのような可能性があるかということによって定められる。その過程は機械的に進行するわけでもないし、法則のような一定の道筋があるわけでもない。かれらのように、その過程を歴史から切り離して一般化するのは、まったく愚かなことであろう。

しかし、もっと重要なことがある。それは、正義と犯罪の関係を否定することによって、犯罪が無秩序の結果にすぎないと考えられてしまうことである。それは、社会のなかで不正が起こるのは仕方がない――結局、完全な社会などありえないのだから――とまったく安易に認めてしまうことである。しかも、その考え方にしたがえば、犯罪は社会的不正義の症候ではなく、人間に与えられた永遠の宿命であり、秩序を教えこまれていない人々がいる場所に起こるものである。犯罪は無秩序と同じ意味であり、それ以外の説明は必要ない。その他の「外的要因」をもちだす説明は、犯罪の本質である不道徳を合理化し、正当化するものにすぎない、ということになってしまう。

第二の誤りは、いま述べた第一の誤りから生じたものである。すなわち、犯罪の原因が不正義に由来するという考え方を、犯罪の説明から除外するとしたら、次にできることは、犯罪方程式の残り半分である「統制水準」によって説明するしか方途がなくなってしまう。犯罪の原因と統制のうち、片方だけで説明されていることに注意してほしい。さらに「人々の行動は社会統制の水準を示す変数によって機械的に決定されている」と考えられていることにも注意してほしい。そこから、社会統制の水準だけが犯罪発生率を説明する唯一のものと考えられてしまうのだ。つまり、既存の社会的不正義は犯罪の原因から除外され、犯罪は統制水準の変数だけで説明され、人々は社会統制の単純で機械的な仕組みによって直接的に支配された存在とみなされる。そこでの尺度は、質ではなくて量である。不正義が犯罪の原因から除外されるのは、富が犯罪と機械的に関係していないためである。そして社会統制の水準が唯一の説明変数とみなされるのは、それが犯罪と機械的に関係しているためである。繰り返しになるが、そこで想定されているのは、自分のいる状況をよく考え、その状況に応じて行動を決める人間存在ではない。自分のいる場所の統制にしたがって動くだけで、命令にたいして、そこから逃れようとも、賛同しようとも、反抗しようともしない人々が想定されている。このような実証主義的な観点には、意識的で反省的な行為者というものはどこにも見当たらない。そのうえ、エチオーニが提唱する緊密な統制ネットワークは、実際にはかならずしも強力な合意を形成するわけではない。統制が行き届いた雰囲気は、しばしば不満を引き起こす。一九五〇年代の合衆国では、小さな町の人々や高校生たちは、既存の社会秩序を従順に受け入れていた。しかし一九六〇年代になると、不満と反抗が大規模なかたちで広がった。もちろん統制理論であれば、この変化を統制の危機として説明するだろう。たとえば、家族の価値が揺らぎ、快楽を追求する消費社会によって秩序ある生活を送るために必要な規律が破壊されたのだ、と。しかし、そのような分析は当時の状況を理解するのにまったく役に立たない。実際、当時の文学では、秩序への服従というテーマが繰りかえし語られていた。そして家族の結びつきの強さが強調され、新しい消費者運動が社会規範への同調と一致をつくりだすものとして賞賛されていた。そのことをよく証言しているのは、当時よく売れた批評書であるヴァンス・パッカードの『地位を求める人々』や、ジョン・K・ガルブレイスの『豊かな社会』である(第1章二二頁を参照)。当時起こっていたのは、人々の要求が社会統制の枠に抑えこまれたという現象ではない。その反対に、人々は自分たちの人生をもっと楽しみたいと望み、生活を支配していると思われた狭い鋳型を捨て去ろうとしたのである。五〇年代における個人の反抗と、六〇年代における文化の革命運動は、二〇世紀後半の巨大な変容として広く認められているが、それは統制構造が弛緩する以前から起こっていた現象であり、統制構造が弛緩した結果として起こった現象ではない。統制が弛緩したために変化が起こったと考えるなら、当時の人々が反抗していた対象は何もなかったことになる。

社会統制は、有効に作用する限り、否定されるべきではない。社会統制を強くするだけで効果があるわけではないが、だからといって、家族や学校や仲間集団、さらには警察の影響力の大きさを無視するような正反対の結論に飛びつくのは誤っている。それでも犯罪発生率を理解するには、犯罪方程式の両面、すなわち動機と統制の二つを考慮することが不可欠であるのに、統制だけを考慮し、動機を考慮しないような説明では不十分なのである〔Gottfredson and Hirschi, 1990 参照〕。ユタ州の場合、たしかに社会統制のさまざまな領域が宗教的題目のもとでまとまり、そのことが全国平均より犯罪発生率を大きく引き下げたのは事実である。実際、ユタ州の殺人事件の発生率は、合衆国の全国平均の三分の一でしかない。しかし、それでもイングランドとウェールズのほぼ二・五倍もあるのだ。ユタ州のような信心深く家族を大切にする州でさえ、合衆国より人々の教会への出席率が低いイギリスよりも、離婚率やシングルマザーの増加率は大きく上回っているのである。ニュート・ギングリッチ〔一九四三〜アメリカの政治家で雄弁家として知られる〕は合衆国の犯罪発生率をヨーロッパなみに引き下げたいという野心を抱いているが、それを実現するには、カリフォルニア州の犯罪発生率をユタ州の水準まで引き下げるよりもさらに多くの努力が必要となるだろう。私たちの目の前にあるのは、永遠不変の人間本性――強く締めつけておかなければ時と場所を選ばず暴発し、犯罪発生率を増加させるような――なのではない。それは動機と統制のあいだの個別的な関係であり、その関係は国によっても国内の地域によっても大きく異なり、一般化することができないものなのである。

動機を考えず、統制の力だけで犯罪を理解しようとするのは、あまりに単純すぎる。犯罪方程式の二つの要素――不正を認識することで生じる犯罪への動機、および発生した動機により犯罪が実行されるのを（公《フォーマル》的かつ非公《インフォーマル》的に）防ぐことができる社会統制のシステム――は、概念として区別はされるものの、それでも密接に関連しあっている。通常この二つの要素は別々に考察されており、先ほどのエチオーニの引用でもそうだが、それぞれの説明のどちらかが正しく、どちらかが誤っていると考えられている。しかし、実際には二つの要素はどちらも緊密に結ばれているのである。両者の区別を維持することに意味がないわけではない。それでも、両者の相互関係を無視するのは誤りである。もちろん、同調への圧力がない環境、街に警官がほとんどいないような状況では、社会体制の不正義――失業であれ、低賃金であれ――にたいする人々の怒りはすぐに頂点に達し、犯罪へと向かうだろう。しかし、その逆もまた真である。つまり警察が力づくで人々を威圧し、貧しく財産のない人々を侮蔑的に扱うなら、いずれ暴動と無秩序の爆薬に火がつくことになるだろう。それは一九九二年のロサンゼルス暴動をはじめ、二〇世紀の暴動の歴史が示しているとおりである。そして世界中のメディアで定期的にニュースの見出しを飾っている「派手な暴動」は、私たちの都市のあらゆる場所を蝕《むしば》んでいる地域犯罪――これは「静かな暴動」である――と同じ原因から起こっている。経済的な周縁化は、不満の潜在的な原因である。権力によって人々の力を奪う「政治的」な周縁化は、不満を犯罪へと変える触媒である［Lea and Young, 1993］。というのも、法と秩序の力が不条理な方向で働くとき、経済的な収奪と不平等によって痛めつけられ、弱者に転落し、周縁に追いやられた人々の道徳的紐帯がさらに破壊されることは、明らかな事実だからである。

こうしたことすべてが、第3章で議論したフィラデルフィアのスラム研究へと私たちを立ち戻らせる。経済的排除と社会的排除（つまり社会的不正義）が複合するのは、統制機関がもたらす排除によってである。共同体は、失業によって、そして失業が「万人の万人にたいする闘い」を引き起こすことによって解体される。フィラデルフィアのスラムに住む人々は、一般社会から文化的に排除されているわけではない。それどころか、かれらはまさに一般社会の一部なのである。つまり、かれらの怨恨《ルサンチマン》に拍車がかかるのは、かれらの希望をアメリカン・ドリームに託させる社会が、他方ではそれをかれらに実現させない（文化的に包摂しつつ、文化的に排除する）からである。その結果として、暴力や競争が起こるわけであるが、それを必然化しているのは、まさに社会全体の価値観なのである。アンダークラスの研究が示しているように、かれらは労働の役割モデルや結婚の可能性、社会的安定を失ったのではない。そうではなく、かれらは、お決まりのテレビ番組をつうじて、アメリカン・ファミリーとか助けあうコミュニティとか、そういった紋切り型のイメージに取り憑かれているのである。テレビ局はかれらを視聴者と想定した「コスビー・ショウ」や「シスター・シスター」といった番組をつうじて、成功した黒人中流家庭のイメージを流し続ける。しかも、合衆国の黒人家庭だけではなく、大西洋を挟んだ両大陸の黒人ディアスポラまでもが、テレビ局のターゲットにされている。

以上のことから、社会正義は、社会統制が適切に機能するための下支えをするものであり、両者はけっして分離できるものではないことが分かる。それでもアミタイ・エチオーニは、最近の著作『新しい黄金律』〔1977〕で、よりよい社会をつくるには個人の自律と共同体のあいだのバランスをとることが重要だと主張し、「社会的・経済的要因」はさして重要でないと切り捨てている。そのような彼の議論が、リバタリアン〔自由至上主義〕の哲学を保守主義の哲学に、むきだしの個人主義（新自由主義《ネオリベラリズム》）を伝統と協調を重視する保守主義に対比させることで終始するのは当然である。左派の社会民主主義の理念は外に追い払われ、ステージの中央では二つの右派哲学が残って議論している。その両者にたいして、共同体主義が幸福な「黄金」の妥協点を提案する——エチオーニの著作が示しているのは、そうした光景である。

これまでの議論で、私たちはエチオーニにたいして次の点を批判した。第一に、彼は社会正義を社会秩序の問題から除外している。第二に、彼は家族をはじめとする諸制度を強化しなければならないと強く主張しているが、それが社会に秩序をもたらすかどうかは不明である。そして、とりわけ彼は社会的葛藤の主な原因がアメリカ的価値そのものであることを認めようとしない。私たちは最後に、彼の共同体にかんする議論を検討してみよう。というのも、彼の共同体主義の哲学的基盤がそこにあるからである。

正義と共同体

安定した社会秩序がもたらされるには、二つの領域（つまり正義の領域と共同体の領域）における成功――社会において必需品が公平に配分されることと、さまざまな価値が共有されること――が必要である。完全な能力主義社会を実現したところで、社会秩序の問題が解決されることはないだろう。たしかに個人間の競争によって報酬が以前より公平に配分されることはありえるが、それで社会が平和になることはないだろう。人々が苦境にあっても他人を助け、正直にふるまい、相手を尊重しようと思い、そして相手を騙したり、裏切ったり、不正を働こうと思ったりしないためには、誰もが同意する価値が必要なのである。とりわけ、成功の程度や世渡りの上手下手にかかわらず、人間の価値を平等に評価したいと人々が思えるようになるには、そのような価値がなおさら必要である。どれほど強固な家族であろうと、どれほど緊密な共同体であろうと、それだけで社会に調和をもたらすことはできない。極端な能力主義社会においては、家族も互いに競争しあうひとつの単位になるだろうし、共同体も同様である。実際、アミタイ・エチオーニ自身も次のことを認めている。「共同体主義の思想では、社会秩序が維持されるには（さまざまな共同体のあいだに）中心となる価値が現実に共有されることが、そして共同体の大多数の人々が従わざるをえないような「分厚い」枠組みが必要である」［1997, p.198］。能力主義であって共同体主義でない社会も、共同体主義であって能力主義でない社会も、どちらも不十分な社会である。しかし、ここで共同体の問題にもっと踏みこんで検討してみよう。というのも、正義の領域で必要とされるのが能力主義であるとはっきり認めるとしたら、他方で共同体の領域で必要とされるのが何であるかを考えなければならないからである。

るつぼ／虹／モザイク

エチオーニは、『新しい黄金律』のなかで、「アメリカの没落と興隆」という図式を示している。その図式は、私たちが西欧世界について説明したのと同じように、包摂の一九五〇年代から始まり、しだいに行為の基準と秩序が「風化」していくプロセスを描いている。しかし、彼の図式では、この変化を説明する要因として、経済も市場も挙げられていない。むしろジェームズ・Q・ウィルソンら右派の批評家と同じように、エチオーニもまた、さまざまな価値がいかなる理由も背景もないまま、不思議にも消失してしまったと考えている。そして彼は楽観的な調子で、一九九〇年代にはアメリカが「興隆」し、そこから共同体主義的な価値観への転換が始まるだろう、という期待でこの本を結んでいる。

多様性にかんする彼の扱い方も、その枠組みに沿ったものである。第二次世界大戦後の初期から始まる同化主義にもとづく「人種のるつぼ」政策にたいして、一九八〇年代の多民族の共存を説く「虹」政策（とくにジェシー・ジャクソン〔黒人公民権運動の指導者で一九八四年に「虹の連合」を設立し大統領選挙活動を行なった〕が提言した政策）を対置させたうえで、彼は「虹」政策では異なる民族が互いに分断され、争いあう結果になると断言し、共同体主義の最終段階には馴染まないと結論する。

私の考えでは、共同体の「モザイク」から成り立つ社会のイメージこそ、それが正しく理解されるかぎり、共同体主義の社会にもっともふさわしい。その社会では、さまざまに異なるコミュニティのあいだに自律と結合が生みだされる。モザイクは、さまざまな形と色をした多種多様な断片が、互いに枠と接着剤でつながることで成り立っている。モザイクが象徴する社会とは、さまざまな共同体がそれぞれの文化的個性（宗教活動から言語、料理、ダンスにいたるまで）を維持し、固有の伝統に誇りをもち、その知的財産を継承するような社会である。そして同時に、それぞれの異なる共同体がより大きな全体の一部として統合されていることを認めるような社会である。［1997, p.193］

ここで示したエチオーニの図式は、ある面で、包摂型社会から排除型社会への移行という私たちの関心に重なる。しかし、彼が新しい包摂主義の基盤として考えている共同体主義は、肝心の問題をごまかしているように思われる。というのも、実際に彼が提案しているのは、基本的合意という接着剤で貼りあわせただけの多文化主義にすぎないからである。「モザイク」のイメージで語られるのは、次のようなものである。すなわち、さまざまな文化はバラバラのまま、その伝統の価値が認められ、保存され、それぞれが互いに尊重するという契約を取り結び、その契約が接着剤となって全体がひとつにまとまった社会である。というより、それぞれの文化に共通する価値を寄せ集めることによってまとまった社会であるというのが正しいだろう。私が指摘したいのは、このイメージは、ある程度までクリントン政権下のアメリカの方針にぴったり沿っていたということである。それはまた、北アイルランドやボスニア、中東などの民族紛争を抱えた地域で、和解案の基本方針とされた考え方である。しかし、そこには大きな欠陥が潜んでいる。

第5章で私たちは、多文化主義が、既存の共同体を固定したものと捉える傾向にあることを示した。また、多文化主義が伝統を維持したり発見したりすること（「ルーツに戻れ」）を積極的に評価することも示した、さらに多文化主義が、多様な文化的本質を提供することによって、すべてが急速に変化する現代に生きる人々にたいして存在論的な保障とアイデンティティを与えていることも明らかにした。そして私が主張したのは、まず第一に、そのような本質主義はアイデンティティ（これ自体そもそも脆弱なものであるが）が不安定になったことへの反応であるということであり、第二に、本質主義はその内部に抗争と攻撃性を拡大させる傾向をそなえているということであった。しかし、ここで私はエリック・ホブズボームの著作に話題を変えようと思う。というのも、最近のホブズボームは多文化主義を、あるいは彼が「アイデンティティ・ポリティクス」と呼んでいるものを厳しく批判しており、そこには辛辣だが鋭い洞察が含まれているからである。

エリック・ホブズボームとアイデンティティ・ポリティクスの隆盛

エリック・ホブズボームの『極端な時代』には、二〇世紀後半の変化が皮肉たっぷりに描かれている。信頼と名誉から成り立つ前資本主義的な制度は、資本主義が世界システムとして最大の成功を収めたまさにそのときに崩壊した。そのプロセスにかんする記述をつうじて、彼が共同体とアイデンティティについてどう理解しているかを読みとることができる。

私たちが生きているのは大規模な「文化的革命」の時代であり、「伝統的社会の規範や組織、価値観が一挙に崩れ去った時代であり、それによって先進産業国の多くの住民が故郷を失い、希望を失った時代である」。自著からの引用を続けさせてもらうなら、「私たちの時代ほど〈コミュニティ〉という言葉が見境なく用いられ、意味を失った時代はない。というのも、社会学的な意味でのコミュニティは、この数十年間のうちに、もはや現実の生活でほとんどみられなくなったからである」［1994, p.428］。男性も女性も、自分が確実かつ永遠に所属できるような集団を求めて、世界をさまよっている。すべては移り変わり、以前の姿をとどめるものや、確実なものは何もなくなってしまった。そしてかれらが見つけるのは、自分に何らかのアイデンティティを与えてくれる集団（アンデンティティ・グループ）である。そこに潜む奇妙なパラドックスは、ハーバード大学の優秀な社会学者でカリブ出身のオーランド・パターソンが偶然にも見つけたものである。人々は何らかのアイデンティティ・グループに所属することを選択するのだが、しかし「その選択は次のような強い確信にもとづいている。それは、当の個人にはまったく選択の余地はなく、そのグループに所属することは最初から決まっていたのだという確信である」。それが選択であることはいくつかの例で示される。自分が「アメリカ・インディアン」あるいは「ネイティブ・アメリカン」であると申告するアメリカ人の数は、一九六〇年から九〇年にかけて五〇万人から二〇〇万人に、つまり四倍に増えているのである。この増加は、通常の人口統計によっては説明不可能である。ついでながら、「ネイティブ・アメリカン」の七〇％は他の民族と結婚しており、民族学的にだれが厳密に「ネイティブ・アメリカン」であるかはもはや明らかではない。

［1996, p.40 強調は原著者］

コミュニティが崩壊するまさにそのとき、アイデンティティが創りだされる。オーランド・パターソンが観察した人々のアイデンティティの選択は、一般には多文化主義の問題として捉えられる。つまり、それは「選択の余地がない」という本質主義的な観念にもとづいているのである。人々は自分にふさわしいアイデンティティを発見し、ルーツを見つける。それは、表

面的にはひとつの回答をもった、ひとつの具体的な手順なのである。さらにホブズボームは、このような政治的行為《ポリティクス》は、社会崩壊という問題を解決するどころか、それ自体が社会崩壊の指標である、と主張する。

> したがって、アイデンティティ・ポリティクスと世紀末の国家主義は、二〇世紀後半に起こった諸問題を扱うにはあまりに力不足なプログラムであり、ほとんど効果をもたない。それらは二〇世紀後半の諸問題にたいするプログラムというより、むしろ情緒的な反応にすぎないものである。
> [ibid., p.430]

ホブズボームの議論によれば、アイデンティティ・ポリティクスの内部には、解体と抗争の種子が含まれている。というのも、アイデンティティとはつねに排他的に定義される（それは排除を前提とした包摂である）ものであり、さまざまなアイデンティティ・グループ（いわゆる「コミュニティ」）のあいだの同盟関係は不安定なものだからである。その同盟は、いずれ決裂する一時的なものにすぎないのだ。

このような文化とアイデンティティにかんする議論は、後期近代の矛盾した特徴を正しく把握している。批評家たちは、本質主義（自己と他者の両方を本質化すること）が魅力的なものとして広がっていることを指摘している。したがって、私たちの時代には、国家主義が高まり、民族浄化の嵐が吹き荒れ、ヨーロッパの人種差別的な政党が目を見張るほど勢いを増し、民族的アイデンティティ・ポリティクスを強化しようとする世論が台頭し、原理主義の宗教団体が力を増し、男らしさを讃えるカルト集団が出現し、黒人分離主義者が息を吹き返し、過激なフェミニストがしつこく大声を張りあげるだろう。これらの潮流はすべて、本質を意味する概念によって人々が自分たちを定義するとき、かならず起こるものである。そのような人々は、定義のうえだけではなく、事実のうえでも他者を排除するにちがいないし、人間の本性と運命は永久に変わらないと考え、人間の選択可能性と創造性をきっぱりと否定するようになるだろう。しかし、それと同時に、本質の大規模な破壊と堕落が起こるだろう。レス・バックは、都市のエスニシティにかんするすばらしい著作で、次のように述べている。

二〇世紀が終わりへ向かうにつれ、国民性や文化、アイデンティティという観念が氾濫するようになった。それらの観念は、衝突や分裂した状態にある場所で生じるものであり、正統性を意味する言葉とか文化絶対主義という具体的な形態をとるものである。一方では文化を、それぞれに固有のルーツがあり、固定したものと捉える観点がある。他方では文化を、つねにさまざまな固有性の流れが混淆《こんこう》しながら新しい流れを生みだすような、変容のプロセスとして捉える観点がある。私たちの目の前にあるのは、両者のあいだの二者択一である。ところで、このような「本質主義」対「反本質主義」の喧噪のなかで忘れられているることがある。それは、両者の方向性が日常生活においても複雑に相互作用しあっていることである。また、特定の時代と場所において、帰属や資格を問題とすることで、社会的包摂と排除の力がどのように作用しているのかという問題も忘れられている。ヨーロッパの大都市においては、さまざまな文化が合流することで、従来の壁を越えた複雑で活気ある新しい文化形態が生みだされているが、同時にそこでは暴力と人種差別がすさまじい勢いで横行している…。［1996, pp.8-9］

さまざまな文化は、実際には互いに共鳴しあっており、その本質をたえず取り崩しながら、交錯し、雑種化している。成員たちの「真の」アイデンティティの性質が変動するプロセスは、かれらに意識されなくても進行しているのだ。しかし、そこからホブズボームはさらに一歩踏み込んでいる。つまり彼は、さまざまな文化の本質が主張されるのは、後期近代において固定したアイデンティティや確実性がいたるところで破壊されたことにたいする反応である、と考えるのだ。他者を悪魔に仕立てあげようとする欲望は、自分たちが社会の中心にいるはずだと思っている人々が抱く、存在論的な不安に由来している。そしてその不安は、かつては自明とされた文化と伝統が——すなわち本質が——崩壊しつつあることが根本的な原因となっている。自分たちで新しい本質や確実性を打ち立てようという期待を抱くことは、それ自体がかれら自身の歴史を否定することになってしまう。ホブズボームは、流動化した世界そのものが、それと反対の世界への欲求をもたらしていることを指摘する。ユダヤ系アメリカ人の若者たちが自分たちの正確な「ルーツ」を探し求めるようになったのは、それまでかれらを異質な人間とみなし続けてきた、差別と隔離がなくなりはじめたときである。ケベックの独立運動が起こったのは〔フランス系移民が多いカナダのケベック州では一九八〇年と九五年に独立の是非を問う州民投票が行われた〕、ケベック社会の異質性が失われはじめたときであった。民族的アイデンティティへの欲求は、他民族との結婚の数がもっとも増えたときであった。現在、アメリカで産まれた女性の六〇%が、自分とは異なる民族の男性と結婚している。民族的アイデンティティを求めることが引き起こす悲劇は次のとおりである。

自分のアイデンティティを構築するために、人々はますますアイデンティティをもてない他者を踏み台にする必要に迫られている。ドイツのネオ・ナチのスキンヘッドたちは、同じ服とヘアスタイルで、世界共通の若者文化を気取った音楽を流しながら、出稼ぎのトルコ人やアルバニア人を襲撃する。そうする以外に、かれらはどのようにしてドイツ人の本質をつくることができるだろうか？　そして、歴史の大半をさまざまな民族と宗教の隣人たちと過ごしてきたクロアチア人やセルビア人は、どこにも「帰属」できない人々を排斥する以外に、どうすれば自分たちの民族の「本質」を構築できるというのか？

［Hobsbawm, 1994, p.429］

しかし、ホブズボームは、そのように民族を分断してみたところで、もっとも極端な場合でさえ、グローバル化の力を前にしては何の抵抗にもならないと述べている。

たとえ世界が、大量虐殺や大規模な追放や「民族浄化」によって同質な民族の領土に分割されるとしても、それは理屈のうえで可能であるというだけの話にすぎない。実際には、大量の人口移動（労働者や観光客、ビジネスマン、技術者）や大規模な流行現象、グローバル経済の影響によって、ふたたび民族的混合が起こることは避けられない。結局のところ、中欧諸国で起こっている「民族浄化」は、第二次世界大戦中とその後に起こったことと同じ結果をもたらすだろう。すなわち、世界がますます都市化していくにつれて、それらの諸国では、将来ふたたび民族的混合が起こるにちがいないのだ。 [ibid., p.430]

確固たるアイデンティティを探し求め、人々は社会という船に乗りこんだ。すると奇跡のようであるが、詳細な海図には島の正確な経度と緯度が描かれていた。しかし、その島に近づいたそのとき、急に羅針盤が狂いはじめ、当てにならなくなり、アイデンティティという島の海岸と水平線は見失われてしまった。それでもなお、人々は確実性を求めてあがくことを止めない。悪霊たちが招き寄せられ、私たちのいる境界の内外から安全が失われても、それでも人々のあがきは止まらない。しかし、グローバル社会が到来すれば、このプロセスもようやく止まるだろう。そこでは、さまざまなアイデンティティがたえず交わり、互いの境界がいつまでも移り変わり続けるからである。強固なアイデンティティを切実に求めれば求めるほど、アイデンティティが崩れ去っていくというのは、まさに皮肉なことである。

第7章 カオスを放置する

軽く接しあう他人たちの秩序

現代生活の根本問題の多くは、各人が自律性と個性を保ち、社会的圧力や歴史的伝統、外来文化、生活技術の巨大な圧力に押しつぶされたくないと思うことから生じている……。

大都会の人々の類型的特徴は、新しい刺激が次から次へと内外から押し寄せることによって生じる神経の強烈な刺激状態を基礎としている。人間は差異によって生きる動物である。つまり、人間の精神は、ある瞬間に感じた印象とそれまで感じていた印象とのあいだの差異から刺激を受けるわけだが、変化しながら殺到するイメージや、深い断絶が

はっきり分かる印象、奔流のように押し寄せる予測不可能な印象に比べれば、持続する印象や、差異があまり感じられない印象、変化や対比がありきたりで規則的な印象は、意識をほとんど消費させない。そのことが大都市に独特の心理条件をつくりだす原因となっている。往来する人々や経済的・職業的・社交的な生活の速さと多様性は、精神生活の感覚的基礎という観点からみて、大都市の生活と小都市や田舎の生活とのあいだに深い対立をつくりだした。大都市の生活は、差異の動物である人間にたいして、田舎の生活で必要とされる以上の意識量を要求している。…現象の変化や対立に適応するために…大都市の人間類型――もちろん無数のバリエーションが存在する――は、個人を根こそぎにしようとする外部のさまざまな潮流や対立の脅威から身を守るための器官を発達させている。

[Georg Simmel, 1950, p.273 強調は原著者]

以上の引用は、ゲオルグ・ジンメルによる一九〇九年の有名な講演の一部である。そこでジンメルが、ベルリンとロンドンという大都市での生活経験をとおして描きだしたのは、怒濤《どとう》のように押し寄せる都市の印象に抵抗するために、人々の精神が変化し、鎧《よろい》をまとう有り様であった。ジンメルは、都市の人々の無関心な態度、他者への計算高い接し方、他者とのあいだに距離を置く習性といったものを、防衛的メカニズムとして捉えた。それらの特徴はすべて、保険統計的な態度や多文化主義にかんする私たちの議論とぴったり符号する。したがって、地球村《グローバル・ヴィレッジ》の巨大構造物である二〇世紀後半の巨大都市《メガロポリス》が提起している諸問題は、今世紀初頭の大都市《メトロポリス》が個人にたいして提起した諸問題をさらに深刻化させたものといえる。私たちを囲んでいる〈環境世界〉はシャボン玉のようにふわふわと壊れやすいもので、私たちはその破裂によって危険と不安が近づいていることを知覚し、周囲の道徳的混乱から注意深く身を引き離そうとする。理解可能な領域はたえず狭まっていき、それとともに安全な領域も縮小していく。しかし、ジンメルはそこからもう一歩話を進めている。都市で暮らす人であれば、誰もがジンメルの次のような洞察力あふれたコメントに同意するだろう。

小さな町に暮らす人々からすれば、大都市の人々の距離を置いた態度は冷たく、思いやりのないものに感じられる。実際には、私の思い違いでなければ、その距離を置いた態度に潜んでいるのは無関心だけではない。そこには私たちの想像する以上に激しい他人への嫌悪感や違和感、反感といったものが潜んでいるのである。それらの感情は、かれらが他人と密接な関係になると、たちまち激しい憎悪になって姿を現わし、争いを起こす原因となるのだ。［p.275］

都市は、かぎりない可能性と刺激に満ちた場所であるとともに、社会から引きこもる場所でもあり、無関係なはずの人たちがすぐに憎悪を爆発させる場所でもある。都市生活には、まさに差異《ディファレンス》と無関心《インディフェランス》の両方が深く根を張っている。

ゲオルグ・ジンメルに続いて都市の差異がもたらすスリルに注目したのは、シカゴ学派の都市研究者たちであった。デヴィッド・マッツァによれば［1969］、かれらは都市に共存する多様な社会の「鑑定家」である。かれらは学生たちに、ノートをもって都市に出かけてさまざまな相違をしっかりと観察してくるよう勧めていた。ロバート・パークは「互いに接触しながらも浸透しあわない多くの小世界からできたモザイク」［1916, p.608］について語った。さらに新シカゴ学派のベッカーやリマート、ゴフマンたちは、人間を直接に観察することの面白さと、「逸脱」した世界に踏みこむことの興奮をよみがえらせた。これらの研究すべてに共通するのは、ジンメルが都市生活者の「通常」の認識とみなしたものとは正反対の認識である。すなわち、他者に閉ざされた生活を送る人々の認識ではなく、他者に開かれた社会科学者の知覚である（たとえば第4章の現象学的エポケーにかんする議論を参照）。

しかし、ジンメルが都市の刺激的側面を強調したのにたいして、シカゴ学派が強調したのは、市民が他人に距離を置いて冷淡であること、都市が匿名的であること、そこは貨幣という抽象的紐帯《ちゅうたい》によって支配されていることであった。

そのことは、リチャード・セネットの著書『まなざしの良心』の次の一節にみることができる。

詩人のボードレールにとってそうであったように、シカゴ学派の人々にとっても、都市の文化はさまざまな差異の経験から成り立つものであった——そこでは身近な場所を少し離れただけで、さまざまな階級や年齢、民族、趣味の差異にぶつかるからだ。また、この詩人にとってそうであったように、パークやルイス・ワースにとっても、都市を満たす差異は他者性や驚異、刺激にたいする好奇心を抱かせるものであった。しかし、これらの社会学者は、感覚に反するような事実を見抜く優れた洞察力をそなえていた。つまりかれらは、こうした好奇心は、都市の人々のあいだの緊密な関係がゆるんでいる場所で起こることを見つけたのである。[1991, p.126]

セネットの考察は、シカゴ学派に属する彼の「感覚に反する」洞察が、先ほど紹介したジンメルの「抽象的思考」とはまったく異なるものであり、さらにはそこから離脱したものであるという独自の主張を含んでいる。しかし実際のところは、シカゴ学派の主張はベルリンからシカゴに舞台を移しながらもジンメルの考え方の延長線上にあり、またかれらの洞察は今日の差異にかんする議論に重要な意味をもっている、というのが正しい。

ここでリチャード・セネットは、「逸脱とは、人口の多い大都市において、互いに軽く接しあう人々にとって実現可能な自由のことである」という命題を引きだしている[ibid., pp.126-7]。したがって差異と無関心は、密接に関係しあっている。人々は、差異から身を守るために無関心な態度を身につけ、その無関心な態度によって差異を受容する。このような点からすると、差異を容認する態度は、差異を重視する文化から生まれたものであるどころか、むしろ反対に、人々があまりに他人に関心をもたないために差異が禁じられないことから生まれたものにすぎない。そこから、この弁証法が希望なき暗黒世界《ディストピア》へ向かうことが明らかになる。すなわち、敵意を帯びた無関心がちょっとしたことで激しい敵意となって表面化し、文化的他者が悪魔に仕立てあげられる条件がつくりだされるのだ。このようにして、見せかけの差異をめぐるシナリオが社会の弱い立場にある人々に押しつけられると、その人々は物質的・イデオロギー的な影響のもと、現実の差異をつくりだすようになる。

リチャード・セネット、気乗りしない散策者

リチャード・セネットは『まなざしの良心』で、読者をニューヨーク市街の散策へ誘《いざな》っている。彼は読者を、グリニッジ・ヴィレッジの自分のアパートから、三マイル離れた中心街にあるお気に入りのフランス料理屋へ、国連本部がすぐ近くにある五〇番通りへと連れていく。読者は、ワシントン・スクエアの東側でコカインの密売人とすれちがい、グラマシー公園界隈では家族から離れて束の間の自由時間を満喫する中年の男女に出会う。三番街とレキシントン街のあいだの三〇番通り付近の乗馬用品店は、ポロ競技者と皮革愛好家でごった返し、二〇番通

り北側では、インド人のスパイス業者が、不思議な表情をしながら怪しげな香辛料の袋を見張っている。そうかと思えば、マレー・ヒルではニューヨークのエリートたち（かれらは質素な身なりをしていても生粋《きっすい》の金持ちである）が子どもや離婚の話をしている。最後に、レキシントン街と一番街のあいだの東四〇番通り（ここは外交官見習いとその子どもたちが住む地区である）で、読者は先ほどの料理屋にたどりつく。

しかし、セネットは深い失望を味わっている。なぜなら、ここはボードレールが書いた世界とはまったく別の世界であり、ボードレールが散策者《フラヌール》として周囲の活気ある光景に深く関与したときの感覚を、彼はまったく味わうことができないからである。差異の見本市であるニューヨーク、そこには何かが欠けている。人々は互いに無関心であり、セネット自身もかれらにたいして関心がもてないことを告白している。大都市に住む人々が関心を向けるのは内面であり、外の世界ではない。皮革愛好家と乗馬愛好家は互いに何の関心も示さないまま、「疲れきった販売係が鞍と鞭を売り、うんざりした顔の店員がそれを包装している」。スパイス商人は客と距離をとり、「仕事中は、麻薬常習者が軽口を叩くような雰囲気になることはめったにない」。さまざまな民族がいっしょに生活しながら、互いに隔てあっている。つまり、そこでは人々が混住してはいるが、共同の社会生活を営んでいない。マレー・ヒルの金持ちは、「戦略的に慎重な」態度で自己を他者から引き離そうとしている。そして最後に、例の料理屋はマンハッタンでもっとも特徴のない地域にある。「退屈な高層アパートが森のように乱立するおかげで…

道路には日光がまったく当たらない。郊外には、火事で焼け落ちたり、捨てられて廃墟となった街並みが、数マイルも延々と続いている…これほど豊かな都市にあって荒廃のままに放置された地帯…それは、まるで市民たちの無関心に吹きさらされたような場所である」[ibid., p.131]。この箇所に続いて、セネットはみずからの願望を述べている――私のことも放っておいてほしい、と。

ここではシカゴの都市生活者のようなカメレオン的特徴はみられない。つまり、人々は周囲の色や他者の明るい色に自分を似せようとすることはないのだ。ニューヨークを少し歩けば、他人との差異と他人への無関心とが、不幸な関係をもったペアをなしていることが分かる。人々の瞳は差異を見つめているが、それは無関心な態度のままである。私自身、麻薬密売人の抱える生活問題には何の興味もない。また、中年女性の孤独の世界を覗いたり、性的妄想に耽る男性の内面を暴くほどの物好きではない。私がスパイス商人に話しかけても、彼は皮肉な態度で私を追い払うだけのことだ。[ibid., p.129]

ここで私が驚くのは、セネットの記述が、都市の多様性にロマンチシズムを抱く人々に批判的な著述家ときわめて似ていることである。ケン・プライスは、ブリストルのウェスト・インディアン地区の研究で、コミュニティの解体を新たなコミュニティの創造と勘違いしている人々を、次のように厳しく批判している。

セントポールにはコミュニティがない。しかし、このことがセントポールを初めて訪れる外国人に理解されることはあまりない。とくに学生や知識人は、逸脱したものやエキゾチックなものにロマンチシズムを感じたがるので、なおさら気づかない。セントポールでは、まったく異なる背景をもつさまざまな集団が、物理的に近接した範囲内で好き勝手に入り混じっている。しかし、それは見せかけのことだ。というのも、たとえ多くの集団が混住しているからといって、そこから共同体の基準を受け入れたり、それに合意したり、それが侵されないように警戒したりする気持ちが自動的に生まれるわけではないからである。そこには、全員が共通のサービスを利用しているというだけの、表層的な統一性しか存在していないのである。

緊密に人々が結ばれ、有機的で温かく調和したコミュニティというロマンティックな幻想は、セントポールとは根本的に異質なものである。セントポールの異なる集団のあいだには、根強い不信がある。そしてセントポールの人々は「些細なことにこだわらない」(これこそは中産階級の学生や知識人たちを魅了する点である)。また、そこには人々を拘束するコミュニティの価値基準もなければ、人々が執着せざるをえないような支配的観念もない。まさにそうした事実こそは、セントポールが貧民街であることを物語っている。

隣人たちの社会的異質性や、集団間（とりわけ異なるエスニック集団間）に広がる不信は、いわば「何でもあり」の雰囲気をつくりあげている。そのために、ある集団が別の集団の人々を「都合のいいカモ」とみなしたり、「簒奪《さんだつ》の対象」とみなす状況が生まれている。そこには、バラバラの要素を統合するような「〈人種のるつぼ〉の道徳」はどこにも存在しないのである。

［1979, pp.29-30］

そしてプライスは、ジンメルにならって、「このコミュニティは、ただ商売によってのみ結ばれている」と述べている――市場を織りなすカネのつながりが社会的行為を統合する唯一の手段になっている。したがって、多様性にあふれた都市とは、無関心にあふれた都市のことなのである。どの集団の人々も、保険統計的に危険を予測しながら慎重に街を歩き、周囲から身をかわし、隠れ、身を守り、ときに互いに衝突する。

しかし、大都市の無関心についてのセネットの主張には、どこか奇妙な点がある。先に見たように、彼は、読者を、世界でもっとも刺激的な都市の旅へ誘っている。ニューヨークは、人口が密集する他の古い都市と同様、大部分の産業労働者を世界中から呼び集め、そのことが差異にあふれたこの都市の特徴となっている。そしてセネット自身、他人には無関心であると述べながら、明らかにうれしそうな様子をしている。そこにこそ、シカゴ学派がジンメルから継承した二つの目的をセネットが引き受けることができない理由の一部がある。その二つの目的とは、デヴィッド・マッツァが述べるように、ひとつは都市の現象を正しく認識することであり、もうひとつは、同時に都市生活にはびこる悲哀《ペーソス》を知覚することである［Matza, 1969, pp.49-53 参照］。マッツァは、彼自身の「自然主義的」な哲学にもとづいて、研究者が研究する現象にたいして「誠実」であるようにと、次のことを要求している。すなわち、一方では都市生活へのロマンティックな幻想を捨てることであり、他方では〈解体〉という無意味なカテゴリーに都市を投げこまないことである。要するに、研究者は差異に耽溺してはならないし、差異をたんなる逸脱として片づけてもならない、ということである。セネットは、喜びにあふれた都市を探し求めた。そこは、人々が他者から衝撃を受けることで多くを学び、それによって外側の世界に目が開かれるとともに、内面が豊かになるような都市である。しかしセネットは、匿名性や疎外、混乱といった現象に出会い、打ち負かされた。そして彼は、ただ他人から距離を取ることによってのみ、外界への関心を維持することができたのである。彼は述べている。「小便の臭いが香《かぐわ》しいのも、私が歩き続けているときだけのことだ」［1991, p.128］。

　しかし、そこにはたんなる混乱以上のものがある。ニューヨークには、コミュニティや社会的凝集性は事実上すでに失われているにもかかわらず、彼はそれ以上のものをニューヨークに求めている。つまり、彼が求めたのは、そこにいる人々や状況や事物のすべてを包み込み、共同の歴史や目的や未来を与えるような、ひとつの〈大きな物語〉であり、教条だったのである。そのことをセネットは次の文章ではっきりと示している。

画家は、自分の栄光を期して、大きな三部作の絵を描こうとした。そして必要なあらゆる塗料、他の画家たちの著作、スケッチをそろえた。しかしその後、彼は何も言わずに町を去ってしまった――ニューヨークは、そのような画家のアトリエに似ている。[ibid., p.129]

すなわち、セネットは、都市のさまざまな断片を集めて完全な一枚の絵にしたかったのだ。彼はコミュニティを求め、同時にその統合も求めていたのである。

純化の過程

リチャード・セネットのマンハッタン散策を、彼の著作全体のうちに位置づけることが必要だろう。セネットは一九七〇年に書いた初期の著作である『無秩序の効用』で、アメリカの郊外がいかに排除によって意図的に純化された空間であるかを描きだしている。『まなざしの良心』[1991]で、彼は「視線にさらされる恐怖」を中心概念として、郊外から都市へと舞台を転じながら、ふたたび同じテーマを追求している。彼が信じるところによれば、古代ギリシア人は都市にたいするのと同じまなざしをもって生活の複雑さを眺めることができた。寺院や彫像、市場、政治集会は、ギリシア市民の内面生活を表象するものであった。ところが現代世界においては、私たちの内面的自己と外的世界のあいだ、自己と都市のあいだには明らかな分断があるという。都市は、人々を互いに分断し、自己の外部に精神的空間をつくりあげることによって構築されている。

内的世界（あるいは主観的経験）と外的世界（あるいは物理的生活）が分割されていることとは、そこに巨大な恐怖が存在していることを示している。ところが、私たちの文明はその恐怖を考慮しないどころか、認めようとさえしない。現代の都市で人間があふれている空間といえば、消費活動と観光気分が慎重に計算されたショッピング・モールのような空間しかない。このように都市が矮小化され、無味乾燥になったのは…偶然ではない。そのような都市の様相が示しているのは、人目にさらされることへの凄まじい恐怖である。「人目にさらされる」というのは、刺激を受ける以上に傷つけられる可能性が大きいことを意味している…。私たちの都市生活の特徴は、人々のあいだの差異を、互いに刺激しあうよりも互いに脅かす可能性が高いとみなすことで、封じ込めることにある。だからこそ、私たちは都市空間の内部に中性化した場所をつくり、差異と出会う脅威が取り除かれた場所をつくりだす。すなわち、道路の壁は板ガラスによって覆われ、貧民街は高速道路によって都市の他の地域や郊外団地から切り離されるわけである。

[ibid., p.xii]

セネットは、やや曖昧な書き方ではあるが、都市に起こる二つの相互作用の過程を描きだしている。ひとつは、都市という外的世界から自己の内面が切り離される過程であり、もうひとつは、異なる集団が互いに切り離される過程である。人目にさらされる恐怖は、本書の最初のほうで述べたように、存在論的な安心や保険統計的な態度と大きく関連したものである。これら二つの分離過程の行き着く先にあるのが、都市の純化であり、無味乾燥な市民生活である。ジンメルの描いた都市のもうひとつの半面、すなわち刺激とスリルについては、セネットは軽くしか触れていない。しかし、彼のマンハッタン散策に意味があるとしたら、むしろこちらの文脈においてである。というのも、まさにマンハッタンという人口が密集した巨大都市の中心こそは、おおぜいの人々が混じりあい、住宅とショッピング・モールが分割された郊外とはまったく別の、活気と興奮にあふれた場所だからである。はたして、これまで誰がビッグ・アップル〔ニューヨークの愛称〕を味気ない街と考えただろうか？ ところが、先の文章でセネットは、人々は互いに無関心であると述べ、さらに彼自身も自分が散策中に出会った人々には関心がないと述べている（この点は疑わしい！）。どうやらセネットは、たとえ空間を遮る建築物がない場所でも、人々はつねに人目にさらされることを恐れ、他人から離れ、自分の目の前のことしか考えようとしないのだ、と主張したいようである。このような都市のイメージが示しているのは、自分を守ってくれるはずの安全な領域としての〈環境世界〉が、とうとう家庭という小さな領域にまで縮小してしまったことである。そして悲しいことに、そこでは胸が弾む、喜びの機会をもたらす場所としての〈環境世界〉の側面がもはや失われてしまっている。

「ソフト・シティ」再考

都市は、快楽と危険、幸運と恐怖が隣りあう場所である。都市は人々を魅惑するとともに、嫌悪も催させる。そして片方を選べば、かならず他方も手にしなければならない。都市が興奮と同時に疲労を与える様子は、まるで自由というご馳走と失望という浣腸を同じ皿の上に乗せて出しているようだ。近代が約束したのは、快楽を、不純物を取り除いて結晶化することであったが、その約束は果たされなかった。それでも熱心な信者たちは、この約束を実現しようとして、都市生活を合理主義一辺倒の枠内に強引に押しこんで、不必要なデザインはすべて拒絶し、新しいものを追加することだけを許した。しかし、それは自然に朽ち果てつつある古いものに、新たな機能不全を人為的に追加したにすぎなかった。こうしたことにも都市生活の両義的な特徴があると思われる。〔Bauman, 1995, p.137〕

ジグムント・バウマンにとって、後期近代の都市の性質は矛盾したものである。ただし、実際にそこにあるのは矛盾以上のものである。というのも、先に述べた純化の過程はうまく進まず、結局、計画者たちも挫折したからである。ラバンの『ソフト・シティ』は、歓喜と危険にあふれた場所である。セネットは、純化という主題を一般化して、考察対象を郊外（とりわけ合衆国の郊外）から都市へと広げた。文脈は異なるが、それはマイク・デイヴィスが『水晶の都市――ロサンゼルスの未来を探る』〔邦題は『要塞都市LA』〕において、ロサンゼルスという無秩序で散乱した都市にたいする解釈を、世界中の人口集中型の都市へと広げたのと同じやり方である。

都市が人々を魅惑するのは、そこに〈大きな物語〉が存在しないからである――もっと正確には、計画者たちの意図したとおりに管理されていないからである。都市は、バーやナイトクラブ、レストランのなかにある。それらは、しばしば好ましくない場所につくられるが、そこで互いに見知らぬ人々が混じりあい、まったく没人格的な関係を結ぶ。そこには責任もなければ、コミュニティをつくる必要もなく、いちいち家族や隣人に説明しなければならない義務もない。そこは放浪者たちの世界、何でも屋たちの世界なのだ。つまり都市の主役は、自分たちの街をぶらつきながらあれこれ拾い集め、観察し、学んでいく都市住人であって、計画どおりに動く――あらかじめ定められた場所で行動する――受動的市民ではないのである。それら都市住人の内面世界は、都市の多様な外的世界から構成される。人々は、自分の属する下位文化の境界を（また他の下位文化との境界も）定める。そこから文化間の交錯《クロスオーバー》が起こり、他の下位文化とまったく異なる観念をもったり行動したりする下位文化が生まれる。

このような状況は、最善の場合には、人々にとって解放的なものとなる。都市は発展する自由だけではなく、人々が発展するための文化的素材もあたえる。そのような都市は多様性を認め、多様性から多様性が生じるような環境である。しかし最悪の場合、その状況は他者を悪魔に仕立てあげる文化的過程を進行させ、実際に犯罪や混乱が生じる危険が増すことになる。バウマンが指摘しているように、都市は、誰もが自由に通りを散策できる場所ではない。自分の周囲にいる他者を攻撃し排除するために、よそ者は怪物とされ、規範と逸脱の厳密な区別がつくられる。そのとき都市は近づきがたい不穏な場所となる。お定まりの支配形態ができあがり、社会的承認や尊敬は失われ、不正義を目の当たりにすることになる。ここで不正義というのは、不平等と不公正のことであるが、両者はしばしば密接に絡《から》みあっている。

そのような不穏な都市の通りを歩くと、必然的に危険の感覚を、あるいは存在論的な不安や恐怖の感覚を抱くようになる。そのため、人々は他人にたいして距離をとり、関心をもたないようになっていく。しかし、それは明らかに差異の世界が引き起こした無関心である。人々の無関心な表情は、一種の演技であり、無関心の鎧で固めた人格が部分的に表出したものである。しかし、他方で都市は、魅惑と興奮とスリルに満ち、アイデアが生まれ、固定観念が解体する場所である。どんなギリシアの都市国家であれ、これほどの多様性と刺激に満ちあふれた外的世界を経験することはなかったし、どんな奴隷制都市もこれほど立派な市民観念を育てることはなかった――たとえ、それが現実を前にして挫折し、傷まみれのものであったとしても。

理想化されたコミュニティ

前章では、正義の領域と共同体の領域をめぐるさまざまな問題について詳しく述べた。ここでは、後者の問題をもっと検討してみよう。

リベラル民主主義は、個人がどのように互いに関係しあうか、異なる共同体がどのように互いに関係しあうか、という問題を避けて通ることはできない。すなわち、社会を構成する個人や共同体（社会を構成する各部分）が互いに利己的行動や分裂状態に陥ることなく、ひとつの統合状態へと向かうには、いったいどうしたらよいかということが問題となる。そのような歩みを進めるには、互いの信頼と尊敬が不可欠である。それは、ホッブズ的な「万人の万人にたいする闘い」や、権力者が弱者を放逐したり悪魔に仕立てあげるような過程とは、まったく正反対の歩みである。もっとも一般的な解決策は、共同体を、人間がもつ相反する二面性にもとづいて捉えることである。すなわち、一方には個人主義や分離、利己主義といった観念があり、他方には集団主義や統合、協働といった観念がある。実際、ラディカルな社会批判の多くは、既存の競争社会や不平等な状況に対抗するために、理想化された「コミュニティ（共同体）」を掲げることで現状を批判している。それにたいして、アイリス・ヤングは、『正義と差異のポリティクス』〔1990a〕で、共同体を特権的存在とみなすような論法を厳しく批判している。

私が主張したいのは、コミュニティを理想化したところで、既存の政治体制にたいする別の選択肢《オルタナティブ》を提供することはできないということだ……この理想は、さまざまな主体が互いに混合することへの欲求を表現している。しかし、それは現実には集団からアイデンティティが与えられない人々を排除することにつながる。コミュニティを理想化することは、社会的差異を否定し、抑圧することである。その理想を達成するには、全成員が同一の経験と価値を共有することや、統一的な政治体制を敷くことが必要となる。とりわけ、コミュニティを理想化する人々は、対面的な人間関係を特権化することによって、差異が時間的・空間的な距離に応じてさまざまな形態をとるという社会過程の性質を無視している。

私がコミュニティの理念に代えて主張したいのは……集団間の差異を肯定するような社会関係のあり方としての、都市生活の理念である。すなわち都市生活を、差異を排除することなく受容するような社会的関係を達成するための、規範的理念として捉え直すわけである。都市のなかに異なる集団が混在していれば、都市空間で相互作用が起こるのは避けられない。都市の政治体制を民主的に機能させ、ひとつの集団が支配することがないようにするには、さまざまな集団に配慮し、それらの声に耳を傾けるような政治体制でなければならない。そして、異なる集団を単一のコミュニティに押しこめるのではなく、それらが同じ都市のなかで互いに共生できるようにしなければならない。

［1990a, pp.226-7］

コミュニティの理念は、あらゆる差異の概念を否定する。すなわち、その理念は、多様な文化にたいして支配的文化へ同化することを強制し、同化しない文化は切り捨ててしまうのである。

私が理解するところ、人種差別や排他的民族主義、階級差別は、部分的にはコミュニティへの欲求から生じている。つまり、それは人々が自分たち自身を理解するように他者を理解したいという欲求であり、個人が自分自身を理解するように他者は理解されるべきだという欲求である。実際にそのような相互理解がありえるとしたら、それは共通の属性によって定義されるような同質集団の内部に限定される。しかし、その共通の自己認識は、排除される立場の人々にも必然的に適用されることになる。現代アメリカの人種差別や排他的民族主義の力学においても、ある集団が積極的な自己認識を形成するとき、しばしば、それはまず最初に他の集団をよそ者あるいは人間以下の存在とみなすことから始まる。ここで私は、コミュニティの理念それ自体が人種差別的であると主張しているのではない。そうではなく、人種差別と排他的民族主義が浸透している社会にあっては、コミュニティを理想化する主張は人種差別や排他的民族主義のアイデンティティの欲求にたいして正当性を与えるものになりかねない、と主張しているのである。

[Young, 1990b, pp.311-2]

アイリス・ヤングは、この過程を、合衆国の状況に位置づけることに力を注いでいる。すでに第1章で見たように、合衆国では排除のイデオロギーが猛威をふるっている。しかし、当然のことだが、それは単一のコミュニティをつくろうとするあらゆる試みに共通する一般的側面でもある。また、それは包摂型社会から多様で多元的な社会への移行のなかで私たちが直面している緊急の課題でもある。したがって問題は、差異の世界を可能にするようなコミュニティを構築するにはどうすればよいか、ということである。

さらに、先に引用した箇所で彼女はきわめて重要な点を指摘している。それは、統一されたコミュニティという概念が差異を否定するという点だけではない。さらに、互いによく理解しあう似通った心性の人々のあいだで対面的関係が維持されるような、素朴なコミュニティも必然的に差異を否定する、という点である。このような素朴なコミュニティのイメージは、理想化された小さな町の社会や田舎のムラ社会という包摂型社会を想起させると同時に、ネックレスのように細かく編まれた多くのコミュニティからなる排除型社会を想起させるものでもある。アイリス・ヤングにとって、そのようなコミュニティは、都市生活の魅力とは対極のイメージとして捉えられる。彼女の考えによれば、コミュニティを擁護する人々は、直接的な対面的関係を評価するが、しかし実際に人々の関係を豊かにしてきたのは、時間・空間を超えた間接的な人間関係なのである。

アイリス・ヤングは、ジンメルにならって、見知らぬ人々が集まり共生する都市の多様性を賞賛し、個人主義／コミュニティという伝統的な二項対立を回避しようとする。

> 家父長的な資本主義社会における疎外や官僚制化、大衆化などを非難する多くの人々でさえ、都市生活に強い魅力を感じているのは明らかである。近代の文学や芸術や映画は、都市生活に潜むエネルギーや文化的多様性、複雑なテクノロジー、多彩な人間活動などの描写をつうじて、都市生活を賞賛してきた。都心のコミュニティが分散したことを熱心に問題にする人々でさえ、自分たちが住むボストンやサンフランシスコ、ニューヨークのあちこちに友人を訪ねたり、夜景を眺めるために高層ビルの最上階に昇ったり、最高のエスニック料理店を探したりすることが大好きなのである。
>
> 　私が提案したいのは、コミュニティの理念と、利己的と批判されるリベラル個人主義の両方に代わる選択として、都市生活の規範的理念をつくりあげることである。私はここで「都市生活」という概念を、「見知らぬ人々と共生する」という社会関係の一形態として定義しようと思う。
> ［1990a, p.237］

私たちは、可能なことから出発するべきである。すなわち、都市の発展の歴史を転倒させるような空しい試みを理想とするのではなく、都市生活の現実から出発するべきなのだ。

現代の政治理論は、先進産業社会に住む人々にとって、都市が所与の物質的基盤であるという事実を受け入れなければならない。都市の人間関係は、郊外や大都市に住む人々の生活だけでは定義されない。私たちの社会生活は、広大な時間・空間のなかに張り巡らされたネットワークによって構築されている。そのため、ほとんどすべての人が、既知の人々や未知の人々の媒介をつうじて、自己と他者、あるいは自己の欲望の対象と他者のそれを結びつけているのだ。既存の現代都市生活から出発することは、たんに必要だという以上に、そのほうが望ましいのである。

[ibid., pp.236-7]

そうであれば、都市は多様性の源泉であり、社会的差異が排除されることなく存在できる場所である。すなわち、都市は、広大な領域の下位文化を育てる場所なのである。たとえば同性愛者の生活は、都会の匿名性という条件がなければ成り立たないし、また、それは都市のレストランや店舗、街の景色がエロティックで歓楽的な雰囲気をもっているからこそ成り立っている側面もある。このような意味で、すでに述べたように、都市の匿名性と非人格性は、多様な下位文化が存在するための条件なのだ。そうした理由から、ヤングは、小集団どうしの関係を下位文化の本質と捉え、その重要性を認め、さらに都市にそなわる非人格的な特徴のすべてを賞賛する。というのも、この非人格的世界においてこそ、下位文化が発展することが可能になるからである。真の個人性は、都市の非人格性という背景があってこそ生じるのである。

もちろん、アイリス・ヤングは「ソフト・シティ」の暗い側面をよく知っている。また、彼女は、自分の都市理念が、いくつかの都市において「偶然かつ一時的に」しか実現されないことを自覚している。結局のところ、アイリス・ヤングの理念は、現実のなかに潜在するものに光を当てたのであって、実在する都市について記述したものではない。現実の都市は、人種差別や性差別、外国人嫌悪、同性愛嫌悪、疑念、嘲笑といった「あらゆるものによって、この可能性は実現を妨げられている」。それにたいしてアイリス・ヤングが理想としたのは「抑圧のない都市」であり、それによって「同化されない他者にたいして開かれた場所」、すなわち「異質で、多元的で、陽気な民衆がいて、自分たちが共有もできなければ充分に理解もできないような多様な文化表現を認め、評価する場所」[ibid., p.241] を定義しようとしたのである。このような「抑圧のない都市」には、特別なものは必要ない。つまり、都市ゲマインシャフトの理想像を振りかざしたり、テレビの安っぽいドラマでその理想像を描きだしたりして、全体主義的と思われるほどインフォーマルな統制を張り巡らせることは、必要ないのである。市民道徳《シヴィリティ》とは、間接的で、もの申さず、細かいことにこだわらないものなのだ——ここで思いだされるのは、ジェーン・ジェイコブスが『アメリカの大都市の死と生』で記述した、成功した都市の類型である。実際、アイリス・ヤングも『正義と差異のポリティクス』の「都市生活と差異」という章の冒頭で、その本の有名な文章を引用している。

強度の高い都市生活においてこそ、寛容の精神が、つまり隣人のあいだの大きな差異――しばしば、肌の色の違いよりもよほど深刻な差異になる――を許容する余裕ある態度が生じるのであり、それが普通である。しかし、郊外やそれに似た地域ではそうはいかない。というのも、大都市の路上には、人々が余裕ある態度で接することができ、それが普通になるような仕掛けがつくられているからである。つまり、人々が寛容になるには、見知らぬ人々どうしが洗練され、真に威厳をもち、慎み深い態度で接することができ、互いに平和に共存することができるような仕掛けが必要なのである。［1961, p.83］

この目的を達成するには、なにより「配分の正義」が必要となる。ヤングが明確に述べているように、正義の領域において「公平」が存在しなければ、共同体の領域における「寛容」も成り立たない。これこそジェイコブスが見落とした点である。マンハッタンのウエスト・ヴィレッジの人々が、互いに軽く接しあう関係にあり、また互いに寛容でありえたのは、その地域の誰でもアメリカン・ドリームをすぐにでも実現できると感じられていた時代だったからにすぎない。マーシャル・バーマンが指摘するように、黒人やヒスパニック系のアンダークラスの人々が都市に移住し、そこで目に見えるかたちで経済的な排除を受けたとき、それらの都市でコミュニティが脆《もろ》くも崩れ去ってしまったのは、次のような事情があったためである。

一九六〇年代末になると、アメリカ人の都市生活は、明らかに階級格差と人種対立にさらされるようになった。あらゆる都市の近隣社会——それまでもっとも活気にあふれ、健全と思われていたところでさえ例外ではない——は、犯罪や病理的な暴力が蔓延し、怒りと恐怖が支配する場所となった。ジェイコブスが真夜中の街頭に流れる音楽にうっとりしながら語った内容は、もはや夢物語にすぎなくなったのである。
［1983, p.325］

しかし、ジェイコブスにも正しかった点はある。それは、適切な経済環境があれば犯罪や不正を制御するために緊密なコミュニティをつくる必要はなくなる、と考えた点である。実際、どれほど家族関係が強固になったところで、それだけで犯罪が未然に防がれるとはかぎらない（第6章を参照）。また、コミュニティが強く結束したところで、逆にそれが犯罪ネットワークや犯罪的な下位文化を支える結果になる可能性も大きい。これらの懸念が事実であることは、コミュニティと犯罪防止について論じた文献からも確認される。ごく最近の例を挙げれば、ソールフォード市〔イングランド北西部の港湾都市〕の「旧市街」にかんするエヴァンズとフレイザー、ウォークレイトによる共同研究がある。そこでかれらは、自分たちの発見が、共同体主義《コミュニタリアン》の主張やコミュニティのもつ犯罪抑止効果という既存の考えとはまったく食い違うことを、皮肉をまじえて指摘している。「旧市街では、犯罪にたいしてどのような立場をとるかによって、コミュニティにおける立場が、すなわち包摂されるか排除されるかが決まってしまう」［1996, p.379 強調は原著者］。

旧市街では、職業的犯罪者がコミュニティに包摂され、「密告者」がそこから排除されていた。また犯罪発生率が低い中流階級の地域の住民に比べると、当然のことながら荒廃した団地の住民のほうが、はるかに強力な親族ネットワークをもち、（失業しているため）地理的な移動もなく、互いによく知悉《ちしつ》していたのである。

同化されない他者たちに開かれた、抑圧のない都市

アイリス・ヤングは、配分の正義が達成され、寛容の価値が共有されるのであれば、緩やかな関係からなるコミュニティこそがもっとも多様性をはぐくむ環境になる、と主張する。その考えは全面的に賛同できるものである。しかし、差異を受け入れ、差異から学ぶべきだという彼女のおおげさな主張は、どうにも受け入れがたい。同化されない他者など、ファシストか、それと政治的に敵対している多文化主義者の抱く幻想にすぎないのだ。後期近代の都市において、下界から完全に隔離された他者などいるはずもない——程度の差こそあれ、都市では、つねにさまざまな下位文化のあいだに同化や交錯、影響関係が生じている。すでにフィラデルフィアの事例で紹介したように、黒人アンダークラスというステレオタイプもそうしたありふれた幻想の一例である。黒人が文化的他者とされたことは、黒人を根源的差異とみなすことに一役買ってきた。このことは、とりわけ排除型社会において真実である。皮肉なことに、カー

ル・ナイチンゲールが示したように、黒人は文化的に「アメリカ化」すればするほど、ますます非アメリカ的存在とみなされていった。同じことは、フィリップ・ブルジョアによるプエルトリコ移民の研究でも指摘されている。実際のところ、後期近代における差異とは、(ヤングも認めているように) きわめて高度な相互作用と媒介作用の結果でしかない。もはや差異の問題は、たんに特定の文化的特徴 (これ自体すでに歴史のなかで変化している) をもちだして、現実にはそれと混じっている一般文化のある側面を誇張し、強調し、解釈することでしかなくなっている。こうした事態において、下位文化が有用な概念になったのは、それがグローバルな領域とローカルな領域の両方にまたがった概念だからである。そして後期近代においては、マスメディアの強力な影響によって文化のグローバル化が進行する一方で、ローカルな水準でますます創造性が拡大している (いわゆる「グローカル化」の現象である)。

アイリス・ヤングの問題点は、彼女が利己的個人主義ともコミュニティとも決別する立場をとりながら、どのような多文化主義の立場をとるかで迷っていることにある。もちろん、彼女は、集団の差異を本質主義的に捉えたり、絶対主義的に捉えたりする観点に潜む危険を理解している。そのような観点からすると、差異が「支配集団にはいかなる属性としても割り当てられないまま、たんに軽蔑される身体性とか不変の本性といった概念に押しこめられてしまう」ためである [Young, 1990a, p.260]。そう主張しているにもかかわらず、おそらくはそうと知りつつ彼女は迷っている。彼女は、同化主義が支配という事実を無視していることや、支配集団の価値の問題にほとんど注意を払わないことを熱心に批判しながら、「同化されない他者に開かれる」という誘い文句からさらに先へ思考を進めることには、ためらいをみせるのだ。しかしながら、このようなためらいは、後期近代に起こっている現実のさまざまな変化を無視することにつながるばかりか、好ましいとはいえない政治的結果を引き起こすことにもつながる。

差異の多文化主義

ナンシー・フレイザーは、著作『中断された正義』で、「差異のフェミニズム」と彼女が呼んでいる思想、およびその多文化主義的な等価物である「多元論的多文化主義」にたいして、辛辣な批判を展開している。フレイザーの批判は、私たちが第4章で議論した内容ときわめて近いところがある。ただし、彼女がとくに問題にするのは、アイリス・ヤングの著作である。フレイザーは、ヤングの『正義と差異のポリティクス』で扱われている多文化主義がきわめて曖昧である、と批判する。つまり、ヤングの著作ではあらゆる文化と差異が承認されるべきだ主張されているが、それでは承認のポリティクスと正義のポリティクスが別々に扱われてしまうことになる、というのだ。

差異のフェミニズムと同じように、多元論的多文化主義にもアイデンティティを本質化し、それを構築された関係ではなく所与の事実とみなす傾向がみられる。その結果、多元論的多文化主義は、文化が互いに敵対することを前提にしてしまうのだ。というのも、それはさまざまな集団を互いに分離したものとみなし、さまざまな文化が互いに交錯していることや、集団のあいだに相互作用や同一化があることを無視しているからだ。それは、さまざまな差異が互いに交錯しているという事実を見落としているために、差異をたんなる付属物とみなす古い考えに逆戻りしているのである。

さらに、これら二つの主義は、集団のアイデンティティ形成に必要なものはすべて等しく尊重すべきで、既存の集団アイデンティティはそのまま維持されるべきだと考えている。しかし、実際の集団アイデンティティは支配という社会関係に結びついていることが多く、それなしには存続できないアイデンティティさえある。集団アイデンティティの多くは、たとえば白人至上主義と反人種差別主義が両立できないように、他の集団アイデンティティと両立しえない。アイデンティティと差異のどちらか一方を選ばなければならないのは明らかなのだ。にもかかわらず、多元論的多文化主義は、あくまで中立的な立場にとどまろうとしている。

［Fraser, 1997, p.185］

ヤングの用語である「特権化できない《アンダー・プリヴィレジド》」集団はいくらでもある。たとえばネオ・ナチのスキンヘッド集団や、労働者階級のオレンジ党員〔一七九五年、当時のアイルランドのプロテスタント支配層がカトリック勢力に対抗するために結成した集団〕を、私たちは承認しようとも、価値を認めようとも思わないだろう。トッド・ギトリンの主張する「他者を幻想化する思考」に陥ることは、なんとしても避けなければならない［1992; Turner, 1994参照］。差異の価値を認めることの問題について、フレイザー自身は、差異をめぐる立場を四つに区別しつつ、次のように答えている。

㈠ ヒューマニズムの立場。差異を、たとえば病理や機能不全のように、抑圧の結果とみなす立場である。この観点は、私たちが第3章で示したように、あらゆる差異を排除すべしと主張する包摂主義者の戦略に近いものである。

㈡ 差異を、支配集団にたいして文化的優越性をもつ証拠とみなす立場。たとえば、アフリカ中心主義や女性中心主義がそれに相当する。

㈢ 差異を、文化的変異とみなす立場。ヤングはこの立場をとっている。この場合、優越性も劣等性もなく、存在するのは変異だけとされる。

㈣ 状況に応じて以上の三つを選択的に受け入れる立場。フレイザー自身はこの立場をとっている。差異には病理的で排除されるべきものもあれば、（たとえば女性の慈愛のように）優越性をそなえ、あらゆる集団に普遍化されるべき差異もある。また、ある種の差異（すべての差異ではない）は変異であり、喜ばれるべきものである。

最後の立場は、文化的他者との関係を考えるにあたって、きわめて満足がいく解決策のように思われる。これなら（たとえば多文化主義のような）相対主義の誤りに陥ることはないし、病理と健全な適応の双方の可能性を認めているので、社会解体論の誤りに陥ることもない。さらに、多くの他者から学び、その内容を普遍化することとの可能性を強調している点で、ある文化を絶対視して差異を欠陥とみなすような考えからも逃れられる。要するに、フレイザーが提案しているのは、他者が変化すると同時に自己も変化するような、もうひとつの他者へのアプローチの可能性である。次に、他者とともに自己も変容するような差異の捉え方について考察することにしよう。

他者に開かれて変容すること

多文化主義という盛んに議論されている問題を再検討するには、単純な文化類型による説明で満足するという誤りを避け、「マイノリティ」文化と「ホスト」文化のそれぞれを具体的に検討しなければならない。現在なお大きな影響力をもつ帝国主義的・人種差別的言説においては、ロラン・バルトが「単純な本質」と呼んだものが強調されている。しかし、文化を自己閉塞的で絶対的な統一体とみなす考え方もまた、さまざまな文化形成の過程から生みだされたものである。とりわけ、都市文化はきわめて乱雑なものであり、そこではつねに伝統を再構築し、新たに創出する努力が重ねられて現在にいたっている。エドワード・サイードは、このような文化形成の過程に言及し、文化のポリティクスは「重なりあった領域」と「絡《から》みあった歴史」のなかで捉えられるべきだと主張している〔Said, 1993〕。したがって、核心となる問題とは、ロンドンやアムステルダム、パリ、ハンブルグ、ベルリンのような大都市において、多様な文化が互いに影響しあっていることをどのようにして明確にすればよいのか、ということになる。〔Back, 1996, pp.7-8〕

私たちは、多文化主義者の差異概念に対抗しなければならない。そのために、ここで私が提起したいのは、「変容的多文化主義〔transformative multiculturalism〕」という考え方である。この考え方については、すでに第4章の本質主義にかんする議論で多少触れておいた。これは、エドワード・サイードやポール・ギルロイ、レス・バックたちの主張と明確に重なるものである。この概念は、文化交流にそなわる開かれた特徴、すなわち文化間の規範が折り重なり、交錯し、境界が曖昧になっていく過程を強調するものでなければならない。さらに、伝統のなかで下位文化がたえず創造され、革新され、変容してきたことを強調するものでなければならない。というのも、下位文化はつねに流動しており、その流れが絶えることはけっしてないからである。どの下位文化も互いに関係しあい、応答しあっており、最終的には、その過程をつうじてそれぞれの下位文化の変容が起こるのだ。

ある文化が他の文化に開かれることをとおして変容していく過程に光を当て、その過程を巧みに描きだした著作として、ポール・ギルロイの『ブラック・アトランティック』ほど優れたものはないだろう。この著作でギルロイは、まず「イギリス黒人」であることの錯綜した意味を解きほぐすことから出発する。そのために彼が注目したのは、イギリス黒人のアイデンティティ形成の過程である。つまり、まったく別々の二つの民族性が衝突し、その片方が他方に一方的に作用することをつうじて、黒人アイデンティティの特徴が形成されていく過程を考察したのである。

ヨーロッパ人であると同時に黒人であろうとするイギリス黒人は、二つの意識を特殊なかたちで抱えることになる。このように述べるからといって、不完全な二つのアイデンティティの両方（あるいは片方）を手にすることで、個人の主体的基盤がかならず崩れる、と主張したいわけではない。しかし、人種差別主義者や国家主義者、民族至上主義者の言説が政治と結びついている現状においては、これら二つのアイデンティティは両立できないと解釈されているため、両者のあいだの溝を埋めようとしたり、連続性を示したりすることは、政治的な挑発行為や反抗的行為とみなされている。

［1993, p.1］

しかし、従来の分析では、もっとも極端な事例においてさえ、こうした点は示されていない。

ヨーロッパの定住者だけではなく、かれらに奴隷にされたアフリカ人や虐殺された「インディアン」、かれらが奉公させたアジア人の文化は、もっとも苛酷な状況にあった時期でさえ、他の文化にたいして完全に意識を閉ざすようなことはなかった。このことは明白であり、また自明の観察的事実とされてきたはずである。しかし、どのような政治的立場の批評家も、この明白な特徴を意図的に曖昧にしてきた。批評家たちは、立場が右派であるか左派であるか、あるいは中道であるかに関係なく、それらの民族集団を、文化的ナショナリズムの概念や、過度に統一された文化概念の鋳型に押しこんできた。たとえば、「黒人」と「白人」の歴史や経験を絶対的に分離したものとみなしたり、さまざまな民族的差異が恒久不変であるかのように解釈してきた。このような主張に対抗するために、より困難ではあるが、別の方向に進むことが考えられる。それは、文化のクレオール化や混血化、雑種《ハイブリッド》化の理論を構築する方向である。民族至上主義者の観点からすれば、そのような理論は、民族の純血を汚し、貶める、無用の長物であろう。他方で、そうした理論で用いられている概念は、まだ今のところは、人種差別的な言説を超えることも、それに取り込まれないようにすることも、さらには文化の変容過程や文化の恒常的（非）連続性を示すこともできないままである。

[ibid., p.2]

強度の小さな差異

後期近代における差異の問題は、文化間の交錯や交流の問題だけにかぎらない。たしかに、後期近代において集団と価値の多様性は拡大する一方である。しかし、有意な差異〔significant difference〕の強度については、多文化主義者の主張とは違い、かなり減少していると思われる。ここで「有意な差異」という用語で意味しているのは、社会内で激しい葛藤や憎悪の原因となるような集団間の差異のことである。

ここでラッセル・ジャコビーの多文化主義批判を思いだしてみよう。彼の主張によれば、多文化主義とは、たんなる神話にすぎず、その内容はさまざまな嗜好パターンという皮相な差異の混合物であって、全体としては消費と成功への夢というアメリカ的観念でまとめられるようなものである。このようなジャコビーの議論は、アメリカを文化の競技場とみなすという行き過ぎを犯している。彼が用いる「差異」の概念は、文化人類学の「対照《コントラスト》」という概念に近いものである。ただし、そのような用語の使い方は多文化主義者が提出したものである。多文化主義者は「社会のさまざまな土着文化はどれも本質的に差異である」と述べているからだ。しかし、これはまったく真実ではない。というのも、すでに議論したように、それらの文化は互いに交錯しあっているからである。また、ナンシー・フレイザーが指摘しているように、それらは折り重なっているからである（たとえば、異なる下位文化に属する男性どうしの関係、ある若者とすべての若者との関係、民族や性別、年齢が異なる金持ちどうしの関係)。さらに、それらの文化のあいだには、それぞれ伝統や価値観が異なるにせよ、全体的な合意があるからである(たとえば、報酬の配分にあたって利益を基準にするか、法の下の平等を基準にするか、というような合意)。私自身は、差異の概念において重要な鍵は下位文化にあると考えている。

　したがって、ロバート・パークが描きだした「互いに接しあうが浸透しあうことはない、さまざまな小さな世界からなるモザイク」という考え方は、最近になって移民を抱えるようになった地域には適用できるかもしれないが、さまざまな文化が重なりあい、グローバル化し、雑種《ハイブリッド》化し、交錯しているような、後期近代世界に一般的となった地域には、とても適用できるものではない。そこではさまざまな規範が重なりあい、境界は曖昧になり、あらゆる領域で変容が生じているのである。アミタイ・エチオーニが提案したモザイク理念は、「さまざまな文化が互いに独立しつつ、それぞれの境界が共有されている状態」を意味していたが、それは「それぞれの移民文化の異質性はほとんど変化しないが、都市全体としてはある程度の共同性が獲得される」というパークの図式をそっくり現代に復活させたものである。アイリス・ヤングが提出した「差異の宇宙」という理念もまた、文化間の分離と対立の図式を強く支持するものになっている。

　私自身は、劇的な差異をそなえた文化が生じる可能性があることを否定しない。ただし、そのような差異が生じるとしたら、それは(ハシド派のユダヤ人やアーミッシュのように)その文化が孤立を守るために多大な努力を払った結果であるか、あるいは（いくつかの宗教的原理主義にみられるように）きわめて新しい移民文化が、強烈な同化圧力によって危機的状態に陥ったために自文化の固有性を強調するようになった結果である。後者にみられるような強度の大きな差異は、しばしば多文化主義の正当性を示す明らかな証拠とみなされているが、実際にはその反対の証拠を示している。つまり大きな差異は、その文化が持続的な同化の過程をつうじて蝕まれた結果なのである。これにたいして、私が強調したいのは、私たちの社会全体においてつねに創造され、変容し、再創造される、下位文化の多元性である。そして、下位文化の示す強度の小さな差異こそが、集団間の力学における中心的問題であることを明らかにしたい。この問題については、配分の正義の問題との関連で、とくに相対的剝奪感がどのように生じるかを議論したときに多少触れておいたつもりである。集団間で相対的剝奪感が生じるには、差異とともに、ある程度の道徳的近接性があり、さらになんらかのアイデンティティの感覚が求められていることが前提である。そのような条件があったからこそ、ナイチンゲールが研究した黒人アンダークラスは、アメリカ社会に統合されていくにつれて苦悩と剝奪感を募《つの》らせていったのであり、ブルジョアが研究したバリオ〔アメリカ南西部のスペイン語を日常語とする人びとの住む地域〕のプエルトリコ人は、同化されていくにつれてアメリカン・ドリームに傾倒するようになっていったのである。私たちの研究でも、一九五〇年代から六〇年代にかけてイギリスに流入した大量の移民たちが抱いている不満は、かれらがイギリス社会に統合されている度合いときわめて高い相関関係にあった［Lea and Young, 1982, 1984参照］。そのため、アフリカ系カリブ人の犯罪発生率は、第一世代で平均より低く、第二世代で平均より高かったが、それにたいして南アジアからの移民は、かれらより社会的統合度がもっと低いため、最近まできわめて低い犯罪発生率のまま推移していたのである。

相対的剥奪感が生じるのは、自分を、自分と同程度の賃金と思われる他者と比較するときに生じる——たとえば、男女間で相対的剥奪感が生じるのは、女性が男性とまったく異なる社会的カテゴリーに属するとみなされるときではなく、女性が男性と対等とみなされるときである。同じように、さまざまな賃金水準の労働者たちが相対的剥奪感を抱くのは、自分たちを、同程度の賃金水準の労働者と比較するときである（また、賃金の違いが適切であることを期待して、自分たちより少し上か下の賃金水準の労働者と比較する場合も含まれる）。人々が相対的剥奪感を抱くのは、自分を王族やミック・ジャガーと比較するときではなく、自分のすぐ身近な男女と比較するときなのである。

ここで私は、共同体の領域における不満が、配分の正義の領域における不満と同じパターンを示していることを示したい。他者にたいする存在論的不安が激しくなるのは、誰もが均質であることが前提となっている場所で、人々にたいして選択の可能性が開かれているときである。近所の住人のうち、私を不安に陥れるのは、全身ヒージャブ〔イスラム女性が身につける黒い装束〕を身につけた女性でもなければ、一八世紀のポーランド貴族のような身なりをして毛皮の帽子をかぶった男性でもなく、スターリンの肖像画を自室の壁にかけてクルディスタンの武装闘争について語る活動家でもなく、戸口で原理主義の教典を詠みあげているエホバの証人の信者でもない。かれらのような文化的恐竜は、私に存在論的な安心を与えてくれはしても、それ以外に何かするわけではない。存在論的な不安を与えるのは、もっと自分の身近にいて、自分に似ていながら、自分とは異なる選択をする人々である。だからこそ、倒錯者よりも同性愛者のほうが、そして振る舞いからして明らかに違う「ホモ」の人たちよりも普通の見かけをした「ゲイ」のほうが、異性愛者に大きな不安を抱かせるのである。

統合度の低い共同体と変容的多文化主義

さて、ここで「理想化された共同体」と「統合度の低い共同体」の違いと、「強度の大きな差異」と「強度の小さな差異」の概念の違いを、表にしてみよう（表7-1 表7-2）。すると、二つの表は密接に関連していることが分かる。つまり、「統合度の低い共同体」は、差異の発展を促すとともに、そこでは成員の資格や価値、区分が明確に定められない。このことから、「変容的多文化主義」にとって「統合度の低い共同体」がきわめて適していることが分かる。さらに表には、「統合度の低い共同体」が時間とともに変容するものであること、仕事場中心の伝統的で「有機的《オーガニック》」な共同体が崩壊したこと、後期近代以前のアイデンティティの感覚が明

表7-1　「理想化された共同体」と「統合度の低い共同体」

	理想化された共同体	統合度の低い共同体
接触方法	有機的（職場，生誕地が中心）	たえず移動する
成員条件	帰属的	能力主義的
相互作用	対面的	対面的／媒介的
成　員	一定	流動的
組織編成	空間的	文化的
統合の度合い	高い	低い
中心文化	伝統文化	創造文化

表7-2　「差異の多文化主義」と「変容的多文化主義」

	差異の多文化主義	変容的多文化主義
インターフェイス	閉鎖的	開放的
統治手法	不平等を無視する	平等を要求する
価値の付与	すべてに一様	それぞれ異なる
時間枠	静的／停止	流動的／変化
発　見	過去／起源	未　来
規　範	文化ごとに別々	文化間で重なり交錯する
境　界	明　確	曖　昧
相互作用	観光客として	散策者として
差異の程度	強度の大きな差異	強度の小さな差異

確に区分され固定したものであったこと、などを示しておいた。

相対的剥奪感と存在論的不安の問題を克服することができるような政治体制とは、いったいどのようなものだろうか？　次節では、このような観点から配分の正義と共同体における承認の問題について考察し、それをもって本章の結論としたい。

再配分と承認、現状肯定的是正と現状変革的是正

ナンシー・フレイザーは、『中断された正義』において、社会変容を促進するためのラディカルな戦略の概略を示しているが、それは私たちの関心とよく合致するものである。まず最初に、彼女は、不正義を二つの領域に区分する。すなわち、「再配分の領域」と「承認の領域」である。「再配分の領域」のほうは物質的領域の不正義とかかわるものであり、「承認の領域」のほうは文化的差異の平等性や評価とかかわるものである。また「再配分」のほうは社会＝経済的不平等にかかわり、「承認」のほうは文化的不正義にかかわっている。この二つのカテゴリーは、これまで私が述べてきた「正義の領域」と「共同体の領域」という区分とよく一致している。私が述べた「正義の領域」は、フレイザーの「再配分の領域」と同じものである。さらに、私の「共同体の領域」は、フレイザーの「承認の領域」の対象を、文化的差異の評価だけではなく個人の価値評価にまで拡張すれば、ほぼ一致するものとなる。このような一致は、

リベラル民主主義の基本的な課題が次の二点にあることを意味している。ひとつは、労働と能力によって生産される財を平等に再配分することである。もうひとつは、個人と（多文化主義的な社会における）集団の利害を調整することである。この二点を認めるなら、あの「万人の万人にたいする闘い」という偽りの格言が意味するような事態は生じないのである。

　フレイザーは、不正義への対処を「現状肯定的是正《アファーマティブ・レメディ》」と「現状変革的是正《トランスフォーマティブ・レメディ》」に区分している（表7-3参照）。現状肯定的是正とは、不正の原因である社会構造を変えることはしないで、社会的配分の不平等な結果だけを是正するような対処のことである。また、現状変革的是正とは、不正義を生みだす原因となっている社会の構造

表7-3　フレイザーによる社会的介入の分類

	現状肯定的是正	現状変革的是正
再配分	福祉国家 • 不平等に対する表面的で応急的な対処 • 集団的差異を維持する • 誤承認が生まれやすい	社会主義 • 不平等の原因の除去による社会構造の根本的変革 • 集団的差異をぼやけさせる • 誤承認を正しやすい
承　認	多文化主義 • 既存のアイデンティティをすべて平等に尊重する • 集団的差異を保存する	脱 構 築 • 既存のアイデンティティ分類の破壊，二項対立構造の解体 • 多様かつ変容するアイデンティティを保持する

とメカニズムを再構築することにより、不平等な結果を是正する対処のことである。これら二つの是正策を、不正義の二つの領域、すなわち「再配分の領域」と「承認の領域」との関連から比較してみよう。

再配分

現状肯定的是正は、リベラル福祉国家の特徴である。典型的には、正規雇用の労働者に課税し、そこから得られた税金を、ミーンズ・テスト〔公的扶助を支給するさいの資力調査〕を経たうえで非正規雇用の労働者や失業者の支援に回す方法がとられる。この是正策は、階級構造を変革することはなく、実をいえば階級構造を追認するものである。それは根本的な解決をするものではまったくなく、たんに資源の再配置を繰り返すだけである。しかも、恵まれない階級に「生まれついて能力のない、貪欲な人々」という烙印《スティグマ》が押されることにより、承認の不正義を引き起こす結果になっている。アンダークラスは、経済的にも文化的にも能力を欠いた、大なり小なり固定した階級とみなされるようになり、そこから人々の不満も蓄積していく。というのも、すでに黒人アンダークラスの議論でみたように、現状肯定的是正の場合には、公的支援に制限があるため、それは階級格差を消失させるどころか、たんに既存の階級構造を追認し、強化する結果となるからである。それにたいして現状変革的是正の場合は次のようになる。

広く社会全体を対象とした社会福祉計画、徹底した累進課税、広範囲にわたる非営利部門、基幹部門の公的・集団的所有、基本的な社会経済の民主的意志決定——これらの施策は、社会のすべての人々にたいして雇用を確保することにくわえ、基礎的消費財の配分と失業の問題を切り離すことを目指している。このような現状変革的是正策は、人々に「特別な施《ほどこ》しを受けている」という烙印を押すことなく、社会的不平等を解消するものである…したがって、配分の不正義を是正することを目的としたアプローチは、同時に（いくつかの）承認の不正義の是正にもつながるのである。[Fraser 1997, p.26]

フレイザーの提案する現状変革的政策は、急進的なものではなく漸進的なものである。フレイザーは、苦心のうえで次のことを明らかに述べている。すなわち、変革の目的は、階級間搾取を廃絶することではなく、T・H・マーシャル以来の伝統にしたがいながら社会的市民権《ソーシャル・シチズンシップ》の意味を発展させることにより、強力な社会民主主義をうち立てることである。それは、リベラル民主主義において現状肯定的是正にとどまる政策とは著しい対照をなし、いっそう十分な機能を果たすと主張されている。

承認

「現状肯定的」な承認の是正は、多文化主義の中心的な課題となっている。その目的は、アイデンティティを貶《おとし》められた集団の評価を是正し、正しい承認を与えることによって尊厳を取り戻すことである。そのために、補助金を利用してその集団の歴史的ルーツを掘り起こし、現存する文化を発展させ、教育計画をつうじて集団の文化的価値を積極的に評価し、肯定的イメージを広めるという方法がとられている。それにたいして「現状変革的」な承認の是正策は、文化的な二項対立を脱構築し、それを乗り越えることを目的とする。すなわち、

現状肯定的是正は…アイデンティティには（触れないままであり）…集団のアイデンティティの内実にも、その背景にある集団的差異にも触れないままである。これとは逆に、現状変革的是正のほうは、目下のところアイデンティティの脱構築に関連するものである。それは、背景にある文化（＝価値評価）の構造を変革することによって、貶められた集団的アイデンティティを是正することに目的がある。この方策は、既存の集団のもつアイデンティティと差異を、ともに動揺させることによって、その集団の成員たちの自己評価を高めるだけではなく、社会の一人ひとりの自己認識を変えようとするものである。

ナンシー・フレイザーは、ゲイの人々のアイデンティティ・ポリティクスを例にしながら、次のように説明する。ゲイのアイデンティティ・ポリティクスは、現状肯定的是正を追求しており、ゲイとレズビアンが実体として価値を認められることをめざしている、その考え方はエスニック・グループのアイデンティティ・ポリティクスと似ている。反対に、現状変革的是正とクイア戦略においては、同性愛《ホモ》／異性愛《ヘテロ》という二項対立そのものを脱構築することが目指される。つまり、同性愛／異性愛という対置は誤った二元論であって、両項とも性の曖昧なあり方を固定させたものにすぎない、とみなされる。変革主義者は、ゲイのアイデンティティを確立するのではなく、同性愛／異性愛の二項対立を解体し、多様で変容可能な性的アイデンティティを主張する。その目的は、既存の性集団の分化を進めることではなく、それら集団の基盤を揺るがすことなのである。

［Fraser, 1997, p.24］

以上のようなフレイザーの分析は、きわめて生産的であるように思われる。しかし、ここではフレイザーの区分を批判的に検討し、これまでの私たちの議論により適合するように、若干の修正を試みることにしたい。

正義の領域 ― 能力主義の社会

フレイザーは正当にも、ある状況が正義であるかどうかを判断するのは、社会的行為者の観点に立った社会学者の仕事ではなく、そこでの再配分の形式が公正であるかどうかを判断する社会思想家の仕事である、と主張している。私自身はすでに本書で、先進産業社会においてもっとも説得力のある思想のひとつは能力主義である、と述べておいた。さらにマートンの有名な指摘にしたがい、それらの社会で人々に示される文化的目標と、その現実の達成機会のあいだには、広い溝があることも述べておいた。そこで生じるフラストレーションは、一般的な不満としてではなく、相対的剥奪感として経験される。この相対的剥奪感は、実際に自分がいる立場を、自分と同程度の賃金水準と生活水準で暮らしていると想定される他者の立場と比較することから生じる。

したがって、底辺にいる非正規雇用の労働者や失業者にたいして救済（あるいは「恩恵」）を施す現状肯定的是正策は、フレイザーが指摘するように、それらの人々にたいして一般と異なる区分を示すマークをつけ、アンダークラスの烙印を押すことにつながるだけではない。さらに、そのことがかれらにとって社会的排除として経験されることにもなる。というのも、構造的に失業状態にある人々は、能力主義の競技場に入ることすらできないし、非正規雇用の労働者は、低い報酬しかもらえない競技にしか参加できず、しかも勝ち進んだところで報酬はたいして増えないうえ、いつ競技場から去ることになるか分からない状態に置かれるからである。いずれの場合も、人々はつねに相対的剝奪感を経験し、市民権が大きく剝奪されているという感覚を抱くようになる。そうなると、当然ながら、かれらはしばしば犯罪や不正に向かうことになる。フレイザーが指摘するように、現状肯定的是正は、裕福な人々に不安を抱かせるだけではなく、貧しい人々にも底なしの不安を抱かせることになるのだ。

この議論をもう少し進めるために、アメリカのクリントン政権やイギリスのブレア政権のような中道左派政権がとった「現状肯定的是正」政策について触れよう。それらの政策は、失業者を第二次労働市場（非正規労働市場）の底辺に吸収した。しかし、それは「第三次労働市場」とも呼ぶべき超短期雇用の労働市場であり、そこで与えられる仕事は、法で定められた最低賃金――あるいはそれ以下――しか支払われず、キャリア向上の機会もなければ、働く喜びも得られないものであった。私たちの考えからすると、そのような施策は、本来の包摂からほど遠く、たんに社会的排除の境界線を引き直しただけにすぎない。この施策によって労働を強いられた人々にとっても、私たちと同じように受け止められただろう。中道左派の政治家の多くは、社会的包摂は経済的包摂によって達成されると信じているようだが、実際はそうでないのだ。私が本書のあちこちで強調しているように、社会から排除されていると感じている（そして相対的剝奪感をもっとも強く感じている）人々の多くは、仕事に就いている人々なのである。そして、失業者の多くが仕事に就くことに抵抗する理由は、それらの政策が能力主義的な観点からみて不公平であることを、かれらがきわめて現実的に感じ取っているためである。

　次に、配分の不正義にかんする現状変革的是正策について考えよう。フレイザーの作成した手短な是正策のリストをみれば、読者は期待していたよりも常識的な内容であることに驚くだろう。そのすべてが、これまで社会民主主義者によって提案され、多くの中道左派政権によって——少なくとも、ほとんどの北欧の国々によって——試みられてきた、古臭くて融通が利かない施策ばかりである。それらの施策は、この十年にわたって施行の是非をめぐって議論されており、控えめに述べたとしても、すべて厳しく批判されてきたものばかりである。実際、これまで社会民主党や労働党が提案してきたさまざまな近代化プログラムは、何年も続いている明白な社会問題に対処するためのものであった。社会全体を対象とする社会福祉プログラムは、それを実現するための予算が不足したために、暗礁に乗りあげてしまった。また累進課税は、組織から課された責任の重さに比べて低い見返りしかもらえないことを不満に思っている多くの中産階級から、反発を受けている。国営企業は厄介なお荷物となり、新しい消費者の要求に応じるには不十分であることが明らかになった。社会民主主義の陣営でも多くの論争が起こり、しばしば「第三の道」〔ブレア首相らニューレイバーが政策理念とした考え方。それは、貧しい人々を福祉で支え機会の平等を保障すべきとする点で、小さな政府を提唱する新自由主義と異なり、福祉は人々が市場社会で自立できるようにするためにあるとする点で、福祉国家モデルに立つ社会民主主義とも異なるため、社会政策における第三の道と呼ばれる〕が論争の主題となった。そして、世界中でさまざまな荒っぽい改革が実行されてきた。それにもかかわらず、ナンシー・フレイザーは、過去十年の議論をあまり重視していない。少なくとも、これまでの施策に階級社会を存続させるメカニズムを脅かすだけの力があったかどうかは疑ってみるべきだろう。本書では福祉国家の批判にまで入るつもりはないが、それでも、社会民主主義に同調的な現代の批評家からでさえ、福祉政策にたいして批判的な意見が出されていることは見逃すべきではない。その批判は次のようなものである。

㈠社会全体を対象とする福祉政策は、平等化を促進するものではなく、たんに中産階級にのみ大きな恩恵をもたらす結果となっている。公的給付は、それを一番必要とする人々にたいして、一番少ない恩恵しかもたらしていない。［Le Grand, 1982参照］

㈡課税と福祉給付は、階級のあいだで資産を平準化するのではなく、むしろ各階級の内部（たとえば同じ階級の扶養者と被扶養者、病人と健康人）で資産を平準化する結果となっている。［Wesergaard and Resler, 1976参照］

㈢公的サービスが社会全体に実効的に配分されていない点については、これまでにも広い領域から批判がおこなわれてきた。［Corrigan, *et al.*, 1988参照］

㈣平等主義的な施策への不満は、現状すなわち既存の階級構造の変革にたいする抵抗を生んでいる。しかし、このことは多くの場合、過小評価されている。［Goldthorpe, 1980参照］

㈤行政官僚は、平等主義的な政策に熱心に取り組むことはない。［Hindess, 1987参照］

したがって、平等主義的な施策は、さまざまな理由——官僚組織が非効率的であること、本来の目標が見失われていること、階級構造全体に抵抗と不満が広まっていること、など——により、衰退しつつある。ジュリアン・ル・グランの言葉でいえば、「平等の戦略」では、もはや多くの課題に対処できなくなっているのだ。現状肯定的な是正ではなく現状変革的な是正の観点から配分の正義について考えるときは、ここで述べたように、社会的平等の実現を目指した社会民主主義が大きな失敗に陥ったという事実を、肝に銘じておかなければならないだろう。

すでに第6章で、私は能力主義にかんする左派の主張の問題について論じた。左派の人々は、すべての人間は機会さえ平等に与えられれば現実に平等になるはずだと信じたが、その結果、かれらは実質的な平等と形式的な平等を混同してしまったと思われる。「能力に応じた報酬」という市場が提出している考え方は、政治的権利の観点からすると満足できる考え方ではない。したがって、アイリス・ヤングが「能力の神話」について語るのも、能力を計測することがきわめて難しく、そこに文化的バイアスがともなうことは避けられないと彼女が信じているためである［1990a, pp.192-225参照］。また、ジョン・ロールズは、生得的才能を報酬の基準にすることは、性や民族を報酬の基準とするのと同じくらい不合理であると主張している［1971］。というのも、人間は、自身の性や民族に責任をもたないのと同じくらい、自身の生得的才能にも責任をもたないからである。さらに、ナンシー・フレイザーによる「現状変革的是正」のリストにおいて、彼女が「基礎的消費財の配分と雇用の問題を切り離す」必要があると強調していることも特筆すべきであろう〔1997, p.236〕。実際、左派の人々においては、労働の「非商品化」は、社会民主主義の成熟度を計る主要な基準とみなされてきた〔Twine, 1994; Epsing-Anderson, 1990〕。はっきりしているのは、能力主義的な施策と平等主義的な施策が対立するとみなされていることである。有名な機関誌『ザ・チャーチスト』の最近の論文においても、「新労働政策《ニューレイバー》」〔イギリス労働党の一連の労働法改定の総称〕が手厳しい批判を浴びている。

> 新労働政策は、平等主義的な政策ではなく、能力主義的な政策である。それが目指すところは、平等な社会ではなく、開放的で流動的な社会をつくることである。つまり、階級間の距離をなくすのではなく、万人にたいして成功への階段を登る機会を保障することが目的とされているのである。そこで問題とされるのは、資源がどう配分されるかではなく、努力や能力、企業心をもって地位を高める機会が、すべての人に保障されているかどうかということである。〔Shaw, 1998, p.9〕

私が主張したいのは、平等主義と能力主義は対立しているどころか、それらは相互に一体となって結びついている、ということである。以前の論文〔Corrigan, *et al.*, 1988〕で、私と共著者は、能力主義が現状変革的政策の鍵となる要素であり、現実問題として、能力にかんする議論を抜きに平等について議論することはできないと述べた。「平等を実現するための条件は、能力を実現するための条件と合致するべきである。そうでなければ、人々を納得させることはできないだろう」[ibid., p.8]。能力にもとづいて報酬が決められることは、社会で広く承認されている価値であるだけでなく、活力ある経済と行動力ある官僚組織をつくるために必要な動機を与えるものである。問題は、社会が能力主義的になりすぎたことではなく、その反対に、社会があまりに能力主義的でないことにある。すなわち、能力主義の拡大を阻んでいるのは、市場をコントロールしようとする強力な経済政策であり、出身階級によって教育や仕事の機会が厳しく制限されていることであり[Reay, 1998参照]、資産相続が大きな比重を占めていて報酬の配分そのものが大きく歪められていることである。

左派の人々によって過去十年にわたって無視され、捨て去られてきた二つの基準を、ふたたび救いださなければならない。それらの基準がなければ、公平性とコミュニティを強化するプログラムはけっして実現されないだろう…。

報酬は、社会に果たした貢献にもとづいて受け取られるべきである。また制度は、民間のものであれ公共機関のものであれ、達成された業務の実効性にもとづいて評価されるべきである。[ibid., p.5]

実際、官僚機構の非効率性という問題は、能力主義にもとづく報酬の基準が必要であることを示している。過剰なまでに数多くの基準によって評価されるというのは、もはや世界の常識となっている。同じように、公共機関や公務員も、評価基準による評価が一部適切でないとしても、全体としてはそれを受け入れ、正しく批判されなければならない。また、才能というものは不均等かつ不平等に配分されているが、コンサート・ホールであれ手術室であれ、通常は才能を開花させるためにじつに多くの努力と実践が必要となることを忘れるべきではない。すなわち、才能は、個人に与えられた一定の特質とみなすことができないものなのだ。

ここで私が主張しているラディカルな能力主義でさえ、資本所有のあり方を根本的に改革するにははるかに力が及ばない。それでも、万人にたいして就労の機会を与え、資産相続を制限し、能力に応じて報酬を配分することを主張することにより、階級格差を生みだすメカニズムの変革に着手することはできるだろう。平等主義的な政策は個人の努力を無視するが、このラディカルな能力主義は、そこで生じるさまざまな不満と問題を解決することができる。そのことは、仕事に就いてはいるものの、仕事をもたない人々の生活水準をわずかに上回る程度の、低賃金にあえいでいる労働者にあてはまる。かれらの労働時間は長く、仕事内容もたいていは苦痛に満ちたものであり、そうした状況は道徳的不満を生む社会基盤になりやすいのである［第1章三四頁のルトワクの議論を参照］。というのも、フレイザーが主張するような配分方法の変革をめざす政策は、能力主義を採用しないかぎり、皮肉にも彼女が現状肯定的政策について批判した、一部の人たちが烙印を押され不満にあえぐ状況を引き起こすことになるからである。

共同体の領域――変容する他者

さて、ここでナンシー・フレイザーが主張する承認のポリティクスに戻ろう。彼女のいう「現状変革的是正」は、既存の多数者集団と少数者集団の双方の固定したアイデンティティ感覚を揺るがすことを狙うものであるが、これは私が本章で概略を示した変容的多文化主義の主張に沿うものである。このフレイザーの主張は、同化主義に歩みよっているという批判を受けている [Phillips, 1996]。それは、たとえばアイリス・ヤングは、誤った承認によるスティグマを剝ぎとるときも文化的差異を守ることに大きな注意を払っているが、それにたいしてフレイザーは、多文化主義をあまりに安易に文化のるつぼ《メルティング・ポット》に投げこもうとする、という批判である。

フレイザーの議論を少し詰めて考えてみれば、承認の不正義にたいするフレイザーの脱構築主義的アプローチをそのように批判する人々は、次の二点で誤っていることが分かる。

㈠多文化主義は、異文化を支配文化へ包摂する場合と同じく、必然的に世界を本質主義的な仕方で分割することに向かう。本質主義的な文化理解は、少数者を悪魔に仕立てるための前提を与える。というのも、バウマンやホブズボーム、ヒューズなどの著述家が論じているように、差異の多文化主義は、社会的対立をまったく防ぐことができないどころか、実際にはそれを促進するものだからである。

(二) 後期近代の社会的現実は、絶望的なまでに混沌としている。多数者の文化と少数者の文化は、すでに多くの部分を共有している。それらの相互作用の過程においては、たえず同化と、同時に差異化が起きている。その過程は、アイリス・ヤングの主張する戦略で抑制されるべきではなく、ナンシー・フレイザーの主張する戦略で促進されるべきである。

機会を創出し、多様性を積極的に受け入れ、抑圧の起こらない都市を求める旅のなかで、私たちは正義の領域における能力主義の政策と、共同体の領域における現状変革的な政策への道へと入った。これらの目的の達成に向かう旅の先には、まだ多くの問題が横たわっている。しかし、後期近代に生じた変動は、私たちにとって有利な手段も提供している。最終章では、これらの問題や手段について考察することにしたい。

第8章

後期近代

矛盾に満ちた世界

社会批評家、とくに政治的に左派の批評家は、好んで暗黒世界《ディストピア》の到来を予告したり、その兆候を探し求める傾向がある。新たな発展はすべて管理のメカニズムを強化するものか、あるいは技術的に洗練された新しい全体主義の兆候とみなされる。昔から、といってもさほど遠く離れた時代でなくても、新しい変化は社会が野蛮状態へと転落していくことが避けられない証拠とみなされ、そのことが社会

秩序を構造的に変革するように人々を駆り立ててきた。私自身、そのような根本的な変革の必要性をいささかも疑うわけではない。ところが暗黒世界の礼賛者たちは、もはや未来の変革をあきらめ、現在の陰鬱な省察にとどまっているかのようである。

もちろん、懸念すべき問題はたくさんある。合衆国で建設中の大規模な犯罪収容所は、リベラル民主主義を死滅させつつある。忌まわしく信じがたいことだが、合衆国の若い黒人男性のほとんどが、人生のある時期に、起訴され、刑務所で過ごした体験をもっている。つまり、合衆国全体が「収容所群島」に変貌しているのである。漫画であれ映画であれ、暴力はアメリカ文化の基調となっているし、暴力犯罪は正常な日常生活の一部になっており、さらに収監や仮釈放、執行猶予といった刑事司法制度さえ、日常生活の一こまを占めるようになった。こうして排除された人々の数はほぼフィラデルフィアの人口に匹敵し、周辺的な立場にいる人々も含めるとニューヨークの人口に匹敵するほどである。二〇世紀後半に起こったこれらの事実は、同じ時代において達成された宇宙計画や生物学における科学的偉業に並ぶほどの一大事件である。そして、ソルジェニーツィン〔旧ソ連の小説家〕がロシアの強制収容所を描いたのと同じように、いずれはアメリカの反体制派の人々がアメリカの強制収容所を描くときがくるだろう。実際、アメリカの犯罪者の強制収容所が示しているのは、かつてロシアの強制収容所が当時のソヴィエトの危機的状況を世界中にはっきりと示していたのと同じように、後期近代における危機なのである。

また、私たちはテクノロジーの力についても十分に理解すべきであろう。それによって、私たちの生活がよい方向にも悪い方向にも、大きく変化するのは明らかだからである。現在の私たちが生きている社会では、フランク・ウェブスター〔1995〕が辛辣に指摘しているように、私たちにとって隣人の情報は減少する一方であるのに、政界・財界・司法界のエリートが入手できる情報は飛躍的に増加している。個人のスーパーマーケットでの購買や、警察での取り調べ、通信販売、健康診断をはじめとするあらゆる個人情報、そしてとくに信用格づけ（保険統計的世界における究極の基盤）は、すべてデータベースに記録され、そのデータベースが相互に接続されることによって、あらゆる情報が共有されるようになった。いずれ、大量の個人情報を満載した電子カードがつくられる時代がやってくるだろう。そしてコンピュータ・テクノロジーの発達により、エリートたちが大量の個人情報にかんたんにアクセスできるようになるだろう。さらに、遺伝子プロファイリングのような新しいテクノロジーも、個人情報として利用されることになるだろう。そのようにして、ある個人がどれくらい信用があり、どれくらい資産をもち、どのような身体的欠陥をもっているかが容易に調べられるようになるだろう。後期近代に移行するにつれ、情報収集のあり方は、集団行動（男性や女性、老人、若者、その他のカテゴリー）にかんする一般的でおおざっぱな情報を集める段階から、個人にかんする正確で詳細な情報を集める段階に移行しつつある〔Simon, 1987 参照〕。このことは、私たちの誰にとっても脅威である。このような現代のパノプティコン〔一望監視施設〕に、映像による監視が付け加わる。

私たちの街の店に、ショッピング・モールに、中心市街に、住宅地に、工場に、さらには家庭にまで監視カメラが侵入する。もともと家の外を監視するために使われていたはずのカメラが、もはや家のなかを監視するためにも使われるようになり、ベビーシッターや掃除人（そしておそらく配偶者も！）の行動が見張られ、チェックされるようになっている。それらのテクノロジーはますます高度に、ますます安価になっている。

それらのテクノロジーがかつてないほど洗練されていくにしたがい、保険統計的な観点から人々を管理することがますます容易になっている。かつて私は一九七五年に書いた論文で、小説家ウィリアム・バロウズの言葉を借用し、社会統制の「ソフト・マシン」について言及したことがある。「ソフト・マシン」という概念が意味しているのは、「報酬の配分と詳細な罰則が一体となった法的システム」をそなえた仕事場のことであり、それは「「秩序を乱す者」や「生産的でない者」、「怠け者」にたいして「硬い刃《ハード・エッジ》」を向ける、社会統制の究極の兵器庫」[1975, p.83] としての刑事司法制度と対照をなすものである。後期近代になって「硬い刃」が驚くほど鋭さを増しているにもかかわらず、それでもまだ近代のソフト・マシンは機能している。さらに、このソフト・マシンは、すでに述べたように、金持ちになるほど緩く、貧乏人になるほど厳しく統制するようになった。しかも、それが作用する領域は、全人口を覆うほどにまで広がったのである。刑事司法制度の硬い刃は、その対象となる人々の範囲を拡大し続ける一方である（すでに述べたように、合衆国では成人の三七人に一人が刑事司法制度の厄介になっている）。また、そこに含まれない人たちにたいしても保険統計的な評価が加えられることによって、統制のソフト・マシンは強化される一方である。というのも、信用度《クレジット》が後期近代の市民にとって生活指針になるにしたがい、それは一種の社会統制の形式になっていくからである。ジョナサン・サイモンは次のように述べている。

近代においては、リスクを合理的に管理することが、安全を提供する手段と考えられてきた。しかし、リスク管理の原則にせよ、その中身である集団の安全確保の技術にせよ、社会統制の一形式であることに変わりない。そのような技術は、私たちの誰にとっても、社会に存在するさまざまな商品や機会を手に入れることに規制を加えるものだからである。そうした統制は次の二つの仕方で作用する。第一に、さまざまなリスク評価の手法は、すでに人々がもっている手段を、より確実に統制することになる。第二に、人々のほうは、手段を手に入れるために、自分たちの行動を変えるようになる。

［1987, p.86］

人々が自分たちの行動を変えるのは、定期的な収入と高い信用格づけがあれば、衣服やレストランから世界一周旅行にいたるまで、ありとあらゆる選択肢を手に入れることが可能になるからである。社会統制は、たんに職場での働きを統制するにとどまらず、資産状況さえも統制するようになる。すなわち、ソフト・マシンは、その所在を職場から会計事務所へと移していくのである。

さらに、国家や市民社会だけでなく、大衆自身にも憂慮すべき問題が起こっている。産業界におけるダウンサイジングや、正規雇用の労働市場の縮小——経済的な不安定状態が広範囲につくりだされる——にともない、人々は、世界が道徳的に多様化し、選択肢が広がり、地に足のついた感覚が失われ、世界がバラバラになったと感じるようになった。存在論的不安は、そうした感覚から生みだされる。そしてこれら二つの不安、すなわち経済的不安と道徳的不安は、いずれも密接に関連しあっている。そしてこれらの不安から逃れるために、人々は自分たちの恐怖を他者に投影したり、虚栄を張ったり、自分の地位にしがみついたりする。すでに見てきたように、逸脱的な他者にたいしてであれ、自己にたいしてであれ、本質主義が生じるのは、こうした状況に由来している。したがって、他者が悪魔に仕立てあげられ、異民族が悪霊とみなされ、モラル・パニックが引き起こされるような事態は、いつでも起こりうることなのである。

本書全体として、私はどうも暗黒世界を立証する方向に傾いてしまったようだ。排除型社会をつくりだす力はあらゆる場所に広がり、深く根づいている。しかし、その力は、社会をただひとつの方向に導いているわけではない。というのも、その力には否定的な契機だけではなく、肯定的な契機も含まれているからである。

まず、社会統制のテクノロジーの問題をはっきりさせよう。テクノロジーはかならずしも世界を絶望に導くわけではない。そうなるのは、一九六〇年代の自由主義者が抱いた「あらゆる社会統制は抑圧的だ」という幻想を読者が信じた場合だけである。しかし、門や壁は、もたざる者を排除するためにあるだけではない。それらはまた、弱者を周囲から守るためにも使われるのである。弱肉強食の世界において、城塞都市は、特権者たちの住む島にもなれば、弱者の避難所にもなる。どちらになるかは、誰にたいして門が開かれているかによる。テクノロジーの発展を止めることはできないが、適切な政治状況においてテクノロジーを利用し、コントロールすることはできる。マスメディアによってニュースが商品化され、市場が論争のネタや意外性のある情報を貪欲に求める現状では、しばしば意図せざる結果が生じるものだが、それでも進歩的な影響を与える可能性もある。有名な事例を挙げよう。一九九二年、ロサンゼルスでロドニー・キングという黒人男性が警官に殴られている光景がビデオカメラに収められ、その映像がテレビで放映された。警官が一回殴っている光景が、何千回も世界中で繰り返し放映された。そして、テレビでキングが殴られるたびに、西欧世界の黒人たちが衝撃を受けた。パリのラ・コルヌーヴのカフェや、ロンドンのストーク・ニューイントンのパブ、ジャマイカのキングストンのバーで、流された映像のメッセージは明快だった——「警官がどう言い逃れしようと、警察に人種差別が蔓延しているのは明らかじゃないか」。グローバル化するニュースは、世界共通の商品として制作され、そこには「いつ、どこで起こったか」という歴史的な日付が刻みこまれている。そうしたニュースは、その時点のどこでも見られるだけではなく、将来にわたって繰り返し見ることができるのである。

そのような文脈から、新しいテクノロジーを理解しなければならない。たとえば、監視カメラは、明らかにもっとも非難を浴びている発明のひとつである。誤った使い方をすれば、それは工場を過酷な仕方で常時監視するシステムとなるし（「どこにいてもボスは見張っている」）、歴史上もっとも精密な監視網をつくり、プライバシーを自由に侵害し、オーウェルの『一九八四年』の状況を実現することもできる。しかし、それとは違う政治的文脈で使用すれば、監視カメラによって、弱者を困難な状況から解放したり、保護したりできるようになる。たとえば、貧困地区で老人につきまとう子どもたちを記録し、追跡することもできるし、「地獄から来た隣人」〔英国で放映されている、近所どうしのもめ事のドキュメンタリー番組のタイトル〕の行動を記録することもできるし、さらに革新的な使い方もできるだろう。監視カメラは、街頭で警察の人種差別的言動を記録することもできれば、警察によるクラブへの暴力的な手入れを映像化することも、熱心に仕事をする公務員を紹介することも、役所の腐敗を暴くこともできる。監視カメラも使い方によっては、その社会的役割や社会統制の機能を変えることができるのだ。同じように、電子タグ〔位置情報を発信するICチップと無線を埋め込んだ小さな装置〕も抑圧的な役割しか果たさないわけではない。夫からの暴力に脅かされている女性を一日中ずっと保護することはきわめて難しいが、そのような問題も、電子タグを利用して、夫にたいして立ち入り禁止の範囲を定めておけば、容易に解決することができる。ストーカーや小児性愛者、ファシスト団員など、他者に危害を加える人物にたいしても、同じ対処が可能である。たとえ市民が包摂的な社会をつくるためであっても、他者の生活を脅かし、危害を加える人々を容認しなければならない理由はどこにもない。未来の包摂型社会は、人間の多様性を賞賛するものであり、その中心には寛容の精神が置かれなければならない――しかし、真に寛容の精神が成り立つためには、他者に危害を与えることを許すべきではないだろう。

後期近代の矛盾した特徴

過去はいつも解体の過程にあった。過去を手に握りしめたくても、それは実体をもたず、つかみどころがない。私たちを支えてくれる確実なものをいくら探し求めたところで、結局、亡霊を抱きしめていることに気づくだけのことだ。

近代化の過程は、私たちを搾取し、苦しめてきた。そうだとしても、私たちはその苦しみから人生の活力と想像力を得てきたのだし、近代がつくりだした世界を理解し、それに立ち向かい、世界を私たちの手に取り戻そうと闘ってきた。私はこう信じている。私たちと子孫たちは、この世界で安息の場を得るために闘い続けるだろう。たとえ、私たちが築いた家庭や近代的市街、近代的精神といったものすべてが、いずれ消え去る運命にあるとしても。

[Berman, 1983, pp.333, 348]

後期近代への移行は、まるで錨《いかり》が切れた船のような状態にある。多くの船員は、これまで停泊していた港に戻ろうと泣き叫ぶ。しかし、羅針盤はむなしく回り、船は流されるがままであり、振り向けばいつもの港さえ、もはや安全な場所ではなくなっている。遠く離れた港は、もはや形がぼやけ、崩れ去ったかのようである。セイレーン〔海の妖精〕たちは、悲しげに、重々しく、しかしはっきりした声で、港に戻ることを期待しても無駄であることをかれらに伝える。かつての場所に戻ることは不可能であり、かりに戻れたとしても何も得るものがないことは、もはやはっきりしているのだ。それでも政治家は、いまだに核家族をふたたび構築することができ、昔のように男性の完全雇用を達成することができると主張している。そして、まるで安手のドラマのような思いやりある緊密な職業コミュニティによって権威への尊敬心を取り戻すことができ、ゼロ・トレランス政策によって犯罪をなくすことができ、夜間外出禁止令や監視カメラ、自警団によって十代の若者たちを取り締まることができると信じている。要するにかれらは、二〇世紀に生じた経済的・社会的・技術的な一大潮流に対抗しようともがいているのである。それは、戦後の世界体制の再建が一九五〇年代に実現していれば、八〇年代はもっと豊かになっていただろうと信じるようなものである——もちろん、多くの人々がそれを実現可能と信じたのだが。それでも、時代の変化はもともと矛盾をはらむものであって、さまざまな機会の拡大をもたらすと同時に、つねに規制や危険をともなっているものなのである。

　マーシャル・バーマンは、この消え去っていく世界、『共産党宣言』を引用するなら「形あるものすべて消え去る」世界について論じている。さらにエリック・ホブズボームは、ちょっとした歴史上の皮肉をそこに付け加えている——資本主義は、信頼や名誉、尊敬といった前資本主義的な美徳に依拠することによって発展してきたが、資本主義が勝利を収めたように思われたまさにそのとき、それらの資本主義に不可欠な要素は雲散霧消してしまったのである、と。私たちは、そこに次のような徳目も付け加えることができるだろう。たとえば権威にたいする服従心、不公平を禁欲的に受容する態度、他者の意志に奉仕する自己犠牲的な精神、社会全体と家族の両方への盲目的な順応、などである。そうした価値が消え去っていくのは、悪いことではない。私たちの父母や祖父母の多くが生活のなかで身につけた自制的で控えめな態度、あるいは狭い視野から物事を受け入れ頑固に守り続ける禁欲的特徴は、いまや捨て去られつつある。ポール・ウィリスが指摘しているように、市場はプロテスタントの倫理を破壊した。欲求の充足を我慢したり自制するような態度は、もはや価値を失っている。ジェームズ・Q・ウィルソンは、自己抑制を賞賛する文化から、自己表現を賞賛する文化へと移行している点について、次のように述べている。

私たちは民主主義国家の一員となった。それは本来の民主主義からはほど遠いものではあるが、自己表現に最大の意味を与えるものであった。そして、私たちは国家へのいかなる献身にも、共通の道徳を強制されることにも、疑問を抱くようになった。民主主義は、いまやそれ自体が目的とされているが、もともとは別の目的のための手段として賞賛された

ものであった――すなわち（憲法を引用するなら）、これまでより完全な統合を達成し、正義を打ち立て、国内の平和を保障し、危険にたいして共同の防衛を提供し、公共福祉を促進し、自由の恩恵を確保するという目的のための手段であったのである。分別のある礼儀正しい人々がたとえ自己実現に専念したとしても、それはうまくいった場合でさえ、多少、芸術的であったり刺激的であったりする程度のことであって、悪ければたんに陳腐《ちんぷ》で凡庸なことしかできないだろう。さらに、スリルを求め、欲望を抑制できない、意志の弱い性格の人々にとって、こうした風潮は、窃盗や略奪の自由を奨励するものでしかない。

［1985, pp.248-9］

保守派の社会批評家は、厳格な文化的規律が弛緩すれば、文明につねに内在している反社会的な危険人物を日常生活に解き放つ結果になる、と判で押したように主張する。この場合、自己表現を称揚することは悪い事態を招くとされる。すなわち、文化的秩序が弱体化すると、個人は自分のことしか考えずに行動するようになるというわけだ。しかし、本書で論じたのは、それとは反対の主張である。不平等な世界の秩序を維持するためには、権威にたいする無反省的な敬意や規律が必要であるというのは正しい。個人主義の高まりによって、人々から全体に同調しようとする態度が失われ、個人は目の前にあるものすべてに不満を表明するようになるというのも正しい。さらに、個人主義の高まりが犯罪や無秩序、対立を増加させるというのはまったく正しい。しかし、ウィルソンが憂鬱に述べているように、個人主義が人間本性の産物である以上、私たちは「現実的な態度で」世界の現状に耐え忍ぶしか方法がない（「私たちは自分たちの社会をつくりあげたのだから、それにあわせて生きていかなければならない」[p.249]）というのは誤りである。なぜなら、個人主義が成長し、人間の行動について考察が深まれば、後期近代には陥穽や危険があることを懸念するだけではなく、そこから素晴らしい成果が生じることも期待できるからである。

個人主義が成長するにつれて不満も高まるが、それが市場拡大の原動力となっている。第一に、ますますグローバル化する経済によって、人々はこれまでより広い領域で議論し、交易するようになり、それにともない報酬の配分についても比較することが容易になった。マートンがうまく指摘しているように、資本主義システムの根本的な矛盾は、能力主義の文化と不平等な社会構造の関係にある。その矛盾は、市場に包摂された人々が相対的に高い報酬を得るようになり、他方では市場から排除された人々が低い報酬しか得られなくなり、そして両者のあいだに不平等感が高まるにしたがい、いっそう明らかになっていく。第二に、消費者革命の背後には、個人の自己実現にたいする要求の高まりがある。人々の仕事への達成意欲は、人々がおこなっている現実の仕事内容と、自己実現の可能性に大きく関連している。ジョン・K・ガルブレイスは、貧者の「仕事」と富者の「仕事」の関係を辛辣に描きだしている。

伝統的な観点からすれば、仕事とは、喜びと報酬をもたらすものである。仕事に恵まれた人々は、仕事をつうじて、程度の差こそあれ何らかの喜びを得るはずである。また通常の人は、自分の仕事に誇りをもっているはずである。

しかし現実には、多くの仕事が単調な繰り返しで、苦痛と激しい疲労をもたらし、精神的に退屈で、社会的に評価されないものである。さまざまな消費者向けサービスや家事労働、農産物の収穫作業の場合がそうであるし、また労働者が工場の組み立てラインに並び、労賃が生産コストの大部分を占めるような製品を生産する工場労働もそうである。

［1992, p.32］

そして仕事と報酬のあいだには、驚くほどの関係もあれば、それほどでもない関係もある。

もっとも威信があって、誰もが就きたがる仕事に高い賃金が払われるのは、近代の経済システムの基本であるが、そのことが問題にされることはあまりない。それと対極的なのは、ドアマンや家政婦のような、もともと敬遠されがちな仕事や、他人から直接命令される仕事をはじめ、さまざまな骨の折れる仕事――道路清掃やゴミ収集、用務員、エレベーター操作手、など――である。それらはいずれも社会的な地位が低い仕事とみなされている。

このような、退屈で苦しく、社会的に評価されない仕事と、喜びをもたらし、社会的に評価され、経済的に高い報酬を得られる仕事にたいして、同じ「仕事」という言葉を用いるのは、近代の大きな錯覚であるどころか、ペテンでさえある。快適で、十分な報酬を得て日々を過ごす人々は、自分たちが「懸命に働いている」ことを強調する。そうすることで自分が恵まれた階級にあることを忘れさせてくれるからである。もちろん、かれらが仕事に満足していると主張することに問題はない。しかし、そのときかれらは、そのような満足は能力ある労働者だからこそ得られていると思いこんでいるのである。[ibid., pp.32-3]

ここでガルブレイスは述べる。そこにはもっとも有能な経済批評家や社会評論家でさえ語ろうとしない隠された事実がある、と。

以上の考察から、近代の経済社会の基本的事実のひとつが明らかになる。すなわち、貧しい人々は、経済的に恵まれた人々がしない仕事、要するに、みるからに苦しそうで、悲惨な仕事をするために必要とされる人々なのだ、ということである。[ibid., p.33]

このことは、おそらく昔から変わっていない。しかし近代世界において、市民であることは、合理的な報酬が期待でき（能力主義）、仕事から喜びが得られる（自己実現）ということを意味していたはずである。本書では、労働市場が正規雇用と非正規雇用の二種類に分割されることで、能力主義が正規雇用の領域のほうで顕著になったことを述べた（キャリアを高めれば、余るほどの報酬を得られる）。しかし、ガルブレイスは、同じことが自己実現の領域についても当てはまると付け加えているのだ。

勤勉に働けば成功が得られるというアメリカン・ドリームは、二〇世紀半ばには自己実現の領域にまで広まった。そして市民権の概念が拡大した結果、もはや単純な物質的満足ではなく、能力主義とアイデンティティにおいて満足を求めることが、後期近代における先進産業国の夢《ファースト・ワールド・ドリーム》になった。たしかに後期近代のシステムは、能力主義を約束してはいるものの、それが実際につくりだしているのは、賞品が露骨に不公平に配分される「八百長の」競技場である。それは自己実現を約束してはいるが、実際には社会の多数の人々にたいして、大富豪や成功者の自尊心を満たしてやるために奉仕する役割を押しつける結果となっている。勝者はすべての富を独占し、スポットライトを浴びるスターとなり、名士の仲間入りをする。こうした傾向に好ましい点があるとしたら、それは、よりよい生活を求める人々が、システムに強い不満を抱くようになると同時に、より多くを要求するようになることによって、市民権の概念が高まり、広げられていくということにある。他方で、この傾向には好ましくない点もある。それは、人々が商品やモノ、本質として扱われるようになるという懸念が高まることである。さて、このあたりで一度立ち止まって、次に暗黒世界の避けがたい帰結に対抗するための議論をまとめよう。

暗黒世界《ディストピア》に対抗するために

(一) テクノロジーの両義性

先ほど、新しいテクノロジーがつねに抑圧的に機能するとはかぎらないことを述べた。テクノロジーが抑圧的になるかどうかはまったく政治的な要因によるのであって、テクノロジーそのものの問題ではない。実際、テクノロジーが人々にとって有利なものになるかどうかは、人々がテクノロジーの危険性を十分に認識し、それに注意を払うかどうかにかかっている。

(二) 伝統の放棄

市民道徳は資本主義を支えるために必要とされてきたが、その市民道徳を提供してきた伝統がもはや失われつつあることを、ホブズボームは涙を流さんばかりに嘆いている。従順を重んじる慣習や、自分のいる階級を卑下する態度、父権的な親族構造というのは、どれも古いタイプの信頼の美徳に染みついたものである。包摂型社会が成り立つには、平等な市民たち相互の新しいタイプの信頼がなければならない。そして、それらの古い美徳は、そのような社会に向かう進歩の前にさらされているのだ。古い美徳がなければ、ホッブズ的な「万人の万人にたいする闘い」に陥るのが避けられないわけでもないだろう。それらの古い美徳が消滅していくのは、さらなる公正な包摂型社会を実現するための序曲として、必要な出来事ではないだろうか。

(三) 市場の背後にあるもの

市場から生まれた社会的市民権《ソーシャル・シチズンシップ》の要求には、能力主義と自己実現の両方が含まれている。ウィリスが指摘したように、そうした要求は、潜在的には既存の資本主義の構造を転覆させる可能性を秘めたものである。その要求は、適切な状況にあれば変革の種子となりえるし、そうでなければ個人に欲求不満を引き起こし、利己主義と紛争を広げる結果となるだろう。いずれにしても、能力主義と自己実現の要求を、何かが欠如していることの現われとみなしてはならない。それは、失ったものの回復を求めているのではなく、むしろ「掛け金をつり上げるように」、さまざまな要求を増大させているとみなすべきである。そのときシステムは、その中心部に大きな不安定要因を抱えこむ。すなわち、まさに資本主義の機関室の中心部で、エンジンに変調をきたす事態が生じるのである。

(四) とらえどころのない他者

市場の不公平、混沌、不確実性は、物質的に不安定な世界をつくりだした。他方で、多様で変化しやすく、再帰的な後期近代の世界は、存在論的に不安定な世界をつくりだした。正義の領域と共同体の領域における不安と不満は、怨恨《ルサンチマン》と寄るべなさの感覚を生みだしている。そこにあるのは、アイデンティティを求めても得られないことへの絶望であり、他者を非難することへの漠然とした欲望である。本質主義は、一見したところ、強固なアイデンティティの核を与えてくれるように思われる。それは、自己とは区別される他者、罪をなすりつける他者、自己の内部にある否定的なものを投影する他者をつくりだすからである。そうした本質主義は、それがどれほど危険で一時的に大きな影響力をもつものであるにせよ、その基盤はそれほど強固なものではない。というのも、〈逸脱的他者〉をつくだし、うまくかれらを悪魔に仕立てあげ、社会病理をかれらの責任にして、「正常」な人々に存在論的な安定を与えなければならないような理由は、後期近代になってますますなくなってきたからである。すなわち、本質主義が適用されればされるほど、ますます本質主義は役に立たなくなるというパラドックスがあるのだ。シングルマザーへの非難は、母子家庭が広く認められるようになったときに起こり、麻薬との戦いは、麻薬の使用が日常化したときに起こる。アンダークラスの人々に「怠惰」の烙印が押されるのは、かれらがますます人口の多数を占めるようになり、雇用が恣意的で一時的になったことに気づく人が増加したときである。もちろん、本質主義が「機能しない」というのは、その信仰が影響をもたないという意味ではなく、その反対である。麻薬との戦いはアメリカの刑務所の定員を満たすのに役立っているし、シングルマザーへの中傷は社会でもっとも弱い立場にある人々を失望させている。さらに、従属を固定させる文化は、失業者に烙印を押すだけではなく、かれらから働く意欲を奪っている。しかしながら、戦後の包摂主義の世界にたいして信仰や郷愁を抱き、そのような世界を復活させる意図にとっては、もはや本質主義は役に立たないのである。

後期近代の社会契約

近代の社会契約は、もはや失効した。それは、ある面では正しく理解されなかったためであり、ある面では世界が変わってしまったためである。ここで、後期近代への移行を三つの観点から眺めてみよう。それは、目標、手段、状況という観点である。近代の目標は、絶対的剝奪をなくすことであり、社会的合意にもとづいてさまざまな機会を創出することであった。後期近代の目標はそれとは異なり、相対的剝奪をなくすことであり、能力主義的で多様性を受容する社会への移行をつうじて自己実現とアイデンティティを充足させることでなければならない。かつての第二次世界大戦後の包摂型社会における社会契約が重視していたのは、まず人々に雇用を保障することであり、それができないとしても、社会のなかで文明的な生活ができるように保障することであった。

社会的要素という用語によって私が意味しているのは、最低限の経済生活を営むことができる権利から、社会資源の充分な恩恵を受け、広く社会の基準に照らして文明的な生活を送ることができる権利まで、広い幅をもった内容のことである。

[Marshall, 1996(1950), p.8]

このようにT・H・マーシャルは、市民権《シチズンシップ》にかんする古典的な著作で、法的権利や政治的権利に続く第三の権利、すなわち社会的権利を提唱した。本書で論じたのは、このような社会的権利が二〇世紀後半で劇的に拡大したことである。後期近代の社会契約は、たんに雇用を保障するだけではなく、能力主義にもとづいた雇用を保障しなければならない。そして、たんに余暇を与えるだけでなく、人々が目的とアイデンティティをもつことができるような、有意義な仕事と余暇を与えなければならない。

　私たちが生きているのは、驚くほど能力主義的でない社会である。といっても、ここで私は不平等な資産相続のあり方について述べているのではない（たしかに、それは問題の核心ではあるが）。ここで私がいいたいのは、報酬の計算において能力主義の論理をたんなる付随的要因としてしか考慮しないまま、社会の上層から下層まで物資の配分がなされていることである。あるときは報酬がまったく不公正に配分され、あるときはまったく無秩序に配分される。そうした状況には、配分の正義の根拠となる規則や理由がどこにもない。実際、そのような不公正な手続きを多くの人々が認めており、そこで配分の正義の根本原理とみなされているのは、いわば「くじ引きの幸運」である――これほど能力主義に反する考え方はないだろう。その不公正はあからさまで、弁護の余地もない。いくつかの例を挙げることを許してもらいたい。イギリス社会で社会階層の頂点に立つある家族〔王族のこと〕は、多額の公共資産を受け取るためだけに存在し、しかもその特権は世襲されている。しかも虫歯になったら金歯が入れられるほどである。近年、イギリスでは上流階級の人々が得ている報酬や特典をめぐって広く論争が起こっている。たとえば、民営化された公益企業の社長の多額の給料や、一流弁護士が受け取る途方もない謝礼、軍の高級将校の家屋の改築費、裁判官が巡回で国内を移動するさいに慣習的に支払われている経費などである。このような無秩序な報酬配分の不公正は、上層階級にみられるだけでなく、システム全体に蔓延している。たとえば、多くの中年世代の中所得層の人々の場合、その資産の大部分は、まったく偶然に起こった一九八〇年代の不動産価格の上昇に由来している。幸運にも、かれらはまるでエスカレーターに乗ったかのように、なんの苦労もなく莫大な額にまで資産を増やすことができた。それにたいして下層階級の人々の場合、かれらにたいする公的援助や公的給付は、官僚による合理的な「必要性の度合い」の判定にもとづいて配分されているのではない。それは、しばしば恣意的で欠陥のある仕方で、そして多くは腐敗した仕方で配分されている。最後に、まったく明白なことであるが、労働市場において個人がどの位置にあるかは、正規雇用者であれ非正規雇用者であれ、さらには長期雇用から排除された人々であれ、その人物の能力とはほとんど関係ない。多くの場合、能力や技能よりも、階級や人種、性別、年齢のほうが採用に大きな影響を与えている。こうした不公正や不確実性、さらには予測不能な幸運といったものは、社会に破壊的な影響を与え、相対的剝奪感と不満を引き起こす要因となる。

こうした問題をなくすために、私たちは市民権にかんする新たな社会契約をつくらなければならない。その契約は、絶対的価値ではなく多様性を重視するものでなくてはならない。その多様性は、人類の固定した特徴を羅列したものではなく、たえず変化し、発展し、自己と他者をともに変容させていくような、もろもろの豊かな文化から成るものでなければならない。新たな社会契約は、さまざまな問題を国家や専門家に委ねてしまうのではなく、民主的な議論と評価から成り立つものでなければならず、またそれを促進するものでなければならない。そして、たんに個人の権利だけを主張する市民権ではなく、あらゆる市民の相互協力の重要性を主張する市民権でなければならない。さらに、社会的目標に向かって、制度を改革していくには、市民と国家のあいだの相互協力が欠かせないことが十分に認識されなければならない。

最後に、状況について述べよう。かつて近代主義が謳歌していた状況は、すっかり変わってしまった。もはや一九五〇年代の世界に戻ることはできない。私たちの作業は、現在私たちが立っている場所から始めなければならない。思春期から死ぬまで、九時から五時まで、男性だけに完全雇用が保障されるような労働環境は終わりを告げた。ケロッグ社のコーンフレークの宣伝のような、家父長的で、生涯にわたって維持される核家族という幻想に戻ることはできない。また、近所同士がいつも干渉しあい、目配りが利き、世話を焼いてくれる、安物のドラマにでてくるようなコミュニティがあった時代に戻ることもできない。私たちを犯罪から守ってくれた安全地帯や、私たちの最重要な課題を設定し、解決に取り組んでくれた福祉国家の時代に戻ることもできない。単一文化や強固な道徳、絶対的価値が支配した時代に戻ることもできない。競争も、曖昧さも、不確実なものも、激しい討論もなかった時代に戻ることもできない。

私たちは近代の曲がり角を通過しつつあり、これまで歩きなれた道は見失われたが、目の前には見たこともない新しい光景と可能性が広がっている。「形あるものすべて消え去る」のは真実であるが、他方で、形あるものがしばしば抑圧的で、無思慮で、その意味が問われることがなかったのも事実である。理性は、信頼の古い基盤から離れはしたが、他方では、より新しい形態の、より合理性をそなえた秩序の基盤を要求している。犯罪と不寛容な態度が生じるのは、市民権が阻害されたときである。すなわち、それらは不正義から起こるのである。しかし、犯罪と不寛容によって、さらなる不正義と市民権の侵害が不可避的に引き起こされるのも事実である。こうした問題を解決する方法は、過去の安定した時代を探っても見つからない。ノスタルジーに浸ったところで、過去の世界は戻ってこない。それよりも、こうした不正義、そしてコミュニティと報酬と個人主義にかかわるさまざまな問題を解決するためには、近代の再帰性を受け入れたうえで、これからのリベラル民主主義の核心となるべき新しい市民権を打ち立てることが必要なのである。

註

第1章

▼1　ジグムント・バウマンは、近代ヨーロッパ史におけるもっとも残酷な排除のエピソードであるホロコースト〔ナチスによるユダヤ人の大虐殺〕は、近代から直接生みだされたものであると述べている。「近代社会の隠された本質を考えるために、数少ないが、重要で信頼できる事例として、ホロコーストを研究することを提案したい」〔1989, p.12〕。官僚制による効率的な「業務」の遂行、大量殺人の産業化、さらにはこうした茶番劇を下支えした優生学思想さえ、近代の思想と不可分のものであり、ヒトラーと彼の第三帝国という特殊な状況に限定されるものではない。このような近代社会に内在する傾向は、もっと最近の例でも確認できる。たとえばニルス・クリスティーは、現代の囚人収容施設、とくにアメリカの刑務所を扱いながら、それが先の傾向の現代的な発現であると述べている〔1993〕。バウマン自身は、二つの事例の歴史的連続性にあまり確信をもっていないようであるが、それでも現代を「全体主義国家なき全体主義」〔1995, p.205〕の時代と呼んでおり、ヒトラーの強制収容所のことも「反近代主義の社会運動から生まれたとしても、それは近代の発明品なのである」と述べている。もちろん、ファシズムとリベラル民主主義の区別はいくら強調してもしすぎることはない。また、近代社会と同時ではないが、それにともなって生じた産業構造や組織構造は、根底で啓蒙主義思想と結びついていることも強調しておくべきだろう。啓蒙主義の理念は、根本的に包摂主義的なのである。さらに、トッド・ギトリンが詳細に論じているように〔1995〕、啓蒙主義は近代社会の底流にあって、異質な人々にさえも包摂と平等性を保障しようとしていた。

したがって、ファシズムやスターリン主義による排除と、今日のリベラル民主主義的な排除は、性質が異なっているのである。本章で議論された戦後の包摂主義的な時代は、リベラル民主主義のひとつの歴史的到達点を示している。すなわち、そこでは市民権の政治的・経済的な基盤の拡大がみられたのである。しかし、それは差異を認めない包摂でもあった。絶対的な価値基準に照らすことにより、差異は逸脱とみなされたのである。戦後の包摂型社会は、差異を犠牲にすることによって、高度な統合を実現した。排除が起こってもその当時は、排除にたいする強い抵抗が存在していた。戦後の「全体主義国家」は全成員の同意にもとづくものであり、それができたのは誰もが「他人志向型」の人間だったからである。それに続いて排除型社会が現われたときには、人々は自分たちの差異を受け入れ、同時に排除も受け入れた。多様な「ライフスタイル」が理想とされ、文化的多元主義がことのほか好まれるようになった。排除という概念は、差異ではなくリスクにその基盤を置いている。すなわち、保険統計的な観点から、その基準に沿った集団は受け入れられ、基準に外れた集団は排除されるわけである。読者がお望みであれば、私たちがいる社会は、クレジットの信用格づけの「差異」から、リスク査定された危険性の「差異」まで、あらゆる段階の「差異」が広がる社会であると言ってもよいだろう。

近代という時代は、共同体全体の利害対立を解決する方向に進んだが、アイデンティティの差異という問題には対処できなかった。他方で、後期近代になると、差異が称揚されるようになったが、市民のあいだの物質的格差の拡大に対処することができなかった。リベラル民主主義は、機会の平等と能力にしたがった報酬配分にその正当性を置いたシステムである。しかし、他方では、現実には非常に不平等で非能力主義的な構造が存在している。そこにこそリベラル民主主義が抱える根本的な矛盾がある。たとえば、合衆国では一％の人口が富の三分の一を独占しているのにたいし、人口の残りの大部分は正規雇用市場に参入することさえできないでいる。アメリカで大量の人々が刑務所に収監されている背景には、犯罪を誘発しやすいこのような状況がある。現在ますます収監者人口が増加しているが、それは犯罪の慢性的な増加に由来するものであって、後期近代の西側世界であればどこでも起こっている現象である。この現象は、現代の市場経済がもたらす相対的剥奪感と個人主義が結びついたことの直接の結果である。したがって、それは近代社会の脱伝統化の結果でもある [Beck, 1992; Giddens, 1991]。もはや、人々はかつての身分制ヒエラルキーに戻ることを受け入れないだろうし、個人的な利害を超えた集団的な利害など考えもしないだろう。不公正で抑圧的な社会がバラバラにならないようにつなぎとめていた接着剤は、その粘着力を失いつつある。排除のプロセスは、アメリカにおける強制収容所（すなわち刑務所）において頂点に達しているが、それは現代のリベラル民主主義と後期近代における社会的発展から生みだされたものである。しかし、このような排除は、犯罪という現実の問題への対処としては完全に誤っている。今日の排除は、ヒトラーやスターリンの体制でおこなわれていた排除とは、その原因や性質という点で、質的に異なるものである。

▼2　移民の流入は、しばしば西洋社会がさらなる多元化へ向かうことの中心的要因と考えられているが、私自身は、多元主義をめぐる論争や人々の存在論的不安にたいして、移民がとくに大きな影響を与えるとは考えていない。移民の文化はたいてい伝統的なものであり、後期近代の多様化した価値観に異議を申し立てることはほとんどない。むしろ新たな多元化の最前線にあるのは、社会の内側で発生する多様化のプロセスである。このことは、女性の役割、暴力、性的嗜好、環境問題、動物の権利などをめぐる激しい論争をみれば理解できるだろう。こうした論争は、移民がほとんどいないダブリンにおいても、ロンドンやパリと同じくらい激しいものになっている。本章で議論したとおり、移民は、存在論的不安の原因というよりも、その不安を和らげてくれるようなスケープゴートあるいは外集団の役割を果たすものと考えられる [Vidali, 1996]。

▼3　ここでの誤りは、記録された犯罪発生件数と収監者数とのあいだに、あるいは犯罪への恐怖と犯罪発生率とのあいだには単純な比例関係がないという経験的な事実に反していることにある。この点について私たちが指摘したいのは、収監者数や犯罪への恐怖、犯罪予防措置といったものは、犯罪発生率そのものとは独立した要因であって、それらは別の要因（すなわち経済的な不安定状態や都市の膨張、そして人種主義などがもたらす不安感）が投影されることによって引き起こされる、ということである。そのような投影が作用しているのは確実なのである

が（本章でも詳細に検討している）、だからといって収監者数が増加している原因として犯罪発生件数という要因を除外できないのも事実である。ここで忘れてはならないのは、人間という行為者は（社会統制を組織する地位にある人物であれ、道路を歩いている一市民であれ）犯罪の発生率や程度にたいして単純に反応するような「実証主義者がでっちあげた創造物」などではありえない、ということである。人間には、みずから社会的世界を判断し、それを理解する能力がそなわっている。自然科学でよくあるような単純な比例関係や高い相関関係が社会問題において発見されたとしたら、それこそ驚くべきことだろう。ここで、二つの例を挙げておきたい。

(a)**収監**——犯罪発生件数が増加すると、それにたいする反応として、収監には高い費用がかかるわりにそれほど実効性がないことが嘆かれるようになる。そこから収監者の釈放時期を早める（そこには未成年の法違反者を別の施設に移すなど、その他の多くの代替手段が含まれる）という手段がとられることもある。しかし、そうした時期に続いて、犯罪の増加が止まらないことが公表されると、その対処として、収監者数を増やす施策がとられることになる。犯罪政策におけるこうした変化は、犯罪発生率と収監者数のあいだに単純な比例関係が存在しないことの証拠である。しかし、ここで述べたような政策の変化や、刑務所から他施設への移動、刑務所の代替施設の数や質、新たに建設することが計画された刑務所の規模や性質などは、犯罪問題が与える大きな影響を考慮しなくては理解することができない。

(b)**犯罪への恐怖**——都市の下層労働者階級の男性の場合、社会的排除にたいする反応として、男性至上主義にもとづいた文化をつくりだすことがある。この男らしさの文化には、しばしば犯罪にまでいたるほど互いに敵対意識を高める傾向があるのだが、そのわりに、かれらのあいだには犯罪への恐怖感があまりみられない。すなわち、その文化においては、犯罪発生率の高さが犯罪への恐怖感の乏しさと結びついているのである。これにたいして都市の女性は、同じような環境に暮らしていても、犯罪にたいする許容度は低く、暴力を強く否定し、より安全な生活を求める傾向にある。こうした女性の態度は、犯罪や暴力への強烈な「恐怖感」（あるいは少なくとも「不快感」や「憤り」）を示すものである。このように、都市における男女二つの集団は、同じ犯罪リスクにたいして、まったく正反対の反応をしている。さらに問題を厄介にしているのは、次のような事態である。すなわち、犯罪に立ち向かおうとする都市の女性は、周到な回避行動を発達させることによって犯罪被害にあう危険性を低下させているのであるが、それを「女性が実際に犯罪の被害にあう危険性は低いにもかかわらず、彼女たちは不自然に強い不安感を抱いている」とコメントする犯罪学者がでてくることである。都市住民の調査からみても、犯罪発生件数と犯罪への恐怖感とのあいだに単純な比例関係が存在すると考える理由はまったくない。

▼4　ロイ・ワカンは、シカゴ南部のウッドローンとパリ外周部のラ・クルヌーヴを細かく対比させながら、排除のプロセスにあたって国家が果たしている重要な役割を指摘している［1996］。合衆国のような半福祉国家は、市場社会を抑制するどころか、むしろそれを助長している。シカゴにおける「人種ごとの隔離地域」は、州により見捨てられ、さらに公共施設もそこから撤退していった。これとは反対に、パリのラ・クルヌーヴでは、国家機関や公共組織の「過剰介入」が問題になっている。さらに、民族問題や社会問題が加わると、問題はさらに複雑になる。ワカンは、「シカゴのサウスサイドのような人種的に隔離された地域は、フランスでも他のヨーロッパの国々のどこにも存在しないものである」と述べている［1996, p.560］。

第3章

▼1　反社会的行為と犯罪がつながっていることを最初に主張したのは、明らかに一九七〇年代初頭のラディカルなフェミニストの活動家であった。たとえば、メディーとトンプソンの『レイプに抗して』［1974］の「小さなレイプ」にかんする説明を参照。また、本書第5章の議論も参照。

第4章

▼1　保険統計主義は、本質主義と同時に起こりうるものであり、また実際に起こっている。たとえば、リスク管理への動きは、危険視された人々を統制する動きと同時に広まる可能性が高い。つまり、それらの人々にスティグマが激しく押しつけられるよう

になり、司法にたいする要求が高まり（「三振アウト」刑罰政策〔本書三一六頁の訳註を参照〕が主張されるなど）、犯罪やドラッグの撲滅が強く謳われるようになればなるほど、リスク管理と統制が同時に進行していくのである。一方で、人々にたいする介入の度合いは、保険統計的観点から細かく格づけされている（こうした統制のあり方についてはビーチの比喩〔第三章一六八頁〕を参照）。そして一部の特権的な人々をリスクから守るにあたっては、介入は最小限に抑えられ、またもっとも重要なことだが、そのための費用は最大限に支出されるようになる。つまり、こうしたリスク管理が目的としているのは犯罪の撲滅ではなく、階級構造の格づけに応じて被害を最小化することなのである。他方で、私たちは犯罪を撲滅するために、財政面や司法面でありとあらゆる手段を尽くして、膨大な公共的支出をおこなっている。その有様は、ハリウッド映画の『ターミネーター』三部作の世界が現実になったと思われるほどである。もちろん、こうした保険統計主義の思考方法は、もうひとつの思考方法、すなわち本質主義と結びつく可能性が高いものである。というのも、人々の道徳主義が激しくなると、しだいに人々は刑罰の強化を要求するようになり、そのような司法政策から潜在的犯罪者の巨大倉庫がつくられるわけであるが、こうした流れは、その倉庫を保険統計的に管理しようとする思考法とすぐに結びつくからである。

ジョナサン・サイモンとマルコム・フィーリーは保険統計主義にかんする有益な分析をおこなったが、その著作でさえ、保険統計主義の主張と統制強化の主張が別々に存在していることをよく理解しておらず、両者を混同する誤りを犯している。というのもかれらは、保険統計主義が支配的傾向になったのは、とくに合衆国の刑事事件が異常事態とみなされるほど爆発的に増加したためであると主張しているからである。かれらの混同がもっとも明白になるのは、アンダークラスの人々にかんしてである。たしかに保険統計的観点に立てば、アンダークラスを管理するには、明らかにかれらを隔離することが必要になる。すなわち門や防壁を張り巡らせ、アンダークラスの人々をかれらの居住区から一歩も出さないようにすれば、問題が起こってもかれら自身のせいにできるし、かれらが他の人々に危害を与える可能性も最小限に食い止めることができるからである。しかし、本質主義の観点に立ち、アンダークラスの人々を悪魔に仕立てあげる場合には、別のことが必要になってくる。つまり、アンダークラスの人々のあいだに警察権力を入りこませ、しばしば無差別に容赦しない仕方で、かれらを司法の手に引き渡すことが重要になってくるのである。後期近代の社会では、これらの両方の傾向が強まっている［Lea and Young, 1993参照］。

保険統計主義と道徳主義（本質主義）という二つの思考法は、それぞれ後期近代社会における次の二つの傾向に対応している。まず保険統計主義は、〈大きな物語〉が失われ、〈進歩〉が信じられなくなったことに対応する（ただしこの場合、リスク管理の技術的な目標に向かう進歩は除く）。他方で道徳主義は、「敵」と闘うことが望まれ、「敵」を本質化し、悪魔に仕立てあげる風潮が高まったことに対応している。したがって、犯罪者にたいする二つのイメージが共存しているわけである。ひとつは保険統計主義が想定する「保険統計的人間像《ホモ・アクトゥアリス》」である。この人間像がもとづく世界観では、犯罪にはさまざまな段階があり、実際に犯罪をおこなう人物を特定することはできないにしても、あらゆる人間が犯罪を実行する可能性があるとみなされる。もうひとつは本質主義が想定する「犯罪的人間像《ホモ・クリミナリス》」である。その人間像は、犯罪者とそうでない人間が生まれつき明確に区別されるという世界観にもとづいている。

最後に、私たちは保険統計主義にたいして単純な政治的レッテルを貼ることができないことを述べておくべきだろう。というのも、保険統計主義は私たちの生活のいたるところに浸透しており、それには肯定的な側面もあれば、否定的な側面もあるからである。たとえば保険統計主義は、刑事司法制度の介入を減らす思想とも結びつくし、反対に犯罪撲滅や犯罪最小化の思想とも結びつく［van Swaaningen, 1997参照］。実際、ドラッグ政策にかんする議論では、それら二つの思想が論争を引き起こしている。つまり、ドラッグ被害を最小化するために保険統計的政策の拡大を主張している論者が、ドラッグ撲滅を目標に掲げた国家によるドラッグ戦争と刑事司法による処罰の厳格化を擁護する論者と対立しているのだ。

▼2　スチュアート・ホールらの著作『危機の監視』［1978］には、黒人と犯罪をめぐる有名なモラル・パニックが記述されている。しかし、この著作においてさえ、そのときメディアが意図的にパニッ

クを引き起こそうとしていたのか、あるいは実際に大衆の世論がパニックへと誘導されたのかどうかは、はっきりと確認されていない［Sumner, 1981; Waddington, 1986; Downes and Rock, 1982 参照］。

第5章

▼1　私がこの箇所を執筆しているとき（一九九七年七月二九日）、ラジオから内務大臣のジャック・ストローの声が聞こえた。ストローは、反道徳的行為と犯罪のあいだに、あるいは反社会的行為と「現実」の犯罪のあいだには高い相関関係があると大真面目な話し方で大衆に語りかけていた。それを聞いた私は「そうでないと信じている人間がいたのか？」と自分の耳を疑った。というのも、これは喫煙と火事のあいだには高い相関関係があると主張するのに等しいからである。ストローがこのような発言をしたのも、おそらくは次のような近代主義的な犯罪観の伝統を前提にしたためであろう。すなわち、「犯罪」とは地下世界にいるプロの「犯罪者」による行為であって「素人」の反社会的行為とは区別されるものであり、前者が発生件数が少ないのに比べて後者は広く発生するという点で両者はまったく対照的である、という犯罪観である。このような考え方が正しいかどうかは大きな問題であり、多くの犯罪研究によって反社会的行為と犯罪のあいだの相関関係が検証されてきた。現在までのところ、完全な相関関係は見つかっていない。たとえば、ウェス・スコーガンは、北米研究の報告書の要約で、反社会的行為と犯罪のあいだの相関係数は〇・四五から〇・六〇であったと述べている［1988］。ホープおよびヒューは、イギリス犯罪調査を分析して、これより高い〇・八という数値を得たが、そのとき次のように書き添えている。「反社会的行為が認知される割合は、（犯罪による）被害そのものと関係しているのではなく、そこに住む人々が抱く犯罪にたいする恐怖や近隣の人々にたいする満足の度合いと強く関係している」［1988, p.36］。

もちろん、実際の犯罪発生率と認知された反社会的行為の発生率を比較すれば、犯罪と反社会的行為がまったく比例していないことは明白になる。そして、そこにこそ反社会的行為にたいする認知と犯罪にたいする恐怖（すなわち認知）が強く相関することになる理由がある。しかし、こうしたことは、これまで犯罪学が偽りの難問をつくりあげてきた証拠であろう。

第6章

▼1　ここで示した凄まじい不平等をみれば、「アメリカ社会には階級など存在しない」という信仰は明らかに否定される。同じように、イギリスでは社会民主主義の伝統があるから格差はもっと緩やかなはずだという思いこみも、次の事実を知れば消え失せてしまうだろう。

同じ数値を一九八一年のイギリスで示せば、資産家の上位一%が所有する資産の市場価値（家屋は実際より低く見積もられている）は、一九八一年には二九%であった。これは一九九二年になってもあいかわらず二九%のままである。上位一%の人々が富の二九%を所有しているのにたいし、下位五〇%の人々が所有する富は六%にすぎないのである［*Social Trends*, 1995, Table 5.23］。

ピーター・タウンゼントは富の配分について次のように述べている。

> 富は、たんに相続や貯蓄だけでつくられるのではない。富がつくられるためには、それが人口の大多数にとって使用不可能にならなければならない。富にかんする理論は、富の獲得の理論――どれだけの富が相続され、どれだけの富が企業努力や節約によって蓄積されたかを明らかにする理論――だけで成り立っているわけではない。富にかんする理論は、富への接近の拒否にかんする理論――相続者から外されること、遺言によって相続できなくなること、特定の職種がよそからの参入を制限していること、資本や財産が独占されていること、少なくとも土地と財産を獲得する機会に厳しい制限が設けられていること、などにかんする理論――からも成り立っているのだ。
>
> ［1979, p.365, Abercrombie and Warde, 1994, Ch.3からの引用］

訳者あとがき

本書は、ジョック・ヤング（Jock Young）の *The Exclusive Society : Social Exclusion, Crime and Difference in Late Modernity*, SAGE Publications, London, 1999. の全訳である。ヤングは、現在、ニューヨーク市立大学大学院センター特別教授（Distinguished Professor）、およびイギリスのケント大学社会学教授で、精力的に研究活動をおこなうかたわら、メディアで発言したり、諸機関のアドバイザーを務めたり、諸会議で報告したりするなど、犯罪問題を中心に社会的にも積極的に活動をおこなっている。ヤングは、一九七三年、イアン・テーラー、ポール・ウォルトンとともに『新犯罪学』を著し、ラベリング論の立場から実証主義犯罪学のイデオロギー性を批判し、初期ラディカル犯罪学の旗手として名を馳せた。その後、一九八〇年代後半に、研究を理論から実証に広げ、市民の日常的逸脱・反社会的行為に注目するなど、ラディカルな立場からの刑事司法制度の廃止ではなく、警察の民主化や刑務所改革などを主張して、現実的な犯罪学に傾斜したといわれる。とはいえ、本書のような、ヤングの社会的排除と文化的装置、犯罪と社会統制の分析にみる現代社会の批判は、十分にラディカル（根底的）である。本書の後、二〇〇三年には、大学の同僚らとともに『犯罪と処罰をめぐる新たなポリティクス』（*The New Politics of Crime and Punishment*）を著し、そのなかで、ヤングは、一九九〇年代に犯罪が落ち着いているにもかかわらず過剰な犯罪統制をおこなう政府の政策を厳しく批判している。こうしたヤングの主張は、二〇〇〇年代に入って「テロとの戦い」を遂行するブレア首相らニューレイバーの政策（「第三の道」）の批判として、ますます現実性を得ていると思われる。

本書は、欧米社会が、一九六〇年代の後半以降（後期近代、ポストフォーディズム）、包摂型から排除型へ移行したという認識のもと、排除型社会の構造と文化を分析し、批判し、あるべき社会の諸原則を構想したものである。本書は、たがいに補強しあう二つの論点から叙述されている。一つ、排除型社会の犯罪論である。排除型社会の犯罪は、構造的排除（階級分化、最底辺でのアンダークラスの形成）と文化的包摂（消費主義の浸透）の矛盾（相対的剝奪感の増大）の表出としてある（「コンパスが狂っている」）。また、犯罪が緊密な人間関係（家族など）のなかで起きる、犯罪と無縁と思われた機関（福祉施設など）のなかで起きる、新たな犯罪が発見されるなど、人々の日常生活において犯罪のリスクが高まった。マスメディアによるモラル・パニックの扇動も、人々の危機感を高めた。人々は、犯罪との遭遇を最小限にするため、起こりうる犯罪のリスクを計算するという保険統計主義的な態度を発達させていった。人々は、安全な道徳空間を防疫境界線で囲み、そこから危険と思われる人々を排除していった。しかしそれでも、完全な防疫境界線を引くことはできず、犯罪のリスクを確実に抑えることはできない。他方、犯罪の統制機関（刑事司法制度）は、ささいな反社会的行動をも犯罪の予兆とみなし、それらを厳格に摘発するゼロ・トレランス政策（割れ窓哲学、三振アウト）を取っている。しかしそれも、刑務所の収監人口を増やしこそすれ、犯罪の発生を抑えることには役立っていない。

二つ目の論点は、排除型社会の文化論である。排除型社会は、差異に寛容で困難に不寛容な社会である。社会に個人主義と多元主義が浸透し、絶対的価値の権威が崩壊し、差異と多様な個性が称揚される。しかしそれは、人々がともに依拠すべき価値とアイデンティティを失うことでもあり、人々は存在論的不安に陥っていった。人々はこの不安から逃れるため、みずからが属する集団に絶対的価値を探し求める。こうして、文化の本質主義が開花していく。人々は過去へ回帰し（「原点へもどれ」）、家族と起源の神話を再構築し、そこでアイデンティティの同一性を確定していく。文化の本質主義的理解という点では、支配文化への同化主義も分離主義（多文化主義）も同じである。それは、他者（とくにエスニック・マイノリティ）との境界を確定し、他者と距離をとり、他者を悪魔化し、包摂不可能な（困難な）人々として周縁化することによって可能となるものである。しかし文化の本質とは、他者の文化に対抗して創造されたもの、他文化との混交・雑種化（ハイブリッド）のなかで差異と認知されたものを本質化したものにすぎない。そうではなく、本当の文化理解とは、差異を変容する文化の過程のなかで相対化する変容的多文化主義にある。

こうした経済的不安と存在論的不安は、たがいに増幅しあっている。ならば、排除型社会は、どうすれば克服できるのだろうか。ヤングは強力な社会民主主義の立場から、次のように主張する。まず、構造的な不正義が是正されなければならない。具体的に、完全雇用が達成され、富の相続が制限され、業績にもとづいて富が公正に配分されなければならない。すなわち、業績主義と平等主義が結合されなければならない（正義とコミュニティをめぐる問題）。次に、差異を含みかつ排除がなく、寛容が美徳の中心をなすような社会が作られなければならない（文化のポリティクスをめぐる問題）。そこでは、問題を国家や専門家に委ねるのではなく、集中的かつ民主的な議論をとおして問題を評定し、市民がたがいの利益を配慮しあうような市民権が、中心に据えられなければならない。同時に、市民と国家が積極的に協力しあう、強力な社会民主主義の社会でなければならない。

ヤングは、こうした排除型社会論を展開するなかで、とくに、構造的排除にかかわってマートンとチャールズ・マレーのアノミー論を、犯罪研究にかかわってフェミニズム理論を、文化の本質／差異にかかわってカルチュラル・スタディーズの諸説を、あるべき社会の条件にかかわってアミタイ・エチオーニの共同体主義やナンシー・フレイザーの民主主義論を取り上げ、排除・包摂・本質・差異といった基本概念を軸に、排除型社会を解体し、超克するという問題意識から、それらの明快な評価と批判と展開をおこなっている。本書は、リスク社会論や監視社会論など一連の現代社会論に並び、かつそれらを総括し、先導する刺激的で有用なテキストとなっている。

本書には、すでにいくつか書評がある。なかには、権力や排除の理解がいまだ不十分であるとか、あるべき社会像がクリアでないとかいう批判もある。しかし、それらの批判の是非がどうであれ、本書が、ラディカルで精緻な現代社会批判と問題提起の書となっていることに、いささかの疑義もない。私たちは、本書に盛られた豊富な社会批判の論理と概念用具を手がかりに、排除（と包摂）の度を強める日本社会のラディカル（根底的）な批判も可能となるはずである。ヤングは、現在、後期近代における規範的な境界の曖昧化と再形成や、ニューライトの主張と運動、イギリス労働党の犯罪政策の排除的性格にかんする著作を執筆中であると聞く。それらの著作を読む日を楽しみに待ちたい。

訳は、青木と伊藤が粗訳をおこない、岸と村澤が本訳をおこない、それを四人で校閲した。本訳書は、計画の提案から訳の校了まで竹中尚史氏の全面的な介添えなくして完成できなかった。ここに記してお礼申したい。最後に、刊行が予定より大巾に遅れ、関係の方々にご迷惑をおかけしたことを心よりお詫びしたい。

青木秀男

主要人名索引

62, 73
ジャコビー，ラッセル[Jacoby, R] 224-8, 234, 237, 240, 458
ジャミソン，ルース[Jamieson, R] 300
シュッツ，アルフレッド[Schutz, A] 248
シュルスキー，ヘルムート[Schelsky, H] 250
ジンメル，ゲオルグ[Simmel, G] 70, 424-7, 432, 436, 443
スチュアート，マイケル[Stewart, M] 20
スティーヴンソン，S [Stevenson, S] 160
スパークス，リチャード[Sparks, R] 242
セネット，リチャード[Sennett, R] 50, 426-30, 432-4, 436, 438

タ

タックス，メレディス[Tax, M] 186
チェンバース，イアン[Chambers, I] 40
チャップマン，デニス[Chapman, D] 110
チャンブリス，ウィリアム[Chambliss, W] 196
ディグナン，J [Dignan, J] 150
デイヴィス，マイク[Davis, M] 438
テイラー，I [Taylor, I] 82, 298
デュルケム，エミール[Durkheim, E] 131-2, 137-8, 204, 293, 379, 385
ドゥオーキン，アンドレア[Dworkin, A] 299
ドーンズ，デヴィッド[Downes, D] 42, 229

ナ

ナイチンゲール，カール[Nightingale, C] 213-21, 227, 234, 236, 240, 306, 395, 450, 460

ハ

ハーヴェイ，デヴィッド[Harvey, D] 28, 38
ハヴェル，V [Havel, V] 59
バウマン，ジグムント[Bauman, Z] 147, 174, 281-3, 373, 437, 439, 478, 505
バーガー，ピーター[Berger, P] 248-9, 264
パーク，ロバート[Park, R] 426-7, 459
パッカード，ヴァンス[Packard, V] 22, 406
バック，レス[Back, L] 418, 455
ハットン，ウィル[Hutton, W] 32, 64
ハーシ，トラヴィス[Hirschi, T] 94, 139, 202, 335, 389, 403
バーマン，マーシャル[Berman, M] 447, 489
ハルスマン，L [Hulsman, L] 111
バロウズ，ウィリアム・S [Burroughs, W.S] 483
ハーンスタイン，リチャード[Herrnstein, R] 120, 202, 362
ピアス，フランク[Pearce, F] 110
ピアソン，ジェフ[Pearson, G] 338-9
ピッツ，ジョン[Pitts, J] 160-1, 273-4
ヒューズ，ロバート[Hughes, R] 249, 478
ファローズ，ジェームズ[Fallows, J] 64
ファン・デン・ハーグ，アーネスト[van den Haag, E] 398
フィッツジェラルド，F・スコット・

C [Fizgerld, F.S.C]　161, 238, 269
フィーリー，マルコム [Feeley, M]　172-3, 176, 192, 510
フェイス，ジミー [Feys, J]　51, 76, 241
フェルソン，マーカス [Felson, M]　69
フーコー，ミシェル [Foucault, M]　151
プライス，ケン [Pryce, K]　430, 432
プラマー，ケン [Plummer, K]　260-1, 272
フリーダン，ベティ [Friedan, B]　22
ブルジョア，フィリップ [Bourgois, P]　221-2, 394, 450, 460
フレイザー，ナンシー [Fraser, N]　303, 448, 451, 453-4, 458, 464-5, 467, 469-72, 474, 477-9
プレスリー，エルビス・A [Presley, E.A]　239
フレッチャー，ロナルド [Fletcher, R]　19
ベッカリーア，M.d.C.B [Beccaria, M.d.C.B]　25, 160
ベック，ウルリッヒ [Beck, U]　46, 177
ベネディクト，ルース・F [Benedict, R.F]　225-6
ヘミングウェイ，アーネスト・M [Hemingway, E.M]　238
ホッブズ，トマス [Hobbes, T]　53, 125, 280, 355, 440, 496
ボトムズ，A [Bottoms, A]　160
ホブズボーム，エリック [Hobsbawm, E]　17-8, 28-30, 122, 124-7, 130-1, 252, 400, 414-5, 417, 419-20, 478, 489, 496
ホール，スチュアート [Halls, S]　40, 511
ホワイト，ウィリアム [Whyte, W]　22

マ

マクロビー，アンジー [McRobbie, A]　74, 76
マーシャル，T・H [Marshall, T.H]　22, 467, 500
マシューズ，ロジャー [Matthews, R]　346
マッツァ，デヴィッド [Matza, D]　304-5, 426, 433
マートン，ロバート・K [Merton, R.K]　130, 137-8, 205, 207-8, 215, 217, 379, 470, 492
マレー，チャールズ [Murray, C]　79, 94, 120, 139, 202, 212-3, 271, 336, 360, 362-6, 368-71, 373, 389
ミルズ，C・ライト [Mills, C.W]　40, 291
ムーニー，ジェーン [Mooney, J]　47, 71, 394
メイヒュー，ヘンリー [Mayhew, H]　161
モイニハン，ダニエル・パトリック [Moynihan, D.P]　356
モート，フランク [Mort, F]　261
モーリー，デイヴ [Morley, D]　270

ヤ

ヤング，マリオン・アイリス [Young, M.I]　303, 440, 443, 445-7, 449-53, 459, 474, 478-9

ラ

ラシュトン，フィリップ [Rushton, P]　271
ラバン，ジョナサン [Raban, J]　38, 42, 190, 437
リー，ジョン [Lea, J]　275
ル・グラン，ジュリアン [Le Grand, J]　474

事項索引

文献一覧

Abercrombie, N. and Warde, A.(1994), *British Society*, 2nd edn. Cambridge: Polity.

Anderson, S., Kinsey, R., Loader, I. and Smith, C.(1994), *Cautionary Tales*. Aldershot: Gower.

Anthias, F.(1995), 'Cultural Racism or Racist Culture? Rethinking Racist Exclusions', *Economy and Society* 24(2), pp.279-301.

Archer, D. and Gartner, R.(1984), *Violence and Crime in Cross-National Perspective*. New Haven: Yale University Press. ＝ (1996)『暴力と殺人の国際比較』影山任佐監訳，日本評論社

Auld, J., Dorn, N. and South, N.(1986), 'Irregular Work, Irregular Pleasures', in R. Matthews and J. Young (eds), *Confronting Crime*. London: Sage.

Back, L.(1996), *New Ethnicities and Urban Culture*. London: UCL Press.

Baer, J. and Chambliss, W.(1997), 'Generating Fear: The Politics of Crime Reporting', *Crime, Law and Social Change 27*, pp.87-107.

Bauman, Z.(1989), *Modernity and the Holocaust*. Oxford: Basil Blackwell. ＝ (2006)『近代とホロコースト』森田典正訳，大月書店

Bauman, Z.(1995), *Life in Fragments*. Oxford: Blackwell.

Beck, U.(1992), *Risk Society*. London: Sage. ＝ (1998)『危険社会：新しい近代への道』東廉・伊藤美登里訳，法政大学出版会

Beirne, P.(1993), *Inventing Criminology*. New York: State University of New York.

Berger, P. and Luckmann, T.(1967), *The Social Construction of Reality*. Harmonds-worth: Penguin. ＝ (2003)『現実の社会的構成：知識社会学論考』山口節郎訳，新曜社

Berk, R.(1990), 'Thinking about Hate-Motivated Crimes', *Journal of Interpersonal Violence 5*, pp.316-333.

Berman, M.(1983), *All that Is Solid Melts Into Air*. London: Verso.

Blumstein, A.(1982), 'On Racial Disproportionality of the United States Prison Population', *Journal of Criminal Law and Criminology, 73*, pp.1259-1281.

Bourgois, P.(1995), *In Search of Respect*. Cambridge: Cambridge University Press.

Bottoms, A. and Stevenson, S.(1992), 'What Went Wrong? Criminal Justice Policy in England and Wales', in D. Downes (ed.), *Unravelling Juvenile Justice*. Basing-stoke: Macmillan.

Bowling, B.(1996), 'Zero Tolerance', *Criminal Justice Matters 25*(Autumn), pp.11-12.

Boyes, R.(1997), 'Heroin Subsidy Pushes Addicts off the Streets', *The Times*, 1 December, p.14.
Braithwaite, J.(1998), 'Reducing the Crime Problem: A Not So Dismal Criminology', in P. Walton and J. Young (eds), *The New Criminology Revisited*. London: Macmillan.
Brannigan, A.(1998), 'Criminology and the Holocaust: Xenophobia, Evolution and Genocide', *Crime and Delinquency* 44(2), pp.257-276.
Buckingham, L.(1998), 'Analysis: Salaries', *The Guardian*, 17 April, p.19.
Bureau of Justice Statistics(1995), *Correctional Populations in the United States*. Washington: US Department of Justice.
Bureau of Justice Statistics(1996), *Correctional Populations in United States 1994*. Washington: US Department of Justice.
Campbell, B.(1998), *Diana: Princess of Wales*. London: The Women's Press.
Campbell, C.(1987), *The Romantic Ethic and the Spirit of Modern Consumerism*. Oxford: Blackwell.
Cavadino, M. and Dignan, J.(1997), *The Penal System*, 2nd. edn. London: Sage.
Chambers, I.(1986), *Popular Culture: The Metropolitan Experience*. London: Methuen.
Chambliss, W.(1994a), 'Profiling the Ghetto Underclass: The Politics of Law and Order Enforcement', *Social Problems* 41(2), pp.177-194.
Chambliss, W.(1994b), 'Don't Confuse Me With Facts- "Clinton Just Say No" ', *New Left Review* 204, pp.113-128.
Chapman, D.(1968), *Society and the Stereotype of the Criminal*. London: Tavistock.
Chein, I.,Gerard, D., Lee, R. and Rosenfeld, E.(1964), *Narcotics, Delinquency and Social Policy*. London: Tavistock.
Christie, N.(1993), *Criminal Control as Industry*. London: Routledge. = (2002)『司法改革への警鐘』寺澤比奈子・平松毅・長岡徹訳，信山社出版
Christie, N. and Bruun, K.(1985), *Den Gode Fiende*. Oslo: Norwegian University Press.
Christopherson, S.(1994), 'The Fortress City: Privatized Spaces, Consumer Citizenship', in A. Amin (ed.), *Post-Fordism*. Oxford: Blackwell.
Clark, R.(1970), *Crime in America*. London: Cassell.
Clake, R.(1980), 'Situational Crime Prevention', *British Journal of Criminology* 20(2), pp.136-147.
Clark, R. and Hough, M.(1984), *Crime and Police Effectiveness*. London: HMSO.
Cohen, A.(1955), *Delinquent Boys*. New York: The Free Press.
Cohen, S.(1972), *Folk Devils and Moral Panics*. London: Paladin.
Cohen, S.(1973), 'Protest, Unrest and Delinquency: Convergencies in Labels and Behaviour', *International Journal of Criminology and Penology* 1, pp.117-128.
Cohen, S.(1985), *Visions of Social Control*. Cambridge: Polity Press.
Cohen, S.(1995), Denial and Acknowledgement: The Impact of Information about Human Rights Violation. Jerusalem: Center for Human Rights.

Cohen, S.(1997), 'Intellectual Scepticism and Political Commitment', in P. Walton and J. Young (eds), *The New Criminology Revisited*. London: Macmillan.

Cohen, S. and Young, J. (eds), *The Manufacture of News*.(Revised edn.), London: Constable.

Cooper, A. Hetherington, R., Baistow, K., Pitts, J. and Spriggs, A.(1995), *Positive Child Protection: A View from Abroad*. Lyme Regis: Russell House.

Cooper, D.(1967), *Psychiatry and Anti-psychiatry*. London: Tavistock. = (1974)『反精神医学』野口昌也・橋本雅雄訳，岩崎学術出版社

Corrigan, p., Jones. T., Lloyd, J. and Young, J.(1988), *Socialism, Merit and Equality*. London: Fabian Society.

Council of Europe(1995), *Penological Information Bulletin 19-20*. Brussels: Council of Europe.

Crosland, A.(1956), *The Future of Socialism*. London: Jonathan Cape. = (1961)『福祉国家の将来』関嘉彦監訳，論争社

Currie, E.(1985), *Confronting Crime: An American Challenge*. New York: Pantheon.

Currie, E.(1996), *Is America Really Winning the War on Crime and Should Britain Follow its Example?* London: NACRO.

Currie, E.(1997a), 'Market, Crime and Community', *Theoretical Criminology* 1(2), pp.147-172.

Currie, E.(1997b), 'Zero Tolerance and its Alternatives'. Paper presented at the ESRC / University of Salford Colloquium The Quality of Life and the Policing of Incivility, September.

Currie, E.(1998), *Crime and Punishment in America*. New York: Metropolitan Books.

Davis, Mike.(1990), *City of Quartz: Excavating the Future in Los Angeles*. London: Verso. = (2001)『要塞都市ＬＡ』村山敏勝・日比野啓訳，青土社

Dearing, A.(1998), *No Boundaries: New Travellers on the Road*. Lyme Regis: Enabler Publications.

deMause, L.(1991), *The Untold Story of Child Abuse*. London: Bellow Publishing.

Dennis, N.(1993), *Rising Crime and the Dismembered Family*. London: Institute of Economic Affairs.

Dennis, N. (ed.)(1997), *Zero-Tolerance: Policing in a Free Society*. London: Institute of Economic Affairs.

Dennis, N. and Erdos, G.(1992), *Families without Fatherhood*. London: Institute of Economic Affairs.

Downes, D.(1966), *The Delinquent Solution*. London: Routledge & Kegan Paul.

Downes, D. and Rock, P.(1982), *Understanding Deviance*. Oxford: Clarendon Press.

Dworkin, A.(1980), 'Taking Action', in L. Lederer (ed.), *Taking Back the Night*. New York: William Morrow.

Engels, F.(1969) [1844], *The Conditions of the Working Class in England in 1844*. London: Panther. = (2000)『イギリスにおける労働者階級の状態』上・下，浜林正夫訳，

新日本出版社
Epsing-Anderson, G.(1990), *The Three Worlds of Welfare Capitalism*. Cambridge: Polity.
Ericson, R. and Carriere, K.(1994), 'The Fragmentation of Criminology', in D. Nelken (ed), *The Futures of Criminology*. London: Sage.
Erikson, K.(1966), *Wayward Puritans*. New York: Wiley.
Etzioni, A.(1993), *The Sprit of Community*. New York: Crown Publishers.
Etzioni, A.(1997), *The New Golden Rule*. London: Profile Books. = (2001)『新しい黄金《ゴールデン》律《ルール》:「善き社会」を実現するためのコミュニタリアン宣言』永安幸正訳，麗沢大学出版会
Evans, K., Fraser, P. and Walklate, S.(1996), 'Whom Can You Trust? The Politics of "Grassing" in an Inner City Housing Estate', *Sociological Review* 44, pp.361-379.
Eysenck, H.(1970), *Crime and Personality*. London: Paladin. = (1966)『犯罪とパーソナリティ』ＭＰＩ研究会訳，誠信書房
Fallows, J.(1996), 'In Gates' Net', *The New York Review of Books* 43(3), 15 February, pp.14-18.
Featherstone, M.(1985), 'Lifestyle and Consumer Culture', *Theory, Culture and Society* 4, pp.57-70.
Feeley, M. and Simon, J.(1992), 'The New Penology: Notes on the Emerging Strategy of Corrections and its Implications', *Criminology* 30(4), pp.449-474.
Feeley, M. and Simon, J.(1994), 'Actuarial Justice: The Emerging New Criminal Law', in D. Nelken (ed.), *The Futures of Criminology*. London: Sage.
Felson, M.(1994), *Crime and Everyday Life*. Thousand Oaks, CA: Pine Forge Press.
Fernbach, D.(1998), 'Biology and Gay Identity', *New Left Review* 228, pp.47-66.
Ferraro, K.(1995), *Fear of Crime: Interpreting Victimization Risk*. New York: SUNY Press.
Ferrell, J. and Sanders, C. (eds)(1995), *Cultural Criminology*. Boston: Northeastern University Press.
Feys, J.(1996), 'Social Exclusion and Identity Politics'. Paper presented at the ERASMUS Common Study Programme, Critical Criminology and the Criminal Justice System, University of Gent, 5 November.
Fletcher, R.(1962), *Britain in the Sixties: The Family and Marriage*. London: Penguin.
Foley, R.(1993), 'Zero-Tolerance', *Trouble and Strife* 27(Winter), pp.16-20.
Foucault, M.(1965), *Madness and Civilisation*. London: Tavistock. = (1975)『狂気の歴史：古典主義時代における』田村俶訳，新潮社
Frank, R. and Cook, P.(1996), *Winner Takes All Society*. London: Routledge. = (1998)『ウィナー・テイク・オール：「ひとり勝ち」社会の到来』香西泰訳，日本経済新聞社
Fraser, N.(1995), 'From Redistribution to Recognition? Dilemmas of Justice in a Post-Socialist Age', *New Left Review* 212, pp.68-94. = (2001)「再分配から承認まで：ポスト社会主義時代における公正のジレンマ」原田真美訳，『アソシエ』5

号所収，御茶の水書房
Fraser, N.(1997), *Justice Interruptus: Critical Reflections on the 'Post Socialist' Condition*. New York: Routledge. = (2003)『中断された正義：「ポスト社会主義的」条件をめぐる批判的省察』仲正昌樹監訳，御茶の水書房
Friedan, B.(1960), *The Feminine Mystique*. Harmondsworth: Penguin. = (1977 増補版)『新しい女性の創造』三浦冨美子訳，大和書房
Furedi, F.(1997), *The Culture of Fear*. London: Cassell.
Galbraith, J.K.(1962), *The Affluent Society*. Harmondsworth: Penguin. = (1978)『ゆたかな社会』鈴木哲太郎訳，岩波書店
Galbraith, J.K.(1992), *The Culture of Contentment*. London: Sinclair-Stevenson. = (1993)『満足の文化』中村達也訳，新潮社
Garland, D.(1985), *Punishment and Welfare*. Aldershot: Gower.
Garland, D.(1990), *Punishment and Modern Society*. Chicago: University of Chicago Press.
Garland, D.(1995), 'Penal Modernism and Postmodernism', in T. Blomberg and S. Cohen (eds), *Punishment and Social Control*. New York: Aldine de Gruyter.
Garland, D.(1996), 'The Limits of the Sovereign State', *British Journal of Criminology* 36 (4), pp.445-471.
Garland, D.(1997), 'Governmentality and the Problem of Crime', *Theoretical Criminology* 1(2), pp.17-27.
Giddens, A.(1991), *Modernity and Self-Identity*. Cambridge: Polity. = (2005)『モダニティと自己アイデンティティ：後期近代における自己と社会』秋吉美都・安藤太郎・筒井淳也訳，ハーベスト社
Giddens, A.(1992), *The Transformation of Intimacy*. Cambridge: Polity. = (1995)『親密性の変容：近代社会におけるセクシャリティ，愛情，エロティシズム』松尾精文・松川昭子訳，而立書房
Gilroy, P.(1986), *There Ain't No Black in the Union Lack*. London: Hutchinson.
Gilroy, P.(1993), *The Black Atlantic*. London: Verso. = (2006)『ブラック・アトランティック：近代性と二重意識』上野俊哉・毛利嘉孝・鈴木慎一郎訳、月曜社
Gitlin, T.(1992), 'On the Virtues of a Loose Canon', in P. Aufderheide (ed.), *Beyond PC: Towards a Politics of Understanding*. St Paul, MN: Grey Wolf Press.
Gitlin, T.(1995), *The Twilight of Common Dreams*. New York: Henry Holt. = (2001)『アメリカの文化戦争：たそがれゆく共通の夢』疋田三良・向井俊二訳，彩流社
Goffman, E.(1971), *Relations in Public*. London: Allen Lane.
Goldberg, D. (ed.)(1994), *Multiculturalism: A Critical Reader*. Oxford: Blackwell.
Goldthorpe, J.(1980), *Social Mobility and Class Structure in Modern Britain*. Oxford: Blackwell.
Goodman, R.(1995), *The Luck Business: The Devastating Consequences of the American Gambling Explosion*. New York: The Free Press.
Gorer, G.(1955), *Exploring English Character*. London: Cresset Press.

Gottfredson, M. and Hirschi, T.(1990), *A General Theory of Crime*. Stanford, CA: Stanford University Press. ＝ (1996)『犯罪の基礎理論』松本忠久訳，文憲堂

Gottfredson, M. and Hirschi, T.(1995), 'National Crime Control Polities', *Society* January-February, pp.30-36.

Gouldner, A.(1971), *The Coming Crisis of Western Sociology*. London: Heinemann. ＝ (1978)『社会学の再生を求めて』岡田直之・田中義久・矢沢修次郎ほか訳，新曜社

Greenwood, V. and Young, J.(1980), 'Ghettos of Freedom', in National Deviancy Conference (ed.), *Permissiveness and Control*. London: Macmillan.

Gusfield, J.(1989), 'Constructing the Ownership of Social Problems', *Social Problems* 36, pp.432-441.

Hall, S. and Jefferson, T.(1976), *Resistance through Rituals*. London: Hutchinson.

Hall, S. and Whannel, P.(1964), *The Popular Arts*. London: Hutchinson.

Hall, S., Chritcher, C., Jefferson, T., Clarke, J. and Roberts, B.(1978), *Policing the Crisis*. London: Macmillan.

Harper, P.,Pollak, M., Mooney, I., Whelan, E. and Young, J.(1995), *The Islington Street Crime Survey*. London: London Borough of Islington.

Harvey, D.(1989), *The Condition of Postmodernity*. Oxford: Blackwell. ＝ (1999)『ポストモダニティの条件』吉原直樹訳，青木書店

Havel, V.(1996), 'The Hope for Europe', *New York Review of Books* 43(8), 20 June, pp.38-41.

Head, S.(1996), 'The New Ruthless Economy', *New York Review of Books* 43(4), 29 February, pp.47-52.

Herek, G. and Berrill, K.(1992), *Hate Crime*. Beverley Hills, CA: Sage.

Herrnstein, R. and Murray, C.(1994), *The Bell Curve*. New York: The Free Press.

Hills, J.(1996), *New Inequalities: the Changing Distribution of Income and Wealth in the United Kingdom*. Cambridge: Cambridge University Press.

Hindess, B.(1987), *Freedom, Equality and the Market*. London: Tavistock.

HMSO (1968), *Children in Trouble*. Cmnd 3601. London: HMSO.

Hobsbawm, E.(1994), *The Age of Extremes*. London: Michael Joseph. ＝ (1996)『20 世紀の歴史：極端な時代』河合秀和訳，三省堂

Hobsbawm, E.(1996), 'The Cult of Identity Politics', *New Left Review* 217, pp.38-47.

Hobsbawm, E. and Ranger, T. (eds) (1983), *The Invention of Tradition*. Cambridge: Cambridge University Press. ＝ (1992)『創られた伝統』前川啓治・梶原景昭他訳，紀伊國屋書店

Hofman, H.(1993), 'Some Stories of Crime Prevention'. Paper given to the Common Study Programme in Criminal Justice and Critical Criminology, University of Gent, 2 November.

Hofman, H.(1996), 'Kritische Criminologie en Preventie in het Licht van een Post-moderne Conditie', Tijdschrift voor Sociale Wetenschappen 41(2), pp.192-205.

Holloway, W. and Jefferson, T.(1997), 'The Risk Society in an Age of Anxiety: Situating Fear

of Crime', *British Journal of Sociology* 48(2), pp.255-266.
Home Office(1996), *Criminal Statistics: England & Wales 1995*. London: HMSO.
Hope, T.(1995), 'The Flux of Victimisation', *British Journal of Criminology* 35, pp.327-342.
Hope, T.(1996), 'Inequality and the Future of Crime Prevention', in S. Lab (ed.), *Crime Prevention at a Crossroads*. Cincinnati: Anderson Publishing.
Hope, T. and Foster, J.(1992), 'Conflicting Forces: Changing the Dynamics of Crime and Community on a "Problem" Estate', *British Journal of Criminology* 32, pp.488-504.
Hope, T. and Hough, M.(1988), 'Area, Crime and Incivility', in T. Hope and M. Shaw (eds), *Communities and Crime Reduction*. London: HMSO.
Hughes, R.(1993), *The Culture of Complaint: The Fraying of America*. London: Harvill Press.
Hulsman, L.(1986), 'Critical Criminology and the Concept of Crime', *Contemporary Crises* 10, pp.63-80.
Hutton, W.(1995), *The State We're In*. London: Jonathan Cape.
Jacobs, J.(1961), *The Death and Life of Great American Cities*. New York: Random House. = (1977)『アメリカ大都市の生と死』黒川紀章訳，鹿島出版会
Jacobson, M.(1997), 'New York City: An Overview of Corrections, Probation and Other Criminal Justice Trends' Paper presented at the Symposium on Crime and Prisons in the City, London, Middlesex University Centre for Criminology, 19 September.
Jacoby, R.(1994), 'The Myth of Multiculturalism', *New Left Review* 208, pp.121-126.
Jamieson, R.(1998), 'Towards a Criminology of War in Europe', in V. Ruggiero, N. South and I. Taylor (eds), *The New European Criminology*, London: Routledge.
Jamieson, R.(forthcoming), 'Genocide and the Social Production of Immorality', *Theoretical Criminology*.
Jones, T., MacLean, B. and Young, J.(1986), *The Islington Crime Survey*. Aldershot: Gower.
Joseph Rowntree Foundation(1995), *JRF Inquiry into Wealth and Income*, Vols 1 and 2. York: Joseph Rowntree Foundation.
Karydis, V.(1992), 'The Fear of Crime in Athens and the Construction of the "Dangerous" Albanian Stereotype', *Chronicles* 5, pp.123-147.
Karydis, V.(1996), 'Criminality of Migrants in Greece', *Chronicles* 9, pp.169-175.
Katz, J.(1988), *The Seductions of Crime*. New York: Basic Books.
Kelling, G. and Coles, C.(1997), *Fixing Broken Windows*, New York: Free Press. = (2004)『割れ窓理論による犯罪防止：コミュニティの安全をどう確保するか』小宮信夫監訳，文化書房博文社
Kelly, L.(1987), 'The Continuum of Sexual Violence', in J. Hanmer and M. Maynard (eds), *Women, Violence and Social Control*. London: Macmillan. = (1987)「性暴力の連続体」，ジャルナ・ハマー，メアリー・メイナード編『ジェンダーと暴力：イギリスにおける社会学的研究』堤かなめ監訳，明石書店
Kelly, L. and Radford, J.(1987), 'The Problem of Men: Feminist Perspectives on Sexual Violence', in P. Scraton (ed.), *Law Order and the Authoritarian State*. Milton Keynes:

Open University Press.
Kinsey, R., Lea, J. and Young, J.(1986), *Losing the Fight against Crime*. Oxford: Blackwell.
Kitsuse, J. and Spector, M.(1973), 'Towards a Sociology of Problems', *Social Problems* 20, pp.407-419.
Kraska, B. and Kappeler, V.(1997), 'Militarizing American Police: The Rise and Normalization of Paramilitary Units', *Social Problems* 44(1), pp.1-18.
Krauthammer, C.(1993), 'Defining Deviancy UP', *The New Republic*, 22 November, pp.20-25.
Kristeva, J.(1991), *Strangers to Ourselves*. New York: Harvester Wheatsheaf. = (1990)『外国人：我らの内なるもの』池田和子訳，法政大学出版局
Kutzinger, J. and Hunt, K.(1993), *Evaluation of Edinburgh District Council's Zero Tolerance Campaign*. Edinburgh: District Council Women's Committee.
Lardner, J.(1997), 'Can You Believe the New York Miracle?' *New York Review of Books* 44(13), 14 August, pp.54-58.
Lea, J.(1992), 'The Analysis of Crime', in J. Young and R. Matthews (eds), *Rethinking Criminology*. London: Sage.
Lea, J.(1997), 'Post-Fordism and Criminality', in N. Jewson and S. MacGregor (eds), *Transforming the City*. London: Routledge.
Lea, J. and Young, J.(1982), 'Policing and Marginal Groups', in D. Cowell, T. Jones and J. Young (eds), *Policing the Riots*. London: Junction Books.
Lea, J. and Young, J.(1984), *What Is To Be Done About Law and Order?* Ist edn. Harmondsworth: Penguin.
Lea, J. and Young J.(1993), *What Is To Be Done about Law and Order?* 2nd edn. London: Pluto.
Lees, S.(1997), 'Naggers and Libbers: Provoking Men to Kill', in S. Lees (ed.), *Ruling Passions: Sexual Violence, Reputation and Law*. Buckingham: Open University Press.
Le Grand, J.(1982), *The Strategy of Equality*. London: Allen & Unwin.
Lemert, E.(1967), *Human Deviance, Social Problems and Social Control*. Englewood Cliffs, NJ: Prentice-Hall.
Leonard, E.(1984), *Women, Crime and Society*. New York: Longman.
Levi-Strauss, C.(1992) [1955], *Tristes Tropiques*. New York: Penguin. = (1971)『悲しき南回帰線』室淳介訳，講談社文庫
Liebow, E.(1967), *Tally's Corner*. Boston: Little, Brown. = (2001)『タリーズコーナー：黒人下層階級のエスノグラフィ』吉川徹監訳，東信堂
Lippens, R.(1994), 'Critical Criminologies and the Reconstruction of Utopia. Some Residual Thoughts from the Good Old Days'. Paper presented at the ERASMUS Common Study Programme. Critical Criminology and the Criminal Justice System, University of Bari, May.
Lippens, R.(1996), 'Hypermodern Progressive Social Policy: A View from Belgium'. Paper

presented at the Conference on Crime and Social Order in Europe, Manchester, 7-10 September.

Lull, J.(1991), *China Turned ON: Television, Reform and Resistance*. London: Routledge. = (1994)『テレビが中国を変えた』田畑光永訳，岩波書店

Luttwak, E.(1995), 'Turbo-Charged Capitalism and Its Consequences', *London review of Books* 17(21), 2 November, pp.6-7. = (1999)『ターボ資本主義』山岡洋一訳，TBS ブリタニカ

Lynch, J.P.(1988), 'A Comparison of Prison Use in England, Canada, West Germany and the United States: A Limited Test of the Punitive Hypothesis', *Journal of Criminal Law and Criminology* 79(1), pp.180-217.

Maguire, K. and Pastore, A. (eds)(1995), *Bureau of Justice Statistics Sourcebook 1994*. Washington, DC: US Department of Justice.

Marshall, T. H.(1996)[1950], *Citizenship and Social Class*. London: Pluto. = (1993)『シティズンシップと社会的階級：近現代を総括するマニフェスト』岩崎信彦・中村健吾訳，法律文化社

Matthews, R.(1988), 'Review of Confronting Crime', *Contemporary Crisis* 12, pp.81-83.

Matthews, R.(1992), 'Replacing Broken Windows: Crime, Incivilities and Urban Change', in R. Matthews and J. Young (eds), *Issues in Realist Criminology*. London: Sage.

Matthews, R. and Young, J. (eds)(1986), *Confronting Crime*. London: Sage.

Matthews, R. and Young, J. (eds)(1992), *Issues in Realist Criminology*. London: Sage.

Matza, D.(1969), *Becoming Deviant*. Englewood Cliffs, NJ: Prentice-Hall.

Mauer, M.(1997), *The Intended and Unintended Consequences: State Racial Disparities in Imprisonment*. Washington, DC: The Sentencing Project.

Mayhew, H.(1861), *London Labour and the London Poor*, Vol. 1. London: Griffin, Bohn.

McRobbie, A. and Thornton, S.(1995), 'Rethinking Moral Panic for Multimediated Social Worlds', British Journal of Sociology 46(4), pp.559-574.

Medea, A. and Thompson, K.(1974), *Against Rape*. New York: Farrar, Strauss & Giroux.

Melossi, D.(1996), 'Social Control in the New Europe'. Paper presented at the Conference on Crime and Social Order in Europe, Manchester, 7-10 September.

Merton, R. K.(1938), 'Social Structure and Anomie', *American Sociological Review* 3, pp.672-682. = (1961)「社会構造とアノミー」『社会理論と社会構造』森東吾・金沢実・森好夫・中島竜太郎訳，みすず書房

Messerschmidt, J.(1986), *Capitalism, Patriarchy and Crime*. Lanham, MD: Rowman & Littlefield.

Messerschmidt, J.(1993), *Masculinities and Crime*. Lanham, MD: Rowman & Littlefield.

Metropolitan Police(1986), *Strategy Plan*. London: Metropolitan Police.

Mills, C. Wright(1955), *White Collar*. New York: Oxford University Press. = (1971 改訂版)『ホワイト・カラー：中流階級の生活探求』杉政孝訳，東京創元社

Mishra, R.(1981), *Society and Social Policy*, 2nd edn. London: Macmillan.

Mooney, J.(1993), *The Hidden Figure: Domestic Violence in North London*. London: Middlesex University Centre for Criminology.

Mooney, J.(1996), 'Violence, Space and Gender', in N. Jewson and S. MacGregor (eds), *Transforming Cities*. London: Routledge.

Mooney, J.(1997), 'Moral Panics and the New Right', in P. Walton and J. Young (eds), *The New Criminology Revisited*. London: Macmillan.

Mooney, J.(1998), 'Single Mothers and Feckless Fathers: Is This the Solution to the Crime problem?', In P. Walton and J. Young (eds), *The New Criminology Revisited*. London: Macmillan.

Mooney, J.(1999), *Gender, Violence and Social Order*. London: Macmillan.

Morley, D. and Robins, K.(1995), *Spaces of Identity*. London: Routledge.

Morris, P. and Heal, K.(1981), *Crime Control and the Police*. London: HMSO.

Mort, F.(1994), 'Essentialism Revisited?', In J. Weeks (ed.), *The Lesser Evil and the Greater Good*. London: Rivers Oram.

Moynihan, D. P.(1993), 'Defining Deviancy Down', *American Scholar* 62(Winter), pp.17-30.

Mugford, M. and O'Malley, P.(1991), 'Heroin Policy and Deficit Models', *Crime, Law and Social Change* 15, pp.19-37.

Murray, C.(1984), *Losing Ground*. New York: Basic Books.

Murray, C.(1990), *The Emerging British Underclass*. London: Institute for Economic Affairs.

Murray, C.(1994), *Underclass: The Crisis Deepens*. London: Institute for Economic Affairs.

Murray, C.(1996a), *What it Means to be a Libertarian*. New York: Boundary Books.

Murray, C.(1996b), 'The Ruthless Truth: Prison Works', *The Sunday Times*, 12 January, p.2.

Murray, C.(1997), *Does Prison Work?* London: Institute for Economic Affairs.

Newman, K.(1985), *Report of the Commissioner of Police of the Metropolis*. London: HMSO.

Nightingale, C.(1993), *On the Edge*. New York: Basic Books.

Offe, C.(1984), *Contradictions of the Welfare State*. London: Hutchinson.

O'Malley, P. and Mugford, S.(1991), 'The Demand for Intoxicating Commodities', *Social Justice* 18(4), pp.49-74.

Packard, V.(1960), *The Status Seekers*. London: Longman. = (1960)『地位を求める人々』野田一夫・小林薫訳，ダイヤモンド社

Painter, K., Lea, J., Woodhouse, T. and Young, J.(1989), *The Hammersmith and Fulham Crime Survey*. Middlesex University: Centre for Criminology.

Park, R.(1916), 'The City: Suggestions for the Investigation of Human Behaviour in an Urban Environment', *American Journal of Sociology* 20, pp.608-620. = (1965)「都市：都市環境における人間行動研究のための若干の示唆」鈴木広訳編『都市化の社会学（増補)』，誠信書房

Parsons, T.(1947), 'Patterns of Aggression in the Social Structure of the Western World', *Psychiatry* 10, pp.167-181.

Pateman, C.(1988), *The Sexual Contract*. Cambridge: Polity.
Pawson, R. and Tilley, N.(1994), 'Evaluation Research and Crime: a Scientific Realist Approach'. Mimeo.
Pearce, F.(1976), *Crimes of the Powerful*. London: Pluto.
Pearson, G.Gilman, M. and McIver, S.(1985), *Young People and Heroin Use in the North of England*. London: Health Education Council.
Pfohl, S.(1985), 'Towards a Sociological Deconstruction of Social Problems', *Social Problems* 32(3), pp.228-232.
Phillips, A.(1996), 'Inequality and Difference', *New Left Review* 224, pp.143-153.
Pitts, J.(1988), *The Politics of Juvenile Crime*. London: HMSO.
Pitts, J.(1994), 'What Can We Learn in Europe?', *Social Work in Europe* 1(1), pp.48-53.
Pitts, J.(1997), 'The Politics and Practice of Youth Justice', in E. McLaughlin and J. Muncie (eds), *Controlling Crime*. London: Sage.
Platt, a.(1996), 'The Politics of Law and Order', *Social Justice* 21(3), pp.3-13.
Plummer, K.(1995), *Telling Sexual Stories*. London: Routledge. = (1998)『セクシュアル・ストーリーの時代』桜井厚・好井裕明・小林多寿子訳，新曜社
Pollard, C.(1997), 'Zero-Tolerance: Short Term Fix, Long Term Liability?', in N. Dennis (ed.), *Zero-Tolerance: Policing in a Free Society*. London: Institute of Economic Affairs.
Potter, K.(1997), 'Zero-Tolerance Time Bomb', *Police Review*, 18 April, pp.24-26.
President's Commission on Law Enforcement and the Administration of Justice(1967), *The Challenge of Crime in a Free Society*. Washington, DC: US Government Printing House.
Pryce, K.(1979), *Endless Pressure*. Harmondsworth: Penguin.
Raban, J.(1974), *Soft City*. London: Hamilton. = (1991)『住むための都市：SOFT CITY』高島平吾訳，晶文社
Rawls, J.(1971), *A Theory of Justice*. Cambridge, MA: Harvard University Press. = (1979)『正義論』矢島鈞次監訳，紀伊國屋書店
Reay, D.(1998), 'Rethinking Social Class', *Sociology* 32(2), pp.259-275.
Riesman, D.(1950), *The Lonely Crowd: A Study of Changing American Character*. Newhaven, CT: Yale University Press. = (1964)『孤独な群集』加藤秀俊訳，みすず書房
Ritzer, G.(1993), *The McDonaldization of Society: An Investigation into the Changing Character of Contemporary Social Life*. Thousand Oaks, CA: Pine Forge Press. = (1996)『マクドナルド化する社会』政岡監訳，早稲田大学出版部
Rock, P. (ed.)(1994), *The History of Criminology*. Aldershot: Gower.
Rose, S., Lewontin, R. and Kamin, L.(1990), *Not in Our Genes*. Harmondsworth: Penguin.
Roshier, B.(1989), *Controlling Crime*. Milton Keynes: Open University Press.
Ruggiero, V.(1993), 'Organised Crime in Italy', *Social and Legal Studies* 2, pp.131-148.
Ruggiero, V.(1996), *Organized and Corporate Crime in Europe*. Aldershot: Dartmouth.
Ruggiero, V. and South, N.(1995), *Eurodrugs, Drug Use, Markets and Trafficking in Europe*. London: UCL Press.

Ruggiero, V. and South, N.(1997), 'The Late-Modern City as Bazaar', *British Journal of Sociology* 48, pp.55-71.
Runciman, W.(1966), *Relative Deprivation and Social Justice*. London: Routledge & Kegan Paul.
Rushton, P.(1995), *Race, Evolution and Behaviour*. New Jersey: Transaction. = (1996)『人種・進化・行動』蔵琢也・蔵研也訳，博品社
Rustin, M.(1994), 'Incomplete Modernity: Ulrich Beck's Risk Society', *Radical Philosophy* 67, pp.3-12.
Said, E.(1993), *Culture and Imperialism*. London: Chatto & Windus. = (1998)『文化と帝国主義』大橋洋一訳，みすず書房
Sampson, R. and Wilson, W.J.(1995), 'Towards a Theory of Race, Crime and Urban Inequality', in J. Hagan and R. Peterson (eds), *Crime and Inequality*. Stanford, CA: Stanford University Press.
Sartre, J. P.(1964), *Saint Genet*. New York: Mentor Books. = (1966)『聖ジュネ：演技者と殉教者』白井浩司・平井啓之訳，人文書院
Sayer, A.(1984), *Method in Social Science: A Realist Approach*. London: Hutchinson.
Schelsky, H.(1957), 'Ist die Dauerreflektion Institutionalisierbar?', *Zeitschrift für Evangelische Ethik* 1, pp.153-174.
Schiller, H.(1992) [1969], *Mass Communications and American Empire*. New York: Augustus Kelley.
Schutz, A.(1967), *Collected Papers*, Vol. I, ed. M. Natanson: *The Problem of Social Reality*. The Hague: Martinus Nijhoff. = (1985) シュッツ著作集2巻『社会的現実の問題』M・ナタンソン編・渡辺光・那須壽・西原和久訳，マルジュ社
Seabrook, J.(1978), *What Went Wrong?* London: Gollancz.
Segal, L.(1987), *Is the Future Female?* London: Virago. = (1989)『未来は女のものか』織田元子訳，勁草書房
Sennett, R.(1970), *The Uses of Disorder*. Harmondsworth: Penguin. = (1975)『無秩序の活用：都市コミュニティの理論』今田高俊訳，中央公論社
Sennett, R.(1991), *The conscience of the Eye*. London: Faber & Faber.
Shapiro, B.(1997), 'Zero-Tolerance Gospel'. Http:www.oneworld.org index oc/issue 497/shapiro.html.
Shaw, E.(1998), 'Labour and Post-revisionism', *The Chartist* 173(July/August), pp.8-9.
Sibley, D.(1995), *The Geographies of Exclusion*. London: Routledge.
Simmel, G.(1950), 'The Metropolis and Mental Life', in *The Sociology of Georg Simmel*, trans. K.H. Wolff. New York: The Free Press. = (1965)「大都市と心的生活」鈴木広訳編『都市化の社会学（増補)』，誠信書房
Simon, J.(1987), 'The Emergence of a Risk Society: Insurance, Law and the State', *Socialist Review* 97, pp.61-89.
Simon, J.(1993), *Poor Discipline*. Chicago: University of Chicago Press.

Simon, J. and Feeley, M.(1995), 'True Crime: The New Penology and Public Discourse on Crime', in T. Blomberg and S. Cohen (eds), *Punishment and Social Control*. New York: Aldine de Gruyter.
Skogan, W.(1988), 'Disorder, Crime and Community Decline', in T. Hope and M. Shaw *Communities and Crime Reduction*. London: HMSO.
Smart, C.(1990), 'Feminist Approaches to Criminology', in L. Gelsthorpe and A. Morris (eds), *Feminist Perspectives in Criminology*. Milton Keynes: Open University Press.
Social Trends(1995), *Social Trends* 25. London: HMSO.
South, N.(1994), 'Privatising Policing in the European Market: Some Issues for Theory, Policy and Research', *European Sociological Review* 10(3), pp.219-227.
Sparks, R.(1996), 'Masculinity and Heroism in the Hollywood Blockbuster', *British Journal of Criminology* 36, pp.348-360.
Spinellis, C., Dermati, S., Koulouris, N., Tavoulari, M. and Vidali, S.(1996), 'Recent Immigration and Protection of Migrants' Human Rights in Greece', *Chronicles* 9, pp.119-154.
Steinert, H.(1998), 'Ideologies with Victims', in V. Ruggiero, N. South and I. Taylor (eds), *The New European Criminology*. London: Routledge.
Stewart, M.(1967), *Keynes and After*. Harmondsworth: Penguin. = (1969)『ケインズと現代』田村貞雄・田村紀之・鈴村興太郎訳，ダイヤモンド社
Sumner, C.(1981), 'Race, Crime and Hegemony', *Contemporary Crisis* 6, pp.277-291.
Sumner, C. (ed.)(1990), *Censure, Politics and Criminal Justice*. Milton Keynes: Open University Press.
Sumner, C.(1994), *The Sociology of Deviance*. Milton Keynes: Open University Press.
Sutherland, E.H.(1940), 'White Collar Criminality', *American Sociological Review* 5(1), pp.2-10. = (1955)『ホワイトカラーの犯罪』平野龍一・井口浩二訳，岩波書店
Sutherland, E. and Cressey, D.(1966), *Principles of Criminology*, 7th edn. Philadelphia: J.P. Lippincott.
Tax, M.(1970), 'The Woman and Her Mind: The Story of Everyday Life', in A. Koedt and S. Firestone (eds), *Women's Liberation: Notes from the Second Year*. New York: Justice Books.
Taylor, I.(1999), *Crime in Context*. Oxford: Polity.
Taylor, I., Walton, P. and Young, J.(1973), *The New Criminology*. London: Routledge and Kegan Paul.
Thompson, J.(1995), *The Media and Modernity*. Cambridge: Polity.
Townsend, P.(1979), *Poverty in the United Kingdom*. Harmondsworth: Penguin.
Trickett, A., Ellingworth, D., Hope, T. and Pease, k.(1995), 'Crime Victimisation in the Eighties', *British Journal of Criminology* 35, pp.343-359.
Turner, T.(1994), 'Anthropology and Multiculturalism', in D. Goldberg (ed.), *Multi-*

culturalism. Oxford: Blackwell.
Twine, F.(1994), *Citizenship and Social Rights*. London: Sage.
van den Haag, E.(1975), *Punishing Criminals*. New York: Basic Books.
van Swaaningen, R.(1997), *Critical Criminology: Visions from Europe*. London: Sage.
Vidali, S.(1996), 'Selectivity, Police Activity and Internal Enemies in Greece', Paper given at the ERASMUS Common Study Programme: Critical Criminology and Criminal Justice, University of Gent, November.
Wacquant, L.(1996), 'The Comparative Structure and Experience of Urban Exclusion: "Race", Class and Space in Chicago and Paris', in K. McFate, R. Lawson and W.J. Wilson (eds), *Poverty, Inequality and the Future of Social Policy*. New York: Russell Sage Foundation.
Waddington, P.(1986), 'Mugging as a Moral Panic', *British Journal of Sociology* 37, pp.250-256.
Walklate, S.(1995), *Gender and Crime*. Hemel Hempstead: Prentice-Hall.
Walkowitz, j.(1992), *City of Dreadful Delight*. Chicago: University of Chicago Press.
Walsh, B.(1997), 'Can Fixing Windows Help Mend Cities?', *Urban Environment Today* 23, pp.8-9.
Walton, P. and Young, J. (eds)(1998), *The New Criminology Revisited*. London: Macmillan.
Webster, F.(1995), *Theories of the Information Society*. London: Routledge. = (2001)『情報社会を読む』田畑暁生訳，青土社
Weeks, J. (ed.)(1994), *The Lesser Evil and the Greater Good*. London: Rivers Oram.
Westergaard, J. and Resler, H.(1976), *Class in a Capitalist Society*. Harmondsworth: Penguin.
Wilkins, L.(1964), *Social Deviance*. London: Tavistock.
Willis, P.(1977), *Learning to Labour*. Aldershot: Gower. = (1996)『ハマータウンの野郎ども』熊沢誠・山田潤訳，筑摩書房
Willis, p.(1990), *Common Culture*. Milton Keynes: Open University Press.
Wilson, J.Q.(1985), *Thinking about Crime*, 2nd edn. New York: Vintage Books.
Wilson, J.Q.(1987), 'Crime and Punishment in England', in R. Tyrell (ed.), *The Future that Doesn't Work*. New York: Doubleday.
Wilson, J.Q.(1991), *On Character*. Washington, DC: AEI Press.
Wilson, J.Q.(1992), 'Against the Legalization of Drugs', in R. Evans and Berent (eds), *Drug Legalization: For and Against*. LaSalle, IL: Open Court.
Wilson, J.Q.(1993), *The Moral Sense*. New York: Free Press.
Wilson, J.Q. and Herrnstein, R.(1985), *Crime and Human Nature*. New York: Simon and Schuster.
Wilson, J.Q. and Kelling, G.(1982), 'Broken Windows', *Atlantic Monthly*, March, pp.29-38.
Wilson, W.J.(1987), *The Truly Disadvantaged*. Chicago: University of Chicago Press. = (1999)『アメリカのアンダークラス：本当に不利な立場に置かれた人々』青木秀男

監訳，明石書店
Wilson, W.J.(1996), *When Work Disappears*. New York: Knopf. = (1999)『アメリカ大都市の貧困と差別：仕事がなくなるとき』川島正樹・竹本友子訳，明石書店
Woolf, J.(1985), 'The Invisible Flaneuse', *Theory, Culture and Society* 2(3), pp.37-46.
Yonnet, P.(1993), *Voyage au centre du malaise français*. Paris: Gallimard.
Young, I.(1990a), *Justice and the Politics of Difference*. Princeton: Princeton University Press.
Young, I.(1990b), 'The Ideal of Community and the Politics of Difference', in L. Nicholson (ed.), *Feminism / Postmodernism*. New York: Routledge.
Young, J.(1971a), 'The Police as Amplifiers of Deviance, negotiators of Reality and Translators of Fantasy', in S. Cohen (ed.), *Images of Deviance*. Harmondsworth: penguin.
Young, J.(1971b), *The Drugtakers*. London: Paladin.
Young, J.(1972), 'The Hippie Solution: An Essay in the Politics of Leisure', in I. Taylor and L. Taylor (eds), *Politics and Deviance*. Harmondsworth: Penguin.
Young, J.(1975), 'Working Class Criminology', in I. Taylor, P. Walton and J. Young (eds), *Critical Criminology*. London: Routledge and Kegan Paul.
Young, J.(1981), 'Beyond the Consensual Paradigm', in S. Cohen and J. Young (eds), *The Manufacture of News*. London: Constable.
Young, J.(1987), 'The Tasks of a Realist Criminology', *Contemporary Crisis* 2, pp.337-356.
Young, J.(1988), 'Risk of Crime and Fear of Crime', in M. Maguire and J. Pointing (eds), *Victims of Crime: A New Deal. Milton Keynes*: Open University Press.
Young, J.(1992), 'Ten Points of Realism', in J. Young and R. Matthews (eds), *Rethinking Criminology*. London: Sage.
Young, J.(1995a), *Policing the Streets*. London: Islington Council.
Young, J.(1995b), 'Incessant Chatter: Recent Paradigms in Criminology', in M. Maguire, R. Morgan and R. Reiner (eds), *The Oxford Handbook of Criminology*. Oxford: Clarendon Press.
Young, J.(1997), 'Left Realist Criminology: Radical in its Analysis, Realist in its Policy', in M. Maguire, R. Morgan and R. Reiner (eds), *The Oxford Handbook of Criminology*, 2nd edn. Oxford: Clarendon Press.
Young, J.(1998), 'Breaking Windows: Situating the New Criminology', in P. Walton and J. Young, *The New Criminology Revisited*. London: Macmillan.
Young, J. and Matthews, R.(1992), *Rethinking Criminology; The Realist Debate*. London: Sage.

訳者紹介（五十音順）

青木秀男（あおき・ひでお）Aoki Hideo
1943年生。都市社会学研究所所長（現在，社会理論・動態研究所所長）。社会学博士。ホームレスなど都市下層の社会学的研究。著書『現代日本の都市下層──寄せ場と野宿者と外国人労働者』（明石書店，2000年），編著『場所をあけろ！──寄せ場／ホームレスの社会学』（松籟社，1999年），監訳書にウィリアム・ジュリアス・ウィルソン『アメリカのアンダークラス』（明石書店，1999年），論文「どこ行けいうんや！──公園野宿者の占居と排除」（『日本都市社会学会年報』23号，2005年9月）など。

伊藤泰郎（いとう・たいろう）Itou Tairou
1967年生。広島国際学院大学現代社会学部教員。都市社会学，エスニシティ研究。論文に「関東圏における新華僑のエスニック・ビジネス」（『日本都市社会学会年報』第13号，1996年），「社会意識とパーソナルネットワーク」（森岡清志編『都市社会のパーソナルネットワーク』東京大学出版会，2000年），「外国人の居住分布」（浅川達人・倉沢進編『新編 東京都社会地図 1975-90』東京大学出版会，2004年）など。

岸　政彦（きし・まさひこ）Kishi Masahiko
1967年生。龍谷大学社会学部教員。文学博士。社会学，差別論，民族論，生活史方法論。共著に『社会文化理論ガイドブック』（ナカニシヤ出版，2005年）など。論文に「語り・差異・構造」（『人権問題研究』2004年No.4），「戦後沖縄の労働力流出と経済的要因」（『都市文化研究』2004年No.3），「始まりとしてのナラティブ／世俗批評としての生活史研究(1)」（『関西大学人権問題研究室紀要』2005年No.51）など。

村澤真保呂（むらさわ・まほろ）Murasawa Mahoro
1968年生。龍谷大学社会学部社会学科教員。精神分析，社会思想。翻訳に『精神の管理社会をどう超えるか』（F.ガタリ他著，松籟社），『グローバリゼーション・新自由主義批判事典』（I.ラモネ他著，作品社）など。論文に「ガブリエル・タルドとコミュニケーションとしての社会」（『京都大学総合人間学部紀要』第8巻，2001年），「食のグローバル化と社会病理」（『龍谷大学国際社会文化研究所紀要』第7号，2005年）など。

Jock Young

ジョック・ヤング

1942年、スコットランドで生まれる。現在、ニューヨーク市立大学大学院センター特別教授（Distinguished Professor）、およびイギリスのケント大学社会学教授。犯罪学、社会学の研究者であり、犯罪問題を中心に社会的にも積極的な活動を行なっている。
近著の『犯罪と処罰をめぐる新たなポリティクス』（*The New Politics of Crime and Punishment*）では、犯罪が落ち着いているにもかかわらず過剰な犯罪統制を行なう、ニューレイバー（第三の道）による排除的な政策を、厳しく批判している。

排《はい》除《じょ》型《がた》社《しゃ》会《かい》――後《こう》期《き》近代《きんだい》における犯罪《はんざい》・雇用《こよう》・差異《さい》

2007年3月10日　初版第1刷発行
2020年2月20日　初版第11刷発行

四六判・総頁数542頁（全体544頁）

著者　ジョック・ヤング
訳者　青木秀男　伊藤泰郎
　　　岸　政彦　村澤真保呂
発行者　竹中尚史
本文組版・装幀　洛北出版編集

発行元　洛北出版
606-8267
京都市左京区北白川西町87-17
tel / fax　075-723-6305
メール info@rakuhoku-pub.jp
http://www.rakuhoku-pub.jp
郵便振替　00900-9-203939

Printed in Japan

印刷　シナノ書籍印刷㈱

ISBN978-4-903127-04-0 C0036

定価はカバーに表示しています
落丁・乱丁本はお取り替えいたします

汝の敵を愛せ
アルフォンソ・リンギス 著　中村裕子 訳　田崎英明 解説
四六判・上製・320頁　定価（本体2,600円＋税）

何も共有していない者たちの共同体
アルフォンソ・リンギス 著　野谷啓二 訳　田崎英明・堀田義太郎 解説
四六判・上製・284頁　定価（本体2,600円＋税）

支配なき公共性 —— デリダ・灰・複数性
梅木達郎 著
四六判・上製・304頁　定価（本体2,600円＋税）

スピノザ 共同性のポリティクス
浅野俊哉 著
四六判・上製・304頁　定価（本体2,600円＋税）

抵抗の場へ —— あらゆる境界を越えるために マサオ・ミヨシ自らを語る
マサオ・ミヨシ×吉本光宏 著
四六判・上製・384頁　定価（本体2,800円＋税）

いまなぜ精神分析なのか —— 抑うつ社会のなかで
エリザベート・ルディネスコ 著　信友建志・笹田恭史 訳
四六判・上製・268頁　定価（本体2,400円＋税）

出来事のポリティクス —— 知-政治と新たな協働
マウリツィオ・ラッツァラート 著　村澤真保呂・中倉智徳 訳
四六判・上製・384頁　定価（本体2,800円＋税）

密やかな教育 ——〈やおい・ボーイズラブ〉前史
石田美紀 著
四六判・上製・368頁　定価（本体2,600円＋税）

妊娠 —— あなたの妊娠と出生前検査の経験をおしえてください
柘植あづみ＋菅野摂子＋石黒眞里 共著
四六判・並製・650頁　定価（本体2,800円＋税）

2010年1月25日現在